dtv

Hedda

Sie galten und gelten auch heute noch als exzentrisch, sie brillierten mit ihrem Intellekt und Künstlertum, waren oftmals schwerreiche Erbinnen und äußerst reiselustig, lebten unverheiratet oder in x-ter Ehe – aber vor allem pflegten sie intensive, teils verdeckt, teils offen, lesbische Beziehungen zu anderen Frauen, die meist ebenso verrucht, schön und berühmt waren. In diesem biographischen Nachschlagewerk, für das die Autorin mit einem dezidiert weiblichen Blick Tagebücher, Briefe, Biographien und Autobiographien von an die hundert Frauen ausgewertet hat, findet man sie alle: Lou Andreas-Salomé, Natalie Barney, Janet Flanner und Greta Garbo, Eleanor Roosevelt und Anne Vanderbilt – berühmte Frauen und ihre Freundinnen, Liebhaberinnen und Lebensgefährtinnen, deren Wege sich an den Hauptschauplätzen Berlin, Paris, London und New York oftmals kreuzten, unter denen Ines Rieder erstaunliche Querverbindungen herstellen konnte und die mit ihren Lebens- und Liebesweisen wesentlich zum Glanz der Bohème in den ersten Jahrzehnten dieses Jahrhunderts beigetragen haben.

Ines Rieder wurde 1954 in Wien geboren und zog 1975 nach Kalifornien, wo sie bis 1984 mit Peoples Translation Service arbeitete, einem internationalen Medienkollektiv in Oakland. Zusammen mit einer Gruppe von Frauen innerhalb des Kollektivs Herausgabe der internationalen Frauenzeitschrift *Connexions*, von 1984 bis 1987 Übersetzerin und Journalistin in Brasilien. Zahlreiche Zeitschriften- und Buchveröffentlichungen, darunter auf deutsch ›Frauen sprechen über Aids‹ (1991). Ines Rieder lebt heute als freie Autorin wahlweise in Nord- und Südamerika und Europa.

Ines Rieder

Wer mit wem?

Berühmte Frauen
und ihre Liebhaberinnen

Deutscher Taschenbuch Verlag

Ungekürzte Ausgabe
Oktober 1997
2. Auflage Mai 1998
Deutscher Taschenbuch Verlag GmbH & Co. KG,
München
© Wiener Frauenverlag, Wien 1994
ISBN 3-85268-003-2
Umschlagkonzept: Balk & Brumshagen
Umschlagfoto: © CENTRAL ORDER, Hamburg/© Nigel Nicolson
Gesetzt aus der Sabon 10/11,75· (QuarkXPress 3.31)
Satz: KCS GmbH, Buchholz/Hamburg
Druck und Bindung: C. H. Beck'sche Buchdruckerei,
Nördlingen
Gedruckt auf säurefreiem, chlorfrei gebleichtem Papier
Printed in Germany · ISBN 3-423-36054-2

Inhaltsverzeichnis

»Der Junge in der Schachtel«

Der Reihe nach

Die aus der Reihe tanzt

Dreiecke und mehr

Das perfekte Duo

Vorwort

Alice B. Toklas, deren Briefe an Freundinnen und Freunde in aller Welt eine wichtige Quelle für dieses Buch waren, schrieb einmal: »Gefällt Dir mein Klatsch? – Alle erzählen mir ein bißchen – und irgendwann bekomme ich alles zu hören.« Ähnlich bin auch ich vorgegangen: ein bißchen hier, ein bißchen da, dort und da hineingeschnuppert, und langsam hat sich ein Gesamtbild ergeben. Obwohl ich, im Gegensatz zu Alice B. Toklas, nicht alles zu hören bekam.

Bei Natalie Barney hab' ich dann auch noch die Bestätigung für meine Vorgehensweise gefunden: »Anerkennung sollte erst nach dem Tod erfolgen – so werden wir erst so spät wie möglich belästigt.« Die Frauen aus diesem weitgespannten Netzwerk – an diversen europäischen und nordamerikanischen Plätzen – sind fast alle tot und werden von mir somit nicht mehr belästigt.

Wer Alice B. Toklas und Natalie Barney waren, wurde mir allerdings im Laufe meiner Erziehung – und ich nahm daran sehr aktiv teil – nicht vermittelt. Das Gerüst, welches in meinem Kopf aufgebaut wurde, setzte sich puzzleartig aus vielen sogenannten berühmten Männern zusammen. All die biographischen Notizen über Männer waren die Bausteine für ein inneres Haus, welches im Laufe der Jahre voller und voller wurde. Im Zusammenhang mit diesen berühmten Männern gab es gelegentlich auch Frauen: Greta Garbo wurde wohl als Person gewürdigt, aber ihr angeblicher Liebhaber gewesen zu sein brachte Männer in die Schlagzeilen (daß Greta Liebhaberinnen hatte, wurde hingegen ganz verschwiegen); Simone de Beauvoir war eine anerkannte Schriftstellerin, dennoch war sie nur an der Seite Jean-Paul Sartres denkbar. Und die treue Tochter Anna Freud war eine anerkannte Analytikerin, aber doch nur von Vaters Gnaden.

Erst nach Abschluß meiner Schullaufbahn hatte ich genug

9

Zeit – und offensichtlich nicht mehr genug Hindernisse –, um mich an den Neubau des Hauses, bewohnt von Frauen, zu machen. Es galt, zuerst die Grundmauern zu befestigen und dann in mühevoller Kleinarbeit die Wände hochzuziehen. Vieles fehlt noch, und obwohl schon viele Freundinnen an diesem Haus mitbauen, wird es noch lange dauern, bis es richtig wohnlich ist, und noch viel länger, bis die Verdienste der Frauen wirklich gewürdigt werden.

In diesem Buch werden die Leserinnen und Leser viel Tratsch finden. Viele Frauen, die der einen oder anderen Leserin bekannt sind, werden hier nicht erscheinen – nicht weil sie nicht Teil dieser illustren Runde wären, sondern weil es über sie ganz einfach nicht genügend zugängliches Material gibt. Alles, was ich in den folgenden Biographien aufrolle, wurde in detaillierten Biographien, Briefwechseln oder Tagebüchern festgehalten. Ich habe oft meine eigenen Schlüsse gezogen und verglichen, was unterschiedlichste Leute über dieselbe Situation gesagt haben.

Ich habe nichts an den Tatsachen geändert, sondern die vielschichtigen Beziehungen, die Frauen miteinander hatten, in einen positiven Kontext gestellt – im Gegensatz zu den oft versteckten Hinweisen oder gar negativen Kommentaren über Frauenfreundschaften, die sonst meist zu finden sind.

Die Spuren von Schriftstellerinnen konnte ich am ehesten aufnehmen, ihre geschriebenen Unterlagen geben viele Hinweise; bei anderen Künstlerinnen wird eine Spurensuche indes schon schwieriger, vor allem wenn sie selbst nicht geschrieben haben oder sich nicht in einem Milieu bewegten, wo viel Wert auf das geschriebene Wort gelegt wurde.

Die Frauen, die ich auswählte, haben sich vorwiegend an bestimmten Schauplätzen aufgehalten: Berlin, Paris, Italien, London, New York und Hollywood. Es gibt noch eine Reihe anderer Schauplätze, und es wäre schön, in einem Folgeband den Spuren von Frauenfreundschaften zum Beispiel in Skandinavien, China oder Argentinien nachgehen zu können.

Aber selbst an den Orten, wo sich meine Frauen tummelten, fehlen in diesem Buch einige, deren Namen durchaus bekannt sind. Die Frauen aus dem deutschsprachigen Raum nehmen einen kleineren Platz ein, und das hat einen guten Grund. Während in den letzten zehn Jahren im englischsprachigen Raum eine Fülle von Biographien über bekannte und weniger bekannte lesbische Frauen erschienen ist, stecken die Recherchen bei uns noch in den Anfängen.

Zu viel Material wurde in der Nazizeit vernichtet, lesbische Traditionen und eine gewisse Selbstverständlichkeit lesbischen Lebens gingen verloren. So war die Schriftstellerin Grete von Urbanitzky, die in Wien, Berlin, Paris und der Schweiz lebte, in Frauenkreisen sehr bekannt, dennoch gibt es von ihr weder autobiographische Aufzeichnungen noch wurde sie wegen ihrer politischen Haltung von ihren Zeitgenossen so geschätzt, daß viele Aufzeichnungen über sie zu finden wären. Über die Berliner Künstlerin Hannah Höch ist relativ viel publiziert worden, und ihre zehnjährige Liebes- und Lebensgemeinschaft mit der holländischen Schriftstellerin Til Brugman wurde vielfach besprochen. Leider gab es aber sonst in meinen deutschen Quellen keine Hinweise über Hannah Höchs Freundschaften und Verbindungen zu Berliner Lesbenkreisen. Von Til Brugmans Perspektive konnte ich Hannahs Leben nicht aufrollen, da mir die nötigen Sprachkenntnisse fehlen.

Auch die Schauspielerin Dorothea Neff, aus München stammend und von den dreißiger Jahren an in Wien lebend, verbrachte den Großteil ihres Lebens in Partnerschaften mit Frauen, aber um ihre Freundschaften und Beziehungen darzustellen, wären mehr (auto)biographische Anhaltspunkte nötig. Über Leontine Sagan, die Regisseurin der Erstfassung von *Mädchen in Uniform*, die nach der Machtergreifung Hitlers zuerst nach England und dann nach Südafrika emigrierte, haben wir nur einen sehr schemenhaften Lebenslauf zur Verfügung, und über ihre Frauenfreundschaften wissen wir so gut wie gar nichts.

Über viele der Frauen, auf die in den folgenden Seiten näher eingegangen wird, gibt es noch viel nachzuforschen. Elisabeth Bergner ist vielen als Schauspielerin bekannt, aber ihren Frauenbeziehungen ist im deutschsprachigen Raum noch kein Augenmerk geschenkt worden. Die Autorin Christa Winsloe, die Bühnenbildnerin Mopsa Sternheim, die langjährige Garbo-Vertraute Salka Viertel: Sie alle warten noch auf die Veröffentlichung einer eigenständigen Biographie. Wer nicht in diesem Buch erscheint – vor allem weil sie einer jüngeren Generation angehört – und wessen Leben noch lange im Verborgenen bleiben wird, ist eine der bekanntesten deutschschreibenden Dichterinnen dieses Jahrhunderts: Ingeborg Bachmann. Ihr Leben wird uns erst in den zwanziger Jahren des nächsten Jahrhunderts zugänglich sein, bis dahin liegen ihre persönlichen Papiere und Aufzeichnungen in der Österreichischen Nationalbibliothek verschlossen.

Jetzt will ich nicht weiter auf Einzelbeispiele eingehen, sondern möchte ein paar allgemeine Bemerkungen zu meiner Themenstellung machen und noch einiges erklären. Vorerst ein paar Erläuterungen, warum ich das ein oder andere gemacht habe:

Soweit mir bekannt, habe ich alle Namen angeführt, unter denen ich biographische Angaben gefunden habe. Ich selbst habe die Frauen dann unter dem Namen geführt, unter dem sie allgemein bekannt sind. Ich nenne die Frauen meist bei ihren Vornamen, nicht aus Mißachtung, sondern wegen meiner Vorliebe für die Gepflogenheit in anderen Kulturen, wo dem persönlichen Namen mehr Bedeutung zukommt als den Familiennamen. Familiennamen sind im hiesigen kulturellen Zusammenhang doch meist die Namen, die Frauen von Männern – seien es jetzt Väter oder Ehemänner – erhalten.

Widersprüchliche Geburts- und Sterbedaten sind keine Seltenheit, und ich habe daher oft zwei, manchmal sogar mehrere angegeben. In manchen Fällen konnte ich überhaupt keine Daten ausfindig machen, sollten sie der einen oder anderen Leserin bekannt sein, würde ich mich sehr freuen, wenn sie mir mitgeteilt würden.

In den folgenden sieben Kapiteln gibt es lange und kurze Biographien. Die langen Porträts sind ausschließlich von Frauen, die gut dokumentierte Beziehungen mit anderen Frauen hatten. In den kurzen Biographien finden sich dann all die Frauen, über die es nicht genügend Material gab, oder Frauen, die zwar keine lesbischen Beziehungen lebten, deren Leben aber eng mit dem einer oder mehrerer lesbischer Frauen verknüpft war.

Trotz aller Versuche, die Frauen zu klassifizieren, schaffen sie es letzten Endes doch, allen Schemen zu trotzen. Die einsamen Jägerinnen waren zwar oft auf Jagd, aber dann doch immer wieder über lange Zeiträume hinweg gebunden. Die Frauen, die in monogamen Zweierbeziehungen lebten, brachen immer wieder aus der Zweisamkeit aus. Und bei der Serienmonogamie gab es hin und wieder auch Dreiecke.

Das wichtigste für mich war, die reichhaltigen Beziehungswelten von Frauen aufzuzeigen, die in diesem ausgehenden Jahrhundert gelebt und ihm ihren Stempel aufgedrückt haben. Die Frage der Identität ist wichtig, aber sie ist nicht zentral. Ich hatte nicht die Absicht, Frauen zu outen oder Frauen als lesbisch zu bezeichnen, die sich nicht selbst als lesbisch verstanden. Ich wollte zeigen, wie Frauen wann und was miteinander erlebt haben. Die unendlichen Möglichkeiten der sozialen, erotischen und sexuellen Erfahrungen, Wünsche und Freuden brauchen nicht immer eine genau festgelegte Identifikation, sondern ändern sich, wie wir selbst, mit der Zeit.

Am leichtesten waren die Porträts dann zu schreiben, wenn es von den Frauen Briefe oder gut geschriebene Biographien gibt. Autobiographien sind zwar auch interessant, weil sich darin die Autorin selbst darzustellen versucht, aber sie sind meistens bessere Informationsquellen über die Freundinnen der Autorin als über die Autorin selbst. Simone de Beauvoir ist ein Beispiel für diese Vorgehensweise. Sie hat uns zwar mit Material überschüttet, es aber gleichzeitig verstanden, ihr Leben perfekt in die heterosexuellen Normen einzubetten, obwohl sie lange Strecken ihres Lebens in homosozialen Zusammenhängen lebte und dachte. Viele Frauen, vor allem die, die in ihrer sexuellen Identität ambivalent waren, sowie die, die sich einen Platz in der Welt sichern wollten, ließen bewußt den Umgang mit Frauen aus ihren offiziellen Aufzeichnungen aus, da ihnen deren Erwähnung wohl nicht genützt und sie schlimmstenfalls unangenehmen Verdächtigungen ausgesetzt hätte.

Von den Frauen, die ihre lesbischen Präferenzen nicht versteckten, fanden nur die Anerkennung, die sich wie »richtige Männer« verhielten. Gertrude Stein oder Marguerite Yourcenar mögen da Paradeexempel sein. Die sensibleren »butches«, wie Annemarie Schwarzenbach oder Valentine Ackland, konnten sich nur mit Alkohol oder Drogen über Wasser halten. Andere wiederum weigerten sich ganz und gar, über ihre Frauenbeziehungen zu sprechen, was dazu führte, daß sie überhaupt nichts über ihr Leben preisgaben. Therese Giehse sagte selbst, daß sie nichts zu sagen habe, und Cheryl Crawford versuchte uns weiszumachen, daß sie eben keine Zeit für ein Privatleben hatte. Vielen wurde es ganz einfach auch zuviel, und sie paßten sich den heterosexuellen Normen an, gingen Ehen ein – oft mit schwulen Männern – und flüchteten sich in Alkohol und Krankheiten. Die Reihe dieser Frauen reicht von Virginia Woolf über Carson McCullers zu Jane Bowles. Selbst die nach außen hin so stark wirkende Erika Mann verbrachte die letzten zehn Jahre ihres Lebens in Krankheit.

Am besten schienen es noch die getroffen zu haben, die es schafften, sich von ihren Familien zu trennen (oft mit einem reichen Erbe versehen), und in eine ferne Stadt oder gar ein anderes Land zogen. Das erfüllte Leben der Natalie Barney ist hierfür wohl das beste Beispiel. Aber auch Janet Flanner war, für die Allgemeinheit weniger sichtbar, eine zentrale Figur in der Lesbenszene zwischen Paris, New York und Rom. Sie und ihre langjährige Freundin Solita Solano hatten um sich einen Kreis von Frauen gesammelt, die sich emotional verstanden und unterstützten und zeitweise erotisch und sexuell liiert waren.

Ein Vorwort ist immer eine große Versuchung, genau erklären zu wollen, wo es langgeht. Das soll hier vermieden werden, ich möchte nur eine kleine Hilfeleistung bieten, die uns den Einstieg in eine neue Welt erleichtert. Ich hoffe sehr, dies hiermit getan zu haben. Mehr will ich nicht vorwegnehmen, da es zum Lesevergnügen gehört, und das will ich niemandem streitig machen.

Die einsamen Jägerinnen

Erika Mann

* am 9. November 1905 in München.
† am 27. August 1969 in Zürich.
Schauspielerin, Schriftstellerin, politische Aktivistin.

Erika Mann mit:

Pamela Wedekind, Therese Giehse, Betty Knox, Annemarie Schwarzenbach, Marlene Dietrich, Mopsa Sternheim, Carson McCullers, Janet Flanner, Salka Viertel, Jane Bowles, Eleanora von Mendelssohn, Dorothy Thompson, Eugenia Schwarzwald.

Lebenslinien

1905 Erika kommt als erstes Kind von Katia und Thomas Mann zur Welt.
1906 Geburt ihres Bruders Klaus.
Erika spielt schon als Kind mit ihrem Bruder und Freundinnen und Freunden Theater.
1925 Uraufführung von Klaus Manns *Esther und Anja*. Erika und Pamela Wedekind spielen das lesbische Paar, eine Beziehung, die nicht nur auf der Bühne besteht.
1926 überraschende Zweckehe mit Gustaf Gründgens.
1927 Weltreise mit Bruder Klaus.
1929 Scheidung von Gründgens.
1930 erstes Zusammentreffen mit der Schweizer Schriftstellerin Annemarie Schwarzenbach.

In den dreißiger Jahren berufliche und private Beziehung mit Therese Giehse.

Am 13. Januar 1932 kommt es bei einem Frauenfriedenskongreß zu einer Konfrontation Erikas mit einer Gruppe von Nazis.

Im Herbst 1932 gründet Erika gemeinsam mit Therese Giehse ein eigenes Kabarett, »Die Pfeffermühle« in München.

Am 1. Januar 1933 findet die erste Vorstellung statt, die meisten Texte stammen von Erika und Klaus Mann. Therese Giehse führt Regie und ist auch der eigentliche Star des Ensembles.

Am 12. März 1933 verläßt Erika Deutschland und lebt nunmehr in der Schweiz. Es finden zahlreiche Exilaufführungen der »Pfeffermühle« in der Schweiz, in Holland und der Tschechoslowakei statt – überall dort, wo es genug deutsche Emigranten gibt, die lebhaftes Interesse an einer politisch gewitzten Kritik an den Nazis haben.

1935 heiratet die in der Zwischenzeit staatenlos gewordene Erika den englischen Dichter W. H. Auden, um einen britischen Paß zu bekommen.

1936 findet die letzte geschlossene Veranstaltung der »Pfeffermühle« auf persönliche Einladung von Max Reinhardt im Salzburger Schloß Leopoldskron statt. Unter den geladenen Gästen befindet sich auch Marlene Dietrich.

Im Januar 1937 erste Aufführung der »Pfeffermühle« in New York – ein totaler Mißerfolg. Das Kabarett wird aufgelöst. Im Februar 1937 kehrt Therese Giehse nach Zürich zurück, Erika Mann bleibt in den Vereinigten Staaten.

1938 publiziert sie ihren Bestseller *School for Barbarians. Erziehung und Jugend im Dritten Reich*.

Während des Zweiten Weltkriegs ist Erika Kriegskorrespondentin, bei dieser Tätigkeit lernt sie die nordamerikanische Kollegin Betty Knox kennen.

Nach Kriegsende sucht Erika um die US-Staatsbürgerschaft an.

1949 erhält Erika die Nachricht vom Freitod ihres Bruders Klaus.

Die USA verweigern Erika Mann die Staatsbürgerschaft, sie kehrt mit den Eltern in die Schweiz zurück. Die Familie zieht wieder in das Haus ein, das sie schon vor dem Krieg bewohnt hatte.

1955 stirbt ihr Vater Thomas Mann, und Erika nimmt sich, wie schon bei ihrem Bruder Klaus, des literarischen Nachlasses an.

1958 stürzt sie in ihrem Haus und bricht sich ein Bein: der erste von mehreren folgenschweren Stürzen.

1962 wird sie an den Hüften operiert, die Operation mißlingt, und Erika gewöhnt sich daran, mit Krücken zu gehen. Sie lebt sehr zurückgezogen, setzt sich aber politisch ein und unterstützt die Friedensbewegung.

Am 27. August 1969 stirbt Erika im Alter von 64 Jahren an den Folgen einer Gehirntumoroperation.

Einblicke

Erika wuchs in einer privilegierten Welt auf, die ihr viele Möglichkeiten eröffnete. Gemeinsam mit ihrem Bruder Klaus, der zeit seines Lebens nicht nur im Schatten seines Vaters, sondern auch unter den Fittichen der geliebten älteren Schwester stand, und einer Schar von Freundinnen und Freunden, spielte sie schon als Kind Theater und ließ ihren Phantasien freien Lauf. Klaus, der als einziger in der Familie offen mit seiner Homosexualität umging, hatte begonnen Theaterstücke zu schreiben, die von den Dichterkindern selbst aufgeführt wurden.

Geschwisterbeziehung und Homosexualität standen im Mittelpunkt seiner Stücke, die ihm 1925 erste Erfolge brachten. Alle wollten nicht nur die Mann-Kinder sehen, sondern auch Pamela Wedekind, Franks Tochter, und den damals noch relativ unbekannten Gustaf Gründgens. Die lesbische Beziehung zwischen Esther und Anja, die im Mittelpunkt des ersten Dramas stand, wurde von Erika und Pamela wohl nicht nur auf der Bühne verkörpert.

Erika heiratete im Juni 1926 überraschend Gründgens. Während ihrer Hochzeitsreise schrieb sie an Pamela, ihre geliebte Göttin, und bat sie, doch ganz schnell zu ihr zu kommen. Sie erinnerte Pamela daran, daß sie beide doch erst vor einem Monat im selben Hotel abgestiegen waren und in der Kurliste als Schauspielerin und Herr Wedekind aus München geführt worden waren. Pamela heiratete später den um vieles älteren Schriftsteller Carl Sternheim, den sie über seine Tochter Mopsa, die mit den Manns und Pamela befreundet war, kennengelernt hatte.

Klaus erwähnte in seiner späteren Korrespondenz, daß auch er wie seine Schwester gerne länger dauernde Beziehungen gehabt hätte – und nannte in diesem Zusammenhang Pamela und die Schauspielerin Therese Giehse als seine Vorbilder –, es aber doch nie schaffte. Wie lange Erikas Beziehung zu Pamela gedauert hat, ist ungewiß. Wahrscheinlich war sie zu dem Zeitpunkt zu Ende, als Erika und Klaus 1927 zu ihrer ersten Weltreise aufbrachen.

Fast ein ganzes Jahr lang reisten die beiden rund um die Welt und wurden vor allem in den USA als die erfolgreichen Mann-Zwillinge gefeiert. In Hollywood hatten sie Zugang zu den schicksten Parties und trafen unter anderem auch auf Greta Garbo, von deren Schönheit sie sehr angetan waren.

In den Jahren nach der Weltumrundung spielte Erika auf zahlreichen deutschen Bühnen und in einigen Filmen. Während dieser Zeit schloß sie Freundschaften und Bekanntschaften, die im Laufe der Emigrationsjahre sehr wichtig werden sollten. Sie unternahm weite Reisen, um alte Freundinnen und Freunde zu besuchen oder ein neues Land zu entdecken. Oft war sie mit ihrem Bruder Klaus unterwegs, manchmal auch mit Therese Giehse oder mit der Schweizer Schriftstellerin Annemarie Schwarzenbach.

1930, zu dem Zeitpunkt, als Annemaries Liebe für Erika entbrannte, war Erika wohl schon mit der Schauspielerin Therese Giehse liiert, doch gibt es auch für den Beginn dieser Beziehung keine genaueren Daten. In ihren Briefen schickte Annemarie Anfang der dreißiger Jahre immer wieder Grüße an die Giehse.

In einem Brief aus dem Jahre 1938 erwähnt Annemarie, daß die Beziehung zu Therese Giehse schon bestand, als sie Erika kennengelernt hatte. Diese war zwar immer bereit, Annemarie liebevoll davon zu überzeugen, daß sie Geduld und Mühe verdiene, aber sie machte ihr auch klar, daß sie keine tiefere Beziehung mit ihr erwarten könne. Annemarie, die auf Erika fixiert war, gab alle Hoffnung auf, jemals im Leben eine glückliche Liebe zu finden.

Am 13. Januar 1932 sollte Erika in München auf Einladung einer Frauenfriedensorganisation ein pazifistisches Gedicht vortragen. Sie wurde von einer Gruppe Nazis, die sich im Saal befand, ausgepfiffen, und es entstand eine Saalschlägerei, die von der Polizei aufgelöst werden mußte. Am nächsten Tag griff die Nazipresse Erika an und verleumdete sie. Daraufhin verklagte Erika den *Völkischen Beobachter* erfolgreich. Die Folgen waren bald spürbar, denn sie bekam auf deutschen Bühnen keine Engagements mehr. Diese Tatsache nahm Erika zum Anlaß, gemeinsam mit Therese ihr eigenes Kabarett zu gründen. Am 1. Januar 1933 gab es die erste Vorstellung der »Pfeffermühle« in München. Die meisten Texte verfaßten Erika und Klaus, Therese führte Regie und war auch der eigentliche Star des Ensembles. Das Kabarett wurde ein großer Erfolg, weitere Vorstellungen wurden allerdings nach der Machtergreifung der Nazis verhindert.

Erikas deutscher Paß war im Frühling 1935 abgelaufen, womit ihr die Staatenlosigkeit drohte. Der englische Dichter W. H. Auden, der Erika nicht kannte, erklärte sich bereit, sie zu heiraten, um ihr so zu einem britischen Paß zu verhelfen. Im nächsten Jahr stand Therese vor demselben Problem, und Erika wandte sich wieder an Auden um Hilfe. Er engagierte den englischen Schriftsteller John Frederick Simpson, und der ließ wissen, daß sie als Schwule geradezu ideal für ein solches Arrangement wären.

Da es nicht mehr länger möglich war, in Europa antifaschistisches Kabarett zu machen, entschlossen sich Erika und Therese 1937, die Arbeit in den Staaten fortzusetzen. »Die Pfeffermühle« blieb in New York allerdings erfolglos und wurde aufgelöst. Danach entschied sich Erika, in den Staaten zu bleiben. Sie war allseits beliebt und hatte eine Reihe von Verehrern. Therese war auf Erikas Erfolg eifersüchtig, und es gab immer wieder Szenen zwischen den Freundinnen. Sie beschloß, nach Europa zurückzukehren, und war schon Anfang Februar wieder in Zürich.

Während des Zweiten Weltkriegs arbeitete Erika als Kriegskorrespondentin: Einerseits versuchte sie die Alliierten zu bewegen, vehementer gegen Nazideutschland vorzugehen, andererseits hielt sie in der BBC Rundfunkreden, die nach Deutschland ausgestrahlt wurden. Sie war ständig in den USA oder auf den europäischen Kriegsschauplätzen unterwegs.

Bei diesen Reisen lernte Erika die nordamerikanische Kriegskorrespondentin Betty Knox kennen und lieben. Die Familie war von dieser Wahl nicht begeistert, schien Betty doch so eifersüchtig wie die Giehse und so verrückt wie Annemarie Schwarzenbach.

Immer wieder versuchte Erika, Freundinnen und Freunde, von denen sie während des Krieges keine Nachrichten erhalten hatte, ausfindig zu machen. Um Mopsa Sternheim machten sich alle große Sorgen, und es schien wie ein Wunder, als sie nach drei Jahren Internierung in Ravensbrück im Sommer 1945 nach Paris zurückkehrte.

Im Mai 1949, Erika war mit den Eltern in Schweden, erhielt sie die Nachricht vom Freitod ihres Bruders. An Pamela, die sich bei ihr mit Trostworten meldete, schrieb sie, daß sie gar nicht wüßte, wie sie weiterleben sollte: » ... weiß nur, daß ich muß; und bin doch gar nicht zu denken ohne ihn.«

Nach Klaus' Tod nahm sie sich seines literarischen Nachlasses an. Eine schwierige Aufgabe, da im Nachkriegsdeutschland kein Verlag bereit war, kritisches Material aus der Emigration zu veröffentlichen.

Der 70. Geburtstag Therese Giehses am 6. März 1968 war Anlaß für eine lange schriftliche Würdigung seitens Erikas. Sie schrieb über Thereses schauspielerische Talente und über die gemeinsame Zeit in der »Pfeffermühle« – allerdings nur aus beruflicher Perspektive. Bereits ein Jahr später, am 27. August 1969, starb Erika im Alter von 64 Jahren.

Therese Giehse

wurde am 6. März 1898 in München geboren. Sie starb am 3. März 1975 in München. Von 1925 bis 1933 war sie an den Münchner Kammerspielen engagiert, zu denen sie 1953 zurückkehrte. 1933 ging sie in die Emigration, wo sie bis 1937 mit Erika Mann das Kabarett »Die Pfeffermühle« betrieb. Ab 1937 Engagement am Zürcher Schauspielhaus. Nach dem Kriege spielte sie weiter in Zürich, und von 1949 bis 1952 war sie Mitglied des Berliner Ensembles.

Sie war berühmt als »Mutter Courage«. Später glänzte sie in Dürrenmatt-Rollen. Sie wirkte auch gelegentlich in Filmen mit, hier sei nur ihre Rolle als Schuldirektorin in der Neuverfilmung *Mädchen in Uniform* im Jahre 1958 erwähnt, in deren Originalfassung Erika Mann die Rolle einer Mitschülerin Manuelas gehabt hatte. Der letzte Film, in dem sie mitwirkte, war *Black Moon* von Louis Malle.

Ich hab nichts zum Sagen sind autobiographische Gespräche, die 1973 herausgegeben wurden. Therese erzählt darin viel über das Theater und welche Rollen sie gespielt hatte, aber sie berichtet nichts aus ihrem Privatleben. Da auch Erika Mann schwieg, geben hauptsächlich die Briefe und Tagebücher von Klaus Mann und Annemarie Schwarzenbach kleine Hinweise auf Thereses Alltag und ihre Beziehungen.

Annemarie Schwarzenbach

* am 23. Mai 1908 in Zürich.
† am 15. November 1942 in Sils/Schweiz.
Schriftstellerin und Weltreisende.

Annemarie Schwarzenbach mit:

Ruth Landshoff-Yorck, Erika Mann, Therese Giehse, Ursula von Hohenlohe, Maria Dälen, Maud Thyssen-Bornemisza, Marianne Breslauer, Mopsa Sternheim, Maud von Rosen, Margot von Opel, Barbara Hamilton-Wright, Anita Forrer, Ella Maillart, Carson McCullers.

Lebenslinien

1908 geboren als drittes Kind eines wohlhabenden Fabrikbesitzers und einer Generalstochter; Annemarie hat drei Brüder und eine Schwester.

Sie wächst in gesicherten materiellen Verhältnissen auf, nach der Schule beginnt sie ein Geschichtsstudium.

1930 lernt sie Ruth Landshoff-Yorck und Erika Mann sowie deren Bruder Klaus kennen. Lebenslange, wichtige Freundschaften entstehen.

1931 Abschluß ihrer Doktorarbeit, Veröffentlichung ihres ersten Buches *Freunde um Bernhard*.

Ab Herbst 1931 hält sich Annemarie vorwiegend in Berlin auf, wo sie zum ersten Mal mit Drogen in Berührung kommt.

Im Frühling 1933 erscheint ihre *Lyrische Novelle*.

Im Oktober 1933 siebenmonatige Reise mit einer Archäologengruppe in die Türkei, den Libanon, den Irak und nach Syrien und Persien.

Nach ihrer Rückkehr schreibt sie *Winter in Vorderasien. Tagebuch einer Reise.*

Im Juni 1934 fährt sie zum letzten Mal nach Berlin, dort besucht sie Maud Thyssen-Bornemisza.

Im Herbst 1934 neuerliche Reise nach Persien, wo sie Maud von Rosen trifft, die sie fasziniert.

Im Dezember 1934 Rückkehr in die Schweiz, sie bezieht öffentlich Stellung für die »Pfeffermühle«, was den Bruch mit ihrer Familie zur Folge hat, die das Naziregime unterstützt. Erster Selbstmordversuch und mehrwöchiger Klinikaufenthalt. Margot von Opel steht ihr in dieser Zeit bei.

Im April 1935 Reise nach Teheran, wo Annemarie den französischen Diplomaten Claude Clarac heiratet. Maud von Rosen ist ständig um sie. Annemarie verliebt sich in Jale, die Tochter eines türkischen Diplomaten, und lernt Barbara Hamilton-Wright kennen.

Im Herbst 1935 Rückkehr in die Schweiz.

1936 beendet sie ihren unveröffentlichten Roman *Tod in Persien.*

Im August 1936 Abreise in die USA, wo sie gemeinsam mit Barbara Hamilton-Wright an journalistischen Projekten arbeiten will. Ihre Drogensucht bringt ihr eine Blutvergiftung ein. Erika Mann, die ebenfalls in New York ist, kümmert sich um die Schwerkranke.

Im Januar 1937 schreiben Annemarie und Barbara eine Reportage über die Region um Pittsburgh.

Im Mai 1937 reist Annemarie in die baltischen Staaten, nach Moskau, Leningrad und Helsinki, um über diese Orte zu berichten.

1938 Rückkehr nach Sils/Schweiz; im Mai macht Annemarie eine Entziehungskur und lernt Anita Forrer kennen, deren Verständnis und Liebe ihr wieder Vertrauen in die Zukunft geben.

Im Herbst 1938 neuerliche Entziehungskur, Annemarie verliebt sich in ihre Ärztin Dr. Favez.

Im Dezember 1938 verfaßt Annemarie ein Testament, in dem sie Anita Forrer zu ihrer literarischen Erbin bestimmt und Erika Mann eine Summe von 10 000 Franken vermacht.

Juni 1939, Annemarie bricht mit der Sportlerin und Weltreisenden Ella Maillart nach Afghanistan auf. Annemarie hofft, von den Drogen loszukommen; Ella versucht ihr zu helfen – ohne Erfolg. Annemarie kehrt nach Europa zurück, Ella reist weiter nach Indien.

1940, nach wenigen Monaten in Sils, ist sie wieder Richtung USA unterwegs. Dort begegnet sie kurz nach ihrer Ankunft Carson McCullers, die sich unsterblich in Annemarie verliebt. Im Dezember 1940 unternimmt Annemarie wieder einen Versuch, ihr Leben zu beenden. Sie wird in die Psychiatrie eingeliefert, wo Schizophrenie diagnostiziert wird. Es gelingt ihr zu fliehen, und sie kehrt nach New York zurück.

1941 neuerlicher Klinikaufenthalt, von wo aus sie direkt zum Schiff nach Lissabon gebracht wird.

April 1941 Reise in den Kongo, Arbeit an ihrem neuen Roman: *Das Wunder des Baumes*.

Im März 1942 tritt Annemarie die Reise zurück nach Lissabon an.

Im September, während eines Besuches bei Freunden, stürzt sie mit dem Rad und ist tagelang bewußtlos. Sie erwacht noch einmal kurz aus dem Koma.

Am 15. November 1942 stirbt sie im Alter von vierunddreißig Jahren.

Annemaries Werk, das in Vergessenheit geraten war, wird in den achtziger Jahren wiederentdeckt und im Schweizer Lenos Verlag neu aufgelegt. Auch ein Teil ihrer Korrespondenz mit den Geschwistern Mann wird veröffentlicht.

Die Schriftstellerin Ruth Landshoff-Yorck, die jahrelang eng mit Annemarie befreundet war, schrieb über sie: »Alle Leute waren sofort von ihr entzückt, obwohl sie keineswegs brillant war und manchmal überhaupt nicht den Mund aufmachte … Ihre Schönheit war … engelhaft … Über Annemarie sagten die Leute: ›Wir hoffen, es geht Annemarie gut. Wir hoffen, sie ist glücklich.‹«

Aber Annemarie ging es selten gut, und Glücksgefühl konnte sie sich wohl am ehesten durch Trinken oder die Einnahme von diversen Drogen suggerieren. Ihre äußeren Umstände schienen günstig – sie war schön und klug, lebte in gesicherten materiellen Verhältnissen, wuchs mit drei Brüdern und einer Schwester in einem großen, gastfreundlichen Haus in der Nähe von Zürich auf. Möglicherweise belastete sie die Beziehung zur Mutter, die Annemarie als ihr Spiegelbild betrachtete und den anderen Geschwistern vorzog. Sie behandelte Annemarie wie einen Jungen und nannte sie »meinen kleinen Pagen«.

Die Begegnung mit Erika Mann bestimmte und beeinflußte Annemaries Gefühle im Laufe der dritten Dekade ihres Lebens. Gewiß ist, daß Annemarie Feuer und Flamme für Erika war, die deren Gefühle auch erwiderte, aber nicht so, wie Annemarie es ersehnte. Denn Erika war zwar bereit, die Rolle des »großen Bruders« zu übernehmen, nicht aber die der Geliebten. Jahre später schrieb Annemarie an Erikas Bruder Klaus, daß sie sich immer an Erika geklammert hätte und von ihr eine enge Beziehung ertrotzen wollte. Obwohl sie später dieses Vorhaben aufgab, schwang immer eine gewisse Wehmut über ihr unbeantwortetes Verlangen in ihren Briefen mit.

»Dieser Brief ist eigentlich auch unerträglich … Ich denke, es ist das Los aller älteren Brüder, solche Dinge lesen zu müssen – besonders, wenn es so einmalig gute, wundervolle und süße Brüder sind wie Du!«

Vom Herbst 1931 an und während der zwei nächsten Jahre verbrachte Annemarie den größten Teil ihrer Zeit in Berlin. An Erika schrieb sie: »Im übrigen habe ich mich mit einseitiger Beharrlichkeit allabendlich bei Maly und Igel (Schwulen- und Lesbenbar in der Lutherstraße) eingebürgert.«

Annemarie lebte gefährlich, sie trank zuviel und ging nie vor Sonnenaufgang schlafen. Sie schloß eine Reihe von Freundschaften mit Frauen, die ihr im Laufe der nächsten Jahre immer wieder zur Seite standen: die Journalistin Ursula von Hohenlohe, die Ärztin und spätere Europaratdelegierte Maria Dälen, die Autorennfahrerin Maud Thyssen-Bornemisza und die Fotografin Marianne Breslauer.

Im Frühjahr 1932 planten Erika, Annemarie, Klaus und Ricki Hallgarten, ein Freund der Manns seit Kindertagen, eine Reise nach Persien. Anfang Mai nahm sich Ricki jedoch das Leben, und das Reiseprojekt mußte abgeblasen werden. Erika, Annemarie und Klaus fuhren gemeinsam nach Venedig, um sich dort von dem Schock zu erholen. Zu Weihnachten lernte Annemarie in Berlin die Dichtertochter Mopsa Sternheim kennen, eine Freundin der Manns und Ruth Landshoff-Yorcks. Mopsa, die zu diesem Zeitpunkt schon morphinsüchtig war, brachte auch Annemarie auf den neuen Geschmack.

Mit Maud Thyssen-Bornemisza verbrachte Annemarie einen Teil des Sommers 1934 und arbeitete fleißig. Nur wenn sie mit ihrem Schreiben beschäftigt war, fühlte sie sich nicht leer. Die Beziehung mit Maud gestaltete sich schwierig, und das »liegt daran, daß ich nicht lustig genug bin und kein Junge mit Rennboot oder Fliegerdiplom. Du wirst lachen, aber so ist es, und Du weißt auch, wie sterbensunglücklich und wie machtlos man gegen solche Albernheiten ist«, schrieb sie an Klaus.

Im Herbst 1934 reiste Annemarie wieder nach Persien, wo sie die schwedische Gräfin Maud von Rosen kennenlernte, von der sie sagte, daß sie eine Mischung aus Greta Garbo und

Maria Dälen sei und »schön wie ein Erzengel die Gemüter verwirrt«, faszinierend und überwältigend sei.

Im Mai 1935 heiratete Annemarie in Teheran den französischen Diplomaten Claude Clarac. Sie hatte ihn auf einer ihrer Reisen kennengelernt, und beiden schien eine Papierehe eine gute Lösung, um lästigen Fragen bezüglich ihrer sexuellen Präferenzen und ihres Lebensstils auszuweichen. Den heißen persischen Sommer verbrachte Annemarie in Farmanieh, einem Dorf 20 Kilometer außerhalb Teherans. Mit von der Partie war immer Maud von Rosen. Annemarie schrieb, spielte Klavier und fühlte sich einsam. Im Juli traf sie Jale, die älteste Tochter des türkischen Botschafters, und verliebte sich in sie. Da Jales Vater das Zusammensein der beiden nicht duldete, dachte Annemarie sogar daran, Jale zu entführen, aber wegen deren angegriffener Gesundheit kam es nie dazu. Ende August kam Barbara Hamilton-Wright, eine Freundin Claudes, nach Teheran. Annemarie fand sie hinreißend, sehr klug und ganz nach ihrem Herzen. Auch Barbara mochte Annemarie, was diese wieder ein bißchen Lebensmut schöpfen ließ.

Kurz nach ihrer Ankunft in New York im Jahre 1940 waren Carson McCullers und Annemarie einander begegnet, und Carson hatte sich auf der Stelle unsterblich in Annemarie verliebt. Bisher war immer sie es gewesen, die aussichtslosen Lieben nachging. Jetzt war sie die Angehimmelte, welche kein Interesse hatte. Annemarie hatte einen Aufsatz über Carson geschrieben, deren erstes Buch *The Heart is a Lonely Hunter* sie nur in Grenzen gut fand.

Carsons intensive Bemühungen um Annemarie lösten bei dieser eine schwere Krise aus. Annemarie fand, daß Carson »… schwer krank ist und in einer so merkwürdigen Vorstellungswelt lebt, daß man ihr mit keiner Realität auch nur beikommen kann.

Und während ich glaube, mit aller behandelnden, erwägenden Vorsicht vorgegangen zu sein, erwartet sie, ich würde, da ich doch ihr Schicksal sei, morgen oder eines Tages kommen. Ihr Mann hat sie nur deswegen verlassen. Margot hat natürlich recht zu sagen, an solchen Dingen sei man nicht unschuldig.«

Für kurze Zeit war Annemarie in New York in einem Flüchtlingskomitee tätig und verbrachte dann den Sommer mit ihrer alten Freundin Margot von Opel auf Nantucket in Massachusetts. Sie versuchte zu schreiben, sie trank viel, und sie war unglücklich. »Ich belaste sonst auch meine Umwelt – nicht zu vergessen, daß meine ganzen derzeitigen Lebensumstände sich nur und allein auf meiner Beziehung zu Margot aufbauen, und da wird mir vor Angst oft schwindlig. Aber die Angst kommt von mir her, nicht von ihr«, schrieb sie in einem Brief.

Und ein paar Wochen später: »Jedenfalls aber ist es doch klar, daß für die andere, für Margot, nur übrig bleibt: Ich sei zum Zusammenleben und zur Liebe nicht fähig und nicht bereit.«

In einer Dezembernacht kam es im Bedford Hotel in New York zu einer stürmischen Szene zwischen Margot und Annemarie, in deren Verlauf Annemarie versuchte, Margot zu erwürgen. Die beiden verließen das Hotel und landeten schließlich im Hotel Pierre, wo Annemarie einen Selbstmordversuch unternahm. Sie wurde ins Krankenhaus eingeliefert, Margot flüchtete nach Kalifornien.

Annemarie versuchte Margot einige Wochen später zur Rückkehr zu überreden – ohne Erfolg. Daraufhin schnitt sie sich die Venen auf. Der Anblick des Blutes ließ Carson, die sie betreute, so laut schreien, daß die ganze Nachbarschaft zusammenlief. Sie kam wieder in eine geschlossene Klinik, von der aus sie am 1. Februar 1941 direkt auf ein Schiff nach Lissabon gebracht wurde.

Im April 1941 fuhr Annemarie über Portugal in den damaligen Kongo. Anfänglich hatte sie Schwierigkeiten, weil sie verdächtigt wurde, eine Spionin zu sein, dann wurde es aber ruhig um sie, und sie begann an ihrem neuen Roman *Das Wunder des Baumes* zu schreiben. Unerwartet erreichte sie dort ein Brief Carson McCullers, in dem stand: »Ich vergesse nichts, was mit Dir zusammenhängt. Laß uns versuchen, an ein Wiedersehen zu glauben, laß uns an eine Welt nach diesem Krieg glauben. Ich fühle mich Dir so nahe. Es ist wahr, in der Vergangenheit habe ich mehr von Dir gewollt, als Du geben konntest. Aber das ist, Gott sei Dank, vorbei. Denk nur daran, daß ich Dich liebe ...«

Mopsa Sternheim
(Dorothea Löwenstein)

wurde am 10. Januar 1905 geboren. Sie starb am 12. September 1954 in Paris. Bühnenausstatterin.

Ihre Mutter war die Schriftstellerin Thea Löwenstein, die zum Zeitpunkt von Mopsas Geburt schon länger eine Beziehung mit dem Schriftsteller Carl Sternheim hatte. Erst nach ihrer Scheidung heiratete sie Mopsas Vater. Pamela Wedekind, deren Familie mit den Sternheims freundschaftlichen Umgang pflegte, führte Erika und Klaus Mann bei den Sternheims ein. 1927 ließen sich Thea und Carl Sternheim scheiden, und Pamela – einst liiert mit Erika Mann und gleichzeitig verlobt mit Klaus Mann – zog im Dezember 1927 bei Carl Sternheim in Uttwil ein.

Erika und Klaus sahen Pamela kaum noch, während die Freundschaft mit Mopsa fortgesetzt wurde.

Am 17. Dezember 1929 heiratete Mopsa den österreichischen Maler Carl Rudolf von Ripper (1905–1960, Professor an der Wiener Kunstakademie). Laut Mopsas Mutter Thea war die Ehe eine Katastrophe. Mopsa wurde morphinsüchtig, und Ruth Landshoff-Yorck, die mit ihr eine kurze

Affäre gehabt hatte, bedauerte, daß sie Annemarie Schwarzenbach mit Mopsa bekannt gemacht hatte. Angeblich versorgte diese Annemarie und auch Klaus Mann oft mit Drogen.

Mopsa emigrierte nach der Machtergreifung der Nazis nach Frankreich, führte aber wie viele ihrer Freundinnen und Freunde ein Wanderleben. Während des Krieges hielt sie sich in Frankreich auf und wurde 1943 wegen ihrer Mitarbeit in der Französischen Résistance verhaftet und nach Ravensbrück gebracht. Sie überlebte das Konzentrationslager und kam nach einem kurzen Aufenthalt in Schweden im Juli 1945 wieder nach Paris. Ein autobiographischer Roman, *Im Zeichen der Spinne* (1942/43 geschrieben), wurde nie veröffentlicht, ihre Tagebücher liegen im Marbacher Literaturarchiv unter Verschluß.

Ruth Landshoff-Yorck
(Ruth Yorck von Wartenburg)

wurde am 1. Januar 1909 in Berlin geboren. Sie starb am 19. Januar 1966 in New York. Erzählerin, Journalistin.

Ihr Onkel war Samuel Fischer, und in seinem Haus lernte sie zahlreiche Schriftstellerinnen und Schriftsteller kennen. Bis 1933 Journalistin bei der Zeitschrift *Tempo*. Emigration über Frankreich, England und die Schweiz in die USA, wo sie sich 1937 niederließ. In New York lebte sie unter anderem mit der Schauspielerin Eleonora von Mendelssohn zusammen, mit der sie schon in Berlin befreundet war und die wie sie emigrieren mußte.

Ruth war als Übersetzerin, Rundfunkautorin und Schriftstellerin tätig. Während des Krieges schrieb sie etliche antifaschistische Erzählungen und Romane in Englisch, die aber nie ins Deutsche übersetzt wurden. Nach dem Krieg erschien lediglich ein Band mit Kurzgeschichten und ihre Erinnerungsskizzen *Klatsch, Ruhm und kleine Feuer,* wo sie unter anderem in einer kurzen Biographie ihre Freundschaft mit Annemarie Schwarzenbach erwähnt.

Carson McCullers
(Lula Carson Smith)

* am 19. Februar 1917 in Columbus, Georgia.
† am 29. September 1967 in Nyack, New York.
Schriftstellerin.

Carson McCullers mit:

Annemarie Schwarzenbach, Gypsy Rose Lee, Jane Bowles, Cheryl Crawford, Margot von Opel, Edith Sitwell, Janet Flanner, Solita Solano, Natalia Danesi Murray, Hilda Marks, Ethel Waters, Mary Mercer.

Lebenslinien

Carsons Mutter, die große Pläne für ihre Tochter hegt, möchte, daß sie Konzertpianistin wird. Carson spielt gerne und ausgezeichnet Klavier, wendet sich aber immer mehr der Schriftstellerei zu. Der Süden der Vereinigten Staaten bleibt auch nach ihrem Umzug in den Norden ihre literarische Heimat.

Während sie an ihrem ersten Roman schreibt, heiratet Carson Reeves McCullers, der sich wie Carson mehr zu seinem eigenen Geschlecht hingezogen fühlt.

1940, im Alter von 23 Jahren, wird Carson McCullers über Nacht im literarischen New York mit ihrem ersten Roman *The Heart is a Lonely Hunter* bekannt.

Die Ehe mit Reeves ist eine Katastrophe: eine Trinkgemeinschaft zweier Menschen, die versuchen, sich den heterosexuellen Normen ihrer Zeit und ihrer Gesellschaft anzupassen und es doch nie schaffen.

Im Juni 1940 lernt Carson Annemarie Schwarzenbach bei Erika und Klaus Mann kennen, sie wird ihre große, unerwiderte Liebe.

Carson widmet Annemarie ihr zweites Buch *Reflections in a Golden Eye.*

Im September 1940 zieht Carson nach Brooklyn in das Haus, in dem W. H. Auden, Leonard Bernstein, Golo Mann und Paul Bowles, aber auch Gypsy Rose Lee und Jane Bowles wohnen. Im Herbst 1942 erfährt Carson von Annemaries Unfall und Tod und ist untröstlich.

Im Laufe der nächsten Jahre verliebt sie sich immer wieder. Einen Sommer lang bemüht sie sich um Katherine Anne Porter, die ihr aber klarmacht, daß sie keine lesbischen Beziehungen führen will.

Den Sommer 1946 verbringt Carson mit Margot Opel, der ehemaligen Geliebten Annemaries.

1946 erscheint auch Carsons dritter Roman, *The Member of the Wedding.*

1949 schließt Carson Freundschaft mit Hilda Marks, einer attraktiven, lebhaften Frau, die, aus Deutschland geflohen, mit einem Nordamerikaner verheiratet ist.

1950 dramatisiert sie den Roman *The Member of the Wedding,* das Stück läuft lange erfolgreich am Broadway – mit Ethel Waters und Julie Harris in den Hauptrollen.

In diesem Jahr hält sich Carson auch wieder in Europa auf. Ihr Gesundheitszustand verschlechtert sich. Die linke Hand ist kaum beweglich, das linke Bein schleift sie beim Gehen nach.

1951 erscheint *The Ballad of the Sad Café,* und Carson verbringt den Sommer wieder in Europa.

Ende der fünfziger Jahre verschlechtert sich Carsons Gesundheitszustand rapid, und sie verbringt immer mehr Zeit im Rollstuhl.

1958 finden die besorgten Freundinnen eine Ärztin, Mary Mercer, Spezialistin in psychiatrischer Behandlung von Kindern, die sich Carsons annimmt. Carson verliebt sich bei der ersten Visite in sie. Die professionelle Seite der Beziehung Carson-Mary dauert nicht lange, dafür werden die beiden enge Freundinnen.

1961 erscheint Carsons letztes Buch *Clock Without Hands*. Wie die alten Freundinnen Carsons einhellig meinen, hätte Mary deren letzte Jahre durch ihre liebevolle Sorge ermöglicht.

Einblicke

Der Titel ihres ersten Romans, *The Heart is a Lonely Hunter*, wurde später von Carsons Biographin Virginia Spencer Carr aufgegriffen: Sie bezeichnete auch Carson als einsame Jägerin – oft einsam und auf der Jagd nach Anerkennung und Liebe. Sie schaffte es immer wieder, sich mit den von ihr angehimmelten Frauen zu umgeben und mit ihnen zusammenzusein.

Carsons große Liebe galt Annemarie Schwarzenbach, der sie auch ihr zweites Buch *Reflections in a Golden Eye* widmete. Annemarie war weder von Carsons Buch besonders beeindruckt, noch war sie fähig, deren Gefühle zu verstehen und zu erwidern.

Laut Janet Flanner und Solita Solano, die sich beide immer wieder um Carson kümmerten, wußte bald ganz New York, daß Carson in Annemarie verliebt war und alles in Bewegung setzte, um den Sommer mit ihrer Angebeteten in Vermont zu verbringen. Es dauerte Wochen, bis Carson Annemaries Ablehnung verstand, woraufhin sie begann, noch mehr als sonst zu trinken.

Vielleicht sah Annemarie Carson zu sehr als Spiegel ihrer selbst in bezug auf ihre unerfüllte Liebe zu Erika Mann. Sowohl Carson wie Annemarie spielten ausgezeichnet Klavier, beide schrieben mit Erfolg, und beide zogen es vor, in Männerkleidung herumzulaufen. Annemarie, die wohlha-

bende Kosmopolitin, war viel eleganter, und es war diese
selbstverständliche, europäische Eleganz, zu der sich Carson
so hingezogen fühlte.

Voll Bewunderung und Verehrung war Carson auch für
Djuna Barnes. Als Carson und Djuna einmal im selben
Restaurant zu Abend aßen, ließ Carson eine Flasche Champagner an deren Tisch bringen, wagte es allerdings nicht,
Djuna anzusprechen. Diese erzählte auch, daß Carson später
oft auf den Treppen vor ihrer Wohnungstür saß und weinend
um Einlaß bettelte. Djuna ließ sie jammern, nur einmal rief sie
hinunter: »Wer auch immer an der Tür läutet, der Teufel soll
dich holen.«

Anfang der vierziger Jahre wohnte Carson während ihrer
New-York-Aufenthalte in der Middagh Street in Brooklyn.
Sie verbrachte viele Abende mit der früheren Stripperin Gypsy
Rose Lee, und die beiden großgewachsenen Frauen waren in
den Bars und Cafés der Nachbarschaft oft zu Gast. Gypsy
hatte viele Geschichten zu erzählen, und Carson konnte
davon nicht genug bekommen. Auch die erfolgreiche Broadwayproduzentin Cheryl Crawford hatte es Carson angetan.
Cheryl gab ihr jedoch zu verstehen, daß sie nur an einer
Freundschaft Interesse habe und nicht verehrt werden wollte.
Jane Bowles wohnte auch im gleichen Haus wie Carson, die
beiden wurden aber nie enge Freundinnen. Carson, die nie
genug Menschen um sich haben konnte, mochte Jane, aber
diese war wohl auf die literarischen Erfolge der gleichaltrigen
Carson eifersüchtig.

1946 erschien Carsons dritter Roman, *The Member of the
Wedding*. Dieser Roman wurde 1950 von der Autorin dramatisiert und lief lange erfolgreich am Broadway. Mit diesem
Stück konnte die Schauspielerin Ethel Waters ein Comeback
feiern. Cheryl Crawford war die Produktion des Stückes
angeboten worden, aber sie hatte abgelehnt, weil sie nicht
glaubte, daß sich das Publikum für die Phantasien eines »kleinen Wildfangs« interessieren würde.

Janet Flanner, die das Buch im Frühjahr 1946 in Paris gelesen hatte, war entsetzt über das körperliche und seelische Leid, welches den Roman wie ein roter Faden durchzog. Sie wußte nicht, was sie Carson darauf antworten sollte. Pubertät – ein Thema in diesem Roman – sei wohl die schlimmste Zeit in jeder persönlichen Erinnerung, schrieb Janet an ihre Gefährtin Natalia Danesi Murray, aber in Anbetracht der derzeitigen Weltlage wäre es unerträglich, an den gedruckten Pubertätserinnerungen von jemand anderem teilhaben zu müssen.

Nach Ende des Krieges reiste Carson nach Europa. Sie besuchte Paris und Rom, wo die Übersetzungen ihrer Bücher sehr erfolgreich waren. Janet Flanner betreute Carson in Paris und führte sie in die Gesellschaft ein, während sich in Rom Natalia Danesi Murray um sie kümmerte. Carsons Auftreten wirkte auf viele Menschen eher enttäuschend. Ihr jungenhaftes Aussehen, das oft auch mit dem eines Schulmädchens verglichen wurde, entsprach nicht den verbreiteten Vorstellungen über eine erfolgreiche Autorin. Auch sprach sie nur Englisch und war scheu im Umgang mit Unbekannten. Um diese Scheu zu überwinden, trank sie vermehrt, was zu immer heftigeren Streitereien mit ihrem Mann Reeves führte, der sie begleitete.

Im Jahre 1949, während eines Besuchs bei Freunden in den Südstaaten, schloß Carson Freundschaft mit Hilda Marks, einer attraktiven, lebhaften Frau, die aus Deutschland geflüchtet und mit einem nordamerikanischen Autor verheiratet war. Diese Freundschaft hielt bis zu Carsons Tod. Zu ihrer Beziehung befragt, sagte Hilda, daß es eine typische Frauenfreundschaft war – sie, Hilda, kochte gerne, und Carson sah ihr gerne dabei zu und aß. Robert, Hildas Mann, war nicht sehr begeistert, vor allem wenn er sah, wie sich Carsons Verhalten änderte, sobald Hilda ins Zimmer kam. Sie schien Hilda zu verehren und tat alles, um sie bei guter Laune zu halten.

Einmal, während Roberts Abwesenheit, flehte Carson Hilda an, Robert zu verlassen und mit ihr zusammenzuziehen. Sobald Robert für eine Zeitlang nicht zu Hause war, zog Carson zu Hilda, trug Roberts Schlafanzüge und spielte den Herrn im Haus. Für Hilda waren dies Spiele, und sie hatte ihren Spaß daran. Robert ließ die beiden wissen, daß er nicht Teil einer ménage-à-trois sein wollte, aber er war weder der erste noch der letzte Mann, dessen Frau von Carson verehrt und begehrt wurde.

1961 erschien Carsons letztes Buch, *Clock Without Hands*, und sie beendete es wohl nur, weil Mary Mercer sie dabei unterstützte. Edith Sitwell gegenüber, mit der sie schon seit Jahren eine enge literarische Freundschaft pflegte, sagte Carson, daß ihr Mary geholfen habe, wieder Lebensfreude zu schöpfen. Carson und Edith trafen einander in den fünfziger Jahren bei Carsons Besuchen in London oder bei Ediths Aufenthalten in den Vereinigten Staaten. Sie verbrachten Stunden damit, Geschichten zu erzählen, und jede bemühte sich, die andere an Skurrilität zu übertreffen.

Ethel Waters

wurde am 31. Oktober 1896 (1900) in Chester, Pennsylvania, geboren. Sie starb am 1. September 1977 in Los Angeles. Schauspielerin und Sängerin.

Mit siebzehn Jahren begann Ethel ihre Karriere im Varieté unter dem Namen Sweet Mama Stringbean. 1919 kam sie nach Harlem, wo sie bald als Blues- und Jazzsängerin bekannt wurde. Dort hörte sie auch zum ersten Mal von der Tänzerin Ethel Williams, deren vielversprechende Tanzkarriere von einer Blutvergiftung unterbrochen worden war.

Ethel Waters besuchte sie, überzeugte sie davon, daß sie

wieder tanzen müsse, und verschaffte ihr auch Arbeit. Die beiden traten gemeinsam in Shows auf, wobei die eine Ethel sang, die andere tanzte. Sobald die Vorstellung vorbei war, gingen die beiden aus. Zu ihrem Freundeskreis zählten viele schwule Männer, die alle gern an Kostümwettbewerben teilnahmen. Dazu borgten sie sich Ethels Kostüme aus und gewannen damit oft Preise.

Die beiden Ethels gingen auch gemeinsam auf Tournee und feierten dabei oft mit den anderen Frauen der Gruppe die Nächte durch. Mitte der zwanziger Jahre war Ethel Waters so populär, daß sie als erste schwarze Frau Broadway-Angebote bekam. Die Musicals, in denen sie mitwirkte, reichten von *Africana* bis zu Irving Berlins *As Thousands Cheer*, welches 1933 uraufgeführt wurde und in dem sie die einzige Schwarze im Ensemble war. Das Lied *Stormy Weather*, gesungen von Ethel, wurde der Hit des Musicals.

Einige Jahre später machte sie die Bekanntschaft von Carl Van Vechten – einem treuen Freund Gertrude Steins und Alice B. Toklas' –, den sie vorerst als reichen Weißen abtat, dieses Urteil jedoch zurücknahm, sobald sie ihn besser kannte. Er lud sie immer wieder zu sich ein, wobei sie die Gelegenheit hatte, Frauen wie die Journalistin Dorothy Thompson oder die Verlegerin Blanche Knopf kennenzulernen.

1930 schiffte sie sich nach Europa ein, in Begleitung eines Ehemanns – sie hatte im Laufe ihres Lebens drei – und der Tochter einer Freundin, die sie zum damaligen Zeitpunkt aufzog. Von all den Leuten, die sie in Paris traf, war sie am meisten von der Schriftstellerin Radclyffe Hall beeindruckt.

In den späteren dreißiger Jahren wirkte sie erfolgreich in Filmen mit und setzte ihre Bühnenkarriere fort. 1935 waren sie und Beatrice Lillie die Stars der Show *At Home Abroad*, und 1939 waren bei der Premiere von *Mama's Daughters*, in der sie die Rolle der Hagar spielte, alle großen Schauspielerinnen New Yorks anwesend. Auch Eleanor Roosevelt war im Publikum und kam nach der Aufführung in Ethels Garderobe, um sie zu umarmen. In den vierziger Jahren ging es mit ihrer Karriere bergab. Ihre Süchte erschwerten ihr Privatleben und hatten negative Auswirkungen auf ihren Beruf. Als sich 1950 die Produzenten von Carson McCullers *Member of a Wedding* nach einer Besetzung für das Stück umsahen, fiel ihnen Ethel Waters ein.

Bei einem Treffen von Ethel und Carson erklärte Ethel, daß sie gerne die Rolle der Berenice Sadie Brown spielen würde, daß sie aber noch nie, wie es im Skript vorgesehen war, von einer Schwarzen im Süden gehört hätte, die russische Lieder singen könne. Sie schlug vor, ein anderes Lied zu singen, in dem auch Jesus vorkommen würde. Carson bat sie, das Lied vorzubringen und war so berührt, daß sie sich währenddessen weinend auf Ethels Schoß setzte.

Ethel wurde engagiert, und es wurde für sie, für Carson und Julie Harris, die die andere Hauptrolle übernahm, ein Riesenerfolg. Zwei Jahre später wurde das Stück mit derselben Besetzung verfilmt. Julie Harris erinnerte sich bei einer Geburtstagsfeier für Ethel, daß dann sie zwei Jahre lang diejenige war, die auf Ethels Schoß sitzen konnte, was für sie der Himmel auf Erden war.

Cheryl Crawford

wurde am 24. September 1902 in Akron, Ohio, geboren. Sie starb am 7. Oktober 1986 in New York. Theaterproduzentin.

Sie absolvierte das Smith College und entdeckte damals ihre große Liebe zum Theater. In den dreißiger Jahren unternahm sie mit Unterstützung von Theresa Helburn ihre ersten Versuche, sich als Broadwayproduzentin zu etablieren. 1946 gründete sie gemeinsam mit der Schauspielerin Eva Le Gallienne und der Regisseurin Margaret (Peggy) Webster das American Repertory Theatre, aus dem sie allerdings bald wieder ausstieg. 1950 zeigte ihr Carson McCullers die Bühnenfassung ihres Romans *Member of the Wedding*, aber Cheryl lehnte die Produktion ab und riet Carson, die Finger von Dramen zu lassen.

Über Cheryls Privatleben ist nur wenig bekannt. In ihrer Autobiographie stellte sie fest, daß sie zu beschäftigt gewesen sei, ein Privatleben zu führen. Aus Carson McCullers Biographie wissen wir, daß diese Anfang der vierziger Jahre Cheryl angebetet hatte und es eine Zeitlang dauerte, bis Cheryl Carson davon überzeugen konnte, daß sie nur an einer Freundschaft interessiert war.

Ihre Theaterproduktionen brachten sie in Kontakt mit vielen Dramatikerinnen, Schriftstellerinnen und Schauspielerinnen. Sie verkehrte in denselben Kreisen wie Tallulah Bankhead, Alla Nazimova oder Janet Flanner, besuchte dieselben Feste und wurde am Wochenende in dieselben Landhäuser eingeladen. Ende der vierziger Jahre hatte sie genug Geld gespart, um mit ihrer Freundin Ruth Norman ein Landhaus zu kaufen, einer der wenigen Hinweise auf Cheryls Leben außerhalb des Theaters.

Gypsy Rose Lee
(Rose Luise Hovick)

wurde am 9. Februar 1914 in Seattle geboren. Sie starb am 16. April 1970 in Los Angeles. Schauspielerin, Tänzerin und Schriftstellerin.

Im Alter von vier Jahren stand sie zum ersten Mal auf der Bühne und verbrachte dann die nächsten Jahre damit, mit ihrer Schwester June Havoc, der späteren Filmschauspielerin, als »Madame Roses Tanzende Töchter« aufzutreten. In den dreißiger Jahren feierte sie große Erfolge und war eine der bekanntesten Stripperinnen in Nordamerika.

Ende der dreißiger Jahre beendete sie ihre Stripperinnen-karriere und begann, Kriminalromane zu verfassen. Einer ihrer Krimis, *The G-String Murders*, wurde 1943 unter dem Titel *Lady of Burlesque* verfilmt. Ihre Autobiographie *Gypsy* bildete die Grundlage für ein Broadway-Musical und später für einen Hollywoodfilm.

Nur die wenigsten Leute wußten, daß es auch noch eine andere Seite Gypsys gab. Sie unterstützte unter anderem die republikanische Seite im Spanischen Bürgerkrieg. 1940 lebte auch sie eine Zeitlang in dem berühmten Haus in Brooklyn, in dem Carson McCullers wohnte. In der Nachbarschaft kannte man bald die beiden großen, schlanken Frauen, die oft zusammen Streifzüge durch die Bars machten.

Jane Bowles
(Jane Stajer Auer)

* am 22. Februar 1917 in New York City.
† am 4. Mai 1973 in Malaga, Spanien.
Schriftstellerin.

Jane Bowles mit:

Charlotte Cohan, Lupe Levy, Dione Lewis, Genevieve Phillips, Helvetia Orr Perkins, Cory, Cherifa, Tetum, Libby Holman, Carson McCullers, Alice B. Toklas, Katherine Hamill, Natascha von Hoershelman, Martha Ruspoli de Chambrun.

Lebenslinien

Jane ist das einzige Kind einer Mittelklassefamilie und wächst mit großen Ambitionen auf.

1932 stürzt sie und bricht sich das Bein. Die Ärzte diagnostizieren Knochentuberkulose. Sie verbringt daraufhin zwei Jahre zur Kur in der Schweiz. Hier lernt sie Französisch und liest viel.

Zurück in New York treibt sie sich mit ihren Freundinnen Charlotte Cohan und Lupe Levy hauptsächlich in Village-Clubs für Schwule und Lesben herum. In einem dieser Clubs trifft sie auch Dione Lewis, die eine ihrer besten Freundinnen wird.

1937 lernt sie Paul Bowles kennen, der Beziehungen zu beiden Geschlechtern pflegt. Sie fährt mit ihm nach Mexiko, reist dann aber allein nach Arizona und Kalifornien, wo sie eine Affäre mit Genevieve Phillips, einer alten Freundin aus New York, hat.

1938 beschließen Jane und Paul zu heiraten. Nach der Heirat, im Februar desselben Jahres, reisen die beiden nach Panama. Ende April sind sie in Paris, wo Jane Bobby kennenlernt, die Besitzerin einer Lesbenbar.

1940 trifft Jane in Mexiko Helvetia Orr Perkins, die damals 45 Jahre alt und geschieden ist und mit ihrer 21jährigen Tochter lebt. Jane ist überzeugt, daß die Beziehung mit dieser Frau ihr Leben verändern wird.

1941 ziehen Jane und Paul in das Haus in Brooklyn, das auch Carson McCullers bewohnt. Jane ist eifersüchtig auf Carsons Erfolg. Sie hält sich für eine seriösere Schriftstellerin als Carson.

Den Sommer 1941 verbringt Jane wieder in Mexiko. Sie schreibt, trinkt und verbringt viel Zeit mit Helvetia. Die Beziehung der beiden ist ein ständiges Auf und Ab, bis Jane versucht, sich das Leben zu nehmen.

1943 erscheint der Roman *Two Serious Ladies*. Er wird kein Erfolg.

Zu Janes Freundeskreis stoßen Katherine Hamill und Natascha Hoershelman sowie die Sängerin Libby Holman.

Das Jahr 1947 nützt Jane, um einen neuen Roman fertigzustellen. Sie möchte ihre Beziehung zu Helvetia klären und beenden.

1948 fährt Jane in Begleitung von Cory, ihrer neuen Liebe aus Boston, nach Marokko und Spanien.

Im April 1948 lernt Jane in Marokko Cherifa kennen.

Im Mai 1948 beendet sie zwei Kurzgeschichten.

Im Juli 1950 wird Jane die Aufführung ihres Stückes *In the Summer House* in Aussicht gestellt, die sich aber noch längere Zeit verzögert. Erst im Mai 1953 wird das Stück in Ann Arbor auf die Bühne gebracht. Ende Dezember kommt es auf den Broadway, wo es bis zum nächsten Februar läuft – es wird zu einem Kultstück.

1956 holt Jane in Marokko ihre Geliebte Cherifa zu sich –
offiziell ist Cherifa Janes Hausangestellte.

Im April 1957 erleidet Jane ihren ersten Schlaganfall; sie
weigert sich, im Krankenhaus zu bleiben.

Im April 1958 erneuter Aufenthalt in New York, Jane
braucht ständige Betreuung. Viele ihrer Bekannten glauben,
sie sei verrückt geworden.

Im Herbst kehrt sie nach einem Krankenhausaufenthalt
nach Marokko zurück und nimmt ihr altes Leben mit Cherifa
wieder auf.

1963 trifft Jane die Prinzessin Martha Ruspoli de Chambrun.

1965 erscheint *Two Serious Ladies* in England und im folgenden Jahr *The Collected Works of Jane Bowles* in den USA.
Dieser Sammelband geht auf Pauls Initiative zurück, und Carson McCullers schreibt einen kurzen Fanbrief.

1967 erhält Jane in einer psychiatrischen Heilanstalt in
Spanien eine Elektroschocktherapie. In den folgenden Jahren
muß sie immer wieder ins Krankenhaus.

1970 erblindet sie nach einem Gehirnschlag und erliegt am
4. Mai 1973 ihrem letzten Schlaganfall.

Einblicke

Mitte der dreißiger Jahre war Jane häufig in diversen Lesben-
und Schwulennachtclubs in Greenwich Village anzutreffen.
Dort schloß sie Freundschaften mit Charlotte Cohan, Lupe
Levy und Dione Lewis. 1937 traf sie zum ersten Mal Paul
Bowles. Bei diesem Zusammentreffen war auch Erika Mann
anwesend, der Janes Interesse vorwiegend galt. Paul komponierte zum damaligen Zeitpunkt und hatte sexuelle Beziehungen zu Männern und Frauen. Nach einer gemeinsamen Reise
nach Mexiko – Jane verschwand nach ein paar Wochen und
fuhr zu ihrer Flamme Genevieve Phillips nach Arizona – be-

schlossen Paul und Jane zu heiraten. Die Hochzeitsreise ging nach Panama, ausgerüstet mit zwei Reisetruhen, 27 Koffern, einer Schreibmaschine und einem Grammophon. Diese Reise war die Inspiration für Janes 1943 veröffentlichten Roman *Two Serious Ladies*.

Im Frühjahr 1938 verbrachte Jane viele Stunden in der bekannten Pariser Lesbenbar Le Monocle. Bobby, die Besitzerin, war einer der Hauptgründe, warum sich Jane so gerne dort aufhielt. Als Jane in den fünfziger Jahren nach Paris zurückkam, führte ihre Sehnsucht sie wieder ins Le Monocle. Doch Bobby war nicht mehr dort, und die Bar besaß in Janes Augen ihre einstige Qualität nicht mehr. Als sie sich nach Bobby erkundigte, erfuhr sie, daß diese schon lange nicht mehr hier tätig war, sondern in der Zwischenzeit Besitzerin von zwei Schlössern geworden war. Für Jane war Bobby die maskulinste Frau, die sie je kennengelernt hatte, und deren Branchenwechsel deprimierte sie so sehr, daß sie sich gerne betrunken hätte, wäre sie es nicht ohnehin schon gewesen.

Die sexuelle Beziehung von Jane und Paul dauerte nicht lange. Nach einem Streit hatte Jane jegliches erotische Interesse an Paul verloren. Dennoch blieben die beiden verheiratet: Sie verbrachte die meiste Zeit mit ihren Frauen und er die seine mit Männern. Im Sommer 1940 hatte Jane in Mexiko die 45jährige Helvetia Orr Perkins kennengelernt, und sie wußte instinktiv, daß diese Frau großen Einfluß auf sie haben würde.

Helvetia und Jane hatten bis 1947 eine krisengeschüttelte Beziehung, die ein ständiges Auf und Ab war und beide oft an den Rand der Verzweiflung brachte. Paul war überzeugt, daß Helvetia schlechten Einfluß auf Jane habe – sie sei zu streng und zu überzeugt, für alles eine richtige Antwort zu haben – und am wichtigsten, sie verstehe Janes Talente nicht. Die meisten Freundinnen Janes konnten nicht verstehen, warum sie mit der belehrenden, eifersüchtigen Helvetia zusammenblieb.

Die Sängerin Libby Holman, eine der engsten Freundinnen

Janes, war wie diese aus jüdischem Elternhaus, politisch liberal, und sie liebte Frauen. Es muß zu Beginn ihrer Freundschaft mit Libby gewesen sein, als Jane anfing, über sich selbst als »Crippie, the Kike Dyke« zu scherzen (Crippie = Krüppelchen – wegen ihres steifen Knies, die Erinnerung an die Knochen-TB; Kike = amerikanischer Slangausdruck für Jude; Dyke = amerikanischer Slangausdruck für Lesbe). Zwischen Jane und Libby kam es nie zu einer Liebesbeziehung, obwohl die beiden sich sehr zueinander hingezogen fühlten. Sie vertrauten einander, hatten miteinander viel Spaß, und Libby nannte Jane »my zany Janie« (mein Kasperl Janie). Sie stimmten beide darin überein, daß Männer nichts Besonderes und vor allem nichts Mysteriöses an sich hätten, im Gegensatz zu Frauen, die tiefgründig, geheimnisvoll und obszön seien.

Im April 1948 lernte Jane in Marokko Cherifa kennen. Diese war eine Marktverkäuferin und in Tanger bekannt als Frau, die gerne wild und gefährlich lebte, trank und Beziehungen zu Frauen hatte. Jane verliebte sich sofort in Cherifa, die damals ungefähr zwanzig Jahre alt war. Eine von Janes Hauptaufgaben in den nächsten Jahren bestand darin, Cherifas Vertrauen und Liebe erringen zu wollen, was ihr genügend Grund verschaffte, immer wieder nach Tanger zurückzukehren. Sie verbrachte die nächsten Monate damit, Arabisch zu lernen und Cherifa näherzukommen. Sie lernte auch noch eine andere Frau, Tetum, »die Lesbe aus den Bergen«, kennen, mit der sie ebenfalls – vergeblich – ihr Glück versuchte.

Cory, eine Liebschaft Janes im Jahr 1949, war nach Paris zu Besuch gekommen, was sich als katastrophal herausstellte. Im selben Jahr hatte Jane auch Alice B. Toklas kennengelernt, und Alice fand Jane sehr amüsant. Sie durchblickte allerdings rasch, daß Jane keine Arbeitsdisziplin hatte und bedauerte das ungenützte literarische Talent. Jane war sehr mit Cory beschäftigt, und sie wünschte sich oft, sie hätte Cory nie gebeten herzukommen, denn diese konnte Janes Freundinnen nicht leiden, und Janes Freundinnen und Freunde verstanden nicht, was diese an ihr fand. Jane vertraute einer Freundin an, daß Cory im Bett wie ein Vulkan sei, ein Verhalten, das angesichts ihres steifen Gehabes und ihres matronenhaften Aussehens schwer vorstellbar war.

In den fünfziger Jahren pendelte Jane zwischen New York und Marokko. In New York war sie meistens bei Libby zu Gast, in Tanger hatte sie ab 1956 ihr eigenes Heim, welches sie mit Cherifa teilte. Sie liebte es, den Großteil ihrer Zeit in diversen Bars zu verbringen und lernte dort immer wieder neue Frauen kennen. Viele von diesen Frauen waren wie Jane auf der Suche nach etwas Unbestimmtem nach Marokko gekommen und hatten genügend Zeit, die Tage mit dem Erzählen von wahren und erfundenen Geschichten zu verbringen. Jane fand nach wie vor ältere Frauen attraktiv, aber sie kam auch immer wieder in die Rolle der Angebeteten, die ihr nicht sonderlich behagte. Die Prinzessin Martha Ruspoli de Chambrun wurde 1963 eine der letzten Eroberungen Janes. Sie war zehn Jahre älter, sprach sechs Sprachen und war immer sehr beschäftigt. Jane war sofort von Martha angetan, aber bald stellte sich heraus, daß im Gegensatz zu Janes sonstigen Abenteuern es diesmal Martha war, die Jane Avancen machte, ein Umstand, dem sich Jane machtlos ausgeliefert fühlte.

Libby Holman
(Elizabeth Holzman)

* am 23. Mai 1904 in Cincinnati, Ohio.
† am 23. Juni 1971 in ihrem Haus Treetops in Stamford, Connecticut.
Schauspielerin und Sängerin von sentimentalen Liebesliedern.

Libby Holman mit:

Louisa Dupont Carpenter, Jeanne Eagles, Tallulah Bankhead, Alice B. Toklas, Jane Bowles, Beatrice Lillie, Gertrude Lawrence, Joan Crawford, Mercedes de Acosta.

Lebenslinien

Libbys größter Wunsch als Jugendliche ist es, nach New York zu gehen und berühmt zu werden.

1924 zieht Libby tatsächlich nach New York, um ihr Glück zu versuchen.

Nach monatelangem, vergeblichem Suchen wird sie zum ersten Mal als Schauspielerin engagiert, weitere Engagements folgen bald.

1929 feiert Libby einen großen Erfolg in dem Stück *The Little Show*, das 321mal aufgeführt wird. Gegen Ende des Jahres wird sie nach einer dieser Aufführungen mit Louisa Dupont Carpenter bekannt gemacht. Eine Liebesbeziehung zwischen den beiden Frauen beginnt.

Im Sommer 1930 fahren Libby und Louisa nach Europa, wo sie Tallulah Bankhead in London und Mercedes de Acosta in Paris besuchen.

1932 heiratet Libby trotz aller Warnungen den Tabakerben

Smith Reynolds. Bald darauf kommt Smith unter ungeklärten Umständen durch eine Schußverletzung ums Leben.

1933 Geburt von Libbys Sohn Christopher, Libby und Louisa ziehen zusammen und kümmern sich gemeinsam um das Kind.

Achtzehn Monate später adoptiert Louisa ein dreijähriges Mädchen.

1937 kauft Libby ein Grundstück in Connecticut und läßt eine Luxusvilla mit sechzehn Schlafzimmern und neun Bädern für ihren Sohn bauen. Das Haus bekommt den Namen Treetops. Im Herbst 1938 versucht Libby mit Cole Porters *You Never Know* ein Comeback, das mißlingt.

Bald darauf erstmals Auftreten mit dem schwarzen Pianisten Josh White.

1942 wird das gemeinsame Album *Blues Till Dawn* produziert, Anfang September wird eine gemeinsame Show im La Vie Parisienne, einem schicken Club in der East Fifty-Second Street, aufgeführt. Das Publikum ist begeistert, aber Libby und Josh werden mit rassistischen Vorurteilen konfrontiert. Libbys politischer Aktivismus gegen Rassismus spielt daraufhin für den Rest ihres Lebens eine wichtige Rolle.

1945 adoptiert Libby einen Buben, den sie Timmy nennt. Während des Krieges Aufnahme von zwei weiteren Pflegekindern, die sie gerne adoptiert hätte, die ihr allerdings nach etwa einem Jahr wieder entzogen werden. Später adoptiert sie einen weiteren Sohn namens Tony.

1946 kommt Jane Bowles nach Treetops, mit der Libby bald eine enge Freundschaft verbindet. Jane lernt damals auch Louisa kennen und findet, daß sie die sexuell attraktivste Frau der Welt sei.

Im Sommer 1950 kommt Libbys Sohn Christopher bei einem Bergunfall in Kalifornien ums Leben.

Daraufhin Umzug nach Paris, wo sie gefeierte Konzertauftritte hat. In Italien gelingt ihr das nicht.

1953 gründet sie im Andenken an ihren verstorbenen Sohn

die »Christopher Reynolds Foundation«, die vorwiegend Menschenrechte unterstützt, mit spezieller Ausrichtung auf Umweltfragen, Bürgerrechte, Rassenbeziehungen, Frieden und Abrüstung.

1959 unterstützt die Foundation zum ersten Mal Martin Luther King, mit dem Libby sich im Laufe der nächsten Jahre anfreundet.

1954 bringt Libby ihre Einfrauenshow *Blues, Ballads and Sing-Songs* nach New York. Da ihr nicht der erhoffte Erfolg beschieden ist, will sie nie wieder am Broadway auftreten.

Kurz darauf nimmt sie eine Überdosis Schlaftabletten, überlebt aber.

1955 wird ein Magengeschwür wieder akut.

Am Neujahrstag 1956 verliert sie in einer sechsstündigen Operation zwei Drittel ihres Magens.

1960 heiratet Libby den Maler Louis Schanker, einen Mann, der von ihren Freundinnen und Freunden nicht geschätzt wird.

1963 besuchen Libby und Louis Jane Bowles in Marokko. Vier Jahre später ist Libby noch einmal in Marokko, allerdings nur für eine Woche, da sie die melancholische und passive Jane nicht ertragen kann.

Die Eskalation des Vietnamkrieges belastet Libby sehr. Sie beschäftigt sich mit Zen-Buddhismus. In diesen Jahren beginnt Libby stark zu trinken. Diese Sucht kann sie auch durch Entziehungskuren nicht überwinden.

1968 gibt Libby ihr letztes Konzert – eine Benefizveranstaltung für die »World Federation of the United Nations Association«.

Am 18. Juni 1971 finden Angestellte Libby fast leblos in der Garage von Treetops. Am Abend desselben Tages stirbt sie. Die Todesumstände sind ungeklärt.

1976 kommt Louisa Carpenter bei einem Flugzeugabsturz ums Leben.

Libby, die in Cincinnati im Bundesstaat Ohio aufgewachsen war, hatte den großen Wunsch, diesen Ort zu verlassen und nach New York zu gehen, um dort berühmt zu werden.

Sie wollte Karriere als Schauspielerin und Sängerin machen wie ihr Vorbild Bessie Smith, deren Schallplatten sie sich stundenlang anhörte. Damals wußte sie noch nicht, daß sie später in Harlem oft Gelegenheit haben würde, Bessie Smith live zu sehen. In Cincinnati verstand man sie nicht, denn sie gab den anderen schwierige Rätsel auf: »Ich bin groß und sehr schlank/bin ich eine Sie oder ein Er?«

Nach einer der Aufführungen von *The Little Show* wurde Libby mit Louisa Dupont Carpenter bekannt gemacht. Louisa war damals zweiundzwanzig, groß, blond und eine der Erbinnen der Dupont-Millionen. Sie hielt sich wegen der interessanten Theaterszene gerne in der Stadt auf, grundsätzlich zog sie aber das Landleben vor, wo sie fischen und jagen konnte. Sie war eine Meisterschützin und eine der ersten Frauen, die einen Pilotinnenschein erwarb. Louisa verliebte sich in Libby und lud sie auf ihre Yacht ein.

Am darauffolgenden Wochenende wurde Libby von Louisa so empfangen, wie sie sich am liebsten zeigte: in Tennisschuhen, weißen Leinenhosen und oberhalb der Taille nackt. In diesen Tagen begann ihre Beziehung, und sie hätte fast ein Wenn-sie-nicht-gestorben-sind-Ende gehabt, wenn nicht Libbys Ambitionen größer als ihre Liebe zu Louisa gewesen wären.

Louisa, die Millionenerbin, mußte sich weder um ihre finanzielle Zukunft noch um die Art ihres Auftretens sorgen. Daß sie wie ein Mann ging, wie ein Mann sprach und sogar wie ein Mann angezogen war – der Inbegriff einer »butch« –, sei ihre Angelegenheit, und wem es nicht gefiel, hatte eben Pech.

Libby, in ärmlichen Verhältnissen aufgewachsen, hatte oft

gesagt, daß sie nur für Geld heiraten würde und Liebe nicht ausschlaggebend wäre. Wie viele andere Frauen, die damals im Showgeschäft Karriere machen wollten, wußte auch Libby, daß sie ihre lesbischen Beziehungen nicht an die große Glocke hängen durfte. Außerdem wollte sie Kinder haben und das zu einem Zeitpunkt, als das Thema »künstliche Befruchtung für Lesben« noch keines war.

Aber zu Beginn der Beziehung von Louisa und Libby hatte all dies keine Bedeutung. Die beiden waren unzertrennlich, und alle wußten, daß sie ein Paar waren, wurden sie doch fast jede Nacht in diversen Bars und Clubs in Harlem gesehen, manchmal zu zweit und oft im Kreis ihrer Freundinnen, zu denen damals die Schauspielerinnen Beatrice Lillie, Tallulah Bankhead, Jeanne Eagles – mit der Libby angeblich ein kurzes Verhältnis gehabt hat – und Lucille Le Sueur (die spätere Joan Crawford) zählten.

Mercedes de Acosta nahm Libby einmal zu einer russischen Wahrsagerin mit. Nachdem diese aus Libbys Hand gelesen hatte, vertraute sie Mercedes an, daß sie in Libbys Zukunft eine Heirat und bald darauf den gewaltsamen Tod dieses Mannes gesehen habe, Ereignisse, die sie Libby nicht mitteilen wollte und die sich später tatsächlich bewahrheiten sollten.

Smith Reynolds, der jüngste Sohn des Mannes, dem wir die Camel-Zigaretten zu verdanken haben, war 1930 sehr an Libby interessiert und wollte sie unbedingt heiraten. Eugenia Bankhead, Tallulahs ältere Schwester, warnte ihn davor, denn Libby zu lieben sei so, als ob er Schokoladenmousse esse: weich zum Anfühlen und süß fürs Auge und die Zunge, aber die Freude halte nicht lange, und alles, was am Ende bleibe, seien Bauchschmerzen. Trotzdem hatte Smith sich Libby in den Kopf gesetzt, und sie ließ sich mit dem um einiges jüngeren Mann ein. Louisa, die oft Beziehungen mit verheirateten Frauen hatte und prinzipiell nichts gegen heterosexuelle Ehen einzuwenden hatte, war mit dieser speziellen Verbindung nicht einverstanden.

Nach Libbys und Smiths Umzug in den Süden zu den Reynolds bestätigten sich die allseits gehegten Befürchtungen bald. Libby langweilte sich nach kurzer Zeit in Winston, und weder wilde Feste noch der immer größer werdende Alkoholkonsum konnten das ändern. Bei einem dieser Feste kam es zu einem Zwischenfall, der für immer ungeklärt bleiben sollte. Smith wurde mit einer Schußverletzung ins Krankenhaus eingeliefert und erlag seinen Verletzungen. Wer den Schuß abgegeben hatte, wurde nie bekannt – war es Smith selber gewesen, sein bester Freund oder etwa gar Libby? Zurück blieb die junge Witwe Libby Holman, die sich nun ganz auf die Geburt ihres Kindes konzentrieren mußte. Nach dem Tod Smiths war sie nun beinahe so arm wie vor der Heirat, aber wenigstens das Baby wurde Erbe von 6,5 Millionen Dollar.

Libby und der schwarze Jazzmusiker Josh White wären bereit gewesen, im Rahmen des Unterhaltungsprogramms für US-Truppen auf Reisen zu gehen, aber sie wurden immer wieder mit der Begründung abgelehnt, daß keine »gemischten Shows« zugelassen seien. Dies veranlaßte Libby zu der ironischen Frage, was unter gemischten Shows zu verstehen sei, ob es sich um Buben und Mädchen handle. Sie wußte sehr wohl, daß die Truppen streng nach Rassen getrennt waren und daß Unterhaltungsveranstaltungen deshalb genauso abgehalten wurden. Sie beschwerte sich bei Eleanor Roosevelt mit der Bitte um Veränderung. Diese versicherte ihr in ihrer Antwort, daß sie völlig ihrer Meinung sei, aber genauso machtlos in der Durchsetzung von Rassenintegration wäre.

1944 suchte Libby eine neue Sekretärin. Eine 23jährige Frau, die gerade ihre Schauspielerinnenausbildung in New York abgeschlossen hatte, bekam den Posten. Sie verliebte sich in Libby, und auch diese mochte sie sehr gerne, so daß aus dem Dienst- ein Liebesverhältnis wurde. Louisa wußte von der Beziehung und akzeptierte sie. Vor allen anderen Freunden versuchte Libby allerdings ihr neues Verhältnis geheimzuhalten.

Alle in Treetops mußten sich nach Libby richten. Wer diese Regel nicht respektierte, wurde gefeuert. Als die Sekretärin eines Nachts, wütend über laute Musik, einen Plattenspieler zertrümmerte, mußte sie am nächsten Morgen für immer Treetops verlassen.

Ma Rainey
(Gertrude Pridgett)

wurde am 26. April 1886 in Columbus, Georgia, geboren. Sie starb am 22. Dezember 1939 in Columbus, Georgia. Sängerin.

Der Song *Prove it on me blues* (Beweis es mir doch, Blues) gehörte zu Ma Raineys Erfolgsliedern, welches sie immer wieder singen mußte. Die zwanziger Jahre werden immer als eine Zeit beschrieben, in der Andeutungen über lesbische Themen nichts Ungewöhnliches waren. Für viele Frauen, und dazu gehörte Ma Rainey auch, waren Bühnenauftritte und Alltag eins, und sie ließ sich nicht hindern, ihre sexuellen Präferenzen weit über die Form der Andeutungen hinaus auszudrücken.

Der Refrain des *Prove it on me blues* lautet:

They say I do it, ain't nobody caught me,
Sure got to prove it on me;
Went out last night with a crowd of my friends,
They must've been women, 'cause I don't like no men.
(Sie sagen, ich tue es, niemand hat mich erwischt,
sie müssen es mir erst beweisen;
Gestern nacht bin ich mit Freunden unterwegs gewesen,
es müssen Frauen gewesen sein, denn Männer mag
ich nicht.)

Die Sängerin beschreibt in ihren Texten auch, wie sie Kragen und Krawatte trägt, gerne Frauen nachschaut und mit manchen wie ein Mann redet. Solange sie niemand dabei erwische, sei es ja in Ordnung.

Ma Rainey, die sich nach der Heirat mit dem Musiker Will Rainey – bekannt als Pa Rainey – als Madame Gertrude Rainey ankündigen ließ, was bald zu Ma Rainey abgekürzt wurde, stieg schon im Alter von vierzehn Jahren ins Bühnengeschäft ein. Über Jahre hinweg war sie auch der große Star der fahrenden Bühnen, und alle jungen Sängerinnen wollten so gut und so berühmt werden wie sie.

Viele ihrer Schülerinnen und Nachahmerinnen sind heute bekannter als die fast vergessene Ma, aber das ist wohl damit zu erklären, daß Ma nie ins Schallplattengeschäft einstieg und nie in New York auftrat.

Sicherlich entsprach auch ihre Erscheinung nicht mehr dem androgynen Schönheitsideal der zwanziger Jahre. Ma war klein, dick und hatte den Mund voll funkelnder Goldzähne. Sie liebte es, mit Schmuck beladen aufzutreten, und um ihrer Haut Glanz zu verleihen, ölte sie sich ein und schminkte sich erst dann mit Puder und Rouge.

Zu ihrer Glanzzeit sang Ma vor allem Lieder, in denen es um Sex ging. Da kamen natürlich auch Männer vor, meistens im Zusammenhang mit Eifersucht und Mord. In den Texten zu Frauen und Lesben lag der Schwerpunkt auf Gefängnis, Prostitution und Sadomasochismus. Die Frauen in ihren Liedern sind stark und haben ein ebenso großes Verlangen nach Sex wie Männer. In diesem Sinn war der Blues in den zwanziger Jahren außergewöhnlich, vor allem im Vergleich zu den Liedern, die von den weißen Frauen gesungen wurden.

Ein Lied Mas hatte besonders großen Erfolg, und es wurde öfter und unter verschiedenen Titeln aufgenommen: *The Bull Dyker's Dream*, und für diejenigen, die sich das nicht so deutlich auszusprechen trauten, *B. D.'s Dream* oder *B. D. Women*. Vor allem an Abenden für schwule, lesbische und transsexuelle Kunden mußte dieses Lied gesungen werden.

Es handelt von einer lesbischen Beziehung: Die Sängerin wird von ihrer Liebhaberin verlassen und ist böse mit ihr und der Welt. Im Laufe des Liedes aber schlägt die Stimmung um: Sie weiß, daß sie gut im Bett ist und meint, daß ihre Liebhaberin woanders nicht so viel Glück haben wird.

Ma war schon fest im Geschäft verankert, als die noch unbekannte Bessie Smith eine fixe Anstellung auf der Bühne bekam. Um die Anfänge der Beziehung Ma/Bessie ranken sich allerlei Gerüchte und Halbwahrheiten. In einer dieser Geschichten wird behauptet, daß Ma Bessie gekidnappt hatte, sie dann auf Tournee mitnahm und ihr das Blues-Singen beibrachte.

Sicher ist, daß sie in derselben Theatergruppe unterwegs waren. Sicher ist auch, daß Bessie im Chor sang, während Ma ihre Soloauftritte hatte. Wer von den beiden die bessere Stimme hatte, ist Geschmackssache. Zeitgenossen, die beide hörten, meinten, daß Ma die talentiertere Darstellerin war, während Bessie die bessere Stimme hatte.

Daß Ma und Bessie Liebhaberinnen waren, kann mit ziemlicher Sicherheit angenommen werden. Ein Musiker aus der Theatergruppe erinnerte sich, daß ihm beide gesagt hätten, sie hätten unheimlich viel Spaß miteinander. Außerdem beobachtete er immer wieder, wie Ma mit eifersüchtigen Augen Bessie verfolgte, wenn sie mit Männern sprach.

Leider ist nicht überliefert, mit wem Ma sonst noch Beziehungen hatte. Es wird allerdings kolportiert, daß sie Affären mit diversen Chormädchen hatte, von denen aber keine – außer Bessie – soviel Ruhm erlangte wie sie.

Die Polizei, zuständig für alles, was die Normalbürger nicht schlafen läßt, verhaftete Ma 1925 in Chicago. Nachbarn hatten sich über Lärm beschwert, der ein Privatfest begleitete. Alle anwesenden Frauen schafften es, vor dem Eintreten der Polizei zu entkommen, nur Ma wurde, weil sie auf der Treppe gestolpert war, verhaftet und konnte erst am nächsten Morgen von Bessie ausgelöst werden.

In den dreißiger Jahren war Mas Stern im Sinken. Als sie endgültig abtrat, gab es bereits eine Generation junger Sängerinnen, die in vieler Hinsicht von ihr beeinflußt worden waren. Dazu gehörten Susie Edwards und Clara Smith, die in New York Erfolge feierten.

Ein Jahr nach ihrem Tod machte ihr Minnie Memphis, die inzwischen als Sängerin bekannt geworden war, in einem Lied ein Kompliment: »Sie wurde in Georgia geboren, war durch die ganze Welt gereist, und, Leute, sie war die beste Bluessängerin, die ich jemals gehört habe.«

Bessie Smith

wurde am 15. April 1894 in Chattanooga, Tennessee, geboren. Sie starb am 26. September 1937 bei einem Autounfall in Clarksdale, Mississippi. Sängerin.

1923 schaffte es Bessie endlich, einen Schallplattenvertrag mit Columbia zu bekommen, und innerhalb von sechs Monaten wurden 780 000 Stück ihrer ersten Platte verkauft. Diesen Erfolgen in den zwanziger Jahren waren bittere Jahre in größter Armut vorangegangen. Mit ihrem Bruder sang sie an den Straßenecken ihrer Heimatstadt, um zum Lebensunterhalt der Familie beizutragen. Sobald sie alt genug war, trat sie alleine auf und schaffte es, immer eine interessierte Zuhörerschaft um sich zu scharen.

1912 bekam sie durch Vermittlung eines ihrer Brüder ein Engagement bei der Moses Stokes's Traveling Show, wo auch die Sängerin Ma Rainey einen Vertrag hatte. Ma Rainey zeigte großes Interesse für Bessie, und auch umgekehrt war dies wohl der Fall.

Während Ma in den zwanziger Jahren vorwiegend im Süden und in Chicago auftrat, versuchte Bessie ihr berufliches Glück mit ihrer eigenen Show. Viele der Frauen, die mit ihr auftraten, hatten wechselnde Liebschaften miteinander, in die auch Bessie involviert war. 1922 hatte Bessie geheiratet, was sie aber nicht davon abhielt, mit wem auch immer Affären zu haben.

Mit einer Frau kam es allerdings zu einer Beziehung, die tiefer ging und länger dauerte. Ruby Walker, die Nichte ihres Mannes, die auch in Bessies Chor auftrat, war von dieser sehr angetan, und so wie Bessie einst von Ma vieles gelernt hatte, wollte Ruby nun von Bessie lernen. Die längste Zeit ertrug sie Bessies Eskapaden und Trinkgelage, und selbst als sie schon eine neue Freundin hatte – mit der Bessie auch ins Bett ging –, hielt sie dieser die Stange. Als es dann zum endgültigen Bruch zwischen Bessie und ihrem Mann kam, wandte sich auch Ruby für immer von ihr ab. Damals konnte Bessie das alles egal sein. Sie war am Höhepunkt ihrer Karriere angelangt, hatte zahlreiche Schallplattenaufnahmen gemacht und war eine der wenigen schwarzen Künstlerinnen, die auch vor einem weißen Publikum auftraten. Außerdem war sie die erste schwarze Sängerin, deren Konzerte live im Radio in Atlanta und Memphis übertragen wurden.

In New York hatte sie ihre Show »Harlem Frolics«. Wenn sie nicht gerade selbst auf der Bühne stand, war sie oft mit anderen Frauen aus der Theaterwelt unterwegs, die es in Ordnung fanden, mit ihren Freundinnen in der Öffentlichkeit gesehen zu werden. Zu diesem Kreis zählte Alberta Hunter, die verheiratet war, um sich zumindest den Anstrich der Bisexualität zu geben, die aber lange eine Beziehung mit Lottie Tyler hatte, und Ethel Waters mit ihrer Freundin Ethel Williams.

Tallulah Bankhead

* am 31. Januar 1902 in Huntsville, Alabama.
† am 12. Dezember 1968 in New York City.
Schauspielerin.

Tallulah Bankhead mit:

Estelle Winwood, Olga Lynn, Gladys Henson, Audry Carten, Dola Cavendish, Libby Holman, Louisa Dupont Carpenter, Cheryl Crawford, Gladys Bentley, Elsie de Wolfe, Eva Le Gallienne, Mercedes de Acosta, Salka Viertel, Greta Garbo, Alla Nazimova, Gluck, Elisabeth Bergner, Daphne du Maurier, Angela du Maurier, Beatrice Lillie, Radclyffe Hall, Una Troubridge.

Lebenslinien

Im Alter von fünfzehn Jahren setzt Tallulah ihren Willen gegen ihre Familie durch und geht nach New York, um sich als Schauspielerin zu versuchen.

Sie zieht im Algonquin Hotel ein, damals das Zuhause für eine Reihe von Künstlerinnen und Künstlern. Dort schließt sie wichtige Freundschaften, etwa mit Estelle Winwood.

1923 Umzug nach London. Premiere von *The Dancers* mit Tallulah Bankhead, Audry Carten, die eine enge Freundin Tallulahs werden sollte, und Gerald du Maurier.

Im Mai 1927 eröffnet ein neues Stück, *The Garden of Eden*, die Saison.

Im Herbst 1930 macht Paramount Pictures Tallulah ein attraktives Filmangebot, das sie annimmt.

Bekanntschaft und Liebesbeziehung mit Dola Cavendish, einer langjährigen Verehrerin.

Die Paramount-Filme sind allesamt nicht sehr erfolgreich.

1932 läßt sich Tallulah in Hollywood nieder, wo sich ihr langgehegter Wunsch, Greta Garbo zu treffen, erfüllt.

The Devil and the Deep, der letzte Film mit Paramount, wird gedreht, allerdings gerät er eher zu einem Erfolg für Charles Laughton, Cary Grant und Gary Cooper als für Tallulah. Ab nun ist sie bei MGM unter Vertrag, doch ihr Typus ist nicht mehr in Mode. Tallulah nimmt Abschied von Hollywood und ihrer Filmkarriere.

In New York bekommt sie Broadwayangebote, deren Qualität aber oft zu wünschen übrig läßt.

Im Oktober 1933 verspürt Tallulah während der Proben plötzlich unerträgliche Schmerzen und hat am 3. November 1933 eine Gebärmutteroperation, die sie nur knapp überlebt.

1936 bekommt sie beinahe die Rolle der Scarlett O'Hara in *Gone with The Wind*, letztendlich wird Vivien Leigh vorgezogen.

Im Sommer 1937 heiratet Tallulah zur Überraschung aller John Emery.

Am 15. Februar 1939 findet die Uraufführung von Lillian Hellmans *The Little Foxes* im National Theater in New York statt und wird ein großer Erfolg.

Ein paar Jahre später wird Tallulah die Rolle der Sabina in Thornton Wilders *The Skin of our Teeth* angeboten, und die Uraufführung im November 1942 ist wiederum sehr erfolgreich.

1943 bietet ihr Alfred Hitchcock die Rolle der Connie Porter in *Lifeboat* an. Dies wird der einzige international erfolgreiche Film Tallulahs, der allerdings in den Vereinigten Staaten wegen seines angeblich subversiven Inhalts keinen großen Anklang findet. Für ihre Rolle erhält sie den »New York Screen Critics Award« als beste Schauspielerin des Jahres.

Von 1946 an ist sie mit Noël Cowards *Private Lives* unterwegs, einem Stück, das die Kassen klingeln läßt.

1948 ist Tallulah auf dem Höhepunkt ihres Ruhms.

1952 erscheint ihre Autobiographie. Das Buch wird ein Bestseller.

1956 beendet Tennessee Williams das Stück, das er für Tallulah geschrieben hat, *A Streetcar Named Desire*. In schwulen Kreisen wird das Stück mit Tallulah als Blanche besonders von den jungen Männern geschätzt. Tallulah wird **die** Komödiantin der homosexuellen Szene.

In den fünfziger Jahren unternimmt sie jährliche Besuche bei ihrer alten Freundin Dola, die wieder nach British Columbia gezogen war. Letzter Besuch 1965, im März 1966 stirbt Dola. Tallulah verfällt immer mehr dem Alkohol und diversen Medikamenten. Diese erschweren ihr die wenigen Filmengagements und Theaterauftritte.

1968, nach einem längeren Aufenthalt bei ihrer Schwester Eugenia, kehrt Tallulah Anfang Dezember nach New York zurück, wo eine Grippewelle grassiert, die auch sie erfaßt. Sie stirbt am 12. Dezember 1968.

Einblicke

Anita Loos, die Autorin von *Gentlemen Prefer Blondes*, war bei einer Hollywood-Party im Hause des Regisseurs George Cukor zu Gast, als Tallulah Bankhead, um die neueingetroffene Elsie de Wolfe zu schockieren, sich blitzschnell ihrer Kleider entledigte und sich, nur mit einem Strauß Veilchen in der Hand, auf einer Marmorbank nackt ausstreckte. George Cukor war wütend, und Elsie rief, nach Luft schnappend: »Wirf schnell etwas über, du schamloses Kind.« Tallulahs Ruf konnte durch diese Aktion nicht mehr geschädigt werden, hatte sie doch zum damaligen Zeitpunkt schon jahrelang daran gearbeitet, ihn zu ruinieren (siehe auch Elsie de Wolfe).

Estelle Winwood, Schauspielerin aus England und neunzehn Jahre älter als Tallulah, dünn und geschmeidig wie eine Katze, wurde Tallulahs Busenfreundin. Sie war der personifizierte Gegensatz zu Tallulah. Anstatt zu trinken und Drogen auszuprobieren, leerte sie Flascheninhalte und Drogenvorräte ins Klo, gab Tallulah weise Ratschläge und beeinflußte ihre Karriere entscheidend. Es war Estelle, die ihr 1923 riet, ein Angebot in London anzunehmen – ein Rat, der sich bezahlt machte, feierte Tallulah doch in London in den zwanziger Jahren große Triumphe.

Daphne du Maurier, Geralds Tochter, meinte, Tallulah sei eine der schönsten Frauen, die sie je gesehen habe. Ganz London schien ihre Meinung zu teilen: Tallulahs glänzendes Haar, ihre tiefe Stimme und die langsame Südstaatensprechweise beeindruckten alle.

In dem Stück *The Garden of Eden*, einer Adaption aus dem Deutschen, spielte Tallulah die Tänzerin Toni Lebrun, die in einem Café auftritt, dessen Besitzerin in Toni verliebt ist. Das lesbische Thema und die Striptease-Szenen garantierten ein ausverkauftes Haus. Die Kritiker waren weniger begeistert: »Sehr vulgär, aber das darf einen bei den Deutschen nicht wundern.«

Tallulah verbrachte ein Wochenende bei Libby Holman und Louisa Carpenter in deren Landhaus. Die beiden hatten viele Gäste eingeladen, die Bediensteten konnten nicht allen Wünschen gleichzeitig nachkommen. Zum allgemeinen Entsetzen bat Tallulah Louisa, für sie Badewasser einzulassen. Auf Louisas stumme Ablehnung reagierte Tallulah scharf: Sie sei es gewöhnt, Frauen Befehle zu geben. »Aber nicht dieser Frau«, soll Louisa geantwortet haben. Trotz dieses Intermezzos wurden die beiden gute Freundinnen und blieben es auch. Louisa wurde sozusagen ein Bankheadsches Familienmitglied: Sie hatte jahrelang eine Beziehung mit Tallulahs älterer Schwester Eugenia und war auch entscheidend an der Erziehung von Eugenias Sohn beteiligt. Viele Jahre später war es Louisa, die nach Tallulahs Tod deren Angelegenheiten regelte.

Das moralische Amerika arbeitete Mitte der dreißiger Jahre daran, Sünden und Exzesse aus der Filmindustrie zu verbannen. Tallulah gab zu dieser Zeit ein Interview in der Zeitschrift *Motion Picture*, das zum Skandal hochstilisiert wurde, sprach sie doch offen über all die Dinge, die sie im gesäuberten Hollywood nicht mehr beim Namen nennen sollte. Sie erzählte beispielsweise, daß sie in den letzten sechs Monaten keine sexuellen Beziehungen gehabt hätte und sich daher jetzt sofort einen Mann wünsche. Auch ihr MGM-Film *Faithless* mit Robert Montgomery wurde drastisch durchkämmt und gesäubert. Was danach noch übrigblieb, fand Anklang und hätte Tallulah eine Filmkarriere als Komödiantin eröffnen können. Aber der Zeitgeist hatte sich geändert, in den dreißiger Jahren waren die verruchten, exotischen Typen nicht mehr gefragt. Hollywood wollte die blonden, biederen Schönheiten aus dem Midwest, die es verstanden, die puritanischen Werte auf der Leinwand zu verkörpern.

Jeanne Eagles
(Amelia Jean Eagles)

wurde am 26. Juni 1894 (1890) in Kansas City geboren. Sie starb 1929 an einer Überdosis Heroin. Schauspielerin.

Jeanne erzählte gerne, daß sie spanische Vorfahren habe, deren Familienname Aguila (Adler) einfach ins Englische übersetzt worden sei. In Wirklichkeit waren es Hugenotten mit dem Familiennamen Egal gewesen, die Ende des 18. Jahrhunderts nach Pennsylvania ausgewandert waren.

Jeanne spielte jahrelang in diversen Varietétheatern, aber immer mit dem Ziel vor Augen, einmal am Broadway berühmt zu werden. Nach einigen kleinen Erfolgen gelang ihr 1922 der große Durchbruch in Somerset Maughams *Regen* als Sadie Thompson. Mit dieser Rolle wurde sie jahrelang identifiziert und trat damit in fast jeder nordamerikanischen Stadt auf.

Die Nächte verbrachte Jeanne im Kreise ihrer Freundinnen in Harlem (siehe Libby Holman). Aber während Libby Holman und Beatrice Lillie vorwiegend den damals illegalen Alkohol genossen, griff Jeanne immer wieder auf Drogen zurück.

Jeanne wurde auch für Filme engagiert, und viele sagten ihr eine große Filmkarriere voraus, aus der aber nie etwas wurde. Während sie *The Letter* nach einer Vorlage von Somerset Maugham in den Paramount Studios in Astoria auf Long Island drehte, verbrachte sie viel Zeit mit der Dichterin Mercedes de Acosta, die sie auch oft in ihr Landhaus in Ossining-on-the-Hudson einlud.

Mercedes gefiel es, wieder mit einer Schauspielerin über das Theater und die Kunst zu reden. Und obwohl sie immer gehört hatte, daß Jeanne schwierig sei, verstanden sich die beiden Frauen sehr gut. Mercedes hatte, wohl durch ihre spiritistischen Fähigkeiten, schon beim ersten Zusammentreffen mit Jeanne geahnt, daß diese einen tragischen Tod sterben würde, getreu dem Charakter ihrer besten Rolle, Sadie Thompson.

Estelle Winwood
(Estelle Goodwin)

wurde am 24. Januar 1883 in Lee, Kent, England geboren. Sie starb am 22. Juni 1984 in Los Angeles im Alter von 101 Jahren. Schauspielerin.

Bei der Feier zu ihrem hundertsten Geburtstag meinte sie, daß es ihr nichts ausmachen würde, tot zu sein, zumindest wäre es etwas Neues. Sie machte darauf aufmerksam, daß sie drei Schachteln Zigaretten am Tag rauche, Sherry trinke, dreimal die Woche Bridge spiele und fast jeden Abend zum Essen ausgehe. Im Oktober 1916 war sie nach New York gekommen und zum ersten Mal auf einer nordamerikanischen Bühne aufgetreten. Im Laufe der nächsten Dekaden spielte sie auf beiden Seiten des Atlantiks, vorwiegend in Komödien, sowohl im Theater als auch im Film. Ihre beste Freundin bis zu deren Tod im Jahre 1968 war Tallulah Bankhead.

Estelle war insgesamt viermal verheiratet, zwei Ehen wurden geschieden, ein Ehemann starb, und der vierte, viel jüngere Ehemann lebte in England und kam gelegentlich zu Besuch. Einen ihrer Ehemänner teilte sie mit der lesbischen Schauspielerin Katherine Cornell, die nach einigem Drängen geheiratet hatte, um die lästigen Fragen über ihr Liebesleben loszuwerden.

Gladys Bentley

wurde 1907 in Philadelphia geboren. Sie starb 1960 in New York. In den dreißiger Jahren war sie eine der bekanntesten schwarzen Entertainerinnen Harlems.

Ihre 300-Pfund-Figur war nicht zu übersehen, da sie sich

meistens in Frack und Zylinder kleidete. Sie trat vorzugsweise in Harry Hansberry's Clam House auf, wo sie das Publikum mit ihren Liedern, die sie selbst am Klavier begleitete, unterhielt. Diese Lieder waren anrüchig und strotzten vor Anspielungen auf die Subkultur. Meistens benützte sie bekannte Melodien und erfand neue Texte. Sie war es auch, die sich über Tallulah Bankheads Eheschließung lustig machte.

Sie kultivierte ihr Image auch außerhalb der Bühne und machte Schlagzeilen durch ihre Heirat mit ihrer Freundin in New Jersey. Erst nach der Eheschließung ließ sie durchsickern, daß sie eine Frau sei, und stellte damit die Behörden vor Probleme.

Das repressive Klima der vierziger Jahre erschwerte es Gladys aufzutreten, und in den fünfziger Jahren wurde ein Engagement fast unmöglich. Sie mußte ihre Smokings und Fracks zu Hause lassen und ihr Image heterosexualisieren. Das sicherte zwar ihr Überleben, aber der Erfolg, den ihr Auftreten in den dreißiger Jahren gehabt hatte, wiederholte sich nicht mehr.

Im Rampenlicht

Bessie Marbury

* am 19. Juni 1856 in New York.
† am 22. Januar 1933 in New York.
Theateragentin.

Bessie Marbury mit:

Mercedes de Acosta, Sarah und Eleanor Hewitt, Elsie de Wolfe, Anne Morgan, Natacha Rambova, Anne Vanderbilt, Elizabeth Arden, Alla Nazimova.

Lebenslinien

1856 wird Bessie Marbury als Tochter einer angesehenen New Yorker Familie geboren.

Sie bleibt unverheiratet und verkehrt im Salon ihrer besten Freundinnen, der ebenfalls unverheirateten Schwestern Sarah und Eleanor Hewitt.

1886 trifft sie dort ihre zukünftige Lebensgefährtin, die Schauspielerin Elsie de Wolfe.

1887 erstes gemeinsames Heim Bessies und Elsies.

1890 Gründung ihrer eigenen Theateragentur in New York. Mit dieser Tätigkeit wird sie binnen zehn Jahren die einflußreichste Theateragentin am Broadway.

Zahlreiche berufsbedingte Reisen nach Europa.

1907 Einzug in die Villa Trianon in Versailles während eines Parisaufenthaltes. Besuch der New Yorker Finanziers- tochter Anne Morgan, die bald eine intime Freundin des Paares wird und mit der sie ein paar Jahre später die Villa Trianon erwerben.

1910 beginnt Bessies Partnerin Elsie in der *Women's Suffrage Party* tätig zu werden. Nach Durchsetzung des Frauenstimmrechtes wird auch Bessie politisch aktiv und bekleidet in den zwanziger Jahren eine wichtige Funktion in der Demokratischen Partei.

Nach Ausbruch des Ersten Weltkrieges abrupte Rückreise nach New York.

1916 gehen Elsie und Anne als Rotkreuz-Helferinnen wieder nach Europa. Elsies und Bessies Lebenswege beginnen sich zu trennen. 1920 verkauft Bessie ihren Hausanteil an der Villa Trianon.

Mitte der zwanziger Jahre befindet sich Bessie am Höhepunkt ihres politischen Einflusses in der Demokratischen Partei und der katholischen Kirche.

In dieser Zeit beginnt Bessies enge Beziehung zu der jungen Elizabeth Arden.

1932 Unterstützung des Präsidentschaftswahlkampfes von Franklin D. Roosevelt. Seinen politischen Durchbruch erlebt sie allerdings nicht mehr.

Sie stirbt am 22. Januar 1933 in New York. Elsie de Wolfe wird Alleinerbin ihres beträchtlichen Vermögens.

Einblicke

Die Dichterin und Dramatikerin Mercedes de Acosta war nicht nur eine von Bessie Marburys Klientinnen, sondern mit ihr auch freundschaftlich verbunden. In ihrer Gegenwart bezeichnete sich Bessie öfter als Großmutter. Mercedes meinte allerdings, daß sie viel Männliches an sich habe und deshalb eher Großvater genannt werden müßte. Bessie fand großen Gefallen an Mercedes' Vorschlag und begann ihre Briefe an die Freundin mit »Oma Papi« zu unterschreiben.

Zu Beginn ihrer Agentinnentätigkeit war Bessie noch daran interessiert, Elsies Schauspielerinnenkarriere zu fördern. Nachdem sich allerdings herausstellte, daß das Publikum Elsies Kostümen mehr Aufmerksamkeit schenkte als ihren darstellerischen Talenten, überzeugte Bessie ihre Freundin, das Theater aufzugeben und sich als Innenarchitektin zu versuchen. Bessies Beziehungen und Elsies Ausstellungs- und Verkaufsbegabung ermöglichten es ihr, nicht nur berühmt, sondern bald auch sehr wohlhabend zu werden. Mercedes de Acosta, die Bessie immer sehr nahe gewesen war, war überzeugt, daß Elsie Bessie ausnutzte und von deren Großzügigkeit im Übermaß profitierte.

Die Damen aus der Villa Trianon wurden oft das »Versailler Dreieck« genannt. Spekulationen über die Beziehung der drei zueinander und über ihr Verhältnis zu den vielen Besucherinnen wurden von Paris bis nach New York angestellt. Anne Morgans Familie war vom neuen Lebensstil ihrer Tochter alles andere als begeistert. Hatten sie ihr nicht den Zugang zu den besten und wichtigsten Kreisen ermöglicht? Kamen ihre Kleider und Juwelen nicht aus den richtigen Geschäften? Was hatten sie falsch gemacht? Nicht in Betracht gezogen hatte die Familie allerdings, daß Anne ebenso wie ihre Freundinnen kein Interesse daran hatte, mit einem Mann einen Haushalt zu gründen. Anne richtete sich immer mehr nach Bessie, und anstatt ihre Zeit bei Modeschneidern und Juwelieren zu vergeuden, kleidete sie sich einfach und sportlich, bevorzugte eine praktische Frisur und machte sich daran, einen eigenen Aufgabenbereich zu finden.

Da Anne finanziell unabhängig war, bestand für sie keine Notwendigkeit, Geld zu verdienen. Vielmehr begann sie, ihr Geld in diverse Wohlfahrtsprojekte für Frauen zu investieren. In den ersten Jahren ihres Zusammenlebens war sie oft mit Bessie oder Elsie unterwegs, und alle drei schienen an diesem Arrangement Gefallen zu finden. 1917 machte sie die Bekanntschaft von Anne Murrey Dike. Die beiden wurden im

Laufe der nächsten Jahre unzertrennliche Gefährtinnen, und so fand das »Versailler Dreieck« ein natürliches Ende.

Zur Zeit des Ausbruches des Ersten Weltkrieges waren Elsie, Bessie und Anne in Frankreich und versuchten so schnell wie möglich nach New York zu kommen. Nach ein paar Monaten in den Staaten bereute Elsie ihren Entschluß und setzte alles daran, so schnell wie möglich in ihre frühere Heimat zurückzukehren. 1916 schaffte sie die Rückkehr nach Europa gemeinsam mit Anne. Beide begannen für das Rote Kreuz zu arbeiteten. Nach dem Krieg wurden Anne und Elsie dafür mit einem französischen Orden ausgezeichnet.

Bessies Interesse an Europa erlosch allmählich, und 1920 beschloß sie, ihren Anteil an der Villa Trianon an Anne und Elsie zu verkaufen. Zum selben Zeitpunkt lief auch der Mietvertrag für ihr Haus in New York aus, und sie mußte sich nach einer neuen Unterkunft umsehen. Nach einigem Suchen fand sie ein billiges Haus am Sutton Place auf Manhattans East Side. Anne Morgan war von dem Viertel ebenfalls angetan und erwarb kurz entschlossen das Haus danebene.

Auch Anne Vanderbilt fand ein Haus am Sutton Place. Im Laufe der Zeit wurden aus den beiden Nachbarinnen enge Freundinnen. Bevor das Jahr zu Ende war, siedelten sich noch eine Reihe anderer Frauen aus New Yorks Crème de la crème in der Gegend an – ein Umstand, der in der Gerüchteküche Aufsehen erregte und Anlaß zu endlosen Spekulationen über das dortige geheime Treiben gab.

Elsie hatte natürlich ein eigenes Zimmer in Bessies neuem Haus und konnte jederzeit dort wohnen. Sie kam allerdings immer seltener und kürzer zu Besuch nach New York. Trotz der gleichbleibenden Zuneigung zwischen Bessie und Elsie hatte die tagtägliche Lebensgemeinschaft ein Ende gefunden. Über diese große Liebe schrieb Bessie in ihrer 1923 veröffentlichten Autobiographie *My Crystal Ball*, wie damals üblich, diskret und den erotischen Aspekt ihrer Beziehung verschweigend.

1926 heiratete Elsie und wurde, ohne vorher Bessie davon zu informieren, Lady Mendl. Diese erfuhr kurz darauf davon und war so wütend, daß es einige Zeit dauerte, bis sie bereit war, Elsie ihren Schritt zu verzeihen. Die junge Elizabeth Arden, die immer mehr Zeit mit Bessie verbrachte, half ihr über den Schock hinweg. Elsie fand Elizabeth äußerst langweilig und verstand nicht, warum Bessie so großen Gefallen an ihr fand.

Auch in dieser Beziehung liebte es Bessie, den Ton anzugeben, und Elizabeth richtete sich nach deren Wünschen. Sie kaufte sich ein Stück Land in Maine, welches an Bessies Besitz angrenzte. Das nahm diese zum Anlaß, die Planung und den Bau von Elizabeths Landhaus akribisch zu überwachen.

Elsie de Wolfe

wurde am 20. Dezember 1865 in New York geboren. Sie starb am 12. Juli 1950 in Paris. Schauspielerin und Innenarchitektin.

Nach Bessies Tod und ihrem Antritt als Alleinerbin von Bessies beträchtlichem Vermögen verbrachte Elsie den Großteil ihrer Zeit damit, ihre Vergangenheit zu beschönigen. Ihr Erinnerungsvermögen hatte offenbar schon damals zu leiden begonnen.

Ein Fest in George Cukors Haus, bei dem sie von der Schauspielerin Tallulah Bankhead nackt begrüßt worden war, hatte ein Vorspiel. 1926 wußte ganz Amerika vom Verbot des Theaterstückes *Die Gefangene* (im Original: *La Prisonnière* von Edouard Bourdet) in New York – ein Drama, in dem ein Veilchenstrauß die Liebe zwischen zwei Frauen symbolisiert. Das Drama, in Paris uraufgeführt, war auf allen Bühnen Europas ein Erfolg, und nur im puritanischen

New York nahm man daran Anstoß. In Wien und Berlin wurde das Stück unter der Regie von Max Reinhardt mit Helene Thimig und Grete Mosheim in den Hauptrollen aufgeführt. Es ist die Geschichte einer jungen, frisch verheirateten Frau, die sich immer mehr als Sklavin in ihrer Ehe fühlt. Sie verliebt sich in eine Frau, die ihr regelmäßig Veilchensträuße schickt.

Auf einem Fest bei Elsie hatte einer ihrer Gäste über das Verbot des Stücks gesprochen, und Elsie schien ganz erstaunt. »Was ist eine Lesbe?« soll sie gefragt haben, »kann mir irgend jemand erklären, was sie tut?« Diese Bemerkung Elsies wurde in den nächsten Tagen in der ganzen New Yorker Szene verbreitet und kam auch Tallulah zu Ohren.

Vor Elsies Eintreffen auf besagtem Fest im Hause Cukors diskutierten die Anwesenden darüber, und Tallulah bemerkte dazu: »Wenn Elsie nicht weiß, was eine Lesbe ist, wer sollte es dann wissen?«

Elizabeth Arden
(Florence Nightingale Graham)

wurde am 31. Dezember 1884 in Woodbridge, Ontario, Kanada, geboren. Sie starb am 18. Oktober 1966 in New York. Kosmetikerin. Besitzerin von Rennpferden.

Elizabeth war ausgebildete Krankenpflegerin, wollte aber Menschen nicht nur helfen, gesund, sondern auch schön zu werden. Außerdem war sie eine ausgezeichnete Geschäftsfrau, die alles, was sie anfing, in kurzer Zeit zu Geld machte.

Sie wählte ihren Namen Elizabeth Arden nach *Elizabeth and her German Garden* und Tennyson's *Enoch Arden*. In ihren Häusern und ihrer Garderobe gab sie der Farbe Rosa immer den Vorzug. Außer über ihr inniges Verhältnis zu Bessie Marbury, deren Nachbarin sie auf ihrem Landhaus in Maine war, wissen wir nur, daß sie zweimal verheiratet gewesen war. Das erste Mal, um amerikanische Staatsbürgerin zu werden, das zweite Mal, um einen aristokratischen Titel zu erlangen. Ihren Alltag teilte sie mit einer Nichte und vielen Gemälden, fast alle von Georgia O'Keefe, Mary Cassatt und Marie Laurencin.

Alla Nazimova

* am 22. Mai (4. Juni) 1879 in Jalta auf der Krim.
† am 13. Juli 1945 in Los Angeles, Kalifornien.
Schauspielerin.

Alla Nazimova mit:

Eva Le Gallienne, Dorothy Arzner, Dolly Wilde, Jeanne Acker, June Mathis, Natacha Rambova, Mercedes de Acosta, Bessie Marbury, Jane Wallach, Cheryl Crawford.

Lebenslinien

Entsprechend dem elterlichen Wunsch, Ausbildung zur Konzertgeigerin in Odessa und St. Petersburg. Alla setzt diese mit einer Schauspielausbildung fort.

1905, vor Ausbruch der Februarrevolte, Übersiedlung nach New York. Auftreten in Pavel Orlenoffs Yiddish Theater.

1906 Auftritt in der Titelrolle von Ibsens *Hedda Gabler*, nach intensivem Englischunterricht. Sie wird die New Yorker Ibsen-Darstellerin, sogar ein Theater wird nach ihr benannt.

Freundschaft mit Eva Le Galliene.

1914/1915 Affäre mit Mercedes de Acosta.

1916 erhält sie ein verlockendes Stummfilmangebot aus Hollywood und dreht dort als Hauptdarstellerin *War Brides*, den ersten einer Reihe weiterer erfolgreicher Filme dieses Genres.

Die finanziellen Erfolge ermöglichen ihr den Bau einer großen Villa im spanischen Stil am Sunset-Boulevard. Gesell-

schaftliches Zentrum und Treffpunkt prominenter Frauen-
kreise.

Trennung von Eva Le Gallienne.

1921 weiterer erfolgreicher Stummfilm, *Camille*.

Alla möchte nun selber Filme, vorzugsweise mit Frauen,
produzieren.

1922 Verfilmung von Ibsens *Nora oder ein Puppenheim*
und von Oscar Wildes *Salome*. Affäre mit ihrer Bühnen- und
Kostümbildnerin Natacha Rambova.

Mangelnder Erfolg führte zum finanziellen Ruin und zum
Verkauf ihrer Villa, die später in ein Hotel umgewandelt wird.
Alla Nazimova hat dort lebenslanges Wohnrecht.

Zahlreiche Theaterengagements aufgrund ihrer einflußrei-
chen New Yorker Freundinnen.

Cheryl Crawford engagiert Alla für Turgenjews *Ein Monat
auf dem Lande*.

Ab 1939 wieder Filmangebote aus Hollywood, woraufhin
Alla zum zweiten Mal an die Westküste zieht.

1944 erlebt sie ihren letzten großen Erfolg in der Verfilmung von Thornton Wilders *Die Brücke von San Luis Rey*.

Einblicke

Die junge Schauspielerin Eva Le Gallienne war von Alla so
angetan, daß sie ihre Scheu überwand und nach einer *Hedda-
Gabler*-Aufführung in Allas Garderobe kam. Trotz des
Altersunterschiedes von zwanzig Jahren verstanden sich die
beiden auf Anhieb. Die Gemeinsamkeiten reichten von der
Liebe zur Musik bis zum großen künstlerischen Ehrgeiz, der
beide dazu trieb, in der New Yorker Theaterszene neue Akzente zu setzen. Eva, die damals bei ihrer Mutter lebte, zog ins
Algonquin Hotel, wo sie gemeinsam mit den Schauspielerinnen Blyth Daly, Tallulah Bankhead und Estelle Winwood zu
den gefragtesten Lesben der Szene zählte. Das Hotel wurde

zur Drehscheibe, wo sich alle trafen, um Karrieren zu planen, aber auch um herauszufinden, wo gerade ein Fest gefeiert wurde und welcher *Sub* (Jargonausdruck für Lesbenbar) besucht werden soll.

In ihrem Haus umgab sich Alla mit einer Reihe von Frauen, was böse Zungen dazu veranlaßte, Alla und ihre Freundinnen als »Nähkränzchen« zu bezeichnen. Wer diesen Zusammenkünften angehörte, ist eine umstrittene Frage. Einige Hollywoodklatschbücher zählen die Regisseurin Dorothy Arzner und die Nichte Oscar Wildes, Dolly Wilde, dazu – eine Annahme, die noch überprüft werden muß.

Eva Le Gallienne, eine verläßliche Quelle, fand Jeanne Acker, June Mathis und Natacha Rambova unter den ständigen Gästinnen. Eva, die nach Hollywood gekommen war, um ihre Zeit mit Alla alleine zu verbringen, war enttäuscht, weil ihr diese Exklusivität verwehrt wurde. Sie kehrte bald darauf nach New York zurück, mit dem Wissen, daß ihre Beziehung zu Alla beendet war.

Vor ihrem Umzug nach Hollywood und wahrscheinlich schon zu dem Zeitpunkt, als sie Eva kannte, hatte Alla eine Affäre mit der Dichterin Mercedes de Acosta. Wie Eva verehrte auch Mercedes die berühmte Ibsen-Darstellerin. Sie hätte auch in diesem Fall gerne die Freundschaft mit der Theateragentin Bessie Marbury genützt, um die Schauspielerin persönlich kennenzulernen. Die Nazimova verkehrte nämlich regelmäßig in Bessies und Elsies Salon, und Bessie hatte immer Theaterkarten für Mercedes.

Aber es fiel einer anderen Freundin Mercedes' zu, die Beziehung zwischen Alla und ihr anzukurbeln. Jane Wallach hatte es sich zur Aufgabe gemacht, eine große Benefizveranstaltung für die Alliierten im Ersten Weltkrieg im Madison Square Garden zu organisieren, und bat Mercedes um Hilfe. Bei dieser Veranstaltung sollte Alla auftreten, und Mercedes sollte sie persönlich betreuen.

Zu Ehren Rußlands – die russische Revolution und die

Gründung der Sowjetunion waren noch nicht erfolgt – tanzte Alla mit einer russischen Fahne durch die Arena, und Mercedes war von Allas schier unermeßlicher Energie tief beeindruckt. Nach der Veranstaltung versuchte Mercedes, Alla mit ihren Kenntnissen über russische Literatur zu beeindrucken, was ihr offenbar auch gelang. Alla war erstaunt, kannten damals doch nur wenige in den Staaten Puschkin oder gar Tschechow.

Da Mercedes von der Veranstalterseite her für Allas Wohlbefinden zuständig war, machte sie sich Sorgen, daß diese nach den Anstrengungen im Madison Square Garden erschöpft sein könnte, und schlug vor, sie gleich nach Hause zu bringen. Alla wehrte dieses Angebot lachend ab und sagte, daß sie nicht nur stark wie eine Löwin sei, sondern auch soviel Bewegung wie eine Tigerin brauche. Daher wolle sie gemeinsam mit ihr zu Fuß nach Hause gehen. Mercedes nahm das Angebot an. Sie schreibt in der Folge nicht, wie lange sie mit Alla zusammen war, aber zu dem Zeitpunkt, als sie Eva kennenlernte, waren beide nicht mehr mit Alla zusammen.

Ihre kommerziellen Erfolge alleine genügten Alla bald nicht mehr. Sie wollte künstlerisch wertvolle Filme drehen, vorzugsweise mit Frauen. In einem Interview erklärte sie, daß sie am liebsten einen Film drehen würde, in dem nur Frauen spielten. Auch die Produktion und Regie des Filmes sollte Frauen überlassen werden. Die Idee fand in Hollywood keine Zustimmung, aber ein Reporter konnte es sich nicht verkneifen zu schreiben, daß Männer in dieser Produktion wohl so selten anzutreffen sein würden wie Briten auf einem deutschen Grillfest.

Aber Allas Idee war nicht nur leere Phantasie. 1922 produzierte sie Ibsens *Nora oder ein Puppenheim* und spielte selbst die Rolle der Nora. 1923 beschloß sie, die Verfilmung von *Salome*, basierend auf Oscar Wildes Drama, zu produzieren. Natacha Rambova war für die Kostümentwürfe und die Ausstattung zuständig. Die bereits dreiundvierzigjährige Alla stellte die vierzehnjährige Salome dar. Natacha und Alla sollen eine Beziehung gehabt haben, obwohl Natachas Biograph, Michael Morris, dies verneint. Laut Morris war Natacha immer nur Rodolfo Valentinos Geliebte und ihre Beziehung zu Alla sei rein freundschaftlicher Natur gewesen.

Als der *Salome*-Film endlich fertiggestellt war, wurde er ausgewählten Kritikern vorgeführt, die alle voll des Lobes waren. Die Begeisterung der Kritiker wurde aber von den Filmverleihern nicht geteilt, die der Ansicht waren, daß der Film für das Durchschnittspublikum zu anspruchsvoll sei. Ob das der wahre Grund war, bleibt dahingestellt. Alla hatte in Hollywood wohl mehr Feinde als Freunde, und die Weigerung, ihre Filme in den großen Kinos zu zeigen, war eine Möglichkeit ihrer Gegner, Allas angeblichem Snobismus einen Denkzettel zu erteilen. Einige wenige Kopien von *Salome* blieben erhalten, eine gekürzte Version davon befindet sich im New Yorker Museum of Modern Art.

Natacha Rambova
(Winifred Kimball Shaughnessy)

wurde am 19. Januar 1897 in Salt Lake City, Utah, geboren. Sie starb am 5. Juni 1966 in Pasadena, Kalifornien. Tänzerin.

Sobald sich Wink, wie Winifred genannt wurde, aus den Fesseln der Familie befreien konnte, wurde sie Mitglied von Theodore Kosloffs Tanzgruppe; einem damaligen Trend entsprechend, änderte sie ihren nordamerikanischen Namen in den exotisch klingenden und zu einer Tänzerin besser passenden russischen – Natacha Rambova. Winifred Edwards, eine junge Engländerin, die auch in der Gruppe tanzte, war als

Vera Fredova bekannt, und beide Frauen wurden bald unzertrennliche Freundinnen.

Der Sprung aus der Tanzwelt in die Welt des Designs gelang Natacha dank der Hilfe Alla Nazimovas. 1919 drehte Alla einen Film über Aphrodite, der auf Pierre Louys Roman beruhte. Im Laufe der nächsten Jahre und bis zum traurigen Ende von Allas Filmkarriere mit der Produktion von *Salome* war Natacha nicht nur für die Kostüme, sondern auch für die Ausstattung zuständig.

Über Alla lernte Natacha auch ihren zukünftigen Ehemann, den Schauspieler Rodolfo Valentino kennen, der in erster Ehe mit Jeanne Acker, einer Liebhaberin Nazimovas, verheiratet war. In der Hochzeitsnacht erkannte Jeanne allerdings, daß sie einen furchtbaren Fehler gemacht hatte, und kehrte weinend zu ihren Freundinnen zurück.

Alla machte mit der Produktion von *Salome* bankrott und kehrte auf den Broadway zurück, für Natacha war dieser Film allerdings der Beginn einer großen Filmausstatterinnenkarriere. Oscar Wildes Sohn erinnerte sich viele Jahre später, wie er Natacha und Alla bei der Londoner Premiere von *Salome* im April 1923 kennengelernt hatte und wie sehr er von den beiden eingenommen gewesen war. Es war bemerkenswert, daß Alla und Natacha als Frauenteam in der männerdominierten Hollywoodwelt erfolgreich zusammenarbeiten konnten. Dennoch schafften es männliche Konkurrenten, den beiden ihre finanzielle Basis zu entziehen: die Verweigerung, *Salome* kommerziell aufzuführen, bedeutete das Ende der Teamarbeit.

Natacha verlegte sich dann darauf, Rodolfo Valentinos Karriere zu beeinflussen, dabei war ihr allerdings weniger Erfolg beschieden als bei ihrer Zusammenarbeit mit Alla. Nach der Trennung von Rodolfo begann sie, sich von der Glitzerwelt des Films abzuwenden und ernsthafte Studien zu betreiben. Sie wurde Expertin in Ägyptologie und interessierte sich sehr für Astrologie, Mythologie und Yoga.

Mercedes de Acosta

* am 4. März 1893 (Sie behauptet, daß sie in Frankreich empfangen wurde und in New York zur Welt gekommen sei, es ist
allerdings auch möglich, daß Paris ihr Geburtsort ist).
† am 10. Mai 1968 in New York.
Dichterin und Dramatikerin.

Mercedes de Acosta mit:

Libby Holman, Louisa Dupont Carpenter, Bessie Marbury,
Alla Nazimova, Ruth Hale, Eva Le Gallienne, Cecile Sartoris,
Gabrielle Enthoven, Iris Tree, Tallulah Bankhead, Teddie
Gerard, Jeanne Eagles, Salka Viertel, Greta Garbo, Marlene
Dietrich, Claire Charles-Roux, Poppy Kirk, Alice B. Toklas,
Natacha Rambova, Marie Laurencin, Malvina Hoffman,
Dolly Wilde, Amy Lowell.

Lebenslinien

Mercedes wächst in den USA und in Frankreich als Kind
kastilischer Eltern auf.

Während des Ersten Weltkrieges Bekanntschaft mit der
von ihr verehrten Alla Nazimova.

Außerdem aktive Suffragette und Autorin von Gedichten
und eines Romans, der 1919 erscheint.

1920 Eheschließung mit dem Maler Abram Poole unter der
Bedingung, ihren Namen beibehalten zu können. Gleichzeitig
Beginn der Freundschaft mit Eva Le Gallienne.

Zahlreiche Kontakte zu englischen Künstlerinnen. Mercedes beginnt, Theaterstücke zu verfassen, die in New York und
Paris aufgeführt werden.

1925, auf der Rückreise nach New York, Trennung von
Eva Le Gallienne wegen deren Liaison mit Gladys E. Calthrop.

Mercedes schreibt weiter Theaterstücke und Drehbücher,
die erfolgreich von der Theateragentin Bessie Marbury ver-
marktet werden.

Übersiedlung nach Hollywood. Bekanntschaft mit Greta
Garbo, die bald in eine Liebesbeziehung mündet. Mercedes
verfaßt Drehbücher für Greta, die nie realisiert wurden, und
bezieht deren Nachbarvilla.

Während eines der vielen Europaaufenthalte Gretas Beginn
der Freundschaft mit Marlene Dietrich.

Immer wieder Versuche einer mehr oder minder erfolgreichen Zusammenarbeit mit dem berüchtigten Filmproduzen-
ten Thalberg.

Im Mai 1933 Rückkehr von Greta Garbo aus Schweden.
Nach Beendigung der Dreharbeiten zu *Königin Christine*
gemeinsamer Winterurlaub in Yosemite.

1935 Scheidung von ihrem Mann und Europareise.

1938 erneute Europa- und Indienreise, die ihre zunehmenden spirituellen Interessen verstärkt.

1941 Tätigkeit bei der Kriegspropagandazeitschrift *Vic-
tory* in New York.

Zu Kriegsende Auslandskorrespondentin in Paris. Affäre
mit Claire Charles-Roux.

1947 Beziehung zu Poppy Kirk. Sie leben in einer kleinen
Pariser Wohnung und haben ein gemeinsames Haus in der
Normandie, wo ein Kreis von Freundinnen aus aller Welt
immer wieder zusammentrifft.

1960 Erscheinen ihrer vielbeachteten Autobiographie.

1961 Mercedes erkrankt schwer und unterzieht sich in
New York einer Operation. Um ihren Lebensunterhalt zu
bestreiten, verkauft sie ihre Korrespondenz mit Eva Le Gallienne, Marlene Dietrich und Greta Garbo an das Rosenbach
Museum.

Mercedes de Acosta, die viele berühmte Frauen liebte und von ihnen geliebt wurde, schreibt in ihrer Autobiographie *Here Lies the Heart* zumindest andeutungsweise offen über ihr Liebesleben, was ihr von vielen ihrer Zeitgenossinnen, die darüber nicht reden wollten und ihre homoerotischen und homosexuellen Erlebnisse umdeuteten, übelgenommen wurde. Diese Autobiographie bietet uns so manche Einblicke in ihr wechselhaftes Privatleben.

Mercedes hielt nicht viel von Hochzeiten, da sie fand, daß dies archaische und unzivilisierte Zeremonien seien. Sollten Frauen dennoch heiraten, dann sollten sie ihren eigenen Namen behalten und ihn auch an ihre Kinder weitergeben können. (In den USA gab es die *Lucy Stone League*, die erfolgreich für das Namensrecht der Frau eintrat, und Mercedes war mit deren Präsidentin Ruth Hale befreundet.)

Dennoch entschloß sie sich 1920, vor allem, um ihrer Mutter einen Gefallen zu erweisen, den Maler Abram Poole zu heiraten, allerdings nur unter der Bedingung, ihren Namen beibehalten zu können und die Zeremonie ohne Teilnahme der Familie zu absolvieren. Drei Tage vor ihrer geplanten Hochzeit wurde Mercedes ins Ritz zum Mittagessen eingeladen – eine Schauspielerin, die schon viel von ihr gehört hatte, wollte sie unbedingt kennenlernen. Dort wurde ihr Eva Le Gallienne vorgestellt, die ebenso wie Mercedes eine glühende Verehrerin von Eleonora Duse war. Wegen Mercedes' bevorstehender Hochzeit mußte ein näheres Kennenlernen allerdings noch für eine Weile verschoben werden.

Nachdem sie von ihrer Hochzeitsreise in Europa nach New York zurückgekehrt war, erhielt Mercedes einen Anruf von jener Freundin, die ihr Eva vorgestellt hatte. Sie schlug vor, daß Mercedes in Kontakt mit Eva treten solle, die gerade mit viel Erfolg die Julia in Ferenc Molnárs *Liliom* spielte. Daraufhin besuchte Mercedes sofort die nächste Montagabendvorstellung, danach begleitete sie Eva nach Hause, und die beiden sprachen bis in die frühen Morgenstunden über Theater und ihr gemeinsames Idol, die Duse, und wohl noch einiges andere. Die beiden Frauen wurden im Laufe der nächsten Jahre unzertrennlich. Mercedes umgab sich gerne mit Freundinnen, unter ihnen waren viele Engländerinnen. Cecile Sartoris und Gabrielle Enthoven, die eine Wohnung in Greenwich Village teilten, und die Dichterin Iris Tree waren einige davon. Sie kannte auch die beiden Schauspielerinnen Tallulah Bankhead und Teddie Gerard, bevor diese nach London gingen, dort große Erfolge feierten und eine Zeitlang mit Radclyffe Hall und Una Troubridge freundschaftlichen Umgang pflegten.

Einen ihrer Sommerurlaube verbrachten Mercedes und Eva wandernd in der Bretagne, und im Sommer darauf wurde Eva von Molnár nach Budapest eingeladen, wohin sie Mercedes begleitete. Diese begann in dieser Zeit für ihre Freundin auch Theaterstücke zu schreiben: eines über Jeanne d'Arc und eines über Simonetta Vespucci, die Geliebte Sandro Botticellis.

1923 spielte Eva dann die Simonetta Vespucci in New York, und 1925 kam es zu der Uraufführung von *Jeanne d'Arc* in Paris, aber beide Stücke wurden kein Erfolg. Nach den Aufführungen gingen Eva und Mercedes nachts noch gerne in Paris in den kleinen Nachtclub Chez Fischer, wo die russische Sängerin Dora Stroeva aufzutreten pflegte. Sie trug einen Frack, hatte einen roten Schal, und ihr schwarzes Haar war kurz geschnitten – somit war sie die perfekte Verkörperung des damaligen Zeitgeistes.

Auf der Rückfahrt nach New York war auch die englische Designerin Gladys E. Calthrop an Bord des Schiffes, und Eva lud sie auffällig oft in ihre Kabine ein. Mit der Ankunft in New York war die Beziehung zwischen Eva und Mercedes zu Ende, und die beiden sahen sich erst Jahre später wieder. Mercedes tröstete sich mit der Schauspielerin Jeanne Eagles, die

zuviel trank und während langer gemeinsamer Landspazier-
gänge versprach, dem Alkohol abzuschwören.

Den Sommer 1930 verbrachte Mercedes in Frankreich. Die
Sängerin Libby Holman war mit ihrer Liebhaberin Louisa
Carpenter nach einem Besuch bei der gemeinsamen Freundin,
der Schauspielerin Tallulah Bankhead, die in London engagiert war, in Paris eingetroffen. Tallulah war nicht mitgekom-
men, denn weder war sie an Paris interessiert, noch konnte sie
Mercedes, die sie oft »die Maus im Frack« nannte, besonders
gut leiden.

Libby und Louisa jedoch fanden Gefallen an Mercedes'
extravaganter Kleidung, und ihre Geschichten über ihre diversen Amouren waren eine immer willkommene Unterhal-
tung. Dennoch war sich Libby nie sicher, ob Mercedes wirklich die Wahrheit erzählte oder bloß angab. Nach der
Veröffentlichung von Mercedes' Memoiren im Jahre 1960
gab Libby ihren Kommentar zu dem Titel des Buches *Here
Lies the Heart* ab: »and she lies and lies and lies« (und sie lügt
und lügt und lügt).

Mercedes schrieb weiter Theaterstücke, und Bessie Marbury arrangierte deren Produktion. Eines Tages schlug Bessie
Mercedes vor, ihr Glück doch mit Drehbüchern in Hollywood zu versuchen, und mit Bessies Hilfe bekam Mercedes
wirklich einen Vertrag für einen Pola-Negri-Film. Das Wochenende vor ihrer Abfahrt nach Hollywood verbrachte Mercedes auf Long Island. Tallulah Bankhead las ihr die Karten
und prophezeite ihr, daß ein heimlicher Wunsch drei Tage
nach ihrer Ankunft in Hollywood in Erfüllung gehen werde.

Am dritten Tag nach der Ankunft rief Salka Viertel bei
Mercedes an und lud sie zum Tee. Mercedes war schon eingetroffen, als es an der Eingangstür klingelte und sie Greta Gar-
bos Stimme hörte – ihr Wunsch hatte sich erfüllt: Sie konnte
Greta kennenlernen. Diese blieb nur kurz, aber nachher versicherte ihr Salka, daß die Garbo sie möge.

Bald sahen sich Mercedes und Greta täglich, sie machten

lange Spaziergänge am Strand, in den Canyons und in der Wüste. Mercedes überzeugte Greta, daß ihr Hosen gut stehen würden, und es dauerte nicht lange, bis in den Zeitungen Photos mit folgender Bildzeile erschienen: »GARBO IN HOSEN!« und darunter: »Mercedes de Acosta und Greta Garbo in Männerkleidung schnellen Schrittes am Hollywood Boulevard unterwegs.«

Greta bat Mercedes, für sie ein Drehbuch zu schreiben, sie hatte an eine Filmversion von *Dorian Gray* gedacht, in der sie die Hauptrolle übernehmen wollte. Mercedes und Greta mieteten benachbarte Häuser in Rockingham Road, und die großen Gärten erlaubten es ihnen, ein abgeschirmtes Leben zu führen. Nachdem Greta *As You Desire Me* fertiggedreht hatte, beschloß sie, Ferien zu machen und die nächsten sechs Monate in Schweden zu verbringen.

Während Gretas Abwesenheit lernte Mercedes zufällig Marlene Dietrich kennen. Marlene hatte bei einer Tanzaufführung eine Reihe vor Mercedes gesessen und brachte ihr am nächsten Tag Blumen. Marlene begründete ihr Kommen damit, daß sie Mercedes sehr blaß und traurig gefunden hätte, und bot ihr an, sich ein wenig um sie zu kümmern. Sie, Marlene, sei eine wunderbare Köchin und würde es schaffen, Mercedes wieder aufzupäppeln.

Diese ging auf das Angebot gerne ein und war in den nächsten Monaten oft bei Marlene, die damals in Santa Monica lebte. Mercedes erinnerte sich, daß sie auch ihr eine Hosenempfehlung gab. Bald gingen die Studiobilder mit Marlene in Hosen um die ganze Welt, und viele Frauen begannen sich ebenso zu kleiden.

Gegen Kriegsende gelang es Mercedes, als Auslandskorrespondentin in Paris akkreditiert zu werden. Sie hatte eine längere Affäre mit Claire Charles-Roux, von deren muskulösen Beinen sie schwärmte, gab diese allerdings auf, als sie die letzte große Liebe ihres Lebens kennenlernte. Eines Tages wurde Mercedes zu einem Abendessen geladen, welches von einer Frau gekocht wurde, die Mercedes einige Tage zuvor in einem Traum erschienen war. Es handelte sich um Poppy Kirk (Maria Annunziata Sartori), in Frankreich und England aufgewachsen, Tochter eines Amerikaners und einer Britin. Poppy wurde bald die wichtigste Person in Mercedes' Leben. Die beiden Frauen beschlossen, gemeinsam in Paris eine Wohnung zu mieten.

Sie fanden schließlich eine am Quai Voltaire, und Poppy machte sich daran, die Hausfrauenrolle zu übernehmen. Ihre Spezialität waren farblich abgestimmte Speisen in Rosa, Gelb, Grün oder Violett, die schnell zubereitet waren und erstaunlicherweise immer gut schmeckten. Als das Paar aus der Wohnung am Quai Voltaire ausziehen mußte, mieteten die beiden eine kleinere Bleibe am Quai Saint Michel und verbrachten die Wochenenden in einem Bauernhaus in der Normandie. Dort empfingen sie immer viel Besuch, Freundinnen aus aller Welt kamen – von Eva Le Gallienne und Margaret (Peggy) Webster, die damals beruflich und privat zusammen waren, über Natacha Rambova, die, so wie Mercedes, auf spiritueller Suche war, bis zu Janet Flanner, die als Journalistin immer mit allen Kontakt hatte.

Im Jahr 1951 traf Mercedes im Bus in Paris zufällig auf Alice B. Toklas. Alice, die Mercedes das letzte Mal vor dem Krieg gesehen hatte, hätte diese kaum wiedererkannt. Sie war ihr wegen ihrer kanariengelben Handschuhe aufgefallen und hatte erst dann das bekannte Gesicht gesehen, welches Alice nun »bourgeois und gealtert« schien. Mercedes versprach Alice, zum Essen zu kommen und Greta Garbo, die auch gerade in Paris weilte, mitzubringen.

Ein paar Tage später standen Mercedes, Greta und Cecil Beaton vor Alices Tür. Bei dieser Begegnung galt Alices Aufmerksamkeit vor allem Greta. Vergeblich versuchte sie, die mysteriöse Garbo zu entdecken, und es war ihr unverständlich, wie es Gerüchte geben konnte, die von einer bevorstehenden Heirat von Greta und Cecil sprachen.

In den folgenden Jahren sahen sich Mercedes und Alice, wie aus Alices Korrespondenz hervorgeht, dann wieder regelmäßig. In einem ihrer Briefe schrieb Alice, daß »Mercedes sehr gut zu mir ist. Sie gehört verschiedenen Religionsgemeinschaften an, das finde ich etwas verwirrend. Noch verwirrender ist allerdings die Tatsache, daß sie bei allen betet«. Nach dem Erscheinen von Mercedes' Memoiren, die Alice begierig las, schrieb sie ihr einen herzlichen Brief. Das Buch habe sie »atemlos, aufgeregt und sehr glücklich« gemacht.

Eva Le Gallienne

* am 11. Januar 1899 in London.
† am 3. Juni 1991 in Weston, Connecticut.
Schauspielerin und Theaterdirektorin.

Eva Le Gallienne mit:

Alla Nazimova, Mercedes de Acosta, Blyth Daly, Tallulah Bankhead, Estelle Winwood, Betty Pierson, Gladys E. Calthrop, Mary Dugget, Edna St. Vincent Millay, Josephine Hutchinson, Alice De Lamar, Marion (Gun) Evensen, Margaret (Peggy) Webster, Eleanor Roosevelt, Cheryl Crawford, Anne Kaufman Schneider.

Lebenslinien

Im Alter von fünfzehn Jahre erstmaliges Auftreten als Schauspielerin in London.

1915 gemeinsam mit ihrer Mutter Übersiedlung nach New York, wo sie bald Rollenangebote erhält.

Freundschaft mit Alla Nazimova und Übersiedlung ins szenebekannte Algonquin Hotel. Anschließend kurzer Hollywood-Aufenthalt bei der Freundin, baldige Trennung und Rückkehr nach New York.

Beziehung mit Mercedes de Acosta.

1925 Gründung des »Civic Repertory«-Theaters aus Unzufriedenheit mit der amerikanischen Theaterpraxis.

1926 feierliche Eröffnung der Bühne. Unterstützung durch die *Women's Suffrage Party* und zahlreiche Künstlerinnen.

Beziehung mit der hauseigenen jungen Schauspielerin Josephine Hutchinson. Mit ihr bezieht Eva ein eigens gebautes Haus in Connecticut.

1932 bei einem Haushaltsunfall schwere Verbrennungen und zahlreiche plastische Operationen, die erst allmählich Evas Darstellungsfähigkeit als Schauspielerin wiederherstellten.

1933 Schließung des »Civic« im Zuge der wirtschaftlichen Depression. Eva spielt erfolgreich den *Hamlet*.

1934 Trennung von Josephine und Beginn der Beziehung mit dem Ensemblemitglied Marion Evensen, genannt Gun.

Anfang der vierziger Jahre zunehmende Konflikte mit der Partnerin. Affäre mit Margaret Webster. Das Paar bleibt in dieser Dreieckskonstellation zusammen.

1945 Gründung des »American Repertory«-Theaters zusammen mit Cheryl Crawford. Das Theater wird aufgrund des repressiven politischen Klimas bald wieder geschlossen. Margaret verläßt Eva.

Evas Theaterauftritte werden seltener, sie zieht sich aufs Land zurück, wo sie einige Bücher schreibt, webt und der Gartenarbeit nachgeht.

1972 stirbt Gun, im selben Jahr auch Margaret.

Mitte der siebziger Jahre Rückkehr auf die Bühne, die alte Legende lebt noch einmal auf.

1983 wird Eva Millionenerbin der Hinterlassenschaft von Alice de Lamar.

Eva vereinsamt wegen ihrer zunehmenden Trunksucht immer mehr, auch ihre letzte Freundin, Anne Kaufman Schneider, zieht sich von ihr zurück.

Sie stirbt 1991 und vererbt große Summen teils an Freundinnen, teils an einen Schauspielerinnenfond und einen Land-Trust.

Eva hatte sich nach ihrer Ankunft in New York mit ihrem neugefundenen Kreis von Freundinnen im Algonquin Hotel bereits einen Namen gemacht. Die Schauspielerin Blyth Daly erinnerte sich noch Jahre später, daß sie, Eva, Tallulah Bankhead und Estelle Winwood »die vier Reiter aus dem Algonquin« genannt wurden und die vier gefragtesten Lesben der Stadt waren. Zu den Freundinnen im Theater zählte auch Mary Duggett, von Eva »Mimsey« genannt, die immer Zeit für Evas Probleme hatte und Vertraute ihrer Liebesfreuden und -nöte war.

Höchstwahrscheinlich hatte Alla Nazimova Eva von Mercedes de Acosta erzählt. Diese bat daraufhin ihre Freundin Betty Pierson, ein Treffen zwischen ihr und Mercedes zu arrangieren. Mercedes war in New York ihrer extravaganten Kleidung wegen bekannt. Sie trug spitze Schuhe, einen dreieckigen Hut, ein Cape und Männerhosen. Ihr rabenschwarzes Haar rieb sie mit Brillantine ein. Den Hosenstil konnte Mercedes ihren späteren Liebhaberinnen aufschwatzen, aber bei der Brillantine scheiterte sie meist.

Eva Le Gallienne war laut Mercedes beim ersten Zusammentreffen sehr scheu, aber sobald sie entdeckte, daß sie beide die Schauspielerin Eleonora Duse verehrten, war die Zurückhaltung überwunden, und aus dem Mittagessen wurde ein Abendessen, in der Folge ein gemeinsames Nach-Hause-Gehen (Mercedes schreibt immer nur, daß sie die Frau, die sie gerade anbetete, nach Hause begleitete, und überläßt alles weitere der Phantasie). Ihr Zusammensein war bald in einschlägigen Kreisen bekannt, und gelegentlich gab es diesbezügliche Kommentare in der Presse. Eva wurde durch diese Bemerkungen immer wieder verunsichert, um so mehr, da ihr wohlmeinende Kolleginnen und Kollegen vorschlugen, doch eine Scheinehe einzugehen. Bekannte lesbische Schauspielerinnen wie Katherine Cornell und Lynn Fontanne hatten auch geheiratet und damit einen Teil der Gerüchte beendet. Einmal unternahm Eva den Versuch, ein heterosexuelles Image aufzubauen, aber schon nach einer Woche bekam sie kalte Füße und blies weitere Aktionen in dieser Richtung ab.

Der Bruch zwischen Eva und Mercedes fand zwischen zwei Kontinenten auf einer Schiffspassage statt, schuld daran war – eine andere Frau. Im Gegensatz zu Mercedes fand Eva Monogamie langweilig, und da ihr die junge britische Designerin Gladys E. Calthrop gefiel, lud sie diese kurzerhand in ihre Schiffskabine ein.

Ehrgeizig wie Eva eben war, setzte sie es sich in den Kopf, ein Theater im europäischen Stil in New York ins Leben zu rufen. Im Dezember 1925 begann sie für ihre Idee in Form des »Civic Repertory«-Theaters zu werben und scharte eine Gruppe von sechs Frauen um sich – unter ihnen Gladys als Designerin und Mary Dugget, alias Mimsey, als Managerin. Die Presse fiel über Eva her und machte sich über ihr feministisches Theater lustig. Ihre Schauspielkunst wurde als kalt und snobistisch abgetan, und da die sexuellen Präferenzen von Eva, Gladys und Mimsey bekannt waren, wurde das »Civic Repertory«-Theater als Lesbennest beschrieben.

Nichtsdestotrotz fanden sich Sponsoren und bald auch ein altes Theater in der 14th Street, Ecke Sixth Avenue, mit 1100 Plätzen. Eva und Co. machten sich an die Arbeit, und am 25. Oktober 1926 wurde das Theater feierlich eröffnet.

1926 war nicht nur wegen der Eröffnung von Evas Theater ein bemerkenswertes Jahr in der Theatergeschichte New Yorks. Die ganze Stadt sprach von Edouard Bourdets Stück *Die Gefangene*, und die Kritiker überboten sich in ihren Beschreibungen. Sie reichten von »blutvergiftende Schauergeschichte« über »sexuelle Perversion« zu »das korrupteste und möglicherweise böseste Stück, welches jemals in Amerika gezeigt wurde«. Nach vier Monaten Laufzeit kam es während einer Vorführung zu einem Polizeieinsatz, bei dem alle Darsteller verhaftet wurden.

Aber dem war nicht genug. Das Strafgesetz im Staat New York wurde um einem Passus erweitert, der »unmoralische« Stücke verbot. In diesem Fall stand »unmoralisch« für homosexuellen Inhalt. Die Liste der Protestierenden war beachtlich, unter ihnen auch die zukünftige First Lady, Eleanor Roosevelt, die in den zwanziger Jahren gemeinsam mit einigen lesbischen Freundinnen eine Schule betrieb. Die Proteste nützten jedoch nichts, und der Zusatz wurde erst im Jahre 1967 aufgehoben.

Die zweiundzwanzigjährige Josephine (Josie) Hutchinson war für das Ensemble engagiert worden, sie sollte die Alice in einer *Alice im Wunderland*-Produktion spielen, in der Eva die »White Queen« darstellte und auch Regie führte. Die gemeinsame Arbeit war wunderbar, und bald verband Josie mit ihrer Regisseurin und Arbeitgeberin mehr als eine Freundschaft. Um der Hektik des Theaterbetriebs zu entkommen, hatte sich Eva in Weston, Connecticut, Land gekauft, und sie und Josie ließen darauf ein Haus bauen.

Die Bauarbeiten wurden großteils von Josie und Mimsey überwacht, unterstützt von Alice De Lamar, einer wohlhabenden Freundin, die auch in der Nähe ein Haus hatte und, wenn nötig, den anderen Frauen finanziell unter die Arme griff. Eva vermied Hausarbeit und zog es vor, im Garten zu arbeiten. Diese Arbeitsteilung behielt sie zeit ihres Lebens bei.

Die Beziehung mit Josie war in vieler Hinsicht ideal, und Josie tat alles, um Eva bei guter Laune zu halten. Im Juli 1930 reichten aber Josies Talente nicht mehr länger aus. Sie hatte nach einer Kurzzeitehe die Scheidung eingereicht, und als diese endgültig war, prangte in den Skandalblättern die große Schlagzeile: »Le Galliennes Schatten geschieden«. Für Eva war dies zuviel, und sie erlitt einen Nervenzusammenbruch. Sie erholte sich zwar rasch, machte es sich aber immer mehr zur Gewohnheit, Champagner und Scotch zu trinken, wobei ihr Josie Gesellschaft leistete.

1934 entschloß sich Josie, Eva zu verlassen. Es war für

Josie selbstverständlich gewesen, sich immer um Eva zu kümmern, und sie hatte auch gehofft, gemeinsam den Alkoholismus bekämpfen zu können. Doch wieder einmal kam es soweit, daß sich Eva nicht als Teil einer monogamen Beziehung sah und sie vor Josies Augen eine Affäre mit dem neuen Ensemblemitglied Marion (Gun) Evensen begann. Gun war acht Jahre älter als Eva, eine große, schlanke Frau, die aus dem Midwest nach New York gekommen war und sich auf Anhieb in Eva verliebt hatte.

In ihrer 1953 erschienenen Autobiographie ist Gun die einzige und erste Frau, über die Eva schreibt: »Ich lud sie auf einen Besuch ein. Es gefiel ihr bei mir so gut, und wir hatten so viele Gemeinsamkeiten, daß der Besuch auf unbestimmte Zeit verlängert wurde und nun bereits sechzehn Jahre dauert.«

Eines Tages kam es zur Wiederholung des bekannten Musters: Eva brachte eine neue Frau ins Haus. Gun wollte und konnte sich aber nicht an das Muster halten – sie blieb. Sie hatte ihre Karriere aufgegeben und war finanziell und emotional von Eva abhängig. Gun tat, was sie all die Jahre getan hatte: Sie putzte und kochte, aber eben nicht nur für Eva, sondern auch für deren neue Liebe, die Schauspielerin und Regisseurin Margaret (Peggy) Webster.

Peggy war in vielen Aspekten die perfekte Gefährtin für Eva. Sie war Engländerin, beruflich ambitioniert, intellektuell und witzig. Unter der Woche lebten Eva und Peggy in New York und am Wochenende fast immer in Connecticut. Mit Peggy begann Eva wieder ihre alten Theaterträume wachzurufen und gründete, zusammen mit der Theaterproduzentin Cheryl Crawford, 1945 das »American Repertory«-Theater, kurz ART genannt.

1945 war kein gutes Jahr für Karrierefrauen in den Staaten. Die Propagandakampagne gegen berufstätige Frauen hatte ihren Höhepunkt erreicht, nahmen sie doch angeblich den heimkehrenden Soldaten und Familienvätern Arbeit weg.

Und die Frage des Lebensstils war nach wie vor ein Politikum. Die Republikaner erklärten sogar, daß Homosexuelle wahrscheinlich so gefährlich wie Kommunisten seien.

Cheryl Crawford stieg also bald wieder aus. Allein gelassen, beschlossen Eva und Peggy, nur noch die Saison zu beenden und dann das ART zu schließen. Das vergiftete politische Klima hatte allerdings auch Auswirkungen auf Evas und Peggys Beziehung. Peggy, die im Gegensatz zu Eva immer politisch aktiv gewesen war, hatte Schwierigkeiten mit dem von McCarthy ins Leben gerufenen »Komitee für Unamerikanische Aktivitäten«, und Eva erwies sich dabei keineswegs als Stütze. Jetzt lag es an Peggy, das Muster zu durchbrechen: Sie verließ Eva.

Die beiden Frauen blieben zwar Freundinnen und arbeiteten auch gelegentlich zusammen, aber ihre große Romanze war vorbei. Evas Theaterauftritte wurden seltener, sie spielte nur noch gelegentlich in Filmen und schrieb einige Bücher. Zu Hause in Connecticut, wo Eva webte und im Garten arbeitete, gab es immer noch Gun, die sich trotz verschlechterter Gesundheit nach wie vor um das Haus kümmerte. Nach langen Jahren ohne Freundschaften hatte Gun ein Paar kennengelernt, welches in das kleine Dienstbotenhaus nebenan gezogen war. Die beiden Frauen mochten Gun gerne, lieber als Eva, und Guns Leben wurde wieder erträglicher.

Margaret (Peggy) Webster

wurde am 15. März 1905 in New York geboren. Sie starb am 13. November 1972 in London. Schauspielerin und Regisseurin.

Sie war sowohl in England als auch in den Vereinigten Staaten erfolgreich. Sie begann ihre Karriere 1924 in London.

1933 wurde sie nach New York eingeladen, um ein Shakespearestück zu inszenieren, das ein großer Erfolg wurde. 1945 gründete sie mit Eva Le Gallienne und Cheryl Crawford das »American Repertory«-Theater, welches allerdings nur eine Saison existierte.

1948 gründete sie ihre eigene Shakespeare-Company und ging mit ihr auf Tournee in die Vereinigten Staaten und nach Kanada. Sie war die erste Frau, die als Regisseurin in der Metropolitan Opera arbeitete. In den fünfziger Jahren kehrte sie nach England zurück, wo sie bis zu ihrem Tod als Regisseurin tätig war.

Greta Garbo
(Greta Gustafsson)

* am 18. September 1905 in Stockholm.
† am 15. April 1990 in New York.
Schauspielerin.

Greta Garbo mit:

Salka Viertel, Tallulah Bankhead, Anita Loos, Mercedes de Acosta, Marie Dressler, Erika Mann, Eleanora von Mendelssohn, Märtha Wachtmeister, Dorothy Sebastian, Paulette Duvan, Florence Lake, Barbara MacLean, Lotte Friedländer, Cécile de Rothschild.

Lebenslinien

Greta Gustafsson wächst als jüngste Tochter einer schwedischen Arbeiterfamilie in Stockholm auf.

Im Frühjahr 1921 erhält sie ihre erste kleine Filmrolle.

Im Sommer 1922 wird sie in die Schauspielakademie des Königlichen Schauspielhauses aufgenommen. Enge Freundschaft mit ihren Kolleginnen Mimi Pollak und Mona Martenson.

Juli 1923 Vertrag für die Rolle der Gräfin Elisabeth Dohna in Mauritz Stillers Verfilmung von Selma Lagerlöfs Roman *Gösta Berling*.

Dezember 1923 nimmt sie offiziell den Namen Greta Garbo an.

März 1924 Premiere von *Gösta Berling*. Dieser Film wird Gretas erster internationaler Erfolg.

1925 *Die Freudlose Gasse* unter der Regie von G. W. Pabst

in Berlin. In den Hauptrollen Greta Garbo und Valeska Gert, in einer Nebenrolle Marlene Dietrich.

Juli 1925 Ankunft von Greta und Mauritz in New York. Sie haben beide einen Drei-Jahres-Vertrag mit MGM.

1926 *The Torrent* (*Fluten der Leidenschaften*), erster Hollywoodfilm Gretas.

1930, nach dreizehn Stummfilmen, Gretas erster Tonfilm *Anna Christie* – in der amerikanischen Fassung mit Marie Dressler als Marthy, in der deutschen Fassung mit Salka Viertel in dieser Rolle.

Bis 1942 vierzehn weitere Tonfilme, die allesamt zu Gretas Ruhm beitragen. Sie geht als »die Göttliche« in die Annalen der Filmgeschichte ein.

In die Zeit zwischen 1930 und 1942 fallen auch Gretas Liebesbeziehungen mit Marie Dressler, Mercedes de Acosta und Barbara MacLean.

Zwischen Filmarbeiten immer wieder längere Aufenthalte in Schweden, vorwiegend bei ihrer Freundin Märtha Wachtmeister.

Im Herbst 1941 Begegnung mit Georges Schlee, der bis zu seinem Tod im Jahre 1964 ihr finanzieller Berater und zeitweiliger Begleiter wird.

Greta verbringt immer mehr Zeit in New York, wo sie als Harriet Brown im Ritz wohnt. Weiterhin regelmäßige Treffen mit Mercedes.

März 1946 Zusammentreffen mit Cecil Beaton, der sie anbetet und der immer wieder Gerüchte über eine bevorstehende Heirat in Umlauf setzt.

In den späten vierziger Jahren überlegt Greta immer wieder, Filme zu machen – die Rollen, die ihr vorschweben, sind Georges Sand, der heilige Franz von Assisi und Dorian Gray.

1951 Greta verkauft ihr Haus in Hollywood und zieht endgültig nach New York. Sie wird US-Staatsbürgerin.

1953 kauft Greta eine Wohnung in der 52. Straße in Manhattan, wo sie bis an ihr Lebensende lebt.

In den fünfziger Jahren Beginn der Freundschaft mit Cécile de Rothschild, mit der Greta viel Zeit in Paris verbringt.

1960, nach dem Erscheinen von Mercedes' Autobiographie, bricht Greta jeden Kontakt mit ihr ab.

Bis zu ihrem Tod führt Greta ein sehr zurückgezogenes Leben und sieht nur wenige ausgewählte Freundinnen, darunter Salka Viertel, mit der sie die meisten Sommer in Klosters in der Schweiz verbringt.

Einblicke

Die langjährige Freundschaft zwischen Greta und der Schauspielerin und Drehbuchautorin Salka Viertel ist leider nur sehr spärlich dokumentiert. Greta sprach in ihren Memoiren nur von der professionellen Seite ihrer Beziehung, und trotz mehrfacher Spekulationen über ein sexuelles Verhältnis zwischen den beiden bin ich der Meinung, daß sie eine innige, lebenslange, vielleicht sogar erotische, wohl aber nicht sexuelle Freundschaft verband. Greta vermied es, während ihrer Hollywoodglanzzeit von der Presse mit Frauen in Zusammenhang gebracht zu werden, aber sie machte später kein Hehl aus ihren lesbischen Beziehungen.

Sie fand, daß es in heterosexuellen Beziehungen zuviel Gewalt gäbe, und schätzte die klassische Rollenverteilung nicht. In homosexuellen Beziehungen beruhe alles auf Gegenseitigkeit, und dies entspräche viel mehr ihren Bedürfnissen. Frauenkörper übten auf sie eine große Faszination aus, und sie liebte es, bei anderen Frauen Vergleiche zu ihrem eigenen Körper anzustellen.

Die am besten dokumentierte Beziehung Gretas bestand mit der Dichterin Mercedes de Acosta. Mercedes und Greta schrieben selbst darüber, aber auch Marlene Dietrich berichtet über die arme Mercedes, die von Greta unnötig gequält wurde. In ihrer Autobiographie behauptet Mercedes, Greta gleich nach ihrer Ankunft in Hollywood bei Salka kennengelernt zu haben. Greta wiederum erinnerte sich, daß ihr eine kleine, sehr gut gekleidete Frau wochenlang immer wieder über den Weg lief, was sie dazu veranlaßte, Nachforschungen anzustellen.

Wochen nach ihrer Ankunft in Hollywood bekam Greta eine Einladung von Mercedes, der sie aber wegen einer Erkrankung nicht folgen konnte. Dafür kam aber Mercedes zu ihr und versorgte sie mit Orangen- und Zitronensaft. Mercedes war zum damaligen Zeitpunkt schon am Buddhismus interessiert und Vegetarierin und versuchte Greta von den Vorteilen dieser Lebensform zu überzeugen. Ein meditativer Lebensstil mit vielen Körperübungen, Gebeten und Liebestaten würde es nach Mercedes' Überzeugung erlauben, alle zu lieben. Sie war der Ansicht, daß homosexuelle Beziehungen einer Art Gebet gleichkämen und daß sie vom göttlichen Prinzip anerkannt wären.

Greta, die anfänglich vor allem von Mercedes' reichhaltiger Garderobe sehr beeindruckt gewesen war, erfuhr von dieser auch, daß sie soviel Wert auf gute Kleidung lege, um die Aufmerksamkeit der Frauen auf sich zu ziehen. Frauen reagierten meistens mit Neugierde auf eine gutgekleidete Frau, und Mercedes machte sich diese Neugierde zunutze. Von Kleidung zu sprechen wäre ein guter Einstieg, bevor sich das Gespräch anderen Themen wie Religion und Sex zuwende. Greta fand das alles sehr überzeugend und vor allem aufregend.

Die Beziehung der beiden hatte naturgemäß ihre Höhen und Tiefen, die in Hollywood bald bekannt waren. Greta, die gerne viel Zeit alleine verbrachte, stieß mit diesem Bedürfnis bei Mercedes auf Unverständnis. Diese wollte Greta ganz für sich haben, ein Verlangen, welches Greta oft sehr nervös machte. Als Greta dann auch noch alleine sechs Monate nach Europa fuhr, ließ sich Mercedes von Marlene Dietrich trösten.

Das Drehbuch für *Königin Christine* schrieben, auf Vorschlag Gretas, Salka Viertel und Margaret F. Levine. Bevor Salka den Vertrag dafür unterschrieb, wurde sie vom Produzenten Thalberg gefragt, ob sie mit dem erfolgreichen deutschen Film *Mädchen in Uniform* vertraut sei. Natürlich kannte Salka den Film, und sie hatte auch mit seiner Regisseurin, Leontine Sagan, in Wien gemeinsam auf der Bühne gestanden. Thalberg wollte wissen, ob die Beziehung zwischen Königin Christine und ihrer Hofdame Ebba Sparre lesbisch gewesen sei. Als Salka diese Frage bejahte, war er sicher, daß der Film gedreht werden sollte und kommerziell einträglich werden würde.

Wer nun wirklich die Idee hatte, einen Film über Königin Christine zu machen, wird wohl nie mehr festzustellen sein. Greta meinte, es sei die Idee der Schauspielerin Marie Dressler gewesen. Mercedes erinnerte sich, sie hätte das Thema vorgeschlagen, und Salka behauptete, sie sei mit dem Leben der schwedischen Königin am besten vertraut gewesen und hätte mit Greta darüber gesprochen. In der endgültigen Fassung darf Greta dann auch ihre Hofdame küssen, aber um der Traumfabrik Hollywood treu zu bleiben, mußte eine heterosexuelle Liebesgeschichte erfunden werden, die, wenn auch noch so unglaubwürdig, dennoch zu einem Happy-End gebracht wurde.

1935 unterzeichnete Greta einen Vertrag für zwei Filme, *Die Kameliendame* und *Marie Walewska*. Vor Beginn der Dreharbeiten zog sie sich wieder zu ihrer Freundin Märtha Wachtmeister nach Schweden zurück. Während dieser Zeit hatte sie einen regen Briefwechsel mit Salka, die an dem Buch zu *Marie Walewska* arbeitete. An *Die Kameliendame* wollte sie gar nicht denken – das Drehbuch dazu schrieb die Dramatikerin Zoë Akins –, denn diese Geschichte war in Gretas Augen ähnlich der von *Anna Karenina*. Für *Marie Walewska* hatte sie jedoch Ideen und Vorschläge, die sie Salka unterbreitete. Unter anderem wollte sie eine kleine Szene, in der Marie als Soldat gekleidet nachts in Napoleons Zelt kommen sollte. Diese Szene war allerdings in der Endfassung des Films nicht zu finden.

Marie Dressler war eine Schauspielkollegin, die zu Beginn der Freundschaft mit Greta über sechzig war und nach langen glücklosen Jahren wieder Arbeit beim Film gefunden hatte. Diese Marie hatte Greta in den Zirkel ihrer lesbischen Freundinnen eingeführt und sie auch gelehrt, sich ihrer Liebe für Frauen nicht zu schämen. Marie verbrachte viele Nächte bei Greta, in denen ihr warmer Körper und ihre einfache Art zu lieben für Greta sehr wichtig waren.

Diese überzeugte MGM in der Folge, Marie eine Rolle in dem Film *Anna Christie* zu geben, welcher 1930 gleich zweimal gedreht wurde: einmal als amerikanische Fassung, in der auch Marie mitspielte, und dann in einer deutschen Fassung, wo Salka Viertel Maries Rolle übernahm.

Die Beziehung zu Marie war endgültig vorbei, als Greta Barbara MacLean traf. 1933, während der Dreharbeiten zu *Königin Christine*, lernte Greta die Journalistin und spätere Designerin kennen. Barbara hatte Greta die »ängstliche Gazelle« genannt und sie damit beeindruckt. Gegen ihre sonstigen Regeln lud sie Barbara sogar ein, beim Filmen zuzusehen. Barbaras Reaktionen auf Greta in Männerkleidung waren daraufhin so stark, daß Greta sie mit nach Hause nehmen mußte, um sie zu überzeugen, daß die Vorgänge im Studio nicht der Wirklichkeit entsprächen. Barbara dürfte in manchen Aspekten Mercedes geähnelt haben, auch sie beriet in der Folge Greta beim Kleiderkauf und der Einrichtung ihres Hauses.

Nach dem Ende ihrer Filmkarriere begann Greta Schwierigkeiten mit ihrem Sexualleben zu haben. Sie wußte sehr wohl, daß viele Frauen und Männer ihr nahekommen wollten, weil sie eine Legende darstellte, aber nicht, weil sie ein menschliches Wesen mit sexuellen Sehnsüchten war. Sie beschloß, Hollywood den Rücken zu kehren, nach New York überzusiedeln und sich einen neuen Freundinnenkreis zu suchen.

Um dem Landleben nicht ganz ade zu sagen, mietete Greta in den sechziger Jahren in Klosters in der Schweiz eine Sommerwohnung. Salka, die sich dort in der Nähe eines ihrer Söhne niedergelassen hatte, hatte ihr dazu geraten. Bis zu Salkas Tod verbrachten die beiden Freundinnen nun jeden Sommer dort. Salka hatte in der Schweiz die Bekanntschaft von Lotte Friedländer gemacht, einer Wiener Jüdin, die nach New York ins Exil gegangen war. Greta und Lotte wurden Freundinnen, und Salka bat Lotte sogar, sich nach ihrem Tod um Greta zu kümmern.

Salka Viertel
(Salome Steuermann)

wurde 1889 in Wychylowka, Galizien (heute Polen), geboren. Sie starb am 4. November 1978 in der Schweiz. Schauspielerin und Drehbuchautorin.

Salka setzte als junges Mädchen ihren Willen durch und durfte nach Wien gehen, um Schauspielerin zu werden. Dort machte sie die Bekanntschaft ihres späteren Ehemannes, des Dichters und Regisseurs Berthold Viertel, mit dem sie drei Söhne hatte.

Während des Ersten Weltkrieges stand Salka auf der Neuen Wiener Bühne, wo sie gemeinsam mit der Schauspielerin Leontine Sagan, der Regisseurin von *Mädchen in Uniform*, auftrat. In den zwanziger Jahren hatte sie in zahlreichen deutschen Städten Engagements, unter anderem in Dresden und Berlin. An dieses Berlin der zwanziger Jahre erinnerte sie sich gerne, vor allem an die Zeit, die sie im Romanischen Café verbrachte. Dort traf sie mit den etwas jüngeren Künstlerkindern zusammen, darunter Erika und Klaus Mann, Pamela Wede-kind, Mopsa Sternheim und der Bildhauerin Anna Mahler, Tochter von Gustav und Alma.

1928 bekam Berthold ein Angebot, nach Hollywood zu gehen, und nach längerem Überlegen entschloß sich Salka, mit den Kindern nachzukommen. Gemeinsame Freunde stell-ten sie der nordamerikanischen Auslandskorrespondentin Dorothy Thompson vor, die damals in Berlin lebte. Diese ver-sicherte Salka, daß sie Amerika lieben würde.

In den Staaten hatte Salka wesentlich größeren Erfolg als Berthold. Bei einem Fest im Hause Lubitsch lernte Salka Greta Garbo kennen. Ihr war Greta aufgefallen, weil sie als einzige Frau einen schwarzen Anzug trug und kein Abend-kleid. Salka und Greta begannen miteinander zu reden, und diese Konversation brach bis zu ihrem Lebensende nicht mehr ab. Am Tag nach dem Fest tauchte Greta unerwartet bei Salka auf. In der Folge machten es sich die beiden Frauen zur Gewohnheit, zeitig am Morgen am Strand spazierenzugehen oder am Nachmittag zusammen Kaffee zu trinken.

Salka versuchte sich auch in Hollywood als Schauspielerin, aber ihr Englisch reichte dafür nicht aus. Ganz zu Beginn des Sprechfilms wurde manchmal eine nordamerikanische und eine europäische Fassung desselben Films gedreht, und in einigen der europäischen Fassungen, wie *Anna Christie*, be-kam Salka Rollen. Greta schlug ihr eines Tages vor, doch Drehbücher zu verfassen, und verließ sich, solange sie selbst Filme machte, gerne auf Salkas Vorschläge und Ideen.

Neben ihrer Arbeit für die Studios, bei denen sie so erfolg-reich war, daß sie damit die Familie ernährte, machte Salka ihr Haus im Laufe der Jahre zu einem Anlaufpunkt für die immer zahlreicher werdenden Emigranten aus Europa. Sie kamen zu Besuch, sie kamen, weil sie Arbeit oder Hilfe für Zurückgebliebene in Europa brauchten.

Am Sonntagnachmittag gab es bei Salka fast immer ein offenes Haus. Dort traf sich dann die intellektuelle Elite aus ganz Europa. Die Theater- und Romanautorin Gina Kaus beschreibt in ihren Erinnerungen, daß sie bei Salka oft die Mann-Familie getroffen hatte. So wie Salka war auch Gina ganz besonders von Erika Mann beeindruckt. Gina rief Erika oft an und lud sie zu sich ein, aber trotz aller Bemühungen blieb ihre Beziehung zu Erika oberflächlich.

Das Ende von Gretas Filmkarriere brachte auch tiefgreifende Veränderungen für Salka. Die Europäer, die das Hollywood der zwanziger und dreißiger Jahre geprägt hatten, wurden durch Amerikaner ersetzt. Salkas aktive antifaschistische Arbeit wurde nicht gerne gesehen, und nach dem Krieg hatte sie, wie so viele andere europäische Intellektuelle, Schwierigkeiten mit Senator McCarthys Komitee für Unamerikanische Aktivitäten. Erst nach einigen Interventionen wurde ihr ein Paß ausgestellt, der es ihr erlaubte, nach Europa zu fahren, um den kranken Berthold und einen ihrer Söhne zu besuchen.

In den fünfziger Jahren verbrachte Salka immer mehr Zeit in Europa, vor allem in der Schweiz (wo sie auf dem protestantischen Friedhof in Klosters begraben liegt). Ein Teil ihrer Familie lebte hier, und sie wollte ihr nahe sein. Sie konnte auch Greta davon überzeugen, sich eine Ferienwohnung in ihrer Nähe zu mieten. Salka dürfte bei dieser Gelegenheit auch öfter Erika Mann besucht haben, zumindest gibt es in der veröffentlichten Korrespondenz Erikas einen an »Salka-Darling« adressierten Brief, in dem sie Salka versichert, daß ihr Besuch eine helle Freude für sie sein werde.

Marlene Dietrich

* am 27. Dezember 1901 in Berlin.
† am 6. Mai 1992 in Paris.
Schauspielerin und Sängerin.

Marlene Dietrich mit:

Ruth Landshoff-Yorck, Claire Waldoff, Margo Lion, Elisabeth Bergner, Anna May Wong, Mercedes de Acosta, Gertrude Lawrence, Beatrice Lillie, Greta Garbo, Colette, Gertrude Stein, Alice B. Toklas, Jo Carstairs, Edith Piaf.

Lebenslinien

Marlene wächst in einer preußischen, bürgerlichen Beamtenfamilie auf.

Während der Schulzeit große Verehrerin der damals sehr beliebten Stummfilmdarstellerin Henny Porten.

1919 Beginn eines Musikstudiums in Weimar.

1921 Erste Versuche am Theater, ab 1922 bei Max Reinhardt beschäftigt.

1923 Heirat mit Rudolf Sieber, mit dem sie 1925 eine Tochter, Maria, bekommt.

Im Herbst 1922 erste Statistinnenrolle in dem Film *Der kleine Napoleon*.

1925 in G. W. Pabsts *Die Freudlose Gasse* in einer Nebenrolle einziges gemeinsames Auftreten mit Greta Garbo.

In den nächsten Jahren immer wieder kleinere Filmrollen.

In den späteren zwanziger Jahren Auftritte in den Revueprogrammen von Claire Waldoff zusammen mit Margo Lion.

Marlene bewundert Claire, in deren Programmen oftmals lesbische Andeutungen gefunden werden können.

1929 passiert der große Durchbruch mit der Verfilmung des Heinrich-Mann-Romans *Professor Unrat*. Marlene verkörpert ihre legendäre Rolle der Lola im *Blauen Engel*.

Am Abend der Premiere, am 1. April 1930, Abreise nach Hollywood, wo sie ihren ersten Zwei-Jahres-Vertrag mit Paramount hat.

Marlene lernt 1932 Mercedes de Acosta kennen und beginnt eine Liebesbeziehung mit ihr.

Bis 1935 dreht sie in Hollywood unter der Regie von Josef von Sternberg insgesamt sieben Filme. Diesen Filmen folgen im Laufe der Jahre dreißig weitere – aber es gelingt keinem Regisseur, den Erfolg Sternbergs mit Marlene zu wiederholen.

Ihr erster Hollywoodfilm ist *Marokko*, der erfolgreichste *Shanghai Express*. Freundschaft mit der Hauptdarstellerin Anna May Wong.

1934 *The Scarlet Empress* (*Die große Zarin*).

1935 letzter Film mit Sternberg *The Devil is a Woman* (*Die spanische Tänzerin*).

In den folgenden Jahren häufiges Pendeln zwischen den Kontinenten, regelmäßige Aufenthalte in Österreich und Frankreich, wo sie Colette und das Paar Stein/Toklas in Paris besucht.

1939 verliebt sich Marlene an der Côte d'Azur in Jo Carstairs, eine reiche US-Erbin. Im selben Jahr Einbürgerung in die Vereinigten Staaten. Dies ermöglicht ihr, mit den US-Truppen auf Tournee zu gehen, ein Teil ihres antifaschistischen Engagements.

In der Folge wendet sie sich vermehrt ihrer Karriere als Sängerin zu.

Nach dem Krieg Bekanntschaft mit Edith Piaf in Paris, zu der eine enge Freundschaft entsteht. Marlene organisiert Ediths Hochzeit mit Jacques Pills in New York.

1948 *Eine auswärtige Angelegenheit* unter der Regie von Billy Wilder.

Weitere Filme, unter anderem unter der Regie von Alfred Hitchcock und Fritz Lang, entstehen.

1953 Moderatorin bei einer Wohltätigkeitsveranstaltung im Madison Square Garden – Marlene tritt in Stiefeln, schwarzen Seidenstrümpfen, Hot Pants, Zylinder und mit Peitsche auf. Standing ovations. Beginn ihrer eigenen Shows.

In den fünfziger und sechziger Jahren zahlreiche Auftritte als Chansonniere und Entertainerin, deren beliebte Höhepunkte ihre Auftritte im Frack sind.

1957 Marlene in der Rolle der Christine Vole in Billy Wilders *Zeugin der Anklage*.

1958 Marlene als Tanya in Orson Welles' *Im Zeichen des Bösen*.

1960 Erster Auftritt im Nachkriegs-Berlin. Marlene wird teils umjubelt, teils heftig angegriffen – »Marlene Go Home«-Schilder sind zu sehen.

1961 *Das Urteil von Nürnberg* ist Marlenes letzte große Filmrolle.

1976 ist sie auf Tournee in Australien. Marlene erleidet in Sydney einen Oberschenkelhalsbruch, der das Ende ihrer Showkarriere bedeutet.

1978 Gastauftritt in David Hemmings Film *Schöner Gigolo – armer Gigolo*.

Marlene verbringt die letzten Jahre völlig zurückgezogen in ihrer Pariser Wohnung.

Einblicke

Claire Waldoff war im Berlin der zwanziger Jahre eine populäre Sängerin, die in Operetten und Revuen auftrat, kein Hehl aus ihren sexuellen Präferenzen machte und den bürgerlichen Moralisten ein Dorn im Auge war. Marlene betete sie an. In einigen ihrer Revueprogramme trat Claire mit Marlene und der damals sehr bekannten Sängerin Margo Lion auf. Von Claire und Margo soll Marlene das Singen gelernt haben, welches ihr zu dem großen Erfolg in ihrem ersten Spielfilm *Der blaue Engel* verhalf.

In einer der Shows sang Marlene gemeinsam mit Margo das berühmte Lied von der besten Freundin. Es war ein anspruchsvoller Foxtrott mit vielen lesbischen Andeutungen – Marlene und Margo unterstrichen die Nummer noch, indem sie je einen Veilchenstrauß in der Hand hielten –, der jeden Abend das Publikum zu Beifallsstürmen hinriß.

Am Abend der Berliner Premiere des *Blauen Engels,* am 1. April 1930, verließ Marlene Berlin, um zu ihrem ersten Zwei-Jahres-Vertrag mit Paramount nach Hollywood zu reisen. In Kalifornien erhielt sie zahlreiche Post und Anrufe aus Berlin: Allen ging sie ab, von Margo Lion bis zu Elisabeth Bergner. Marlenes erste Eindrücke von ihren Kolleginnen bei Paramount waren eher negativ, und sie beneidete die Garbo um all die schönen Frauen, die bei MGM, der Konkurrenz, unter Vertrag standen. Für ihren ersten Hollywoodfilm – *Marokko* – wurde auf einem Plakat mit dem Satz »Marlene Dietrich – Die Frau, die alle Frauen sehen wollen« geworben. Ihr kommerziell erfolgreichster Film unter der Regie von Josef von Sternberg wurde der 1932 gedrehte *Shanghai Express*, in dem Anna May Wong eine Hauptrolle spielte. Marlene mochte Anna auf Anhieb und verbrachte während der Dreharbeiten jede freie Minute mit ihr. Marlene, die dafür bekannt war, in jeder Szene nicht nur die Kostüme, sondern auch die Lichteinstellungen aufs genaueste zu kontrollieren, nahm es – ganz entgegen ihrer sonstigen Gewohnheit – auf sich, auch Anna Mays Frisur, Kostüme und Lichteffekte mitzubestimmen.

1932 lernte Marlene Mercedes de Acosta kennen. Jedenfalls schrieb sie an Rudolf Sieber, mit dem sie zeit ihres Lebens verheiratet war, daß sie eine sehr attraktive Spanierin – Mercedes – getroffen habe, von der es hieß, daß auch die Garbo nach ihr verrückt sei. Marlenes Tochter Maria konnte Mercedes nicht ausstehen und fand, daß sie wie ein spanischer Dracula aussähe. Die Mutter hatte ihrer Tochter erzählt, daß sie Mercedes bei Thalbergs kennengelernt hatte, wo sie weinend in der Küche gesessen habe: Greta Garbo ließ sie wieder einmal leiden, und Marlene wollte sie trösten. Da ihre Tröstungen gerne durch den Magen gingen, schlug sie Mercedes vor, sich doch von ihr bekochen zu lassen. Mercedes war Marlenes Avancen nicht abgeneigt und schrieb ihr bald täglich Briefe, in denen sie Marlene »mein Gold« oder »mein Liebling« nannte und mit »Weißer Prinz« oder »Raphael« unterzeichnete.

Wie lange Marlene und Mercedes zusammen waren, ist nicht genau belegt, vielleicht ein Jahr, vielleicht auch weniger. Mercedes hätte die Beziehung noch gerne fortgesetzt, aber Marlene wollte den »weißen Prinzen« loswerden. Sie erfand Entschuldigungen und ließ sich am Telefon verleugnen. Aber es dauerte eine Weile, bis Mercedes die Absagen verstand. Dennoch schrieb sie weiterhin glühende Briefe und versicherte Marlene, daß sie alles in ihrer Macht Stehende für sie tun würde, sie weiterhin begehre und immer an die Tage und Nächte denken werde, in denen sie von Marlene geliebt wurde. Sie schloß diese Briefe mit vielen Küssen für den herrlichen Körper und die wunderbare Seele der Geliebten.

Im Sommer 1939, während eines Urlaubs an der Côte d'Azur, verliebte sich Marlene in eine Gestalt aus der Ferne. Eine Yacht näherte sich dem Hafen, und gespannt warteten alle auf den Besitzer. Der hübsche Junge aus der Ferne stellte sich aber als schöne, schlanke Frau heraus – Jo Carstairs –, eine der reichen Erbinnen, die auf ihren Yachten auf den Weltmeeren segelten. Sie wurde von allen Jo genannt und schloß bald nähere Bekanntschaft mit Marlene. Sie soll die einzige Frau gewesen sein, die es je wagen durfte, Marlene »Babe« zu nennen.

Im Nachkriegs-Paris war eine kleine Sängerin mit einer

großen Stimme, die immer in Schwarz auftrat, über Nacht zum großen Star geworden. Auch Marlene fand Edith Piaf hinreißend und hatte nach kürzester Zeit Edith unter ihre Fittiche genommen. Sie wurde bekocht, beschenkt und mit Ratschlägen versorgt. Von Marlene erfuhr Edith auch über Allan Kardec und seine spiritistischen Lehren, die sie später oft anwendete, um mit einstigen Liebhabern in Kontakt zu treten. Und es war auch Marlene, die Ediths Hochzeit in New York organisierte. Es gibt wohl kein Hochzeitsfoto, auf dem Edith nicht mit der Freundin abgebildet ist. Da zeigte sich am besten Marlenes Stolz und ihre Freude, so nahe mit Edith befreundet zu sein. Ihr Tod im Herbst 1963 traf Marlene sehr, war es doch Edith gewesen, die ihr beigebracht hatte, wie sie mit wenigen Gesten auf der Bühne großen Erfolg erzielen konnte. Auch das Lied *La vie en rose*, welches zu einem der wichtigsten in ihrem Repertoire geworden war, stammte von Edith.

Claire Waldoff
(Clara Wortmann)

wurde am 21. Oktober 1884 in Gelsenkirchen geboren. Sie starb am 22. Januar 1957 in Bad Reichenhall. Sängerin und Kabarettisten.

Marlene Dietrich soll von Claire Waldoff das richtige Interpretieren von Liedern gelernt haben. Das hat insofern seine Richtigkeit, als Claire bereits eine bekannte Sängerin gewesen war, als noch niemand den Namen Marlenes kannte. Claire, die sich als Berliner Original einen Namen machte, kam erst 1906 im Alter von 22 Jahren nach Berlin. Dort entwickelte sie den ihr eigenen, von Marlene kopierten Stil, ohne viele Gesten, nur mit gezieltem Einsatz der Augen, zu singen.

Während des Ersten Weltkrieges lernte Claire Olga (Olly) von Roeder (1886–1963) kennen. In ihren Erinnerungen beschrieb Claire einen Besuch im Berliner Damenclub Pyramide in den zwanziger Jahren. Im Club verkehrten auch die Schauspielerin Tilla Durieux und die Tänzerinnen Anita Berber und Celly de Rheidt.

1927 trat sie in der Revue *Von Mund zu Mund* auf, in der auch Marlene Dietrich eine kleine Rolle hatte. Der Star des Abends war, wie üblich, die Waldoff. Anfang der dreißiger Jahre war Claire auf dem Höhepunkt ihrer Karriere. Sie hatte Engagements in der Scala und im Wintergarten, den beiden größten Varietétheatern der Stadt. 1933, nach der Machtübernahme der Nazis, bekam Claire Auftrittsverbot. Marlene Dietrich, die gleich nach dem Krieg in Deutschland war, schrieb ihrem Ehemann Rudolf Sieber, daß sie Claire in Bad Reichenhall getroffen hätte, wo sie von ihr erfahren habe, daß sie in all den Jahren nicht auftreten durfte. Es gibt allerdings gegenteilige Hinweise, wonach Claire sehr wohl wieder aufgetreten war, und zwar ab August 1935 bis Anfang 1943. Im Januar 1942 hatte sie sogar im besetzten Paris auf der Bühne gestanden. Zu Kriegsbeginn waren Claire und Olly nach Bayrisch-Gmain übersiedelt, einem kleinen Ort in Bayern nahe der Grenze zu Salzburg. Nach Berlin zogen die beiden auch nach Kriegsende nicht mehr zurück, war doch ihre Wohnung zerstört worden. Claire trat wieder auf – oft auch vor ausverkauften Häusern –, aber der alte Erfolg wollte sich nicht wieder einstellen. Gesundheitlich und finanziell ging es ihr in den letzten Jahren nicht besonders gut, sie hatte große Angst vor einem neuen Krieg, der diesmal sicher ein Atomkrieg sein würde. Ihr Grab befindet sich auf dem Pragfriedhof in Stuttgart neben dem ihrer Freundin Olly.

Edith Piaf
(Edith Gassion)

wurde am 19. Dezember 1915 in Paris geboren. Sie starb am 10. Oktober 1963 im Süden Frankreichs. Sängerin.

Im Pariser Arbeiterbezirk Belleville geboren und in ärmlichen Verhältnissen aufgewachsen, lernte Edith schon von klein auf, sich ums eigene Überleben zu kümmern. Gemeinsam mit ihrer etwas jüngeren Freundin Simone Berteaut, Momone genannt, die sie 1932 kennenlernte, kundschaftete sie die Straßen von Paris aus. Edith und Momone versuchten alles, um Geld zu verdienen, das begann mit Singen und endete im Notfall auch bei der Prostitution.

Auch nach der Geburt von Ediths Tochter Marcelle im Februar 1933 (sie starb 1934 an einer Gehirnhautentzündung) setzten die beiden ihre Streifzüge fort, allerdings nicht aus Abenteuerlust, sondern als Überlebensstrategie. Edith hatte immer wieder Auftritte in diversen Clubs, unter anderem auch im Juan-les-Pins in der Montmartre-Pigalle-Gegend, der von einer kräftigen Lesbe namens Lulu geführt wurde. Lulu bevorzugte Männerkleidung und hatte es lieber, wenn man sie Jules nannte. Ende 1935 hörte Louis Leplee Edith an einer Straßenecke singen und bot ihr Auftritte in seinem Club an. Im Jahr darauf lernte Edith die Konzertpianistin Marguerite Monnot kennen, die sich bald vom klassischen Klavierspiel abwandte und sich als Komponistin von populären Liedern einen Namen machte. Edith interpretierte viele ihrer Lieder mit großem Erfolg.

Wie jede Künstlerin hatte auch Edith ihre Vorbilder. Dazu zählte die in den zwanziger und dreißiger Jahren sehr beliebte Sängerin Damia, die lange eine Beziehung mit der in Paris lebenden irischen Designerin Eileen Gray hatte. Der entscheidende Einfluß kam aber von Marie Dubas, die sich bis vor dem Zweiten Weltkrieg großer Beliebtheit erfreute. Marie

Dubas' Karriere fand im Zeitalter der Schallplatten ein Ende – das Flair ihrer Auftritte konnte auf Platten nicht erfolgreich wiedergegeben werden. Die Schriftstellerinnen Colette und Simone de Beauvoir waren Marie-Dubas-Fans, und die Camille in Colettes Roman *La Chatte* hat viele Ähnlichkeiten mit Marie.

1936 hatte Edith ihr erstes Filmengagement, und bis zur Besatzung Frankreichs ging es mit ihrer Karriere stetig voran. Während des Krieges engagierte Edith Andrée Bigard als ihre Sekretärin. Andrée nützte ihre Position und die Popularität Ediths, um für die Résistance zu arbeiten. 1947 trat Edith zum ersten Mal in New York auf, und ihr Lied *La vie en rose* war äußerst erfolgreich. In New York machte sie auch die Bekanntschaft mit Marlene Dietrich, die ihr bald als liebende Freundin und mütterliche Figur sehr nahestand.

Zum damaligen Zeitpunkt trat auch Ginette Richer in Ediths Leben. Sie war so von Ediths Konzerten begeistert, daß sie einfach alles liegen und stehen ließ, unter anderem auch ihren Ehemann, und Teil von Ediths Entourage wurde. Edith mochte Ginette sehr gerne, und im Laufe der Jahre wurde es ihr immer wichtiger, Ginette in ihrer unmittelbaren Umgebung zu haben.

In Ediths letzten Monaten trat noch einmal eine Simone in ihr Leben, die Krankenpflegerin Simone Margantin, die es trotz aller Widerstände schaffte, Ediths Leben umzugestalten. Ediths Gesundheitszustand war aber selbst durch beste Pflege nicht mehr zu retten. Sie starb in Südfrankreich, wurde aber auf dem Pariser Père-Lachaise-Friedhof begraben – ganz in der Nähe von Allan Kardec, dessen spiritistische Lehre sie durch Marlene Dietrich kennen- und schätzengelernt hatte.

»Der Junge in der Schachtel«

Daphne du Maurier

* am 12. Mai 1907 in London.
† am 18. April 1989 in Cornwall.
Schriftstellerin.

Daphne du Maurier mit:

Fernande Yvon, Ellen Doubleday, Gertrude Lawrence, Maud
Woddell (Tod), Tallulah Bankhead.

Lebenslinien

Daphne und ihre beiden Schwestern Angela und Jeanne sind
Kinder eines damals bekannten Schauspielerehepaars.

Ihre Eltern kümmern sich wenig um Daphne und sind enttäuscht, daß sie »nur« ein Mädchen ist. Dies nimmt Daphne
als tiefe Enttäuschung in ihr Erwachsenenleben mit.

Daphnes erste Vertraute außerhalb der Familie ist ihre
Gouvernante Maud Woddell, die sie Tod nennt. Sie kommt zu
den du Mauriers, als Daphne elf Jahre alt ist. Später schreiben die Frauen einander Briefe, und Maud verbringt immer
wieder längere Zeit mit ihrem ehemaligen Schützling.

Ihre erste Liebe findet Daphne in einer Privatschule bei
Paris in ihrer Lehrerin Fernande Yvon, von Daphne Ferdy ge-
nannt. Ferdys Einfluß und Geduld ist es zu verdanken, daß
Daphne sich auch ernsthaft dem Schreiben zuwendet. Auch
Edgar Wallace, ein Freund ihres Vaters, ist ihr in dieser Hin-
sicht ein Vorbild.

1931 kauft Heinemann für 75 Pfund die Rechte an ihrem ersten Roman *The Loving Spirit* (*Der Geist von Plyn*). Angespornt macht sie sich sogleich an den nächsten, *I'll never be young again* (*Ich möchte nicht noch einmal jung sein*).

Im April 1932 lernt Daphne Tommy Browning kennen und heiratet ihn bald darauf in kleinstem Kreis. Wenig später wird sie schwanger. Ihre erste Tochter Tessa kommt im Juli 1933 zur Welt.

Im April 1934 stirbt ihr Vater Gerald du Maurier. Daphne nimmt nicht am Begräbnis teil, sondern läßt Tauben frei.

1936 erscheint *Jamaica Inn*, welches 1939 von Alfred Hitchcock verfilmt wird. Daphne findet keinen Gefallen an dem Film. Tommy Browning wird in Ägypten stationiert. Daphne fühlt sich dort nicht wohl und kehrt schwanger nach England zurück. So wie ihr Vater bei ihrer Geburt, ist auch sie über die Geburt der zweiten Tochter, Flavia, im April 1937 enttäuscht.

Im April 1938 beendet sie das Manuskript ihres Romans *Rebecca* – er wird ein weltweiter Erfolg. Dieser Roman wird von Hitchcock 1940 verfilmt, mit Joan Fontaine, Judith Anderson und Laurence Olivier in den Hauptrollen.

Im Januar 1940 wird Daphne noch einmal schwanger und bringt im November einen Sohn zur Welt. Erstmals kümmert sie sich um eines ihrer Kinder. Die späteren Beschreibungen ihres Sohns Christian über seine Kindheit stehen ganz im Gegensatz zu denen seiner weniger geliebten Schwestern Tessa und Flavia.

1943 mietet Daphne Menabilly, ein abgelegenes Haus in Cornwall, und kann dort ein Leben inmitten der Natur und unbelästigt von ihren Kindern, die von einer Gouvernante beaufsichtigt werden, führen; ihre Romane bringen ihr ein beträchtliches Vermögen ein.

Während des Krieges pflegt sie regelmäßigen Kontakt zu ihren beiden Schwestern und deren Lebensgefährtinnen.

Nach Kriegsende Entfremdung der Eheleute. Es kommt zu einem völligen Bruch, der aber vor der Außenwelt geheimgehalten wird.

Im November 1947 besucht Daphne das Verlegerehepaar Nelson und Ellen Doubleday und verliebt sich in Ellen, die sie allerdings abweist.

Liebesbeziehung mit Gertrude Lawrence, der Hauptdarstellerin in ihrem Stück *September Tide*.

Gertrude inspiriert Daphne zu ihrem nächsten erfolgreichen Roman *My Cousin Rachel*.

Im Herbst 1952 stirbt Gertrude, und Daphne bleibt schwer geschockt und vereinsamt zurück.

Im Laufe der Jahre beginnt Daphne immer stärker an ihrer eigenen Kreativität zu zweifeln. Ihre Romane verkaufen sich zwar weiterhin gut, aber sie kommen an ihre früheren Erfolge nicht heran.

1968 wird ihr Mietvertrag für ihr geliebtes Menabilly nicht verlängert, und sie zieht ins nahegelegene Kilmarth.

1969 wird sie *Dame of the British Empire*.

In den sechziger und siebziger Jahren wendet sie sich vermehrt dem Verfassen von Biographien und Landschaftsbeschreibungen zu.

1977 erscheint ihre Autobiographie *Growing Pains*. Hier berichtet sie zwar ausführlich über ihren Ehemann; ihre Frauenbeziehungen werden aber mit keinem Wort erwähnt. Im selben Jahr erscheint auch Angela du Mauriers Autobiographie, und Daphne muß anerkennen, daß die Memoiren ihrer Schwester besser sind als ihre eigenen.

Zwischen 1977 und 1981 kämpft Daphne gegen schwere Depressionen.

1978 stirbt Ellen Doubleday.

Während ihrer letzten Lebensjahre bleibt Daphne vorwiegend in ihrem Haus – sie geht kaum aus und empfängt fast niemanden mehr. Ihre Schwester Angela ist eine der wenigen, zu der sie regelmäßig Kontakt hat, aber selbst Angela findet, daß ihre Schwester alles Interesse an der Welt und den Menschen verloren hat.

Anfang 1989 entschließt sich Daphne zu sterben und verweigert jegliche Nahrungsaufnahme. Sie stirbt am 18. April im Schlaf.

Einblicke

Daphne du Maurier verdanken wir die Definition des »Jungen in der Schachtel« (a boy in a box) – eine Beschreibung des Versteckens oder Verdrängens von homosexuellen Wünschen, was nicht nur auf Daphne zutraf, sondern auch auf viele andere berühmte und weniger berühmte Frauen ihrer Generation. Daphnes geheime Phantasien wurden in vieler Hinsicht von ihren beiden Schwestern Angela und Jeanne geteilt. Um mit all ihren sexuellen Wünschen und Verwirrungen umgehen zu können, hatte sich Daphne eine Codesprache zugelegt, die es ihr erlaubte, allgemein gebräuchlichen Definitionen auszuweichen. Wie auch immer ihre Beziehungen und Gefühle zu Frauen waren, mit Lesbisch-Sein durften sie nichts zu tun haben. Daphne vermied es auch, das Wort »lesbisch« auszuschreiben, und nannte es nur »das furchtbare L-Wort«. Alles, was Zuneigung zu und unter Frauen betraf, wurde »venezianisch« genannt. Daphnes Liebhaberinnen und einige enge Freundinnen wußten, worum es ging, und der Rest der Welt brauchte nicht eingeweiht zu sein. Auch heterosexuelle Aktivitäten hatten einen Decknamen, nämlich »Kairo« – und zwischen »Venedig« und »Kairo« galt es zu unterscheiden und Entscheidungen zu treffen.

Ihre erste Liebe fand Daphne in einer Privatschule außerhalb von Paris, in der ihre Erziehung vervollständigt werden sollte. Fernande Yvon, von Daphne Ferdy genannt, war ihre Lehrerin, und Daphne fühlte sich von Anfang an stark zu ihr hingezogen und vermutete, daß Ferdy »venezianische« Tendenzen hatte. Dieser Verdacht wurde bestätigt, und trotz mehrmaliger Versuche, von Ferdy loszukommen, kehrte Daphne immer wieder zu ihr zurück. Ferdys Einfluß und Geduld ist es auch zu verdanken, daß Daphne sich ernsthaft dem Schreiben zuwandte. Die Idee, zu schreiben und damit ihren eigenen Lebensunterhalt zu verdienen, war Daphne nach einem Essen mit Edgar Wallace, einem Freund ihres Vaters, gekommen. Er hatte es geschafft, mit seinen Krimis genug zu verdienen, um nicht nur seine Familie, sondern auch seine Freunde zu verwöhnen. Daphne wollte es ihm nachmachen.

Nach der Rückkehr von Daphnes Ehemann Tommy aus dem Krieg wurde klar, daß die sexuelle Beziehung des Ehepaares ein Ende gefunden hatte. Es kam weder von ihr noch von ihm zu einem Versuch, Intimität herzustellen, und Daphne überlegte, ob sie nicht endgültig alles Interesse an »Kairo« verloren hätte und der »Junge in der Schachtel« nicht wieder unruhig geworden wäre.

In den Staaten erschienen Daphnes Bücher im Doubleday-Verlag, und das Verlegerehepaar Nelson und Ellen Doubleday lud seine Autorin wiederholt zu sich ein. Im November 1947 war es endlich soweit. Daphne schiffte sich mit Tod, ihrer ehemaligen Gouvernante, die jetzt ihre Kinder betreute, und den Kindern auf der Queen Mary ein. Ellen Doubleday war auch an Bord und entschloß sich, Daphne einen Höflichkeitsbesuch abzustatten. Ihr Erscheinen in der Kabine wurde von Daphne wie ein Blitzschlag empfunden und ließ den »Jungen aus der Schachtel springen«. Es dauerte nicht lange, bis Daphne Ellen zu ihrer Vertrauten machte. Diese versicherte ihr, daß sie ihr sehr zugetan sei, daß aber ihre Beziehung Grenzen hätte. Sie, Ellen, wollte allen ihr Recht lassen, zu lieben und geliebt zu werden, persönlich war sie aber nicht daran interessiert, von einem lange »weggesperrten Jungen« geliebt zu werden.

Daphne schrieb eifrig und hatte dabei immer Ellen im

Kopf. Das Theaterstück *September Tide*, auch von Ellen inspiriert, sollte zur Aufführung kommen, und die Schauspielerin Gertrude Lawrence war für die Hauptrolle vorgesehen. Daphne und Gertie kannten sich noch aus der Zeit, als Gertie mit Daphnes Vater Gerald du Maurier aufgetreten war, hatten aber dann den Kontakt zueinander verloren.

Daphne begann bald, jeden Schritt Gerties zu überwachen, und kümmerte sich nicht nur auf der Bühne, sondern auch im Privatleben um sie. Das Zusammensein mit Gertie war für Daphne sehr angenehm – hatte sie doch nicht solche Vorbehalte wie Ellen und konnte auf Daphnes Liebesangebot eingehen.

Im Herbst 1952 wollte Daphne nach Florida zu Gertie fahren, aber am 6. September erhielt sie die Nachricht, daß Gertie im Koma liege. Wenige Stunden später war sie tot.

Daphne war vollkommen geschockt – tagelang konnte sie weder sprechen noch weinen –, und außer Ellen, die weit entfernt war, wußte niemand, welche Bedeutung Gertie in Daphnes Leben gehabt hatte. Nach Gerties Tod sperrte Daphne den Jungen wieder ein und verschloß sich in Zukunft jeglicher Intimität.

Angela du Maurier

wurde am 1. März 1904 in London geboren. Todesdatum nicht bekannt. Schriftstellerin.

Die älteste der drei du-Maurier-Töchter versuchte sich als Schauspielerin und war als Wendy in einer *Peter-Pan*-Inszenierung ihres Vaters erfolgreich. Dann wandte sie sich dem Schreiben zu, welchem sie auch treu blieb, mit dem sie aber nie so großen kommerziellen Erfolg hatte wie ihre jüngere Schwester Daphne. Im Gegensatz zu Daphne, die nie besonders viel Wert auf Gesellschaft legte, schien Angela sie zu genießen.

Durch das Theater kam sie mit vielen Menschen in Kontakt und schloß Freundschaften mit den neu entdeckten Stars der Londoner Bühne wie Tallulah Bankhead und Audry Carten. Angela nahm Gesangsstunden bei Olga Lynn, derselben Olga, die auch Tallulah unterrichtete und mit der diese eine Zeitlang zusammenwohnte. Daphne schien Tallulah unwiderstehlich zu finden, während Angela Audry besser gefiel. Laut Angela war Audry eine schöne Erscheinung, die es verstand, wunderbar zu lachen. Sie schien die ideale Gefährtin zu sein: lustig, witzig und immer zu Streichen aufgelegt. Allerdings hatte sie schwache Nerven, die sie daran hinderten, ihre Schauspielkarriere fortzusetzen – eine Tatsache, die Angela nur zu gut verstand. Dennoch konnte Audry sich mit Erfolg als Schriftstellerin etablieren.

Im Gegensatz zu ihrer Schwester Daphne, die den Jungen immer in der Schachtel einsperren wollte, war Angela bereit, sich selbst und ihre Neigungen zu akzeptieren. In ihrer 1951 erschienenen Autobiographie *It's Only the Little Sister* lobt sie Christa Winsloes *Mädchen in Uniform* und Dorothy Bussys *Olivia*, weil beide etwas ganz Selbstverständliches beschreiben. Sie berichtet auch von Auseinandersetzungen mit ihren Eltern, die ihr den Umgang mit einer Frau mit angeblich »antiken griechischen Ideen« verbieten wollten.

Die Freundschaft von Angelas und Daphnes Vater mit Edgar Wallace bedeutete für jede der beiden Töchter etwas anderes. Für Daphne war sie eine Inspiration, ihr Schreiben ernst zu nehmen, für Angela brachte sie die enge Freundschaft mit Naomi (Mickie) Jacob.

Mickie hatte aus gesundheitlichen Gründen das Theaterspielen aufgeben müssen und hatte sich der Schriftstellerei zugewand; sie verbrachte den Großteil ihrer Zeit am Gardasee. Radclyffe Halls und Una Troubridges Besuche in Sirmione in den dreißiger Jahren sind dokumentiert, und es ist sehr wohl möglich, daß Angela zur selben Zeit Besuche bei Mickie machte.

1930 lernte Angela ihren »Zwilling« Angela Halliday kennen. Beide Frauen hatten nicht nur denselben Vornamen, sondern waren beide auch am selben Tag und im selben Jahr geboren. Der einzige auffallende Unterschied war ihre Größe. Angela Halliday wurde rasch in die du-Maurier-Familie aufgenommen. Das Paar reiste viel zusammen, sei es auf dem europäischen Kontinent oder den Britischen Inseln. Angela schrieb, trotz der Ablehnung ihres ersten Romans *The Little Less*, welchen sie Anfang der dreißiger Jahre verfaßt hatte, viel. Obwohl den Verlegern *The Little Less* gefiel, wagten sie es nicht, einen lesbischen Roman auf den Markt zu bringen und möglicherweise ähnlichen Schwierigkeiten wie mit Radclyffe Halls *The Well of Loneliness* ausgesetzt zu sein.

The Little Less konnte erst 1941 erscheinen, zwei Jahre nach Angelas erster Veröffentlichung. Den Krieg verbrachte Angela Halliday als Ambulanzfahrerin in London, und Angela betrieb mit Jeanne, der jüngsten du-Maurier-Schwester, eine Gemüsegärtnerei in Cornwall. Jeanne ließ als einzige du-Maurier-Schwester die Hände vom Schreiben. Sie widmete sich der Malerei und überließ es ihrer Lebensgefährtin Noel Welch, Gedichte zu schreiben. Nach dem Krieg entschloß sich Angela, in Cornwall zu bleiben, da London für ihren Geschmack zu kosmopolitisch geworden war. Sie zog es jetzt vor, dem Vogelgezwitscher zu lauschen und mit Stiefeln durch die Gegend zu streifen, als elegant angezogen an Gesellschaften teilzunehmen.

Gertrude Lawrence

(Alexandra Dagmar Lawrence-Klasen)

wurde am 4. Juli 1898 in London geboren. Sie starb am 6. September 1952 in New York. Schauspielerin.

Gertrude feierte auf beiden Seiten des Atlantiks vor allem in Musicals und Komödien große Bühnenerfolge. In den zwanziger Jahren, bevor sie den Durchbruch schaffte, wurde sie als Ersatz für die Schauspielerin Beatrice Lillie engagiert. Sobald sie selbst auf Londons Bühnen Erfolge zu feiern begann, waren sie und Beatrice oft die Stars in denselben Produktionen. Die beiden verstanden sich ausgezeichnet und wurden bald unzertrennliche Freundinnen.

Gemeinsam wagten sie 1924 den Sprung über den Atlantik nach New York, wo sie zuerst im Hotel Algonquin wohnten und sich dann ein Haus in der 54. Straße mieteten. Dieses Haus wurde zu einer der besten Adressen für Feste in New York. Viele Frauen, die aus London kamen, stiegen bei Gertrude und Beatrice ab und lernten so schnell die New Yorker Szene kennen. Unter den Besucherinnen befanden sich häufig Jeanne Eagels, Dorothy Parker, Fanny Brice und Estelle Winwood. Laut Maria Riva, Marlene Dietrichs Tochter, war auch Marlene in den dreißiger und vierziger Jahren mit Gertie befreundet. Marlene war vor allem sehr beeindruckt, wie es Gertie dank der Noel-Coward-Komödien geschafft hatte, ein eleganter Star zu werden.

Als sich 1968 Twentieth-Century-Fox daranmachte, Gertrudes Leben mit Julie Andrews als Gertie zu verfilmen und dem Film den Titel *Star!* verpaßte, wurde Gerties Freundin Beattie ganz einfach aus ihrem Leben gestrichen. Beatrice Lillie war 1968 selbst noch sehr aktiv, und es wurde Hollywood der Vorschlag gemacht, sie bezüglich des Filmdrehbuchs zu konsultieren und sie im Film mitwirken zu lassen. Aber Hollywood war nur an seiner eigenen Version von Gerties Leben interessiert. Um jegliche Einmischung oder gar Konfrontation zu vermeiden, kam in *Star!* Beatrice Lillie in keiner wie immer gearteten Form auf die Leinwand.

1945 veröffentlichte Gertrude ihre Autobiographie, *A Star Danced*, ein paar Jahre vor ihrem Wiedersehen mit Daphne du Maurier, die sie in diesem Buch nur im Zusammenhang mit Gerald du Maurier erwähnt, mit dem sie gemeinsam in *Behold We Live* aufgetreten war, und zu dessen Premiere Angela und Daphne mit ihrer Mutter erschienen waren.

Beatrice Lillie

wurde am 29. Mai 1894 in Toronto geboren. Sie starb am 20. Januar 1989. Schauspielerin.

Beatrice hatte ihren ersten Bühnenauftritt in London 1914. Zehn Jahre später stand sie zum ersten Mal in New York auf der Bühne. Sie wurde als »the toast of two continents« angekündigt. Gelegentlich wirkte sie auch in Filmen mit, unter anderem 1956 in der Produktion von *Around the World in 80 Days*, in dem auch Marlene Dietrich auftrat. Zwischen 1952 und 1956 ging sie mit ihrer Einfrauenshow *An Evening with Beatrice Lillie* erfolgreich auf Welttournee. Ihre Autobiographie *Every Other Inch a Lady* wurde 1972 von Doubleday herausgegeben, dem Verlag, bei dem auch Daphne du Maurier unter Vertrag stand.

Beatrice schrieb, daß sie am Anfang ihrer Karriere eine Art professioneller Transvestit gewesen sei: Sie trug Krawatte, Zylinder und konnte einen Stock tanzen lassen. Die Zeitungen fanden, daß Miß Lillie einen netten Jungen abgab, und sie selbst war stolz darauf, als einer der bestgekleideten Männer Londons zu gelten. Als sie einmal in Röcken auftrat, verwirrte sie ihr Publikum mit dieser abrupten Veränderung.

Bald nach ihrer Ankunft in London machte Beatrice Lillie die Bekanntschaft von Tallulah Bankhead – von Beatrice liebevoll der »Alabama Pfirsich« genannt. Ihrer beider Wege kreuzten sich in Zukunft vor allem bei Festen in London, ebenso wie später in New York.

In den dreißiger Jahren begannen sich Beatrices und Gertrudes berufliche Wege zu trennen. Sie blieben zwar in Kontakt, aber es kam vor, daß sie sich manchmal monatelang nicht sahen. Als Gertie starb, trat Beatrice gerade in Washington auf, und niemand wagte es, ihr vor der Vorstellung von Gerties Tod Mitteilung zu machen.

Dorothy Thompson

* am 9. Juli 1893 (1894) in Lancaster im Bundesstaat New York.
† am 30. Januar 1961 in Lissabon.
Journalistin und politische Kommentatorin.

Dorothy Thompson mit:

Eugenia Schwarzwald, Christa Winsloe, Karin Michaelis, Dorothy Tiffany Burlingham, Anna Freud, Gertrude Franchot Tone, Barbara de Porte, Rose Wilder Lane, Edna St. Vincent Millay, Alice Herdan-Zuckmayer, Erika Mann, Salka Viertel, Vita Sackville-West, Cheryl Crawford, Ethel Waters, Mabel Dodge Luhan.

Lebenslinien

Nach dem Studium an der Universität in Syracuse im Bundesstaat New York arbeitet Dorothy in den Jahren 1914 bis 1917 für die *Women's Suffrage Party*. Bekanntschaft mit Dorothy Tiffany Burlingham.

Gertrude Franchot Tone in Niagara Falls, Vorsitzende der Sektion der *Womens Suffrage Party* in diesem Bezirk, wird zu einer der wichtigsten Frauen in Dorothys Leben.

Unter den Frauen, die um das Stimmrecht kämpfen, ist auch Barbara de Porte aus einer sephardischen Familie, die aus Rußland in die Staaten emigriert war. Mit ihr verbindet Dorothy eine schwesterliche Freundschaft.

1917 ziehen Dorothy und Barbara gemeinsam nach New York City, wo Barbara einen Job bei einer Zeitung bekommt. Dorothy kann keine Arbeit finden und zieht nach Cincinnati, um für die *Social Unit*, ein Wohlfahrtsprogramm, zu arbeiten.

Im Juni 1920 fahren die beiden Frauen nach Europa. Sie wollen sich als Korrespondentinnen in Rußland niederlassen. Vorerst aber bleiben sie einige Monate in Frankreich und Italien. Dann wirft Barbara plötzlich alle Pläne um, verläßt Dorothy in Venedig und fährt nach London, um zu heiraten.

Dorothy bleibt noch eine Weile in Paris, wo sie Rose Wilder Lane (Tochter der Schriftstellerin Laura Ingalls Wilder) kennenlernt.

Anfang 1921 schlägt der Chef des *Chicago Daily News Service* Dorothy vor, als Korrespondentin nach Wien zu ziehen. Beim *Philadelphia Ledger* wird sie als Auslandskorrespondentin angestellt und ist für die Berichterstattung aus Österreich, Ungarn, der Tschechoslowakei und allen Balkanländern einschließlich der Türkei zuständig.

In Wien lernt sie die Schulleiterin und Sozialreformerin Eugenia Schwarzwald kennen und befreundet sich mit ihr.

Bei einem Aufenthalt in Budapest Bekanntschaft mit dem ungarischen Schriftsteller Josef Bard. Dorothy verliebt sich und heiratet ihn ein Jahr später.

1924 geht Dorothy als Korrespondentin ihrer Zeitung nach Berlin.

1926 läßt sie sich scheiden.

1927 wird ihr Sinclair Lewis, der zukünftige Literaturnobelpreisträger, vorgestellt, und ein Jahr später heiraten die beiden in London. Nach der Hochzeitsreise ziehen sie nach Vermont.

Ein Jahr später wird Dorothy schwanger und bekommt einen Sohn. Die Ehe mit Sinclair ist für sie nur dann erträglich, wenn sie nicht beisammen sind. Er trinkt im Übermaß und kommt trotz mehrmaliger Versuche vom Alkohol nicht los.

1932 beauftragt Dorothy Genia Schwarzwald, für sie am Semmering ein Haus zu mieten, wo sie einige ruhige Monate mit Sinclair verbringen will. Zu Silvester lädt Dorothy einen auserwählten Kreis von Freundinnen und Freunden ein, unter ihnen auch Christa Winsloe. Mit dieser beginnt eine leidenschaftliche Affäre.

Im März 1933 Reise der beiden Frauen nach Portofino in Italien. Nach Christas Scheidung ziehen sie zusammen nach Vermont.

1935 kühlt ihre Beziehung ab, und Christa reist nach Europa zurück.

Dorothys Karriere erreicht Mitte der dreißiger Jahre ihren Höhepunkt.

Dorothy nützt ihre Popularität, um vor dem wachsenden Faschismus und der Kriegsgefahr in Europa zu warnen.

1940 wenig erfolgreiche Broadwayaufführung von Dorothys antifaschistischem Stück *Another Sun*. Die Produzentin des Stücks ist Cheryl Crawford, Regie führt Fritz Kortner.

Dorothy versucht ein drittes Mal ihr Eheglück und heiratet Maxim Kopf. Diese Verbindung bleibt bis zu seinem Tod aufrecht.

In den fünfziger Jahren weichen ihre radikaleren politischen Ansichten recht konventionellen und oft auch rabiat antikommunistischen.

Dorothy, die zeit ihres Lebens versuchte, ihre lesbischen Neigungen zu verstecken, vermacht ihren Nachlaß der University of Syracuse. Ihre diversen Tagebücher und Briefe belegen ihre erotischen und sexuellen Beziehungen zu Frauen, die allerdings nach dem Bruch mit Christa Winsloe ein Ende finden.

Der Ruhm, der Dorothy in den dreißiger und vierziger Jahren beschieden war, ist schon zur Zeit ihres Todes, im Januar 1961, im Verblassen. Heute ist sie so gut wie vergessen.

Dorothy konnte zeit ihres Lebens wenig Positives über ihre erotischen Gefühle zu Frauen schreiben. Wie bei Daphne du Maurier wurden sie unterdrückt und nur selten ausgelebt. Tagebuchaufzeichnungen, die nicht vernichtet worden waren, und Zeitzeugen haben nach Dorothys Tod an den Tag gebracht, was Dorothy während der Nacht nicht schlafen ließ.

Nach ihrem Studium arbeitete Dorothy in den Jahren 1914 bis 1917, zu einem Zeitpunkt, als Frauen noch für ihr Stimmrecht kämpften, für die *Women's Suffrage Party*. Unter den Aktivistinnen war auch Dorothy Tiffany Burlingham, die spätere Lebensgefährtin Anna Freuds, mit der Dorothy zeit ihres Lebens in Verbindung blieb und die sie Jahre später in Wien bei der Familie Freud einführte.

Aber wichtiger als all die Frauen in New York City war Gertrude Franchot Tone in Niagara Falls. Gertrude, die selbst weit links stand, war mit einem konservativen Republikaner verheiratet, hatte Kinder und war fast doppelt so alt wie Dorothy. Jahre später erinnerte sich Dorothy in ihrem Tagebuch noch an Gertrude, deren Kleidung, an ihre Figur und ihr frauliches Wesen. Sie nützte ihren Urlaub, um Gertrude, der sie nahe sein wollte und der sie mehr als allen anderen zugetan war, zu besuchen. Gertrude wußte wohl von Dorothys Zuneigung, nahm sie unter ihre Fittiche und unterstützte sie.

In Wien ging Dorothy bald nach ihrer Akkreditierung als Auslandskorrespondentin für den *Philadelphia Ledger* bei der Schulleiterin und Sozialreformerin Eugenia Schwarzwald ein und aus. Dort lernte sie viele Leute kennen, die damals in Wien bedeutend waren. Eugenia Schwarzwald wurde bald zu Dorothys Freundin und wurde von ihr, wie von so vielen anderen Frauen, verehrt. Es ist wahrscheinlich indirekt auf Dorothys Drängen zurückzuführen, daß sich Alice Herdan-Zuckmayer viele Jahre nach Eugenias Tod daranmachte, Erinnerungen über sie zu schreiben.

Dorothys Suche nach körperlicher Nähe und Liebe konnte auch im Hause Schwarzwald nicht erfüllt werden. So geschah es dann bei einem Aufenthalt in Budapest, daß sie sich in den ungarischen Schriftsteller Josef Bard verliebte und ihn ein Jahr später heiratete.

Aus Tagebuchaufzeichnungen geht hervor, daß Dorothy 1925 oder 1926, als sie in Berlin am Schiffbauerdamm 28 wohnte, eine lesbische Beziehung hatte. Dorothy beschrieb, wie sie von einer nicht näher identifizierten Frau aufs Sofa gezogen wurde. Allerdings konnte sie Erotik und Sex nicht leiden, denn sie erinnerten sie an »Wälzen im Schmutz«. Ihrem Tagebuch vertraute sie auch an, daß sapphische Liebe so sei, als ob sie einen impotenten Mann liebe. Und sie kommt zu dem Schluß, daß sie nun mal heterosexuell sei, da sie allemal dem »tiefen Stoß« den »Knutschereien« den Vorzug gäbe.

Im Sommer 1932 beauftragte Dorothy Genia Schwarzwald, für sie am Semmering ein Haus zu mieten, wo sie einige ruhige Monate mit Sinclair verbringen wollte. Zu Silvester lud Dorothy einen auserwählten Kreis von Freunden in die Villa Sauerbrunn am Semmering ein – unter ihnen auch Christa Winsloe, die mit ihrem Mann Lajos Hatvany kam. Dorothy kannte Christa schon seit Jahren, waren sie doch beide zwischen Wien, Budapest und Berlin hin und her gependelt, und sie wußte wohl auch um Christas Frauenbeziehungen. Bei einer Jause in Lainz war auch Christa anwesend gewesen, und Dorothy hatte sich, entgegen ihrer sonstigen Gewohnheit, Gedanken über Christa im Bett gemacht. Diese hatte bei ihr den Eindruck hinterlassen, sehr einsam und gleichzeitig wie ein Vulkan zu sein. Dieser Kontrast hatte Dorothys Neugierde erweckt.

Als Christa nun zur Silvesterparty, die von Weihnachten bis ins neue Jahr angesetzt war, erschien, fing Dorothy Feuer. Bald berührten und küßten die beiden Frauen einander, und Dorothy hatte plötzlich dieses seltsame, warme Gefühl, nach Hause gekommen zu sein. Wenige Tage nach Christas Abreise folgte ihr Dorothy nach Budapest, wo Christa sie Liebling nannte und ihr versicherte, daß sie sie nicht so schnell loswerden würde. Im März 1933 verließ Dorothy Wien und reiste nach Portofino in Italien, wo ihr Sohn, seine Gouvernante und Christa auf sie warteten. Diese besaß dort eine Villa, und Dorothy gefiel es sehr, wieder einmal mit einer Frau im selben Haus zu leben. An Sinclair schrieb sie, daß alle kreativen Menschen eine Frau an ihrer Seite brauchen, vorzugsweise eine solche wie Christa. Sollte sie nicht mehr nach Vermont zurückkehren, würde sie wohl mit ihrer Geliebten zusammenbleiben.

Christa, frisch von Hatvany geschieden, entschloß sich, mit Dorothy in die Vereinigten Staaten zu fahren. Der Weg zurück nach Deutschland war für sie seit der Machtergreifung der Nazis abgeschnitten, und ein Leben in Budapest in der Nähe ihres geschiedenen Mannes kam für sie auch nicht mehr in Frage. So kam sie mit Dorothy nach Twin Farms in Vermont. Alle, die die beiden zum damaligen Zeitpunkt erlebten, meinten, daß sie eine sehr enge, liebevolle Beziehung hatten, die auch allseits akzeptiert wurde.

1940, während der Niederschrift ihres Dramas *Another Sun*, verbrachten Dorothy und ihre Produzentin Cheryl Crawford viel Zeit in einer häßlichen kleinen Bar in der Nähe des Theaters. Dort sprachen sie über die Tatsache, daß sie beide ehrgeizige, unabhängige Frauen seien, die sich nicht viel darum kümmern wollten, wem die Welt gehört, solange sie ihrer Karriere nachgehen konnten. Cheryl fand, daß Dorothys Arbeitsweise sehr maskulin sei, ihre Gefühlswelt aber doch eher feminin. Wie sehr sich die beiden Frauen auch über ihre Beziehungsprobleme mit Frauen austauschten, ist leider nicht überliefert.

Eugenia Schwarzwald
(Eugenia Nußbaum)

wurde am 4. Juli 1873 in Polupanowka, Galizien (heute Ukraine), geboren. Sie starb am 7. August 1940 in Zürich. Sozialreformerin und Leiterin einer progressiven Schulanstalt.

Im Alter von zehn Jahren kam Genia, wie sie von ihren Freunden genannt wurde, nach Wien. Zum Studium, welches sie 1900 mit einem Dr. phil. abschloß, ging sie nach Zürich. Dort lernte sie die Schweizerin Esther Odermatt (1878–1966) kennen, auch an der Universität Zürich studierte, und bald verband beide eine innige Freundschaft. Zeit ihres Lebens hatte Genia die Fähigkeit, enge Kontakte zu knüpfen, aber keiner ihrer Freundinnen war sie so nahe wie Esther.

In Wien gründete Genia, die als Frau Doktor bekannt wurde, eine Schule, geführt nach den neuesten pädagogischen Erkenntnissen. Diese nach ihr benannte Schule – die Schwarzwald-Schule (sie hatte nach ihrer Rückkehr Hermann Schwarzwald geheiratet) – wurde bis zum Anschluß Österreichs von ihr geleitet. Ihre Freundin Esther war einige Jahre an der Schule als Lehrerin tätig, kehrte aber dann in die Schweiz zurück.

Gegen Ende des Jahres 1909 kam es zum Bruch zwischen Genia und Esther. Diese wollte offensichtlich nicht länger in emotionaler Abhängigkeit von Genia stehen und ließ sie dies endlich wissen. Zu oft war sie nach Wien zu Genia auf Besuch gefahren, und immer wieder hatte sie auf Genias Briefe geantwortet, in denen solche Sätze standen wie »Aber ich habe Dich mit meinem ganzen Wesen aufgezehrt, und nun habe ich Dich für immer, geliebter Schatz, bleib wie Du bist ...« oder »Geliebtes Herz, ich küsse Dich auf Deine treuen Augen, die so liebevoll auf mich zu blicken pflegen. In alter und neuer Liebe Deine Genia.«

Esthers Absage war ein schwerer Schlag für Genia, und wochenlang wollte sie niemanden sehen, mit niemandem zu tun haben. Erst vierzehn Jahre später, im Spätsommer 1925, kam es wieder zu einem Kontakt. Trotz der langen Trennung verstanden sich die beiden Frauen ausgezeichnet, die frühere Intimität stellte sich aber nicht mehr ein.

Trotz der persönlichen Krisen war und blieb ihre Schule Genias wichtigstes Lebenswerk. Die Liste der Schülerinnen wie der Lehrenden in Genias Schule ist beeindruckend. Außer den vielen bemerkenswerten Frauen wurden auch gelegentlich Männer als Lehrer eingesetzt. So unterrichteten zum Beispiel Oskar Kokoschka und Adolf Loos, die zu Genias Freunden zählten, für einige Zeit an der Anstalt. Unter den Schülerinnen befand sich auch viel spätere Prominenz, wie Alice Herdan, die später Carl Zuckmayer heiratete, Schriftstellerin wurde und ihre Erinnerungen an Genia in *Genies sind im Lehrplan nicht vorgesehen* festhielt. Elsie Altmann, in den zwanziger Jahren mit Adolf Loos verheiratet, erinnerte sich in ihren Memoiren, die sie in Buenos Aires schrieb – ihre Tanzkarriere hatte sie Anfang der dreißiger Jahre dorthin verschlagen, und sie konnte nicht mehr nach Europa zurückkehren – liebevoll an Genias Einfluß auf ihre Schülerinnen. Die Schauspielerin und Regisseurin Helene Weigel, die Schriftstellerin Hilde Spiel, die Sozialwissenschaftlerin Maria Lazar und die Schauspielerin Elisabeth Neumann, die dritte Frau Berthold Viertels, waren ebenfalls Schwarzwald-Schülerinnen gewesen.

Während und nach dem Ersten Weltkrieg initiierte Genia auch einige Sozialprogramme, die weiten Schichten der Wiener Bevölkerung zugute kamen. 1916 gründete sie den Verein zur Errichtung und Erhaltung von Gemeinschaftsküchen in Wien, im März 1917 den Verein »Wiener Kinder aufs Land« und 1918 »Haus in der Sonne«, wo schulentlassene Mädchen unentgeltlich für Beruf und Haushalt ausgebildet wurden. Diese Vereine wurden alle nach dem Anschluß in die nationalsozialistische Volkswohlfahrt eingegliedert.

Genias Wohnung in der Josefstädter Straße 68 stand für ihre Freundinnen immer offen. Dorothy Thompson war dort während ihrer Wien-Aufenthalte häufig anzutreffen und kam auch später immer wieder vorbei, wenn sie auf Besuch aus Berlin oder den USA kam. Die junge Elsie Altmann-Loos schilderte, daß sie öfter mit Adolf Loos bei Schwarzwalds war – hatte doch Adolf Loos Genias Speisezimmer eingerichtet. Unter den weiteren Gästen befanden sich die Schauspielerin Ida Roland, die Schriftstellerin Grete von Urbanitzky, die Tänzerin Grete Wiesenthal und ihre Schwestern, weiter die dänische Schriftstellerin Karin Michaelis, die Malerin Mariette Lydis und Alma Mahler-Werfel.

Nach dem Anschluß gelang es Genia, mit Karin Michaelis' Hilfe nach Dänemark auszureisen, von wo sie schwerkrank in die Schweiz emigrierte. Obwohl viele ihrer Freundinnen in alle Welt verstreut waren, konnten einige sie doch noch vor ihrem Tod im August 1940 besuchen.

Christa Winsloe

wurde am 23. Dezember 1888 in Darmstadt geboren. Sie starb am 10. Juni 1944 in der Nähe von Cluny, Frankreich. Schriftstellerin.

Die Schriftstellerin Angela du Maurier, die selbst auf einem Mädcheninternat war, fand, daß der Roman Christa Winsloes, *Das Mädchen Manuela*, der die Vorlage für den Film *Mädchen in Uniform* wurde, ganz genau auf die Zustände in einem strenggeführten Mädchenpensionat zutraf. Die jüngeren Mädchen verliebten sich eben in die älteren, und das sei schon richtig so. Angela wollte damals gar nicht verstehen, warum die Erwachsenen so etwas als ungesund bezeichnen. Warum sollte es ungesund sein, jemanden zu verehren, Veil-

chen zu verschenken oder gar zur guten Nacht zu küssen?
Ungesund sei es laut Angela nur, wenn die Älteren die Jüngeren ausnützen und/oder grausam behandeln.

Was auch immer sonst Christa Winsloe in ihrem Leben hervorgebracht hatte, ihr Name wird wohl vorwiegend im Zusammenhang mit *Mädchen in Uniform* in Erinnerung bleiben. Das Schicksal einer Mitschülerin Christas im Kaiserin-Augusta-Stift in Potsdam war der Stoff für den autobiographisch gefärbten Roman *Das Mädchen Manuela*, der dann zum Theaterstück *Gestern und Heute* umgeschrieben und schließlich zum Drehbuch des erwähnten Films wurde.

Christa hatte sich in der Schweiz und in München zur Bildhauerin ausbilden lassen und war dieser Tätigkeit lange Zeit nachgegangen. Auch nach ihrer Heirat mit dem reichen ungarischen Zuckerbaron Hatvany hielt sie sich immer wieder in Österreich und Deutschland auf, um dort ihren künstlerischen Interessen – neben der Bildhauerei widmete sie sich immer mehr dem Schreiben – nachzugehen und sich mit ihren Freundinnen zu treffen.

In Wien war sie mit Eugenia Schwarzwald befreundet, und hier lernte sie auch die amerikanische Auslandskorrespondentin Dorothy Thompson kennen. In Berlin soll sie zu einem Kreis von lesbischen und bisexuellen bildenden Künstlerinnen gehört haben. Die Korrespondenz von Klaus Mann bezeugt, daß Erika und er öfter bei ihr zu Gast waren.

Herta Thiele, die in *Mädchen in Uniform* die Manuela spielte, erzählte in einem Interview mit *Frauen und Film* 1981, daß sie diese Rolle schon auf der Bühne gespielt hatte. Dort hatte Margaret Melzner Fräulein von Bernburg gespielt. Für die Filmfassung wurde Dorothea Wieck engagiert, da sie viel femininer war als die erste Protagonistin. Herta erzählte auch, daß der rumänische Vertrieb zwanzig Meter mehr Kuß der Hauptdarstellerinnen wollte und daß sich die Frauen in Rumänien ebenso lange schwarze Strümpfe zulegten, wie sie Manuela im Film trug, als sie den Don Carlos spielte.

Durch Christa, bei der Herta oft zu Gast war, lernte sie die »wirkliche« Manuela kennen, die nach dem Sprung ins Stiegenhaus den Rest ihres Lebens behindert war. Laut Herta konnte Christa, die sehr wohlhabend war, tun und lassen, was sie wollte. Ihre Frauenbeziehungen waren bekannt und akzeptiert. An Herta schrieb sie öfter kleine Notizen, die sie mit »Tausend Küsse von Christa. Küsse, die ich dir nie geben konnte« unterschrieb.

Das Zusammentreffen und der Beginn der Beziehung mit Dorothy Thompson sowie Christas langer Aufenthalt in den USA fielen mit dem Beginn der Naziherrschaft in Deutschland zusammen. Genaueres über die Beziehung von Dorothy und Christa findet sich in Dorothys Tagebuchaufzeichnungen.

Christa kehrte 1935 wieder nach Europa zurück, aber es gab eine Reihe von Gründen, warum sie nicht mehr nach Deutschland einreisen konnte, darunter sicherlich auch ihre Mitgliedschaft bei der Sozialdemokratischen Partei. Gemeinsam mit ihrer Lebensgefährtin, der Schweizerin Simone Gentet, ließ sie sich im Süden Frankreichs nieder.

Dort verbrachte sie ihre Zeit mit Schreiben – ihr letzter Roman handelt von einer finnischen Flüchtlingsfrau in Männerkleidern – und mit der Unterstützung von Flüchtlingen.

Mit Dorothy Thompson war sie bis zur Besetzung Südfrankreichs 1942 in Kontakt. Nach dem Ende des Kriegs erfuhr Dorothy, daß Christa gemeinsam mit Simone am 10. Juni 1944 in einem Wald in der Nähe von Cluny erschossen worden war. Die Täter, die sich als Widerstandskämpfer ausgegeben hatten, wurden ausfindig gemacht; es waren polizeibekannte Kriminelle.

Karin Michaelis
(Katharine Marie Bech-Brondum)

wurde am 20. März 1872 in Randers, Dänemark, geboren. Sie starb am 11. Januar 1950 in Kopenhagen. Schriftstellerin.

Karin Michaelis schrieb vor allem über die Stellung der Frau in der Gesellschaft und reiste viel, vorwiegend quer durch Europa, wo sie überall Freundinnen und Freunde hatte, bei denen sie zu Gast war. Nach der Veröffentlichung ihres Romans *The Dangerous Age* 1911 – über 80000 Exemplare wurden alleine in Deutschland verkauft – war sie als Autorin anerkannt. In den zwanziger und dreißiger Jahren kannte sie auch das Lesepublikum in Europa. Ihre Romane wurden in etliche Sprachen übersetzt, und sie hielt zahlreiche Vorträge.

Alice Herdan, die Karin oft bei den Schwarzwalds antraf, schrieb, daß sie zu denjenigen gehört hatte, die den Alkohol in schwierigen Lebenslagen als Tröster verwendeten. Die Schwarzwalds selbst tranken nicht. Deshalb hatte Karin stets einen versperrten Apothekerkasten bei sich, in dem sie eine Reihe kleiner Fläschchen mit Schnäpsen und Likören verbarg. Sie trank häufig davon und aß dazu Schokolade. Alice hatte Karin getroffen, als sie selbst zwölf Jahre alt war. Sie kannte nun die berühmte Karin Michaelis, die über Themen schrieb, über die man nicht sprach. Alice schätzte an Karin, daß sie nie resignierte und immer zum Kampf gegen Windmühlen bereit war.

Dieses Talent zu kämpfen kommt auch in Karins Autobiographie *Little Troll*, die sie 1946 herausbrachte, zum Ausdruck. Dort beschreibt Karin Szenen und Menschen aus dem Europa vor dem Zweiten Weltkrieg. Unter anderem erzählt sie von einem fröhlichen Wien, das ihr damals als die lebenswerteste Stadt Europas erschien. Das war im Jahr 1912.

In den zwanziger Jahren lernte sie Agnes Smedley in Berlin kennen und lud diese in ihr Haus auf die Insel Thuroe in Dänemark ein. Agnes nahm die Einladung an und nützte ihren Aufenthalt, um an ihrer Autobiographie *Daughter of the Earth* zu schreiben. Während des Zweiten Weltkriegs lebte Karin im Exil in New York. Dort traf sie wieder auf Agnes, die gerade aus China zurückgekehrt war, und gemeinsam verbrachten sie einige Zeit in der Writer's Colony Yaddo. Auch Emma Goldman war damals unter Karins Gästen. Von Karin erfahren wir auch, daß sie zahlreichen ihrer Wiener Freunde half, 1938 aus Wien zu entkommen. Ihr Haus auf der dänischen Insel wurde vielen zumindest zur vorübergehenden Bleibe. Sie selbst floh vor dem Einmarsch der deutschen Truppen in die Vereinigten Staaten, wo eine ihrer Schwestern lebte, und verbrachte ein sehr bescheidenes Emigrantinnendasein in New York. Ihre größte Enttäuschung war wohl, daß ihr Dorothy Thompson trotz mehrmaliger Versprechen nicht half, in den USA literarisch Fuß zu fassen.

Frida Kahlo

* am 6. Juli 1907 in Coyoacan, Mexiko.
† am 13. Juli 1954 in Coyoacan.
Malerin.

Frida Kahlo mit:

Carmen Jaime, Tina Modotti, Rosa Rolando Covarrubias, Anita Brenner, Lucienne Bloch, Maria Izquierdo, Lola Alvarez Bravo, Mary Schapiro, Jaqueline Lamba, Mary Reynolds, Dolores del Rio, Irene Bohus, Maria Felix, Pita Amor, Judith Ferreto, Teresa Proenza, Elena Vasquez Gomez, Machilda Armida.

Lebenslinien

Frida wächst in einer Frauenwelt auf – mit vier älteren Schwestern, zwei davon aus ihres Vaters erster Ehe, und Cristina, der jüngsten, die Frida sehr nahesteht.

Schon in der Schule schließt Frida Freundschaften mit Mädchen, die aus der Reihe tanzen. Sie lesen viel, diskutieren und geben sich im Stil der frühen zwanziger Jahre ganz als Garçonne.

Anfang 1925 hat Frida ihren ersten Freund, ist auf der Suche nach Arbeit und wird zum ersten Mal von einer Frau verführt. Am 17. September ist sie in einen tragischen Unfall verwickelt, der ihr für den Rest ihres Lebens schwere Schmerzen auferlegt.

Gegen Ende 1927 hat sich Frida einigermaßen von dem Unfall erholt. Sie kehrt in ihren Freundeskreis zurück und macht eine Reihe neuer Bekanntschaften. Tina Modotti, die in Triest geborene Photographin, teilt Fridas politische und künstlerische Interessen. Frida lernt auch die Tänzerin und Malerin Rosa Rolando Covarrubias und die Schriftstellerin Anita Brenner kennen.

Im Jahre 1928 trifft Frida den Maler Diego Rivera, der damals schon einer der bekanntesten mexikanischen Künstler ist. Diese Beziehung hat auf die künstlerische Entwicklung Fridas entscheidenden Einfluß.

Für kurze Zeit treten die Frauen in den Hintergrund, und Frida scheint ganz in die Welt Diegos integriert.

1929 heiraten die beiden. In den ersten Monaten der Ehe nimmt Frida ihre eigene Malerei nicht so wichtig. Sie malt ein Porträt Lupe Marins, Diegos erster Frau. Aus dieser Zeit stammen auch die Porträts ihrer Schwestern.

Im November 1930 ist Frida zum ersten Mal in den USA. Diego arbeitet an einem Auftrag in San Francisco, Frida lernt Englisch und besucht häufig Chinatown, eine Welt, die für sie völlig neu ist. Sie malt auch, zeigt aber niemandem ihre neuen Arbeiten.

Das Ehepaar zieht nach New York, wo Diego an weiteren Aufträgen arbeitet. Frida lernt die Bildhauerin Lucienne Bloch kennen, die ihr nach Detroit folgt und eine Zeitlang als Diegos Assistentin arbeitet. Sie teilt eine Wohnung mit dem Künstlerehepaar und ist immer zur Stelle, wenn Frida sie braucht. 1933 geht es wieder nach New York, wo Diego an der berühmten, nie vollendeten Wandmalerei am Rockefeller Center arbeitet. Frida malt kaum und verbringt die meiste Zeit im Kino oder beim Einkaufen. Ihre Sehnsucht nach Mexiko wird immer größer, das Ehepaar kehrt daher gegen Ende des Jahres dorthin zurück, aber Frida fühlt sich nicht glücklich.

Anfang 1935 Trennung von Diego, der in eine Affäre mit ihrer jüngeren Schwester Cristina verstrickt ist.

Frida will nun ihre finanzielle und künstlerische Unabhängigkeit unter Beweis stellen. Sie versöhnt sich mit ihrer Schwester Cristina, die von neuem ihre engste Vertraute wird. Frida malt auch wieder, entwickelt aber keinen geschäftlichen Ehrgeiz.

Ihr erster wichtiger Käufer ist der Schauspieler Edward G. Robinson, der 1938 vier ihrer Bilder für je 200 Dollar erwirbt. Anfang Oktober organisiert Julien Levy in New York eine Ausstellung ihrer Bilder, sie wird ein großer Erfolg.

1939 Reise nach Paris, wo Breton eine Frida-Kahlo-Ausstellung mit dem Titel »Mexique« organisiert.

Im Herbst ist Frida wieder in Mexiko. Sie ist oft krank. Das Bild *Two Nudes in a Forest* entsteht während dieser Zeit und ist ein Geschenk für die Schauspielerin Dolores del Rio. Frida malt auch zahlreiche Selbstporträts.

In diesen Jahren trotz erster Erfolge große finanzielle Schwierigkeiten, Freundinnen müssen Frida unterstützen. Frida und Diego lassen sich scheiden.

Im August 1940 wird Trotzki ermordet. Frida, die ihm einst nahegestanden hat, wird zwölf Stunden lang verhört.

Im Dezember 1940 heiraten Frida und Diego zum zweiten Mal.

In den vierziger Jahren zunehmender internationaler Ruf Fridas, sie wird immer wieder zu Ausstellungen eingeladen. 1943 nimmt sie an der Ausstellung »31 Women Artists« in Peggy Guggenheims *Art-of-This-Century*-Galerie in New York teil. Außer ihr sind auch Meret Oppenheim, Sophie Taeuber-Arp, Dorothea Tanning und Sonja Sekula beteiligt.

Fridas körperlicher Zustand verschlechtert sich. Auch eine Operation an der Wirbelsäule, der sich Frida 1946 in New York unterzieht, bringt keine Besserung. Die Gipskorsetts, die in ihren Bildern immer wieder auftauchen, werden ein fester Bestandteil ihres Lebens und ihrer Bilder.

1950 muß Frida für über ein Jahr ins Krankenhaus; wieder daheim, ist sie pflegebedürftig.

Im Frühling 1953 stellt Lola Alvarez Bravo Fridas Bilder in ihrer Galerie im Zentrum von Mexico City aus. Zur Eröffnung wird Frida im Krankenwagen gebracht.

Die Ausstellung ist ein Riesenerfolg und muß verlängert werden. Interessenten aus aller Welt erkundigen sich nach Fridas Bildern.

Im August 1953 wird eines ihrer Beine amputiert, um das Fortschreiten von Wundbrand zu verhindern. Frida hat sich oft scherzend »Frida la coja, parta de paio« (Krüppelchen Frida mit dem Holzbein) genannt, jetzt ist das Holzbein Realität.

Nach der Operation ist Frida depressiv und hat unerträgliche Schmerzen. Ihr geschwächter Körper kann die Qualen bald nicht mehr ertragen. Sie stirbt an einer Lungenentzündung.

Wenige Tage vor ihrem Tod am 13. Juli 1954 schreibt sie in ihr Tagebuch: »Ich hoffe, der Abgang ist fröhlich – und ich hoffe, niemals mehr zurückzukommen.«

Einblicke

Dolores Olmedo, eine reiche Mexikanerin, besitzt den Großteil von Frida Kahlos Nachlaß. Sie konnte Frida nicht ausstehen: »Ich war nie mit ihr befreundet. Sie liebte Frauen, ich liebte Männer.« Dolores war in den Besitz von Fridas Bildern gekommen, weil Diego Rivera, Fridas Mann, oft in Geldnöten war und sie dann bat, ihm etwas abzukaufen, was sie tat, um ihm einen Gefallen zu erweisen.

Dolores Olmedo konnte zwar viele von Fridas Werken unter Verschluß halten, ihren Ruhm aber, der erst nach ihrem Tod weltweite Verbreitung fand, konnte sie nicht verhindern. Ob sie sich wirklich so an Fridas Liebe für Frauen gestoßen hatte? Oder waren noch andere Umstände im Spiel, die Dolores uns nicht mitteilen will?

Die Fotografin Tina Modotti war 1923 aus Kalifornien nach Mexiko gekommen. Tina war zeit ihres Lebens nicht nur an Kunst, sondern auch an Politik interessiert und war Mitglied der Kommunistischen Partei. Dort wurde sie bald zum Mittelpunkt eines Kreises von Künstlern, in dem auch Frida Kahlo Aufnahme fand. Frida war gerade dabei, ihre Jugendfreundschaften zurückzulassen und mit Freundinnen zu ersetzen, die ihre neuentdeckte Liebe zur Politik teilten.

Bei einer Gesellschaft im Hause Tinas lernte Frida eines Tages Diego kennen. Dieser hatte angeblich eine kurze Affäre mit Tina gehabt, die zu diesem Zeitpunkt aber schon der Vergangenheit angehörte. Jedenfalls sind beide Frauen auf einem Wandgemälde Diegos *Ballade von der Proletarischen Revolution* nebeneinander abgebildet. Frida sieht auf diesem Fresko wie ein Junge aus – sie hat einen Kurzhaarschnitt und trägt ein einfaches Hemd mit rotem Stern. Nach Diegos Ausschluß aus der Partei im Jahre 1929 fand auch die Freundschaft von Tina und Frida ein Ende: Die Loyalität zur Partei ging über die Loyalität zu Freundinnen.

Frida und Diego hatten 1939 die Scheidung eingereicht. Es wurde nie ganz klar, was die beiden zu diesem Schritt veranlaßt hatte. Es gab Gerüchte, daß Diego die ungarische Malerin Irene Bohus heiraten wollte. Es schien aber nicht viel dran gewesen zu sein, denn Frida war eng mit Irene, deren Name ihre Schlafzimmerwand schmückte, befreundet. Vor der zweiten Heirat mit Diego gab es einen Ehevertrag: Frida würde für sich selbst sorgen, die Haushaltskosten sollten zur Hälfte von Diego getragen werden, und, der wichtigste Punkt für Frida, Sex sollte nicht Bestandteil des Ehelebens sein.

Die Freundschaften und Beziehungen mit Frauen wurden für Frida immer wichtiger. Die Filmschauspielerin Maria Felix wurde damals ihre enge Vertraute, und ihr Name ist der erste auf Fridas Schlafzimmerliste. Erneut gab es in Mexiko Gerüchte, daß Diego sich scheiden lassen wolle, um Maria zu heiraten. Dann wurde berichtet, daß Maria einer Heirat zustimme, aber nur unter der Bedingung, daß sie ihre Freundin, eine Spanierin, in die Ehe mitbringen könne. Bevor diese Gerüchte verstummt waren, tauchte die Dichterin Pita Amor auf. Ihr Bild war an Fridas Bett angebracht, und die drei Freundinnen Maria, Pita und Frida waren wohl froh darüber, daß ihrer Beziehung weniger Beachtung geschenkt wurde als den vermeintlichen Affären des berühmten Diego Rivera.

Während ihrer letzten Lebensjahre brauchte Frida ständig Betreuung. Sie hatte schon einige Pflegerinnen ausprobiert, als sich Judith Ferreto aus Costa Rica bei ihr vorstellte. Judith war groß und kräftig und trug vorzugsweise Männerkleidung. Das Verhältnis zwischen Patientin und Pflegerin war bald von einer großen Innigkeit gekennzeichnet. Frida meinte zwar oft, daß Judith sie wie ein faschistischer General behandle, und setzte sie, wenn ihr diese Behandlung zuviel wurde, auf die Straße. Sie bereute diesen Entschluß aber immer schnellstens, konnte sie doch niemand so gut wie Judith zum Einschlafen bringen und dafür sorgen, daß ihre angerauchten Zigaretten nicht ins Bett fielen.

Simone de Beauvoir

* am 9. Januar 1908 in Paris.
† am 14. April 1986 in Paris.
Schriftstellerin.

Simone de Beauvoir mit:

Zaza (Elisabeth Le Coin), Stepha Avdicovitch, Colette Audry, Olga Kosakiewitch (Olga Bost), Bianca Bienenfeld, Nathalie Sorokine (Lisa Oblanoff), Adrienne Monnier, Sylvia Beach, Violette Leduc, Sylvie Le Bon.

Lebenslinien

Simone wächst in einer Familie auf, die zwar einen großbürgerlichen Hintergrund hat, aber kein Geld, um auch dementsprechend zu leben.

Simone wird 1913 in das *Cours Adeline Desir*, ein Erziehungsinstitut für junge Mädchen, geschickt.

Nach dem Ersten Weltkrieg verschlechtert sich die finanzielle Situation der Familie, und Simone erkennt, daß ihr nur eine gute Schulbildung zu ihrer materiellen Eigenständigkeit verhelfen kann.

1918 kommt Elisabeth Le Coin, von Simone Zaza genannt, ins *Cours Desir*. Zaza, die 1929 stirbt, ist Simones erste große Liebe. Im Hause Zazas lernt sie Stepha Avdicovitch kennen.

1925 entschließt sich Simone, Gymnasiallehrerin zu werden, ein Beruf, den sie so lange ausüben will, bis sie sich von der Schriftstellerei ernähren kann.

1929 trifft sie Jean-Paul Sartre, mit dem sie einen lebenslangen Liebespakt schließt.

1931 erste Anstellung als Philosophielehrerin in Marseille.
1933 kommt sie ans Lycée in Rouen.

Freundschaft mit Colette Audry, die sie auf die Schülerin Olga Kosakiewitch aufmerksam macht. Verhältnis mit Olga, in das auf Simones Drängen auch Sartre eingeschlossen wird.

1936 schafft Simone es endlich, einen Posten in Paris zu bekommen.

Während all dieser Jahre lebt Simone in Hotels, hält sich aber vorwiegend in Cafés auf, wo sie arbeitet und ihre Freundinnen trifft.

1939 Affäre mit ihrer Schülerin Bianca Bienenfeld, die noch Jahre später von Simone als »der« großen Liebe ihres Lebens spricht und nach Simones Tod die Enttäuschung über ihre Beziehung literarisch verarbeitet.

Zu Kriegsbeginn zunehmende Zuneigung zwischen Simone und ihrer Schülerin Nathalie Sorokine. Nathalie stellt Simone nach, beginnt mit ihr eine Liebesbeziehung und fordert einen zentralen Platz in Simones Leben. Diese genießt Nathalies Begehren, läßt sich aber nicht auf eine intensivere Bindung ein.

Während des Krieges gibt Simone ihre Tätigkeit als Philosophielehrerin auf und widmet sich ganz ihrem Schreiben.

1943 erscheint Simones erster vielbeachteter Roman *L'invitée (Sie kam und blieb)*.

1945 verliebt sich Violette Leduc stürmisch in Simone, die diese zwar literarisch fördert, emotional aber zurückweist.

Ab 1946 Mitherausgeberin und Redakteurin der Zeitschrift *Temps Modernes*.

Viele gemeinsame Reisen mit Sartre. Die meisten dieser Reisen stehen im Zusammenhang mit ihrem politischen Engagement und führen sie in fast alle Teile der Welt.

1949 erscheint *Le deuxième sexe (Das andere Geschlecht)*, ein wichtiges feministisches Werk, welches sich detailliert mit der Frauenfrage auseinandersetzt.

1954 erhält Simone für ihren Roman *Les mandarins (Die Mandarine von Paris)* den Prix Goncourt.

1958 veröffentlicht Simone den ersten Band ihrer Autobiographie *Mémoires d'une jeune fille rangée* (*Memoiren einer Tochter aus gutem Haus*). 1960 folgt der zweite Band *La force de l'âge* (*In den besten Jahren*), 1963 *La force des choses* (*Der Lauf der Dinge*).

1960 beginnt sich Simone mit der achtzehnjährigen Philosophiestudentin Sylvie Le Bon zu treffen. Daraus entsteht ab 1963 eine Lebensgemeinschaft, die bis zu Simones Tod andauert.

1958–1962 engagiert sich Simone sehr gegen den französischen Kolonialkrieg in Algerien.

Auch im Mai 1968 und in den darauffolgenden jahrelangen Protesten gegen den Krieg in Vietnam ist Simone auf der Seite der Protestierenden.

1968 erscheint *La femme rompue* (*Eine gebrochene Frau*) und wird ein großer Erfolg.

1970 veröffentlicht Simone *La vieillesse* (*Das Alter*).

Ab 1970 nimmt Simone in der feministischen Diskussion einen wichtigen Platz ein. Sie wird immer wieder zu Stellungnahmen zu aktuellen Themen gebeten und unterstützt eine Reihe von feministischen Anliegen.

1972 erscheint der vierte und letzte Teil von Simones Memoiren, *Tout compte fait* (*Alles in allem*). Es ist ihr letztes großes Werk.

1980 adoptiert Simone Sylvie.

Simone geht mit Sylvie auf zahlreiche private und berufliche Reisen. Sie wird oft zu Vorträgen eingeladen, und etliche Dokumentationen, vor allem fürs Fernsehen, werden über sie gedreht.

Nach Sartres Tod gibt Simone seine Briefe heraus. Durch diese Herausgabe zieht sie sich den unversöhnlichen Zorn Olga Kosakiewitchs zu. Sie wird immer wieder gebeten, auch ihre eigene Korrespondenz zu veröffentlichen, behauptet aber, daß diese verlorengegangen sei.

Nach Simones Tod gibt Sylvie ihre Briefe heraus. Diese

bestätigen, was immer schon in Simones Werk durchgeklungen ist: ihre Liebe zu Frauen.

Einblicke

In Simones Autobiographien erfahren wir viel über ihre Frauenfreundschaften. Da ist zuerst ihre Jugendfreundin Zaza (Elisabeth Le Coin), die ihr die Freuden des Liebens beigebracht hatte und bei der sie auch die polnische Studentin Stepha Avdicovitch kennenlernte. Stepha verkörperte damals alles, was Simone wollte: Freiheit, Weiblichkeit und Anderssein. Stepha soll die erste gewesen sein, die Simone bezüglich ihrer Homosexualität angesprochen hat; ob Simone ihr je eine Antwort gegeben hat, wissen wir jedoch nicht.

Colette Audry machte Simone im Jahre 1933 auf die interne Schülerin Olga aufmerksam, die von allen »die kleine Russin« genannt wurde. Um Olgas Geschichte mit Simone zu entwirren, ist es notwendig, die vielen Namen anzugeben, unter denen sie auftaucht. Als Olga Kosakiewitch (in Simones Briefen oft nur mit Kos. angegeben) wurde sie 1917 in Moskau geboren, auf die Bühne ging sie als Olga Dominique, und in Sartres Kriegstagebüchern und -briefen wird sie Zazoulich genannt. Später heiratete sie den Sartreschüler und -freund Jacques-Laurent Bost und wird oft Olga Bost genannt.

In ihrer Autobiographie schrieb Simone, daß ihre Freundschaft zu Olga auch von ihrer Seite fest begründet sei, obwohl ursprünglich die neun Jahre jüngere Olga diesen Kontakt angestrebt hatte. Simone hatte Olga auch mit Sartre bekannt gemacht. Zu dritt verachteten sie nun die Sonntage in der Provinz und die Familien mit Kindern. Anfänglich schien dieses Dreieck Simone eine gute Beziehungsvariante zu sein. Aber auf die Dauer gefiel es ihr nicht, daß sich Sartre Olga so verbunden fühlte. Diese Beziehung wurde von Simone eingehend diskutiert – aber eben unter dem Aspekt, daß sie für sie immer unerträglicher wurde.

In den oben erwähnten Briefen an Sartre, die 1990 erschienen, kommt ein anderer Aspekt der Beziehung von Olga und Simone zum Vorschein. Ihrer neuen Freundin, Nathalie Sorokine, antwortet sie auf die Frage, mit wem sie schon intim gewesen sei, »mit Kos. und mit Sartre«. Ein paar Tage später schrieb sie, daß es Frauen oft schwerfällt, andere Frauen zu streicheln, und daß sie auf diese Weise schon genug von Kos. gequält wurde.

Olga war jedoch nicht die einzige Schülerin, mit der Simone eine Beziehung hatte. Nach ihrer Anstellung in Rouen bekam Simone einen Posten in Paris. Unter ihren dortigen Schülerinnen war Bianca Bienenfeld, die mit ihrem richtigen Namen in *In den besten Jahren* erscheint (in den Sartre-Briefen wird sie Louise Vedrine oder V. genannt). Bianca stammte aus einer polnisch-jüdischen Familie, war am Lycée Klassenbeste und wurde dann Philosophiestudentin an der Sorbonne. Auch Bianca hatte eine Affäre mit Sartre, die allerdings nicht lange dauerte. Und ebenso wie Olga heiratete auch sie einen Sartreschüler.

In ihren Briefen gab Simone zu, mit Bianca im November 1939 eine leidenschaftliche Nacht verbracht zu haben. Und ein paar Wochen später beschrieb sie ihr Verhältnis zu Bianca »als seriöse Affäre«. Trotzdem fand Simone, daß es seltsam sei, sinnlich erregt zu sein, ohne Zuneigung zu verspüren. Sie räumte ein, daß es gemein von ihr sei, sich mit Bianca abzugeben, ohne wirklich etwas für sie zu empfinden – aber sie tat es trotzdem. Bianca wiederum fand, daß ihre Beziehung mit Simone viel reiner, ernsthafter und religiöser sei als die zu Sartre.

In Simones Beschreibungen über ihr Zusammensein mit Bianca klang immer durch, daß sie Bianca einen Gefallen tat. Sie fühlte sich von Bienenfeld unterdrückt und mehr zu Kos. (Olga) hingezogen, die ihr wie eine verbotene Frucht erschien.

Im Winter 1945, lange nach dem Ende der körperlichen Beziehung, hatte Simone ein intensives Gespräch mit Bianca und berichtete über die Gewissensbisse, die sie danach empfand. Bianca litt zum damaligen Zeitpunkt unter neurasthenischen Attacken, und Simone meinte, daß sie und Sartre daran schuld hätten. Wie erfolgreich verdrängte sie die Tatsache, daß sie Biancas große Liebe war?

1938 befand sich unter Simones Schülerinnen eine Weißrussin, von Simone in ihren Memoiren Lisa Oblanoff benannt. Es handelte sich um Nathalie Sorokine, siebzehn Jahre alt, blond, mit groben Schuhen und zu langen Röcken. Nathalie begann Simone aufzulauern und zwang sie, ihr all die Antworten zu geben, die sie ihr im Philosophieunterricht schuldig geblieben war. Im Herbst 1939 soll Nathalie dann angefangen haben, Simone aktiv zu verfolgen. Sie versuchte, sie zu umarmen und zu küssen, und erklärte ihr auf Russisch wie auf Französisch, daß sie sie liebe. Simone spürte, daß Nathalie sie wirklich begehrte, und schrieb dann auch in ihren Briefen an Sartre, für sie großes Verlangen zu spüren.

Nathalie machte Simone klar, daß sie einen wichtigen Platz in ihrem Leben einnehmen wollte und wußte gleichzeitig, wer ihr dabei am meisten im Weg stand: nicht Sartre, Bost oder Olga, sondern die Rothaarige (Bianca). Je länger sich Nathalie um Simone bemühte, desto mehr gefiel Simone ihre wilde, zärtliche Art. Es tat ihr leid, daß sie Nathalie erst so spät in ihrem Leben kennengelernt hatte, denn nun meinte sie, ganz einfach keine Zeit für eine zusätzliche intensive Beziehung zu haben. Vor allem merkte Simone zum damaligen Zeitpunkt, daß ihr die physischen Beziehungen mit Frauen Spaß machten.

Sie zögerte wochenlang und wußte nicht so recht, wie weit sie in der Beziehung mit Nathalie gehen sollte. Ihr anfängliches Zögern wurde aber bald von Beschreibungen des Hingerissenseins abgelöst. Simone zweifelte allerdings, ob sie wirklich das Objekt der Leidenschaft von Frauen wie Bianca und

Nathalie sei oder nur ein projektives Traumbild der Phantasie. Im Januar 1940 kam es dann zu einer »vollständigen Beziehung« Simones mit Nathalie. Nathalie war scheu, unerfahren und sehr mißtrauisch, was Simone wiederum entzückend fand.

Bianca und Nathalie kämpften im Januar 1940 um Simones Zuneigung und um den vordersten Platz in ihrem Leben. Beide verstanden nicht, daß Simone eine strikte Zeiteinteilung hatte, in der für jede Arbeit und jede Beziehung eine bestimmte Anzahl von Stunden pro Woche zur Verfügung stand. Mit der fordernden Nathalie kam es immer wieder zu heftigen Auseinandersetzungen – in einem dieser Streite warf Nathalie Simone vor, »ein Uhrwerk im Eiskasten« zu sein –, aber letzten Endes gelang es beiden Frauen doch, eine harmonische Beziehung zu leben.

In den sechziger Jahren wurde Sylvie Le Bon die wichtigste Frau in Simones Leben. 1960 hatte die damals achtzehnjährige Philosophiestudentin aus Rennes einen Brief an Simone geschrieben, und diese begann, sich sporadisch mit ihr zu treffen. 1962 versuchte Sylvies Familie diese Verbindung zu unterbrechen, aber im Jahr darauf war Sylvie volljährig und nahm ihre Treffen mit Simone wieder auf. Nach dem Tod von Simones Mutter im Herbst 1963 wurde die Beziehung von Simone und Sylvie intensiver, und ab 1964 war Sylvie ein nicht mehr wegzudenkender Bestandteil in Simones Dasein.

Simone lebte weiter in ihrer kleinen Wohnung, verbrachte zumindest eine Nacht pro Woche mit Sartre, Sylvie aber sah sie täglich, besprach alles mit ihr, ging mit ihr auf Reisen und adoptierte sie 1980. Diese Adoption gab Sylvie die Möglichkeit, sich um alle rechtlichen Angelegenheiten, die Simone betrafen, zu kümmern. Die Beziehung mit Sylvie war »absolut«. Diese war die ideale Gefährtin ihres Alters, wie Zaza die ideale Begleitung ihrer Jugendjahre gewesen war.

Liliane Siegel, eine Frau aus Sartres Umgebung, war zugegen, als Sylvie 1982 nach einem Beinbruch operiert wurde. Sie berichtete, daß Simone ganz nervös und verweint war und »nicht ihre Sylvie, nicht heute« verlieren wollte. Laut Simone war ihre Beziehung eine sehr, sehr gute Freundschaft. Sie wies es zurück, sich als Lesbe zu bezeichnen. Trotzdem gefiel ihr, daß die Adoption Sylvies eine eheähnliche Verbindung schuf, die beiden erlaubte, denselben Familiennamen zu führen.

Violette Leduc

wurde am 7. April 1907 in Arras bei Calais geboren. Sie starb am 28. Mai 1972 in Faucon. Schriftstellerin.

Im Herbst 1945 wurden Violette und Simone de Beauvoir miteinander bekannt gemacht. Es dauerte nicht lange, bis Violette ganz von Simone besessen war. Bis zur Veröffentlichung ihres autobiographischen Romans *Die Bastardin*, 1964, sahen sich die beiden relativ regelmäßig, vor allem, weil Simone Violette bei ihren schriftstellerischen Arbeiten unterstützen wollte. Ein Jahr nach Erscheinen des Buches zog Violette von Paris fort. Der Kontakt zu Simone brach fast ganz ab.

In der *Bastardin* schilderte Violette ihre Liebschaften mit Isabelle und Hermine; beiden war sie über Jahre hinweg zugetan. Die Journalistin Janet Flanner schrieb in einem Brief im Juli 1966, daß ihr Violette ein rosa Heftchen mit dem Titel *Therese und Isabelle* (welches auch als Roman veröffentlicht wurde) geschickt hatte, das all die »zu deutlichen« Szenen enthielt, die aus der *Bastardin* gestrichen worden waren. Im Gegensatz zur distanzierten und kühl wirkenden Simone war Violette heftig und leidenschaftlich. Jeder Frau, der sie begegnete, verlangte sie alles ab. So ging sie zum Beispiel so lange in Adrienne Monniers Buchladen, bis die angebetete Buchhändlerin sich ihr auch gebührend widmete. Trotzdem wußte

Violette nicht so genau, was sie von Adrienne wollte und wandte sich schließlich enttäuscht von ihr ab.

In *La Folie en tête*, das 1970 erschien, beschrieb Violette ihre Liebe zu Simone. Sie wußte wieder einmal nicht, wie sie zu Simone stand, und versuchte, diese Liebe zu definieren. Es war nicht Mutterliebe, nicht Schwesternliebe, nicht Freundinnen-, aber auch nicht Feindinnenliebe. Hätte Violette in all dieser Verwirrung Simone nicht alle zwei Wochen sehen können, wäre sie von der Dunkelheit ihrer Gedanken verschlungen worden. Simone war damals der Grund, warum Violette lebte, obwohl sie und Simone kein gemeinsames Leben hatten.

Violette beschrieb auch ausführliche Treffen mit der Schriftstellerin Nathalie Sarraute, der sie viele gruselige Geschichten auftischte, um sie zu erschrecken. Sie benutzte Nathalie, um sich über Simone und Sartre zu beschweren, da sie fand, daß sie als psychologisches Versuchskaninchen mißbraucht wurde, und ärgerte sich, daß Simone mit ihr nie über sich selbst sprach. Im Gegensatz zu Violette, die sich nie traute, Simone mit ihren Anklagen zu konfrontieren, sagte Nathalie Simone sehr wohl, was ihr nicht gefiel.

Violette trieb ein Doppelspiel, sie unterstützte Nathalie in ihren Angriffen auf Simone und schwieg in deren Gegenwart, um sie nicht zu verlieren. Letzten Endes bekam Violette aber auch hier nicht Genugtuung und Liebe, hatte sie doch vergebens darauf gehofft, daß sich Nathalie ihr zu Füßen werfen würde.

Über Violettes spätere Beziehungen zu Frauen ist nichts bekannt. Vielleicht brachte sie ihr Leben selbst am besten auf den Punkt, als sie einmal sagte: »Ich bin eine monologisierende Wüste.«

Der Reihe nach

Willa Cather

* am 7. Dezember 1873 (1876) in Winchester, Pennsylvania.
† am 24. April 1947 in New York.
Schriftstellerin.

Willa Cather mit:

Louise Pound, Isabelle McClung, Edith Lewis, Mariel Gere,
Dorothy Canfield, Annie Adams Fields, Sarah Orne Jewett,
Zoë Akins, Elizabeth Sergeant, Mabel Dodge Luhan.

Lebenslinien

Im Alter von elf Jahren zieht Willa mit ihrer Familie nach
Nebraska. Obwohl für sie ein bedrückendes Ereignis, sollte
die Landschaft und die Mentalität der dort lebenden Menschen später entscheidenden Einfluß auf Willas Schreiben
haben.

Mit vierzehn beschließt Willa, eine deutliche Veränderung
in ihrem Äußeren zu setzen; sie schneidet ihr Haar kurz, trägt
in den darauffolgenden Jahren nur noch Männerkleidung
und nennt sich William.

Einschreibung an der Universität von Nebraska und
Bekanntschaft mit ihrer Jugendliebe Louise Pound. Beide
Frauen geben am College eine Literaturzeitschrift heraus und
spielen bei einer Theatergruppe mit.

Willa wendet sich gegen Ende ihres Studiums vermehrt
ihrer schriftstellerischen Tätigkeit zu.

1895 Studienabschluß und 1896 Umzug nach Pittsburgh, wo sie als Redakteurin für *Home Monthly* arbeitet.

1899 Beginn der Liebesbeziehung mit Isabelle McClung.

1901 ziehen die beiden Frauen im Haus der reichen Eltern Isabelles zusammen.

1903 erstes Zusammentreffen mit Edith Lewis.

1906 entscheidet sich Willa, nach New York zu übersiedeln und dort weiter als Journalistin bei *McClure's* zu arbeiten. Sie gibt diese Arbeit 1911 auf, um sich ganz der Schriftstellerei zu widmen.

Die Liebesbeziehung zu Isabelle wird loser, endet endgültig aber erst 1916 mit Isabelles Heirat mit einem Musiker.

Während ihrer Zeit bei *McClure's* wird Willa häufiger Gast im literarischen Salon Annie Adams Fields' in Boston.

Freundschaft mit der Schriftstellerin Sarah Orne Jewett, die Willa in ihrer literarischen Entwicklung fördert.

1908 bezieht Willa mit ihrer Freundin Edith Lewis eine gemeinsame Wohnung.

Eine Arbeitskollegin, die Journalistin und Schriftstellerin Elizabeth Sergeant, wird in dieser Zeit ihre wichtigste Kritikerin. Nach dem Ersten Weltkrieg findet diese Freundschaft wegen unterschiedlicher politischer Auffassungen ein Ende.

Willa pflegt briefliche Kontakte, unter anderem mit den Collegefreundinnen Dorothy Canfield und Mariel Gere.

In New York 1909 Bekanntschaft mit der Dramatikerin Zoë Akins, die sich im Laufe der Jahre zu einer festen Freundschaft entwickelt.

1913 Willas erster großer literarischer Erfolg mit *O Pioneers!* (*Zwei Frauen*).

1918 folgt *My Antonia* (*Meine Antonia*).

1922 Pulitzerpreis für *One of Ours* (*Einer von uns*).

1927 *Death Comes for the Archbishop* (*Der Tod kommt zum Erzbischof*).

In den zwanziger Jahren reisen Willa und Edith oftmals

nach Nebraska und nach New Mexico, wo sie Mabel Dodge Luhan besuchen.

Die Beziehung zu Edith verläuft hauptsächlich im privaten Rahmen in der gemeinsamen Wohnung in New York und auch im Landhaus in New Brunswick.

Von den dreißiger Jahren an bis zu ihrem Tod schreibt Willa hauptsächlich historische Romane, in deren Mittelpunkt Frauengestalten stehen – *Lucy Gayheart*, 1935, *Sapphira and the Slave Girl (Sapphira)*, 1940.

Nach Willas Tod bleibt Edith alleine und widmet sich ganz dem literarischen Andenken ihrer verstorbenen Partnerin.

Einblicke

Im Alter von vierzehn beschloß Willa, ihr Leben selbst in die Hand zu nehmen; sie schnitt ihr Haar kurz, trug Männerkleidung und nannte sich William Cather Jr. Während der nächsten vier Jahre gab es also statt Willa einen William, und unter den vielen Gerüchten, die über sie in der Stadt kursierten, gab es eines über die speziell für sie angefertigten Männerschuhe, die sie angeblich trug. Als William Cather schrieb sie sich auch an der University of Nebraska ein und wollte von allen Billy gerufen werden. Ihr Stil und Auftreten waren unvergeßlich, aber offensichtlich so überzeugend, daß es niemand wagte, sie deswegen anzugreifen oder gar lächerlich zu machen. Auf der Universität schloß sie Frauenfreundschaften, die sie ihr ganzes Leben begleiteten, darunter waren Mariel Gere, die spätere Pulitzerpreisträgerin, und die Schriftstellerin Dorothy Canfield sowie die schon erwähnte Louise Pound, für die Willa leidenschaftliche Gefühle hegte.

Willa und Louise waren beide Redakteurinnen der Literaturzeitschrift, die am College herausgegeben wurde, und spielten auch bei einer Theatergruppe mit. Louise erwarb ihr Doktorat in Heidelberg, kehrte aber dann als Englischprofessorin nach Nebraska zurück, wo sie bis ins hohe Alter unermüdlich lehrte und schrieb. 1955, im Alter von zweiundachtzig Jahren, wurde sie als erste Frau Präsidentin der *Modern Language Association*.

Als Willa sie kennenlernte, hatte sie den Ruf, eine der besten Sportlerinnen der Universität zu sein – diese Eigenschaft, kombiniert mit ihrer strahlenden Eleganz, genügte Willa, sich in sie zu verlieben. Als Louise sie während der Sommerferien nicht besuchte, war Willa so verletzt, daß es zum endgültigen Bruch kam, der auch in späteren Jahren nicht wiedergutgemacht wurde.

1895 schloß Willa ihre Studien ab und verließ im Sommer 1896 Red Cloud, um nach Pittsburgh zu ziehen und Redakteurin für die Zeitschrift *Home Monthly* zu werden. Dort blieb sie zehn Jahre und verbrachte ab 1899 ihre glücklichste Zeit mit Isabelle McClung, die sie 1901 einlud, bei ihr, das heißt im großen Haus ihrer Eltern, einzuziehen. Willa nahm das Angebot gerne an. Ob die Familie für oder gegen Willas Einzug war, ist nicht dokumentiert, aber letzten Endes schienen alle das Arrangement zu billigen, und Isabelle und Willa, die ihre eigenen Zimmer hatten, konnten viel Zeit ungestört miteinander verbringen. Als sich Willa entschlossen hatte, einen Job bei *McClure's* in New York anzunehmen, hoffte sie, daß Isabelle mit ihr käme, was diese ablehnte.

Als es dann zum Abschied kam, war Willa sicher, daß ihre intime Verbindung auch auf Distanz erhalten bleiben würde. Für einige Jahre war dies auch der Fall: Die beiden fuhren gemeinsam in Urlaub, und Willa konnte immer wieder für längere Zeit nach Pittsburgh kommen. Isabelle war fallweise auch in New York zu Gast. Diese Routine wurde erst 1915 mit dem Tod von Isabelles Vaters unterbrochen. Das große Haus der Familie wurde verkauft, und Willa verlor damit ihren geliebten Arbeitsplatz in der Mansarde. Noch größer war der Einbruch, als Isabelle im April 1916, im Alter von achtunddreißig Jahren, den Geiger Jan Hambourg heiratete.

Isabelle war nach wie vor für die Freundin da, allerdings wesentlich eingeschränkter als früher und eben nicht mehr in Pittsburgh, sondern zuerst in Toronto und später in Ville d'A-vray in Frankreich.

Willa wurde immer wieder eingeladen, auch nach Frankreich zu ziehen, was sich bei einem Besuch 1923 als unmöglich herausstellte. Sie fand zwar alles ganz reizend, konnte aber dort nicht arbeiten. Sie hatte neuralgische Schmerzen im Arm, in diesem Fall ein offensichtliches Anzeichen für ihre allgemeine Unfähigkeit, unter diesen Umständen zu schreiben. Grund war wohl auch die emotionale Belastung, die neue Beziehung der ehemaligen Geliebten nun aus nächster Nähe mitansehen zu müssen. Viele Jahre später verriet Willa ihrer Freundin Zoë Akins, daß sie alle ihre Bücher für Isabelle geschrieben habe.

Zwischen Sarah Orne Jewett und Willa gab es ein besonderes Band, vor allem weil Willa bei ihr zum ersten Mal mit einer Schriftstellerin, deren Werke sie kannte und respektierte, persönlich zu tun hatte. Sarah verstand es, Willa aus der literarischen Reserve zu locken. Sie machte ihr immer wieder klar, daß sie nicht über Dinge schreiben sollte, von denen sie nichts verstand, und daß sie ihre eigene Stimme und Sprache finden müsse, wenn sie eine gute Schriftstellerin werden wolle.

Aber nicht nur auf literarischem Gebiet half Sarah Willa Entscheidungen zu treffen, sondern sie schien auch indirekt ihren Lebensstil zu beeinflussen. Sarah, die fünfundzwanzig Jahre älter als Willa war, hatte nie Schwierigkeiten mit Frauenbeziehungen gehabt, da sie in einer Zeit aufgewachsen war, als romantische Frauenfreundschaften gang und gäbe waren. Sarah pflegte schon seit Jahren eine »Boston Marriage« (asexuelle Lebensgemeinschaft von zwei Frauen) mit Annie Adams Fields, in deren Salon auch Willa verkehrte. Die Selbstverständlichkeit, mit der Sarah ihre Beziehung lebte, machte auf Willa einen entscheidenden Eindruck.

Die Journalistin und Schriftstellerin Elizabeth Sergeant, die wie Willa bei *McClure's* arbeitete, wurde zu dem Zeitpunkt, als Willa den Schritt zur Romanschriftstellerin vollzog, ihre wichtigste Kritikerin. Das Exemplar von *O Pioneers!*, das ihr Willa schenkte, war der ersten Freundin dieses Buches gewidmet. Im Laufe des Ersten Weltkriegs und in der Folgezeit hatten Elizabeth und Willa noch immer sporadischen Kontakt, aber ihre unterschiedliche Weltanschauung und politischen Ansichten – Elizabeth war Demokratin und fand Gefallen am modernen Theater und an moderner Literatur – erschwerten das Beisammensein. Mit der Dramatikerin Zoë Akins gab es diese Kontroversen nicht, und hier war Willa auch die literarische Beraterin, die Zoë immer wieder darauf hinwies, wenn sie »ihre Stimme« verloren hatte.

Willa entschloß sich 1908, mit Edith Lewis, die sie schon seit 1903 kannte, eine gemeinsame Wohnung zu mieten. Als Willa 1905 nach New York gezogen war, hatte sie eine Wohnung in Ediths Wohnhaus gefunden, und drei Jahre später fanden sie im selben Viertel die erste gemeinsame Bleibe.

Die Rolle, die Edith im Leben Willas zugewiesen wurde, war eine Rolle, in die eine Reihe von offensichtlich sehr talentierten Frauen und Partnerinnen gerne gedrängt werden: Von der Nachwelt werden sie als unscheinbare Wesen porträtiert, die ungerechterweise eine viel zu große Rolle im Leben eines liebenswerten Genies innehaben durften. Daß Edith in all den Jahren ihrer eigenen Arbeit als Lektorin nachging, die ihr so wichtig war, daß sie deswegen New York nicht verlassen wollte, wird gerne vergessen. Daß sie genausoviel zu den gemeinsamen Haushalten in New York, New Hampshire und später in New Brunswick beitrug, wird nicht wichtig genommen. In der von ihr verfaßten Willa-Cather-Biographie tritt Edith selbst fast gar nicht in Erscheinung: So erfüllte sie den Wunsch der Lebensgefährtin, als Schriftstellerin wahrgenommen zu werden, aber als sozial und sexuell aktive Frau im Schatten zu bleiben. Die letzte Wohnung, die Edith mit Willa in der Park Avenue bewohnt hatte, behielt sie unverändert bis zu ihrem eigenen Tod 1972.

Wenn immer möglich kaufte sie Bilder und Briefe Willas und vernichtete sie. Erst 1960 erlaubte sie Taschenbuchausgaben von Willas Büchern. Und der Wunsch Willas, gemeinsam auf demselben Friedhof begraben zu werden, ging auch in Erfüllung; das größere Grab gehört selbstverständlich Willa, das kleinere Edith.

Margaret Anderson

* am 24. November 1886 in Indianapolis.
† am 29. Oktober 1973 in Cannes.
Literatin.

Margaret Anderson mit:

Jane Heap, Georgette Leblanc, Dorothy Caruso, Amy Lowell, Emma Goldman, Djuna Barnes, Janet Flanner, Solita Solano, Elsa von Freytag von Loringhoven, Monique Serrure, Alice B. Toklas, Gertrude Stein, H. D., Bryher, Sylvia Beach, Adrienne Monnier, Noel Haskins Murphy.

Lebenslinien

Von Margarets Jugendjahren ist wenig bekannt. Sie wächst wohl in guten Verhältnissen auf, lernt Klavierspielen – zeit ihres Lebens ihre große Leidenschaft –, Sprachen und beschäftigt sich mit Literatur.

Sie verläßt ihr Elternhaus und zieht nach Chicago, wo sie sich mit diversen Büroarbeiten durchschlägt.

1914 beginnt Margaret in Chicago mit der Herausgabe der Literaturzeitschrift *The Little Review*. Diese wird bald zum Publikationsforum für die bekanntesten Autoren der Zeit und findet nach anfänglichen finanziellen Schwierigkeiten bald zahlreiche Sponsoren.

Kurz darauf Bekanntschaft mit Jane Heap, die von Margaret fasziniert ist. Beginn einer Liebesbeziehung, Jane wird Co-Herausgeberin der *Little Review*.

Begegnung mit der bekannten Anarchistin Emma Goldman und der Dichterin Amy Lowell.

In finanziellen Nöten wegen der ersten Nummern ihrer Literaturzeitschrift kann sich Margaret keine eigene Wohnung mehr leisten und lebt während des Sommers mit ihrer Schwester in einem Zelt.

Nach einem Winter mit Jane in Kalifornien 1918 Übersiedlung nach New York.

Kontakt mit den Schriftstellerinnen Djuna Barnes, Elsa von Freytag von Loringhoven, Janet Flanner und Solita Solano.

Nach Abdruck von Auszügen aus James Joyces *Ulysses* Beschlagnahme von einigen Nummern der *Little Review* und anschließendes Gerichtsverfahren. Margaret und Jane werden zu einer Strafe von 100 Dollar wegen Publikation eines obszönen Textes verurteilt.

Margaret trifft die Sängerin Georgette Leblanc, die zu Besuch in New York weilt.

Nach Auseinandersetzungen zwischen Jane und Margaret über die Zukunft der *Review* 1922 gemeinsame Übersiedlung nach Paris.

Jane übersiedelt 1924 wieder nach New York, kehrt 1927 nach Paris zurück und stellt im Einvernehmen mit Margaret die *Review* 1929 ein.

Margaret löst sich immer mehr von Jane und ihrer Zeitschrift und widmet sich gemeinsam mit ihrer Lebensgefährtin Georgette Leblanc vorwiegend den Lehren des russischen Gurus Gurdjieff.

Sie beginnt Georgette bei ihren Liederabenden am Klavier zu begleiten.

Margaret und Georgette verbringen bis in die dreißiger Jahre viel Zeit in Italien. Sie fühlen sich dort wohl und haben auch mit dem Faschismus keine ideologischen und moralischen Probleme.

In den dreißiger Jahren gemeinsames Leben in Le Cannet in Südfrankreich, wo Georgette 1941 stirbt.

Nach Georgettes Tod kehrt Margaret, gezwungen von politischen Umständen und Krieg, nach Amerika zurück. Auf der Überfahrt Bekanntschaft mit der Witwe Enrico Carusos, Dorothy Caruso.

Bis zu deren Tod 1955 leben die beiden gemeinsam in New York, nach dem Krieg aber vorwiegend in Frankreich in der Nähe von Margarets Freundinnen Solita Solano, Noel Haskins Murphy und Janet Flanner.

1955 zieht Margaret nach Südfrankreich, wo sie Monique Serrure, eine frühere Begleiterin Georgettes, bis zu deren Tod im Jahre 1961 betreut.

Ihre letzten Jahre verbringt sie sehr zurückgezogen, nur Janet Flanner und Solita Solano kümmern sich noch um sie und erhalten Briefe von Margaret.

1973 stirbt sie in Cannes und wird neben Georgette Leblanc begraben.

Einblicke

Von den Frauen, die in der ersten Hälfte dieses Jahrhunderts die englischsprachige Avantgardeliteratur mitbestimmt haben, ist Margaret, die ihr Leben selbst als Kunstwerk gestaltete, eine der schillerndsten Erscheinungen. Gertrude Stein und Alice B. Toklas hielten Margaret für ein literarisches Fliegengewicht, und während Gertrude von dieser Meinung nicht mehr abwich, ließ sich Alice später von Margarets Ernsthaftigkeit überzeugen. Aber die Abneigung Gertrudes beruhte auf Gegenseitigkeit: Margaret ließ keine Gelegenheit aus, sich über das Genie Gertrude lustig zu machen.

Margaret meinte immer, daß sie mit ihrer Korrektheit und Pedanterie die geborene Lektorin sei. Diese Eigenschaften wirkten auch bis in ihren privaten Alltag hinein. So pflegte sie auch ihr Zimmer mindestens einmal wöchentlich umzustellen. Besonders Hotelzimmer hatten es ihr angetan. Manchmal räumte sie dort alles so gründlich um, daß nicht einmal die Besitzer das Zimmer wiedererkannten. Margaret wußte, daß sie selbst nichts Eigenständiges schaffen konnte, aber sehr wohl allem den richtigen Schliff verpassen könnte.

Am bekanntesten wurde Margaret durch die Herausgabe der Literaturzeitschrift *The Little Review* gemeinsam mit ihrer Liebhaberin Jane Heap. Diese hatte sie kurz nach Erscheinen der ersten Nummer getroffen. Über Jane Heaps Jugend und ihren Geburtsort ist nichts bekannt. Ihr Geburtsjahr ist wahrscheinlich 1887. Da Margaret im Zusammenhang mit Jane oft von ihrer Skandinavierin oder ihrer Norwegerin sprach, ist anzunehmen, daß sie in einem der Midwest-Staaten aufgewachsen war, wo es viele skandinavische Einwanderer gab. Jane selbst hatte keine Bücher herausgegeben, und alles, was sie je geschrieben hatte, wurde in *The Little Review* publiziert. Laut Margaret war Janes Stärke das Reden und Argumentieren, daher hatte Margaret es sich zur Aufgabe gemacht, Janes Gedanken in die Zeitschrift zu integrieren. Sie fand auch, daß sie und Jane sehr unterschiedliche Temperamente und intellektuelle Ansätze hatten. Margaret, die Szenen nicht leiden konnte, versuchte sie um jeden Preis zu vermeiden. Jane wiederum meinte, daß sie von Margaret wie ein Kampfhahn gehalten wurde, der immer dann ins Gefecht geschickt wurde, wenn es eine Arena gab. Und laut Jane sah Margaret überall Arenen.

Die Dichterin Amy Lowell setzte alles daran, bei einem Besuch in Chicago mit Margaret zusammenzutreffen, um ihr eine monatliche finanzielle Unterstützung der *Review* von 150 Dollar anzubieten. Als Gegenleistung wollte sie die Redaktion der Gedichte übernehmen. Margaret, die ahnte, daß Amy eine tyrannische Natur war, schlug das Angebot aus, was auf Wut und Unverständnis bei Amy stieß. Aber ihre Wut war nur von kurzer Dauer, und die beiden Frauen blieben auch in Zukunft in beruflichem Kontakt.

Zu dem Zeitpunkt, als Margaret noch in Chicago lebte, lud sie wiederholt Emma Goldman zu sich ein. Aber Emma, die nicht gern in bürgerlichen Häusern abstieg, fand immer einen

Grund, diesen Besuch zu verschieben. Endlich konnte Margaret sie davon überzeugen, daß sie ganz und gar nicht bürgerlich wohne, sondern in einer Bleibe, die bis auf ein Klavier völlig leer war. Diese Beschreibung weckte Emmas Neugierde, und sie erschien tatsächlich. Es gefiel ihr so gut, daß sie fast eine Woche blieb. Nach Emmas Abreise kam der Verwalter des Hauses, um Margaret mitzuteilen, daß es Beschwerden gegeben habe, weil Emma Goldman von den Mitbewohnern gesehen worden war. Margaret konterte, daß es eine Ehre für das Haus sei, Emma als Gast zu haben, da das Gebäude ohnehin nur mit bridgespielenden Langweilern bevölkert sei. Bald danach hatte Margaret nicht einmal mehr genug Geld, um sich die leere Wohnung zu leisten, und beschloß, gemeinsam mit ihrer Schwester, die damals mit ihren Kindern bei ihr wohnte, in ein Zelt zu ziehen. Von Mai bis November lebten die Schwestern dann im Zelt an einem See.

Nach ihrer Übersiedlung nach New York bedauerte Margaret, nicht zu einem Zeitpunkt hierher gezogen zu sein, als es noch den literarischen Salon Mable Dodge Luhans gab. Dennoch lernte sie eine Reihe von Frauen kennen, die ihr Leben in den nächsten Jahren entscheidend mitbestimmen sollten. Unter ihnen befanden sich die Schriftstellerinnen Djuna Barnes, Janet Flanner und Solita Solano, die sich alle in den zwanziger Jahren in Paris wiederfanden.

Zu den merkwürdigsten Erscheinungen in Greenwich Village zählte die Baroneß Elsa von Freytag von Loringhoven, die meistens nur »Baroneß« genannt wurde. Während diese von vielen für verrückt gehalten und dementsprechend verachtet wurde, fanden Margaret und Jane und später auch Djuna Barnes, daß sie außergewöhnlich sei, und es waren vorwiegend diese drei Frauen, die der »Baroneß« halfen zu überleben.

Als die *Little Review* ab 1918 Auszüge aus James Joyces' *Ulysses* abdruckte, wurden vier Nummern der Zeitschrift beschlagnahmt und von der Post verbrannt. Die beiden Herausgeberinnen wurden angezeigt. Im Prozeß trat Margaret auf Anraten ihres Rechtsanwaltes als elegante Dame auf, der man schwer den Zusammenhang mit Verbreitung von Obszönitäten – wie es in der Anklage hieß – abnahm. Margaret und Jane wurden dennoch zu einer Geldstrafe verurteilt. Dieser Prozeß und die Bekanntschaft mit der französischen Sängerin Georgette Leblanc beschleunigten Margarets Wunsch, New York den Rücken zu kehren und nach Paris zu gehen.

Margaret, die hauptsächlich wegen Georgette Leblanc nach Paris gekommen war, hatte immer weniger Zeit für Jane und die *Little Review*. Sie kehrte zu einer ihrer Lieblingsbeschäftigungen, dem Klavierspielen, zurück und begann Georgette zu begleiten. Sie fand Georgette mysteriös und theatralisch. Der Sinn für Drama und Abenteuer machte aus den beiden Frauen ideale Gefährtinnen. Beide waren oft in Italien, lebten aber dann vorwiegend in Le Cannet in Südfrankreich, wo Georgette 1941 starb. Margaret, die nichts dabei fand zu veröffentlichen, daß sie Monarchen und Primadonnen schätzte, mochte sogar Mussolini, da er für sie Lebensfreude ausstrahlte, trotzdem konnte auch sie Anfang der dreißiger Jahre die Augen vor der zunehmend bedrückenden politischen Atmosphäre in Rom nicht mehr verschließen.

Nach Monique Serrures Tod 1961 zog Margaret es vor, alleine zu bleiben. Sie empfing kaum noch Besuch und korrespondierte nur noch mit wenigen Freundinnen. Das wiedererwachte Interesse an ihren früheren literarischen Tätigkeiten veranlaßten vor allem Janet Flanner und Solita Solano, sie über ihre eigene Einschätzung der Vergangenheit zu befragen. In einem nicht veröffentlichten Interview erklärte Margaret Solita, daß sie sich immer als »Berührungspunkt« gefühlt habe, für die eigene Meinung nicht zählte. Zentral für *The Little Review* sei Jane Heaps Haltung gewesen: »Die Gefühle des Lebens werden mit Leben ausgedrückt. Das Leben der Gefühle drückt sich in der Kunst aus.«

Während Margaret bei Männern auf Anerkennung stieß, erweckte die maskulin gekleidete Jane nicht nur bei Männern, sondern auch oft bei Frauen Abneigung. Es ist sehr wohl möglich, daß *The Little Review* – trotz des wichtigen Beitrags zur Moderne – sehr gezielt vergessen wurde, weil die eindeutig lesbische Identifikation der beiden Herausgeberinnen dem vorwiegend männlichen literarischen Establishment ein Dorn im Auge war.

Jane Heap

wurde 1887 geboren. Sie starb 1964. Herausgeberin der *Little Review* und Malerin.

Alice B. Toklas schrieb 1949, daß sie über Freunde von Jane Heap gehört habe, daß diese während der deutschen Fliegerangriffe auf London eine heroische Rolle gespielt haben soll. Die Buchhändlerin Sylvia Beach wiederum hatte Gerüchte gehört, daß es Jane trotz einer Diabetes-Erkrankung gutging.

Nachrichten über und von Jane waren nach dem Zweiten Weltkrieg rar, daher waren Spekulationen über sie häufig. Sie war eine der wenigen, die zu dieser Zeit nach wie vor den Gurdjieff-Lehren treu war und hatte sich wahrscheinlich deshalb von ihrem alten Freundinnenkreis isoliert. In den zwanziger Jahren war Jane Teil der Lesbenszene in Paris und New York gewesen und wegen ihres attraktiven Aussehens sehr begehrt. So soll Djuna Barnes mit ihr eine Affäre gehabt haben, und die Fotografien Berenice Abbotts sind ein Zeugnis von Janes beeindruckender Erscheinung. Zwischen 1924 und 1927 lebte Jane in New York, wo sie auf der Fifth Avenue eine Galerie hatte. 1926 organisierte sie eine internationale Theaterausstellung, wo zum ersten Mal Bühnenbilder aus der Sowjetunion gezeigt wurden. 1927 eröffnete sie eine Ausstellung zum Maschinenzeitalter. Nach ihrer Rückkehr nach Paris und dem Einstellen der *Little Review* 1929 verliert sich ihre Spur.

Elsa Freytag von Loringhoven

Ihr Geburtsdatum und -ort sind nicht bekannt. 1927 starb sie völlig verarmt an einer Gasvergiftung in Paris. Dichterin und Malerin.

Unter den vielen bemerkenswerten Erscheinungen der New Yorker, Pariser und Berliner Szene der zehner und zwanziger Jahre fällt sogar die »Baroneß«, wie sie von allen genannt wurde, aus dem Rahmen. Elsa war mit ihrem Mann, dem Baron von Loringhoven, nach New York gekommen, aber bei Ausbruch des Ersten Weltkriegs eilte der Baron nach Deutschland zurück, um seine vaterländischen Pflichten im Krieg zu erfüllen, und sie blieb alleine zurück. Zuerst arbeitete sie als Modell, dann eine Zeitlang in einer Zigarettenfabrik. Sie war der Konventionen müde und begann allmählich, ihr Leben nach ihren eigenen Vorstellungen zu gestalten.

Die Fotografin Berenice Abbott hatte die Baronin als erste kennengelernt, und als Elsa wieder einmal keine Bleibe hatte, bot ihr Berenice ein Zimmer in ihrer Wohnung an. Elsa war darüber entsetzt, da sie wohl erwartet hatte, die ganze Wohnung angeboten zu bekommen. Sie fand, daß Berenice eben nur eine gewöhnliche Person sei und kein »gentleman«, als diese sich nicht umstimmen ließ.

Dennoch machte Berenice Elsa mit den Herausgeberinnen der *Little Review*, Margaret Anderson und Jane Heap, bekannt. Ihr erster Auftritt in der Redaktion hinterließ einen bleibenden Eindruck, vor allem ihr schottischer Hut, geschmückt mit Eislöffeln, ihre enormen Ohrringe und ihre beringten Hände waren überwältigend.

Sie hatte ein Gedicht geschickt, welches Margaret und Jane veröffentlichen wollten, und versprach, ihnen mehr Gedichte zur Verfügung zu stellen, da in ihren Augen *The Little Review* das einzige wertvolle literarische Magazin war. Nach ihrem Abgang bemerkten Jane und Margaret, daß sie Briefmarken im Wert von fünf Dollar hatte mitgehen lassen. Sie waren sich jedoch sicher, daß sie die Marken nur für dekorative Zwecke verwenden würde, und verschmerzten so den Verlust leichter.

Die Baroneß lebte zum damaligen Zeitpunkt in zwei Zimmern in einem Slum und verbrachte die Tage und Nächte schreibend und malend. Trotz ihrer Armut hatte sie immer zwei oder drei Hunde, die sie dann auch nach Berlin und Paris mitnahm. Sie produzierte Kunstobjekte aus Resten, Müllabfällen und gestohlenen Kleinigkeiten. Ihr Porträt Berenice Abbotts hängt im New Yorker Museum of Modern Art, der Großteil ihrer Gedichte blieb allerdings unveröffentlicht.

Eines Tages rasierte sie sich aus Liebeskummer den Kopf und lackierte ihn knallrot. Dann stahl sie aus einer Leichenhalle schwarzen Stoff und machte sich daraus ein Kleid. So ausstaffiert kam sie zu Margaret und Jane auf Besuch, wo sie dann das Kleid ablegte, da nackt der Kopf besser zur Geltung komme. Den Kopf zu rasieren sei wie ein neues Liebeserlebnis, erklärte die Baroneß zu diesem Auftritt.

Die Schriftstellerin Djuna Barnes wußte anfänglich nicht viel mit der Baroneß anzufangen, gestand ihr aber später zu, eine der besten Dichterinnen unter ihren Zeitgenossinnen zu sein. In den letzten beiden Jahren ihres Lebens, als niemand mehr mit der Baroneß zu tun haben wollte, war Djuna die einzige, die sich um sie kümmerte. An Djuna schrieb sie auch Briefe aus Berlin, in denen sie ihren frühen Tod vorausahnte: »Ich verachte mich wegen der Umstände, die ich mache, und wegen der Umstände, die mir Sorge machen. Aber was soll ich tun? Ich bin fast bis zur Erschöpfung betäubt.«

Ruth Benedict
(Ruth Fulton)

* am 5. Juni 1887 in New York City.
† am 17. September 1948 in New York City.
Anthropologin.

Ruth Benedict mit:

Margaret Mead, Leonie Adams, Louise Bogan, Elinor Wylie,
Edna St. Vincent Millay, Ruth Bunzel, Natalie Raymond,
Karen Horney, Ruth Valentine.

Lebenslinien

Nach dem frühen Tod des Vaters, eines erfolgreichen Arztes,
wächst Ruth zusammen mit ihrer jüngeren Schwester vorwiegend im Haus der mütterlichen Großeltern auf.

Vor dem Ersten Weltkrieg besucht Ruth das Vassar College, wo sie als ernste, zurückhaltende Studentin in die Annalen eingeht.

Nach dem Abschluß des Collegestudiums Heirat mit dem
Bruder ihrer Freundinnen Agnes und Florence Benedict, Stanley. Bald kommt es zur Entfremdung von ihrem Mann, Ruth
beginnt die Ehe nur noch als Fessel zu sehen, die weibliche
Eigenständigkeit und Sinnlichkeit einschränke. Die offizielle
Trennung des Paares erfolgt aber erst 1930.

Nach Ende des Ersten Weltkriegs belegt Ruth Anthropologievorlesungen bei Franz Boas an der Columbia University in
New York. Das Fach sagt ihr zu, und sie entschließt sich zu
promovieren.

1922 beginnt Ruth eigene Vorlesungen zu halten, ihre akademische Karriere schreitet aber nicht so schnell wie die ihrer männlichen Kollegen voran, und sie erhält erst 1930 einen Assistentinnenposten.

Zu Beginn der zwanziger Jahre Freundschaft mit Margaret Mead, die Ruth in den Kreis der Schriftstellerinnen Leonie Adams, Louise Bogan, Elinor Wylie und Edna St. Vincent Millay einführt.

1924 erste Feldforschungen im Südwesten der USA.

Ein Jahr später weitere Forschungen in den Pueblos des Südwestens, Margaret Mead kommt zu Besuch. Die beiden werden Liebhaberinnen.

Nächstes Zusammentreffen der beiden auf einem Kongreß in Rom, wo Ruth ein Zusammenziehen vorschlägt. Die beiden Frauen leben für kurze Zeit miteinander in Ruths Wohnung am Central Park.

1931 Beginn der Beziehung zu Natalie Raymond, die bis 1938 dauert.

1934 schreibt sie ihr Hauptwerk *Patterns of Culture*. Im Zuge der Veröffentlichung Bekanntschaft mit der Psychoanalytikerin Karen Horney, die Ruths Arbeiten als sehr wichtig einschätzt und sich von ihnen beeinflussen läßt.

1936 wird Ruth zur Dozentin ernannt.

1938 Reise mit Natalie nach Guatemala; diese bleibt, um dort fotografisch zu arbeiten, und trennt sich von Ruth.

1939 lernt Ruth bei einem Besuch in Südkalifornien ihre neue Partnerin, die Psychologin Ruth Valentine, kennen. Gemeinsame Übersiedlung nach New York.

1943 Übersiedlung nach Washington und gemeinsame Tätigkeit für den *Council of Intercultural Relations*.

1946 veröffentlicht Ruth *The Chrysanthemum and the Sword*.

Nach dem Krieg und der Auflösung des *Councils* gründen Ruth Benedict, Ruth Valentine und Margaret Mead das *Contemporary Cultures Project*, das seine Hauptaufgabe darin sieht, die einseitige, männliche Perspektive der nordamerikanischen Gesellschaft durch eine multikulturelle, weibliche zu ersetzen.

1948 kehrt Ruth nach einem Europaaufenthalt erschöpft zurück und erkrankt am Herzen. Verleihung des Professorentitels.

Kurze Zeit später stirbt sie.

Einblicke

Ruths Entschluß, den heterosexuellen Zwängen adieu zu sagen, war nicht über Nacht gekommen. Nach dem Studium im Vassar College hatte sie Stanley, den Bruder ihrer Freundinnen Agnes und Florence Benedict, geheiratet. Sie unterstützte ihn in seiner Karriere und wußte selbst nicht so recht, was sie tun sollte.

Nach dem Ersten Weltkrieg hörte sie zufällig Franz Boas, der damals gerade dabei war, ein anthropologisches Institut an der Columbia University aufzubauen, und sie belegte seine Vorlesungen.

Sie studierte, schrieb Gedichte – meist nur für sich selbst – und arbeitete als Sekretärin für das Anthropologische Institut. In dieser Funktion wurde Ruth bald zur Drehscheibe des anthropologischen Studienbetriebs, eine Funktion, die sie zeit ihres Lebens beibehalten sollte. Ruth war nach wie vor mit Stanley verheiratet, aber die beiden hatten immer weniger miteinander zu tun. Sie entschlossen sich allerdings erst 1930 zu einer offiziellen Trennung.

Ruth war zu der Ansicht gekommen, daß die Ehe eine aufgezwungene Fessel sei und weibliche Sinnlichkeit einschränke. In der Ehe werden Frauen von Männern nicht nur ökonomisch, sondern auch geistig abhängig. Vor allem aber werde der Frau die Möglichkeit genommen, sich sinnlich auszudrücken und ihre geistigen Ziele zu verwirklichen. Die Alternative zur Ehe waren für sie perfekte Freundschaften, vor allem Frauenfreundschaften, außerhalb der aufgezwungenen Normen.

Margaret Mead hatte immer ein Bild Ruth Benedicts bei sich, und in ihrer Wohnung durfte Ruths Bild am Kaminsims nicht verschoben werden. Ruth Benedict war Margarets Lehrerin gewesen, als diese, noch unentschlossen über ihre künftige Berufswahl, Anthropologievorlesungen belegte. Was Ruth zu sagen hatte, gefiel Margaret so gut, daß sie sich für eine Karriere in der Anthropologie entschloß. Aber Ruth war nicht nur Lehrerin, sie wurde auch Margarets persönliche Beraterin, Freundin und Liebhaberin.

Während die medienfreudige Margaret Mead weltbekannt wurde, und das nicht nur in Fachkreisen, sind die Ideen der zurückgezogenen Ruth Benedict zwar Teil des Anthropologie-Curriculums, aber außerhalb ihres Gebiets ist sie kaum bekannt. Margaret Mead hatte nach einigem Überlegen Ruths Angebot, mit ihr zusammenzuziehen, abgelehnt, denn sie wollte berühmt werden und wußte, daß dies nur möglich sein würde, wenn sie sich den heterosexuellen Regeln der Gesellschaft unterwarf.

1931 lernte Ruth die um einiges jüngere Natalie Raymond aus Kalifornien kennen, die Naturwissenschaften studierte. Natalie zog nach New York und lebte bis 1938 mit Ruth zusammen. Am Institut sowie in ihrem Freundeskreis versuchte Ruth keineswegs, ihre Beziehung zu Natalie zu verbergen, sie nahm diese sogar auf ihre Forschungsreisen mit. Die Liebe zu Natalie erfüllte Ruth, und sie schrieb, daß sie noch nie so glücklich gewesen sei. Die glückliche Beziehung hatte auch Auswirkungen auf ihre intellektuelle Arbeit. Einerseits arbeitete sie an ihrem wohl bekanntesten Werk, *Patterns of Culture*, welches 1934 erschien, andrerseits begann sie sich auch mehr und mehr mit der gesellschaftlichen Haltung zur Homosexualität auseinanderzusetzen.

In ihren *Patterns of Culture* entwickelte Ruth eine kultur-relativierte Perspektive, die jenen Anthropologen nicht paßte, die in Kategorien wie normal und anormal dachten. Diese relativistische Perspektive wandte sie auch auf Homosexualität an. Homosexualität wurde von den Psychologen und Psychiatern in den USA als pathologischer Zustand definiert. Ruth argumentierte, daß Homosexualität nur dann als Krankheit angesehen werden kann, wenn die gesellschaftlichen Rollen von Frauen und Männern zu eng festgelegt sind und keinen Spielraum offenlassen. Trotz Ruths Engagement für die gesellschaftliche Anerkennung der Homosexualität war sie schon lange tot, als sich die *American Psychological Association* 1974 entschied, Homosexualität von der Liste der Krankheiten zu streichen.

Nach einigen Jahren des Zusammenseins veränderte sich die Beziehung zwischen Natalie und Ruth. Natalie war mit ihrem Beruf und auch ihrem Privatleben generell nicht zufrieden und wollte etwas Neues ausprobieren. Im Sommer 1938 reisten die beiden nach Guatemala – Natalie wollte fotografieren und sich im Anschluß an diese Reise mit den Bildern eine Karriere als Fotografin aufbauen. Natalie gefiel es in Guatemala so gut, daß sie sich entschloß, länger zu bleiben, und Ruth kehrte alleine nach New York zurück.

Das Leben ohne Natalie sagte Ruth keineswegs zu, und sie wurde unglücklich und kränklich. 1939 entschloß sie sich, Schwester und Mutter, die in Südkalifornien lebten, zu besuchen. Dort begann sie sich häufig mit Ruth Valentine, Val genannt, zu treffen, die sie noch von früher kannte. Sie kamen einander nahe, und Ruth entschloß sich, bei Val einzuziehen. Val, die ein Doktorat in Psychologie der Universität Berkeley hatte, teilte viele von Ruths Interessen. Nach einigen Überlegungen willigte sie ein, mit dieser nach New York zu gehen.

1943 zogen Ruth und Val nach Washington, wo sie beide für den *Council of Intercultural Relations* zu arbeiten begannen. Nach dem Krieg wurde der *Council* aufgelöst, aber die Mitarbeiter hatten in der Zwischenzeit soviel Gefallen an ihrer Arbeit gefunden, daß sie beschlossen, ein neues Projekt ins Leben zu rufen. Ruth Valentine, Margaret Mead, Ruth Bunzel und Ruth Benedict waren die Haupttragenden des *Contemporary Cultures Project,* Val in der Funktion der Generalsekretärin und Ruth als Direktorin.

Ihre Hauptaufgabe sahen die Frauen darin, die männliche Perspektive der nordamerikanischen Gesellschaft durch eine weibliche zu ersetzen. Ruth schrieb, daß Frauen ein besseres Verständnis für die Kostbarkeit der Menschen hätten, wohl bedingt durch die Tatsache, daß selbst »Männerkörper Ergebnis von Frauenschaffen« sind. Deshalb seien Frauen auch nicht so schnell bereit, ihre eigenen Kreationen zu verwerfen.

Im Frühjahr 1948 reiste Ruth beruflich nach Europa und kehrte recht erschöpft zurück. Gleich nach ihrer Ankunft war sie zusätzlich mit Vals Ansinnen konfrontiert, nach Kalifornien zurückzuziehen. Den Sommer verbrachte Val im Westen, dann entschloß sie sich aber doch, bei Ruth in New York zu bleiben. Deren gesundheitlicher Zustand hatte sich rapide verschlechtert – wie ihr Vater, der sehr jung gestorben war, hatte sie ein schwaches Herz –, und sie mußte ins Krankenhaus. Val kam gerade noch rechtzeitig zurück, um einen letzten Nachmittag mit ihrer Partnerin verbringen zu können, am Abend darauf starb Ruth.

Margaret Meads Tochter, die damals neun Jahre alt war, erinnerte sich daran, daß Ruth die erste Person war, die sie tot gesehen hatte. Ruth selbst war immer der Meinung gewesen, daß der Tod schön sei. Deshalb brachten ihre Freundinnen ihre Kinder an ihr Totenbett. Ruth erschien Margarets Tochter unglaublich schön, aber auch kalt: Ihre großen Augen waren geschlossen und ihr weißes Haar ähnelte dem einer Statue.

Margaret Mead

wurde am 16. Dezember 1901 in Philadelphia geboren, sie starb am 15. November 1978 in New York. Anthropologin.

Mary Catherine Bateson, Margaret Meads und Gregory Batesons Tochter, machte in *With A Daughter's Eye*, den Erinnerungen, die sie 1984 über ihre Eltern schrieb, darauf aufmerksam, daß die Beziehung ihrer Mutter mit Ruth Benedict einen viel intimeren Charakter hatte, als Margaret zeit ihres Lebens erkennen ließ.

Während ihres Studiums wohnte Margaret mit einer Gruppe von Frauen zusammen, die wegen ihrer Gewohnheit, die ganze Nacht aufzubleiben, um Gedichte zu lesen, den Spitznamen »Ash Can Cats« verpaßt bekamen. Zu den Ash Can Cats gehörten unter anderem auch die Dichterin Leonie Adams und die Anthropologin Ruth (Bunny) Bunzel. Die Ash Can Cats blieben auch nach dem Studium in Kontakt und trafen sich regelmäßig. Unter Margarets Studienkolleginnen war die sieben Jahre ältere Marie Earle Eichelberger, die eine ihrer engsten Freundinnen wurde. Später lebten sie zeitweise zusammen, und Marie übernahm auch eine wichtige Erzieherinnenrolle im Leben von Margarets Tochter. Da Margaret sehr oft unterwegs war, kümmerte sich Marie anfänglich um ihre Finanzen und war letztendlich ganz für Margarets Geschäfte zuständig.

Bis zu Ruth Benedicts Tod im Herbst 1948 war sie wohl die wichtigste Frau in Margarets Leben. Egal, in wen die beiden Frauen gerade verliebt waren oder mit wem sie zusammenlebten, ihre Beziehung blieb konstant. Alles, was die eine dachte, schrieb oder forschte, wurde von der anderen gelesen und kommentiert. Margaret stellte aber immer klar, daß sie keine Beziehung wollte, die andere Beziehungen ausschloß.

1940 traf Margaret auf Rhoda Bubendey Metraux, eine Studentin des Vassar College, und die beiden begannen gemeinsam an einigen anthropologischen Projekten zu arbeiten. Margaret hielt Rhoda für die beste Anthropologin ihrer Generation, und im Laufe der Jahre festigte sich die Freundschaft der beiden Frauen. 1955 fanden sie, da inzwischen beide geschieden waren und Kinder hatten, daß es von Vorteil wäre zusammenzuziehen.

Margaret Mead, die sich nicht mit Besitz herumschlagen wollte, schlug Rhoda vor, ein Haus in Greenwich Village zu kaufen, in dem sie einen Stock mieten würde. Dieses Arrangement bewährte sich, und gemeinsam mit einer Haushälterin schafften es die beiden, die Anforderungen ihrer Karriere, des Haushalts und der Kinder auf einen Nenner zu bringen. Margaret hatte nie viel von der Kleinfamilie *(nuclear family)* gehalten und fand sie in vieler Hinsicht ähnlich gefährlich wie die Atombombe *(nuclear bomb)*.

Trotz aller ihrer Verbindungen mit Frauen, die von Loyalität geprägt waren, hielt es Margaret doch für wichtig, sich immer wieder mit Männern zu liieren und sogar dreimal zu heiraten. Keine dieser Ehen dauerte sehr lange. Nach der ersten Scheidung meinte Margaret, daß sie ihre Chancen auf eine politische Karriere verspielt hätte. Hatte sie nicht Ruth Benedict zu verstehen gegeben, daß eine lesbische Beziehung sie daran hindern würde, von der Welt anerkannt zu werden? Als geschiedene Frau konnte sie zwar zu politischen Veränderungen beitragen, aber wohl nicht selbst als politische Kandidatin agieren.

Edna St. Vincent Millay

wurde am 22. Februar 1892 in Rockland, Maine, geboren. Sie starb am 19. Oktober 1950 in Steepletop, Bundesstaat New York. Dichterin.

Die Dichterin Sara Teasdale schrieb kurz vor ihrem Tod 1933 an Edna: »Ich denke gerne daran, wie ich vor langer Zeit zum ersten Mal Deine Gedicht las und sofort wußte, daß Du ein Star bist.« Unter den Dichterinnen ihrer Generation war Edna zum damaligen Zeitpunkt die bekannteste und wohl auch die kommerziell erfolgreichste.

Nach dem Erfolg ihres ersten veröffentlichten Gedichts konnte Edna mit Hilfe eines Stipendiums aufs Vassar College gehen. Zu diesem Zeitpunkt war sie aber schon über zwanzig, also ein paar Jahre älter als ihre Kolleginnen, was ihr in gewisser Weise eine Sonderstellung verlieh.

Am College war Edna sehr beliebt, und ihr theatralisches Talent wurde von allen geschätzt. Anne Gardner, Frances Stout und Charlotte Babcock waren ihre engsten Freundinnen. Mit Charlotte, Charlie genannt, teilte sie ein Zimmer, und bei allen Aktivitäten innerhalb und außerhalb des Campus waren Charlie und Vince (Ednas Spitzname) unzertrennlich. Charlie heiratete kurz nach dem Collegeabschluß und beendete damit die gewohnte Nähe.

Edna zog nach New York ins Village, wo sie bald als Schauspielerin und Vortragende ihrer eigenen Gedichte bekannt war. Das Verlassen von Vassar war der Anfang vom Ende des »sapphischen Zeitalters« für Edna, aber es dauerte Jahre, bis dieses Zeitalter ganz ausgeklungen war. Der Schriftsteller Floyd Dell bemühte sich lange, Edna von den Vorzügen der Heterosexualität zu überzeugen, und war stolz auf seine vielen »Heilerfolge« mit Lesben.

Auch wenn sich Edna zu gelegentlichen heterosexuellen Eskapaden überreden ließ, schienen ihre homoerotischen Neigungen doch immer wieder die Oberhand zu gewinnen. Viele von ihren Bekannten waren Anfang der zwanziger Jahre in Europa, und das Village schien fast leer. Auch Edna wollte Europa kennenlernen, und da sie genügend Geld mit dem Schreiben für Zeitschriften verdient hatte, schiffte sie sich mit dem Gedanken ein, dort herumzureisen.

Im Spätherbst 1921 war sie für einige Monate in Wien, das ihr sehr grau und sonnenlos vorkam.

Edna reiste auch durch Italien und Albanien und hielt sich dann längere Zeit in Paris auf. Dort traf sie wieder auf Djuna Barnes, mit der sie schon im Provincetown Theater zusammengearbeitet hatte und die immer ihre literarische Konkurrentin war. Dies wurde wohl noch durch die Tatsache verschlimmert, daß sie eine Affäre mit Djunas Geliebten, der Bildhauerin Thelma Wood hatte. In Paris arbeitete sie auch an *The Lamp and the Bell*, einem Stück, welches das Vassar College in Auftrag gegeben hatte. Dieses Stück hat Märchencharakter und behandelt die Qualität von Frauen- beziehungsweise Mädchenfreundschaften.

Edna verbrachte dann noch ein paar Monate mit ihrer Mutter in England auf dem Land. Im Winter 1922 traf sie die Dichterin Elinor Wylie, deren Arbeit sie schätzte; trotz großer Unterschiede – Elinor war viel konservativer als Edna – wurden die beiden Freundinnen. Edna hatte wohl über Elinor Leonie Adams, Louise Bogan und Ruth Benedict kennengelernt, die durch ihre gemeinsame Liebe zur Lyrik miteinander verbunden waren.

Nach ihrer Rückkehr in die Vereinigten Staaten, 1923, heiratete Edna. Sie war wie Mercedes de Acosta Mitglied der *Lucy Stone League* und nahm nicht den Namen ihres Mannes an. Edna meinte einmal, daß sie und ihr Mann wie zwei Junggesellen miteinander lebten, denn ihr Leben gehöre der Poesie. In ihren Gedichten standen fast immer Frauen im Mittelpunkt, und viele ihrer Liebessonaten sind Frauen gewidmet. Die Dichterin Sappho war ihr großes Vorbild, daher schmückte das Wohnzimmer in ihrem Haus in Steepletop eine Sapphobüste.

Karen Horney
(Karen Danielson)

wurde am 16. September 1885 in Hamburg geboren. Sie starb am 4. Dezember 1952 in New York. Ärztin und Psychoanalytikerin.

Karen schloß im Jahre 1911 in Berlin ihr Medizinstudium ab. Nach dem Ersten Weltkrieg arbeitete sie am Psychoanalytischen Institut in Berlin. Unzufrieden mit Freuds männlicher Sichtweise begann sie seine Theorie des weiblichen Kastrationskomplexes sowie sein Konzept des Penisneids zu widerlegen. Sie hinterfragte auch das Ideal der monogamen Ehe. 1926 trennte sie sich von ihrem Ehemann, mit dem sie drei Töchter hatte.

1932 war Karen als Gastprofessorin nach Chicago gekommen. Nach der Machtergreifung Hitlers gab es für sie keine Möglichkeit mehr, nach Berlin zurückzukehren. Sie nahm ein Angebot der New School for Social Research in New York an und war entscheidend am Aufbau einer Psychoanalytischen Gesellschaft in den USA beteiligt. 1938 wurde sie nordamerikanische Staatsbürgerin.

Gemeinsam mit Ruth Benedict, mit der sie seit 1935 befreundet war, befaßte sich Karen viel mit vorgegebenen, meistens von Männern aufgestellten gesellschaftlichen Regeln und Konzepten. 1937 erschien ihre Studie *The Neurotic Personality of Our Time*, welcher 1939 *New Ways in Psychoanalysis* folgte. Dieses Werk führte zu einem Bruch zwischen ihr und der New Yorker Psychoanalytic Society. Ihre Fähigkeit, Freud nicht nur zu kritisieren, sondern auch über ihn hinauszudenken, wurde ihr von den Strömen der neuen Emigranten, die nicht nur Deutschland, sondern bald ganz Europa verlassen mußten, negativ angerechnet. Verängstigt von den politischen Vorgängen, in die sie keine Eingriffsmöglichkeit hatten, wollten diese Analytiker wenigstens die

Sicherheit, an den Lehren des Meisters festhalten zu können.

Nach dem Ausschluß aus der Psychoanalytic Society gründete Karen Horney das American Institute of Psychoanalysis und wurde Herausgeberin des *American Journal of Psychoanalysis*.

Charlotte Wolff

* am 30. September 1897 in Riesenburg, Westpreußen.
† am 12. September 1986 in London.
Ärztin und Psychologin.

Charlotte Wolff mit:

Ida, Lisa Weller-Berman, Else Lasker-Schüler, Ruth Lewin, Katherine Schultz, Alice Vollnhals, Minna Flake, Hella Bernhardt, Helen Hessel, Maria Huxley, Armande de Polignac, Sybille Bedford, Eda Lord, Gluck, Virginia Woolf, Dolly Wilde, Caroline, Isabel, Audrey (von diesen Frauen sind aus diversen Gründen nur ihre Vornamen bekannt).

Lebenslinien

Charlotte verbringt ihre Schulzeit in Danzig. Dort verliebt sie sich in ihre Schulkollegin Ida, die ihr ein Foto ihrer Freundin Lisa Weller-Berman aus Odessa zeigt. Charlotte ist fasziniert und möchte eine Begegnung herbeiführen.

1917 trifft sie bei einem eigens dafür arrangierten Berlin-Aufenthalt Lisa. Eine Brieffreundschaft mit regelmäßigen Kontakten entsteht.

Den Sommer 1918 verlebt Charlotte in Berlin bei Lisa, die aber an einer engeren Bindung nicht interessiert ist.

1920 Beginn ihres Medizinstudiums, zuerst in Freiburg, dann in Berlin. Bekanntschaft mit Ruth Lewin, mit der eine kontroverse Freundschaft zwischen Erotik und Konkurrenz entsteht.

1923 Beginn der Liebesbeziehung mit Katherine Schultz, einer Freundin Ruths.

1924 reist Charlotte mit Katherine nach Rußland, um die ungeklärte Beziehung zu Lisa endgültig abzuschließen, und kehrt krank zurück.

Nach Abschluß des Studiums Beschäftigung bei der Krankenkasse im Bereich Schwangerenfürsorge.

1927 verbringt Charlotte den Sommerurlaub mit Helen Hessel und deren Liebhaber. Helens Mann Pierre Roche verarbeitet später dieses Dreieck zwischen ihm selbst, Helen und ihrem Liebhaber im Roman *Jules et Jim*, der Vorlage für den gleichnamigen Film ist.

1932 verläßt Katherine Charlotte, da sie nicht länger mit einer Jüdin liiert sein will. Charlotte ist zunehmend dem antisemitischen Klima ausgesetzt.

1933 Übersiedlung nach Paris, wo sie vorerst bei Helen Hessel unterkommt. Nach antisemitischen Äußerungen Helens zieht Charlotte aus.

Ihren Beruf darf sie in Frankreich wegen mangelnder Anerkennung ihrer Zeugnisse nicht ausüben. Sie beginnt sich dem Studium des Handlesens zu widmen, das ihr mit steigender Fachkenntnis einige Bekanntheit einbringt.

Mitte der dreißiger Jahre Freundschaft mit dem Ehepaar Maria und Aldous Huxley. Liebesbeziehung mit der Prinzessin Armande de Polignac.

1936 Übersiedlung nach London. Maria vermittelt ihr zahlreiche Klientinnen, die an einer Handdiagnose interessiert sind, unter ihnen auch Virginia Woolf, Gluck oder Dolly Wilde. Freundschaft mit der Schriftstellerin Sybille Bedford.

1948 lernt Charlotte während eines Ferienaufenthalts Caroline kennen, mit der sie eine drei Jahre dauernde sexuelle Beziehung eingeht.

Erst 1950 wird ihre deutsche Ärztinnenausbildung anerkannt. Sie veröffentlicht eines ihrer Hauptwerke, die Studie *The Hand in Psychological Analysis*.

1951 eröffnet sie ihre Ärztinnenpraxis in London und kann sich nun, beruflich abgesichert, mehr und mehr der psychologischen Erforschung von Bisexualität und lesbischer Sexualität zuwenden. Ihre dazu erschienen Publikationen sind heute Standardwerke.

Mitte der fünfziger Jahre wieder Kontakt mit Ruth Lewin. Die beiden Frauen, verbunden durch eine gemeinsame Vergangenheit und ihre jüdische Identität, setzen ihre Freundschaft fort.

1956 kehren auch Sybille Bedford und ihre Freundin Eda Lord aus Amerika zurück und siedeln sich in Charlottes Nähe an. Ein enger Kontakt zwischen den drei Frauen entsteht.

1963 ziehen Sybille und Eda nach Frankreich, wo Charlotte sie häufig besucht.

1978 und '79 Besuche mit ihrer Freundin Audrey in Berlin bei Gruppierungen der Neuen Frauenbewegung. Diese Aufenthalte inspirieren sie, ihre Autobiographie zu verfassen, die 1982 unter dem Titel *Augenblicke verändern uns mehr als die Zeit* im deutschen Sprachraum erscheint.

Ihre letzten vier Lebensjahre verbringt Charlotte zurückgezogen in London.

Einblicke

Charlottes erste Freundin war ein rothaariges Mädchen namens Ida, mit der sie in Danzig zur Schule gegangen war und all die Freuden des lustvollen Schmusens erlebt hatte. Ida stammte aus Odessa und hatte dort schon eine Freundin namens Lisa Weller-Berman gehabt. Als Charlotte eines Tages ein Foto dieser Lisa sah, verliebte sie sich sofort und beschloß, sie unbedingt kennenzulernen. Im Winter 1917 arrangierte Charlotte einen Berlinaufenthalt, bei dem sie mit der schönen Lisa aus Idas Fotoalbum endlich in Realität zusammentreffen konnte.

Zwischen den beiden Frauen kam es in der Folge zu einem regelmäßigen Briefwechsel. Den darauffolgenden Sommer beschloß Charlotte, in Berlin in der Nähe Lisas zu verbringen. Aber Lisa war zurückhaltend; nur der Dichterin Else Lasker-Schüler ist es zu verdanken, daß sie an ihrer Verehrerin doch ein wenig Gefallen fand. Else Lasker-Schüler lebte zur damaligen Zeit gewissermaßen im Romanischen Café: Wer in Berliner Künstlerkreisen verkehrte, wußte, daß sie tagtäglich dort zu finden war. Else hatte zwar kein Geld, aber ihre Gegenwart erzeugte eine besondere Atmosphäre, die sich Leute, die im Besitz von Geld waren, gerne etwas kosten ließen. Else fand Charlotte interessant und unterhielt sich öfter mit ihr. Damit war auch Lisas Interesse geweckt. Doch die Beziehung der beiden fand, kaum begonnen, schon bald ihr Ende. Charlotte konnte erst wieder zu Weihnachten 1917 nach Berlin reisen, zu diesem Zeitpunkt war Lisa aber schon wieder auf dem Rückweg in ihre Heimat Rußland.

1920 begann Charlotte ihr Medizinstudium. Ihr erstes Jahr absolvierte sie in Freiburg und wechselte dann auf die Universität in Berlin. Dort nützte sie die Möglichkeiten, die Berlin in den zwanziger Jahren lesbischen Frauen bot, und ging oft in die zahlreichen Bars und Nachtcafés. Eines davon war der Toppkeller, der gewissermaßen als »Umschlagplatz« für schöne Frauen bekannt war und von der »Zigeunerlotte« geführt wurde, die es verstand, die Gäste bei guter Laune zu halten. Charlotte lernte dort Ruth Lewin kennen, zu der sie sich sehr hingezogen fühlte, mit der sie aber auch oft in Streit geriet, weil sich beide für dieselben Frauen interessierten. Charlotte beschrieb ihr Verhältnis mit Ruth so: »Wir waren Rivalinnen und Freundinnen, und manchmal ging die Freundschaft in Erotik über.«

Am 26. Mai 1933 bestieg Charlotte einen Zug am Bahnhof Zoo und fuhr nach Paris, ihrer nächsten Lebensstation. Katherine hatte sie schon im Jahr zuvor verlassen, da sie nicht länger mit einer Jüdin zusammensein wollte. Doch in Frankreich konnte Charlotte ihren Beruf als Ärztin nicht ausüben. Da sie sich ihren Lebensunterhalt verdienen mußte, begann sie sich ernsthaft dem Studium des Handlesens zu widmen. Sie lernte, aus Händen alles zu ersehen, was es über eine Person zu sagen gab, und konnte sogar physische und psychische Krankheiten erkennen. Charlotte hatte in Paris Quartier bei Helen Hessel bezogen, aber die Stimmung zwischen ihnen wurde immer gespannter. Als Helen eines Tages eine antisemitische Äußerung fallen ließ, packte Charlotte ihre Koffer und ging.

Im Oktober 1936 überquerte Charlotte den Ärmelkanal mit der Absicht, sich in London niederzulassen. Maria Huxley, mit der sie seit einiger Zeit befreundet war, wollte unbedingt, daß sie Virginia Woolfs Hände untersuchen solle. Charlotte hatte noch nie ein Buch von Virginia gelesen, kannte nicht einmal ihren Namen, aber Marias Beschreibungen hatten sie neugierig gemacht. So kam es zu der später detailliert beschriebenen Begegnung mit Viriginia, in der Charlotte einen »zutiefst gestörten Mensch, der um sein emotionales Gleichgewicht und seine geistige Gesundheit rang«, sah. Virginia lud Charlotte nach der Handdiagnose zum Sonntagstee ein und schenkte ihr ein Exemplar von *To the Lighthouse*. Danach sahen sie einander nie wieder.

Im Juli 1948 war Charlotte auf Urlaub in ein kleines Dorf in Cornwall gefahren. Dort lernte sie eine lokale Quäkerfamilie kennen. Die hochbetagten Eltern lebten im selben Haushalt wie die etwa fünfzigjährige Tochter Caroline und deren Freundin Isabel. Charlotte hielt sich oft im Haus dieser Familie auf und fühlte sich dort sehr wohl. Einige Monate später kam sie wieder zu Besuch. Dabei kam es zum ersten Austausch von Küssen und Zärtlichkeiten zwischen Caroline und Charlotte. Caroline erzählte Charlotte in diesen Tagen, daß sie im Nachbardorf auch noch eine ungarische Freundin namens Gertrud habe.

Trotz Carolines sexueller Verstrickungen blieb Isabel ihr treu und wurde auch Charlottes Freundin. Sie hatte sich ein eigenes Haus gekauft, und Charlotte war auch dort oft zu

Gast. Nach dem Tod ihrer Eltern zog Caroline zu Isabel. Die sexuelle Beziehung zwischen Charlotte und Caroline begann nach drei Jahren einzuschlafen, die Freundschaft bestand aber fort. Nach Isabels Tod im April 1932 entschloß sich Caroline, zu Gertrud zu ziehen. Das war ein großer Schritt für sie, hatte sie doch ihre sexuellen Beziehungen zu Frauen immer versteckt, während Gertrud immer als offene Lesbe gelebt hatte.

Beruflich hatte sich bei Charlotte Anfang der fünfziger Jahre einiges verändert. Nach der Publikation ihrer Studie *The Hand in Psychological Diagnosis* 1950 wurde auch endlich ihre Ärztinnenausbildung aus Deutschland anerkannt, und sie konnte 1951 eine eigene Praxis in London eröffnen. Sie begann sich mehr und mehr auf die psychologische Erforschung von lesbischer Liebe und Bisexualität zu konzentrieren, und ihre Veröffentlichungen zum Thema sind heute Standardwerke.

Mitte der fünfziger Jahre trat Charlottes alte Berliner Freundin Ruth Lewin wieder in ihr Leben. Sie war nach London gezogen und arbeitete dort in einer Werbeagentur. Charlotte und sie hatten aufgrund ihrer gemeinsamen Vergangenheit und der Tatsache, daß sie keine anderen Jüdinnen kannten, mehr einen familiären als einen freundschaftlichen Umgang.

Sybille Bedford, die sich während des Krieges auf dem nordamerikanischen Kontinent aufgehalten hatte, kehrte 1956 nach London zurück. Sie hatte ihre amerikanische Freundin Eda Lord mitgebracht und war ganz in Charlottes Nähe gezogen. Die drei Frauen verbrachten sehr viel Zeit miteinander, und Charlotte war tief bedrückt, als sich Sybille und Eda nach dem kalten Winter 1963 entschlossen, nach Südfrankreich zu ziehen. Dort stattete ihnen Charlotte immer wieder Besuche ab und amüsierte sich über das Inzestverhalten der englischen Oberschichtfrauen, die sich an der Riviera tummelten.

1978 wurde Charlotte vom Frauenbuchladen Labrys und der Gruppe L 74 nach Berlin eingeladen und kam im Jahr darauf mit ihrer Freundin Audrey gleich noch einmal. Dieser Aufenthalt fiel mit Charlottes Geburtstag zusammen, und Gertrude Sandmanns ehemalige Lebensgefährtin hatte sich mit Geburtstagswünschen eingestellt. Bei dieser Gelegenheit erfuhr Charlotte auch, wie Gertrude den Zweiten Weltkrieg als »U-Boot« in Berlin überlebt hatte, was sie ihren Freundinnen verdankte, die sie versteckt und betreut hatten.

Diese Besuche, bei denen sie auch die Straßen und Häuser wiedersah, in denen sie einst geliebt und gewohnt hatte, mögen sie inspiriert haben, ihre Erinnerungen zu verfassen. *Augenblicke verändern uns mehr als die Zeit* wurde 1982 herausgebracht. Da Charlotte schon viel zum Thema Lesben publiziert hatte, bestand auch diesmal keine Notwendigkeit, das, was ihr Leben bestimmt hatte, unter den Tisch fallen zu lassen: Sie beschreibt in dieser Biographie deutlich und unverhüllt ihre zahlreichen Freundschaften und Liebesbeziehungen zu mehr oder minder bekannten Zeitgenossinnen.

Anita Berber

wurde am 10. Juni 1899 in Leipzig geboren. Sie starb am 10. November 1928 in Berlin. Schauspielerin und Tänzerin.

Im Alter von sechzehn nahm Anita aus Langeweile Tanzstunden bei Rita Sacchetto, zu deren Schülerinnen auch Valeska Gert und die spätere Schriftstellerin Dinah Nelken zählten. Aber Rita gefiel Anitas Art zu tanzen nicht, woraufhin diese sich bald selbständig machte und Engagements in Berlin im Apollo Theater, bei Nelsons und im Wintergarten fand. Noch während des Krieges bekam Anita weitere Angebote aus Wien und Budapest, denen sie auch nachkam.

Nach Kriegsende kehrte sie wieder nach Berlin zurück, wo sie von Richard Oswald für den Film entdeckt wurde. Zusammen mit Conrad Veidt spielte sie im ersten Film über Homosexualität, *Anders als die Anderen*. In den meisten anderen ihrer Filme mit so eindeutigen Titeln wie *Das Tagebuch einer Verlorenen* stellte sie Prostituierte dar.

Aber die Filmbranche war nicht ganz Anitas Sache, und so zog sie es vor, in der Nacktrevue von Celly de Rheidt aufzutreten. Das war Leben: Sie hatte endlich genug Geld für Kleider, Champagner und Kokain und wurde zur Trendsetterin, die mit Smoking und Monokel auftrat, Schmuck an den Beinen und Make-up am Bauch trug. Von ihrem ersten Ehemann, der nie eine Rolle in ihrem Leben gespielt hatte, ließ sie sich scheiden und nahm den schwulen Sebastian Droste, den sie dann auch heiratete, zum Tanzpartner.

Ihren Alltag verbrachte sie mit Susi Wanowski, der Besitzerin der lesbischen Bar La garçonne, die am Tag Anitas Termine regelte und in der Nacht diverse Nachtlokale – außer dem eigenen – besuchte. Diese Besuche sind unter anderem von Claire Waldoff in ihren Erinnerungen beschrieben. Charlotte Wolff war damals auch gerade nach Berlin gezogen und beschrieb in ihrer Autobiographie einige Szenen aus dem lesbischen Nachtleben der frühen zwanziger Jahre. Auch Dorothy Thompson und Vita Sackville-West erlebten noch diese Lokale, dies aber zu einem Zeitpunkt, als Anita schon nicht mehr in Berlin war.

Anitas und Sebastians Tanzprogramm *Tänze des Lasters, des Grauens und der Ekstase* bestand aus Nummern wie *Die Leiche am Seziertisch*, *Morphium* oder *Die Nacht der Borgia*. Im November 1922 gastierten Anita und Sebastian mit diesem Programm in Wien. Zu dieser Zeit machte die damalige Wiener Starfotografin Madame d'Ora eine Reihe von Aufnahmen von der berüchtigten Nackttänzerin, von denen noch manche erhalten sind.

Dieser wiederholt beschriebene Aufenthalt begann mit

einem Skandal, und beide Tänzer sollten aus finanziellen Gründen aus Österreich ausgewiesen werden. In einer typisch österreichischen Lösung wurde die Ausweisung aber noch ein wenig verschoben, damit sie mit Auftritten das Geld verdienen konnten, welches sie ihren Gläubigern schuldeten. Mitte Januar wurden sie, sehr zum Ärger des Wiener Publikums, welches in großen Scharen gekommen war, um die skandalumwitterte Tänzerin zu sehen, endgültig nach Budapest abgeschoben.

Das war auch das Ende der Partnerschaft Anita-Sebastian. Anita ging zurück nach Berlin. Dort wohnte sie gemeinsam mit ihrer Mutter, Großmutter, Großtante und Susi Wanowski in der Zähringer Straße. Sie fand im Nordamerikaner Henry Chatin Hoffmann einen neuen Tanzpartner, und die berüchtigten Auftritte konnten in Berlin ihren Fortgang nehmen. Klaus Mann, kaum achtzehnjährig, lernte in Berlin Anita kennen, die damals auf dem Höhepunkt ihres Ruhms stand und die Dekadenz par excellence verkörperte.

1927 machten Anita und Henry eine Tournee durch den Nahen Osten. Sie hatten Engagements in Griechenland, Ägypten, Syrien und im Libanon. Im Sommer 1928 brach Anita in Damaskus auf der Bühne zusammen, und der Arzt riet ihr, so schnell wie möglich in ihre Heimat zurückzukehren, da es für ihre Lungenschwindsucht keine Heilung mehr gab.

Gertrude Sandmann

wurde am 16. November 1893 in Berlin geboren, sie starb am 6. Januar 1981 in Berlin. Malerin.

Gertrude gehörte zu den Frauen, die sowohl am lesbischen Leben Berlins in den zwanziger als auch den siebziger Jahren aktiv teilnahmen. In der »Eldorado«-Ausstellung über homosexuelle Frauen und Männer in Berlin 1850–1950, die 1984 in Berlin zu sehen war, hingen einige von Gertrudes Zeichnungen, und der Katalog umriß ihre Biographie. In Claudia Schoppmanns 1993 erschienenem Buch *Zeit der Maskierungen* ist eines der Kapitel Gertrude gewidmet.

Gertrudes Leben liest sich wie ein Roman. Wäre sie Schriftstellerin gewesen, hätte sie sicherlich viele ihrer Erlebnisse in Variationen aufgeschrieben, und ihr Name hätte die Berühmtheit erreicht, die ihr zugestanden hätte. Nach dem Ersten Weltkrieg gehörte sie dem Verein Berliner Künstlerinnen an, zu dem unter anderem auch Hannah Höch, Paula Modersohn-Becker und Käthe Kollwitz gehörten. Viele Künstlerinnen waren selbst nicht homo- oder bisexuell, fanden aber, daß Künstler per Definition fähig sein müßten, männliche und weibliche Aspekte auszudrücken, das heißt offen für sexuelle Ambivalenz zu sein.

Im Ersten Weltkrieg hatte Gertrude ihre erste längere Beziehung. Ihre Freundin war Lilly zu Klampen, die 1929 den Soroptimistenclub gründete, dem unter anderen auch die Schauspielerin Tilla Durieux sowie die Malerin Jeanne Mammen angehörten.

Nach Lilly kam Susy Hermans in Gertrudes Leben, die ihr auch nach Beenden der Liebesbeziehung weiterhin freundschaftlich verbunden blieb. 1927 traf Gertrude die Kunstgewerblerin Hedwig Koslowski, die ihre Lebensgefährtin wurde und die ihr während des Zweiten Weltkriegs eine große Stütze war.

Zur Zeit der Machtergreifung der Nazis war Gertrude in der Schweiz, da aber 1934 ihre Aufenthaltsgenehmigung nicht verlängert wurde, ging sie wieder nach Berlin zurück. Im Sommer 1939 wurde ihr ein Visum für Großbritannien ausgestellt, welches sie nicht gleich verwenden wollte. Sie mußte sich zuerst um ihre kranke Mutter kümmern, die im Oktober 1939 verstarb. Zu diesem Zeitpunkt war es aber schon zu spät, eine Ausreise nicht mehr möglich.

Im November 1942 täuschte sie vor, sich das Leben genommen zu haben und tauchte unter. Hedwig fand eine Familie, die bereit war, Gertrude zu verstecken und sie bis zum Sommer 1944 »einsperrte«. Die nächste Station war eine unbewohnte Laube, wo Hedwig und die ehemalige Liebhaberin Susy sie mit dem Nötigsten versorgten. Die letzten Monate vor der Befreiung verbrachte Gertrude in Hedwigs Wohnung. Nach dem Krieg fand Hedwig für sie eine Wohnung und ein Atelier in der Eisenacher Straße, wo sie bis zu ihrem Tod lebte.

1956 trennte sich Gertrude von Hedwig und begann eine neue Beziehung mit der ehemaligen Zirkusartistin Tamara Streck. Sie nahm an mehreren Gruppenausstellungen teil, und 1974 gab es für sie eine Einzelausstellung in Düsseldorf.

Als es im November 1974 zur Gründung der Gruppe L 74 (L für Lesbos) kam – eine Gruppe speziell für ältere Lesben –, machte Gertrude mit und unterstützte auch das von der Gruppe herausgegebene Blatt, die *UKZ* (*Unsere Kleine Zeitung*). In den siebziger Jahren stand es um Tamaras und Gertrudes Gesundheit nicht mehr bestens, und sie konnten nicht mehr so aktiv an der Gruppenarbeit teilnehmen, wie sie es wohl gerne getan hätten.

(Alice) Lorena Hickok

* am 7. März 1893 in East Troy, Wisconsin.
† am 1. Mai 1968 in Rhinebeck, New York.
Journalistin und Schriftstellerin.

Lorena Hickok mit:

Eleanor Roosevelt, Ernestine Schumann-Heink, Ella Morse, Malvina Thompson, Mary Teresa Norton, Marion Janet Harron.

Lebenslinien

Lorena wächst in ärmlichen Verhältnissen auf. Die Mutter ist früh gestorben, der Vater war Alkoholiker, und Lorena ist schon als Kind gezwungen, neben der Schule zu arbeiten.

1915 beginnt sie für den *Milwaukee Sentinel* als Gesellschaftsreporterin zu schreiben. Diese Aufgabe bietet Lorena die Möglichkeit, mit weiten Kreisen interessanter Menschen in Kontakt zu kommen.

Freundschaft mit der Opernsängerin Ernestine Schumann-Heink.

1917 nimmt Lorena ein Angebot der *Minneapolis Tribune* an und verläßt Milwaukee und Ernestine.

In der Redaktion lernt sie die Millionärstochter Ellie Morse kennen. Beide Frauen beschließen zusammenzuziehen und quartieren sich auf Dauer im eleganten Leamington Hotel ein.

Dieser Ort wird zum Zentrum gleichgesinnter Freundinnen. Lorenas Journalistinnenkarriere macht in den folgenden Jahren große Fortschritte. 1923 erhält sie von *Associated Press* einen Preis für die beste Reportage des Monats.

1926, nach Diagnostizierung einer Diabetes, gibt Lorena ihren Beruf auf und übersiedelt mit Ellie nach San Francisco. Diese vermählt sich überraschend, und Lorena zieht verzweifelt nach New York.

1928 Bekanntschaft mit Malvina Thompson, der persönlichen Sekretärin von Eleanor Roosevelt. Diese macht Lorena mit Eleanor bekannt.

Lorena greift ihren Beruf wieder auf, wird politische Berichterstatterin und kommt enger mit den politischen Aktivitäten der Demokratischen Partei und denen Eleanors in Kontakt.

1933 Wahlsieg von Eleanors Mann Franklin D. Roosevelt.

Lorena wird zur engsten Freundin und wohl auch Geliebten Eleanors.

Gemeinsamer Sommerurlaub.

Lorena quittiert ihren Job bei *Associated Press* und arbeitet nunmehr für die Demokratische Partei als Berichterstatterin über soziale Projekte.

1934 gemeinsame berufliche Reise nach Puerto Rico und Urlaub in Kalifornien.

1937 arbeitet Lorena für die Weltausstellung. Spannungen mit Eleanor.

1941 verpflichtet sich Lorena, das *National Women's Program* zu leiten und zieht zu Eleanor ins Weiße Haus.

1942 Freundschaft mit der Finanzrichterin Marion Janet Harron, die Lorena auch im Weißen Haus besucht.

1945 hat Lorena einige gesundheitliche Probleme, sie gibt das *Women's Program* auf und zieht in ihr Haus auf Long Island in New York.

Zahlreiche Freundinnenbesuche, auch von Eleanor, die nach dem Tod ihres Mannes nun bei den UN in New York arbeitet.

In den folgenden Jahren immer wieder finanzielle Probleme. Lorena versucht sich als Autorin hauptsächlich von Biographien für ein jugendliches Publikum.

1955, nach Kündigung ihres Hauses, zieht sie in Eleanors Landhaus in Hyde Park.

Im November 1962 stirbt Eleanor, und Lorena bleibt tief-trauernd zurück.

Einblicke

1915 begann Lorena als Reporterin für den *Milwaukee Sentinel* zu arbeiten, wo sie vorwiegend für die Gesellschaftsseite schrieb. Diese Arbeit machte ihr großen Spaß, bot sie ihr doch den Kontakt mit allerlei buntgemischten Leuten. In dieser Funktion hatte sie auch die Gelegenheit, die Opernsängerin Ernestine Schumann-Heink zu interviewen, mit der sie bald eine enge Freundschaft schloß. Ernestine, die eine wunderbare Altstimme hatte, war mit Brahms befreundet, der speziell für sie die *Sapphische Ode* komponiert hatte, und Ernestine gab kaum ein Konzert, ohne diese Ode zu singen. Lorena erhielt einmal von Ernestine einen Ring mit Saphiren. Diesen Ring gab sie Eleanor 1933 beim Einzug ins Weiße Haus, und diese trug ihn bis zu ihrem Tod. Im März 1917 nahm Lorena ein Angebot der *Minneapolis Tribune* an und verließ Milwaukee und Ernestine.

In den Jahren, in denen Lorena für die *Tribune* arbeitete, ging es ihr sehr gut. Sie hatte bei der Zeitung die um zwei Jahre ältere Ella (Ellie) Morse kennengelernt, und bald beschlossen die beiden Frauen zusammenzuziehen. In Minneapolis gab es das elegante Leamington Hotel, und Ellie, die einen Millionär zum Vater hatte, schlug vor, dorthin zu ziehen. Ellie, die eher klein und schwächlich war, lehnte sich gerne an die größere und gewichtigere Lorena, der sie den Spitznamen Hickey Doodles verpaßte, an.

Ihre Hotelresidenz wurde der Mittelpunkt für viele Freundinnen und Freunde, und die Feste, die dort gefeiert wurden, waren sehr beliebt und gut besucht.

Nachdem Lorena ihren Beruf wegen einer Diabetes-Erkrankung an den Nagel gehängt hatte, wollte sie Ferien machen und dann für eine Zeitlang nach Europa fahren. Aber es kam anders. Ellie traf in San Francisco auf einen Jugendfreund und brannte mit ihm durch. Lorena war verzweifelt und setzte sich in den nächsten Zug Richtung New York. Dort nahm sie ihre Arbeit als Reporterin wieder auf und wurde in kürzester Zeit nicht nur eine der beliebtesten, sondern auch eine der bestbezahlten ihrer Branche.

Lorena wurde ab 1933 bald zum First Friend der First Lady. In der Wahlnacht versicherte Eleanor Hick (so wurde Lorena von nun an genannt), daß sie sehr glücklich über ihre Anwesenheit sei. Die Zeit zwischen dem Wahlsieg der Roosevelts und dem Einzug ins Weiße Haus im März 1933 verbrachte Eleanor in New York City. Am Abend ging sie meistens mit Hick zum Essen – Hick liebte Essen, während Eleanor sich immer Mühe geben mußte, überhaupt etwas zu sich zu nehmen – und ins Theater.

Als Eleanor von Ms. Hoover, der Gattin des scheidenden Präsidenten, nach Washington zur Besichtigung des Weißen Hauses eingeladen wurde, nahm sie Hick mit. Ms. Hoover war sehr liebenswürdig und schien – dem inoffiziellen Washington zufolge – froh über den Auszug aus dem Haus und der Politik zu sein. Die Tage vor der Amtsübergabe verbrachten Eleanor und Hick in Eleanors Landhaus und fuhren dann gemeinsam nach Washington.

Nach dem Einzug Eleanors ins Weiße Haus mußte Lorena wieder an ihren Schreibtisch in New York. Ein guter Teil der täglichen Korrespondenz der beiden Frauen aus der damaligen Zeit ist erhalten, und die Briefe legen Zeugnis ab, wie sie damals füreinander fühlten und die politischen Ereignisse wahrnahmen. Diese Korrespondenz wurde zehn Jahre nach Hicks Tod der Öffentlichkeit zugänglich gemacht.

Eleanor entschuldigte sich in einem Brief, daß sie nicht »je t'aime et je t'adore« am Telefon sagen konnte, aber Hick könnte versichert sein, daß sie immerzu an sie denke. In Hicks Briefen, die Eleanor immer mit »Madame« oder »dear« anschrieb, finden wir Stellen wie: »Ich möchte dich in meinen Armen halten und deinen Mund küssen …«

Eleanors Freundinnenkreis verstand sich nicht besonders mit Hick, und diese wiederum vermied, so gut es ging, ein Treffen mit ihnen. Der Klassenunterschied zwischen den feinen New Yorker Damen und dieser für ihren Geschmack zu grobschlächtigen Reporterin vom Land war zu groß. Hick fand es nie nötig, leise zu sprechen und sich artig zu benehmen und fand all das »Eleanor-izing« ganz einfach zuviel.

Hick lebte gerne sehr komfortabel, da aber ihr Einkommen in den späten dreißiger Jahren nicht dementsprechend war, machte sie oft Schulden. Eleanor deckte viele dieser Schulden ab und erwies sich auch sonst als sehr großzügig: Sie kaufte für Hick Kleidung, zahlte Zahnärztinnenrechnungen und verschaffte ihr besser bezahlte Arbeit bei der Demokratischen Partei.

Anfang Januar 1941 war Hick verpflichtet worden, das *National Women's Program* zu leiten, eine Arbeit, die sie wieder nach Washington zurückbrachte. Auf Vorschlag Eleanors zog sie ins Weiße Haus ein und wohnte dort während der nächsten vier Jahre bis zum Tod von Franklin D. Roosevelt.

Nur ganz wenige Leute wußten, wo Hick nun wirklich zu Hause war, da sie angab, im Mayflower Hotel ein Zimmer gemietet zu haben. Eleanor hatte regelmäßige Treffen mit zahlreichen Reporterinnen in Washington, und viele wußten sehr wohl von der engen Beziehung zu Hick, aber aus Loyalität wurde nichts publik.

Während dieser zweiten Periode in Washington schloß Hick zwei wichtige Freundschaften; eine mit der demokratischen Abgeordneten Mary Teresa Norton, die allerdings nur platonischen Charakter hatte, und eine intensive, erotische Freundschaft mit der Finanzrichterin Marion Janet Harron.

Während Eleanors häufiger Reisen schien Marion viel Zeit mit Hick – auch im Weißen Haus – verbracht zu haben.

Hick dürfte Marion 1942 kennengelernt haben. 1936, im Alter von 33 Jahren, war Marion Finanzrichterin geworden und hatte sich in kürzester Zeit einen Namen wegen ihres großen fachlichen Wissens gemacht. Sie lebte mit ihrer Mutter in einem kleinen Haus und verbrachte den Großteil ihrer Freizeit mit Gartenarbeit. Eleanor wußte wohl, was zwischen Hick und Marion vorging, was sie aber diesbezüglich dachte oder fühlte, ist noch nicht veröffentlicht worden.

Es war Hicks Aufgabe, ein bißchen Farbe in Marions Leben zu bringen. Sie nahm Marion zu ihrem Schneider mit, der eigentlich Eleanors Schneider war, und zu ihrem Friseur, der auch für Eleanors Frisuren zuständig war. Mary, Marion und Hick verbrachten einen Großteil ihrer Freizeit miteinander, und zu den Wochenenden waren sie oft gemeinsam in Hicks Landhaus auf Long Island. Marion mietete sich dann auch eine kleine Wohnung in Washington, um mehr Zeit mit Hick verbringen zu können, an die sie zu Neujahr 1944 schrieb: »... ich hoffe, die Götter werden uns viele glückliche Stunden miteinander gönnen.«

Im März 1945 verließ Hick das *National Women's Program*, weil sie sich erschöpft fühlte, und zog in ihr Haus auf Long Island. Im Sommer kollabierte sie, da sie ihre Diät vernachlässigt und die Diabetes sich wieder bemerkbar gemacht hatte. Ihre Freundinnen machten sich alle große Sorgen: Mary stellte sie als wissenschaftliche Mitarbeiterin an, Marion kam sie oft auf Long Island besuchen, und Eleanor, die nach dem Tod Franklins sofort nach New York zurückgezogen war und für die UN zu arbeiten begonnen hatte, war auch zur Stelle.

Im November 1962 starb Eleanor, und Hick trauerte viele Monate um sie. 1966, zwei Jahre vor ihrem eigenen Tod, schrieb sie an Eleanors Tochter Anna, wie sie lange ein altes Foto von Eleanor angesehen hätte. Eleanor lächelte darauf ein bißchen, mit einem traurigen, aber warmen und verständnisvollen Ausdruck in den Augen: »Das war Eleanor Roosevelt, wie ich sie kannte und liebte.«

(Anna) Eleanor Roosevelt

wurde am 11. Oktober 1884 in New York geboren. Sie starb am 7. November 1962 in New York. Politikerin.

Als Eleanor 1918 entdeckte, daß ihr Mann mit seiner Sekretärin eine Beziehung hatte, beschloß sie, ihr Leben – bis dahin das einer großbürgerlichen Hausfrau und Mutter – umzukrempeln.

Ihre Freundschaft mit lesbischen Paaren, Esther Lape und Elizabeth Read sowie Nancy Cook und Marion Dickerman, wurde noch enger. Zusammen mit Nancy und Marion besaß sie eine Mädchenschule, in der sie auch selbst unterrichtete.

1920 wurde Eleanor in den Vorstand der *League of Women Voters* gewählt und war aktives Mitglied der *Women's Trade Union League*. Sie bestimmte auch die Politik der Demokratischen Partei mit und war von 1924 bis 1928 Geschäftsführerin der Parteifrauensektion. Nach der Wahl Franklins zum Gouverneur des Staates New York 1928 lebte Eleanor einen Teil der Zeit in der Hauptstadt Albany, verbrachte aber den größeren Teil ihres Lebens in New York City.

Sie engagierte sich immer wieder, sowohl privat als auch öffentlich, für feministische und emanzipatorische Anliegen. So wurden in den zwanziger Jahren Buchhändler und Bibliothekare immer wieder von der *Society for the Suppression of Vice* (Gesellschaft zur Unterdrückung von Laster) wegen des Verkaufs oder Verleihs von diversen Büchern angegriffen und oft auch angeklagt. Eleanor und ihre Freundinnen unterstützten den Kampf gegen jegliche Art von Zensur, so daß letzten Endes die Jäger des Lasters ihre Aktivitäten zurückschrauben mußten. Auch der Angriff auf einige Broadwaystücke (siehe *Die Gefangene* von Edouard Bourdet, erwähnt bei Bessie Marbury und Eva Le Gallienne) wurde von Eleanor abgelehnt, in diesem Fall aber mit weniger Erfolg.

Eleanors Freundschaft mit Nancy und Marion kühlte in den späten dreißiger Jahren stark ab; mit Esther, die ihr während ihrer Washington-Jahre eine Wohnung im Village in New York vermietet hatte, blieb sie jedoch bis an ihr Lebensende verbunden.

Ab 1936 wurde Eleanor auch journalistisch tätig, und ihr täglicher Kommentar *My Day* wurde an viele Zeitungen verkauft. Sie benützte diesen Kommentar, um ihre feministischen und sozialen Anliegen populär zu machen.

Nach Franklins Tod wurde sie von seinem Nachfolger mit politischen Aufgaben, vor allem als Gesandte der USA bei den Vereinten Nationen, beauftragt. Die reaktionäre Politik der fünfziger Jahre mißfiel Eleanor sehr, und sie benütze soweit wie möglich ihren Einfluß, um dagegenzuwirken.

Eleanor hatte die Briefe, die sie im Laufe der Jahre von ihren diversen Freundinnen bekommen hatte, aufbewahrt. Nach ihrem Tod verbrannten Esther und Hick den Großteil dieser Korrespondenz, und viel wertvolles Material zur Dokumentation von Frauenfreundschaft ging in Flammen auf. Eleanors Biographin, Blanche Wiesen Cook, interviewte Esther, aber bekam von ihr nicht die Erlaubnis, das Interview auch zu verwenden.

Hick, die Eleanor um mehr als fünf Jahre überlebte, verbrachte viel Zeit damit, die alte Korrespondenz durchzusehen, zu redigieren und teilweise zu verbrennen. Was übrig blieb, wurde in Kartons verpackt und der Franklin-Delano-Roosevelt-(FDR)-Bibliothek mit der Auflage vermacht, den Inhalt erst zehn Jahre nach Hicks Tod der Öffentlichkeit zugänglich zu machen.

Die aus der Reihe tanzt

Djuna Barnes

* am 12. Juni 1892 in Cornwall-on-Hudson, New York.
† am 19. Juni 1982 in New York City.
Schriftstellerin.

Djuna Barnes mit:

Thelma Wood, Elsa Freytag von Loringhoven, Mary Pyne,
Edna St. Vincent Millay, Berenice Abbott, Jane Heap, Margaret Anderson, Peggy Guggenheim, Mina Loy, Janet Flanner,
Solita Solano, Natalie Barney, Eileen Gray, Dolly Wilde, Sylvia Beach, Adrienne Monnier, Gertrude Stein, Alice B. Toklas, Bryher, Romaine Brooks, Carson McCullers.

Lebenslinien

Djuna wächst in ärmlichen Verhältnissen auf. Der Alkoholismus und die sexuelle Gewalttätigkeit des Vaters bestimmen
das Familienleben, Djuna wird von ihm mißbraucht. Zeit ihres
Lebens hat sie selbst mit Alkoholproblemen zu kämpfen.

Djuna besucht kaum Schulen, fängt früh zu malen und zu
schreiben an und veröffentlicht bereits als Teenager erste literarische Werke.

Noch vor dem Ersten Weltkriegs zieht Djuna nach Greenwich Village. Dort hat sie eine Beziehung mit der schwer TB-kranken Mary Pyne. Sie ist Mitglied des Provincetown Theaters, schreibt für diverse Zeitungen und illustriert eigene
Erzählungen.

1915 erscheint *The Book of Repulsive Women*.

1918 zieht sie mit der Bildhauerstudentin Berenice Abbott zusammen, die sie mit der sonderbaren Baronin Elsa Freytag von Loringhoven und den Herausgeberinnen der *Little Review* Margaret Anderson und Jane Heap – mit der Djuna eine Affäre hat – bekannt macht.

Freundschaft mit Peggy Guggenheim und Mina Loy.

1919 fährt Djuna nach Paris. Sie läßt sich dort nieder und trifft die Bildhauerin Thelma Wood, die für die nächsten zehn Jahre ihr Leben bestimmen sollte.

Djuna arbeitet als Journalistin für das *McCall's*-Magazin und schreibt auch an eigenen Werken, welche 1923 als Sammlung *A Book* herauskommen.

1921 Reisen nach Berlin, Wien, Budapest und kurzer Aufenthalt in New York.

1923 beziehen Djuna und Thelma eine Wohnung in der Rue St. Romain.

Ein exzessives Leben in Cafés und Bars beginnt, Szenen und Eifersuchtsdramen bestimmen die Beziehung, nach denen Djuna bei Mina Loy, Janet Flanner und Solita Solano Trost sucht.

Regelmäßige Besuche auch bei Natalie Barney, mit der sie höchstwahrscheinlich ein kurzes Verhältnis hat.

1928 erscheint *Ladies Almanack*, in dem sie die Pariser lesbische Künstlerinnenszene karikiert.

1930 kehrt Thelma in die Staaten zurück, und Djuna folgt ihr, kehrt aber 1931 alleine nach Paris zurück.

Djuna reist nun sehr viel, hat einige heterosexuelle Affären, wird mit einundvierzig Jahren sogar schwanger und muß eine Abtreibung vornehmen lassen.

1936 erscheint *Nightwood*, eine literarische Aufarbeitung ihrer Beziehung mit Thelma.

Im Jahr darauf Verkauf ihrer Pariser Wohnung, längerer England-Aufenthalt und endgültige Rückkehr nach New York.

Dort lebt sie zurückgezogen am Patchin Place in einer kleinen Wohnung, in der sie bis zu ihrem Tod bleibt.

Sie weigert sich, neue Leute kennenzulernen, und pflegt nur noch mit wenigen Frauen aus ihrer Pariser Zeit Kontakt, darunter Natalie Barney, Janet Flanner, Solita Solano, Berenice Abbott und Peggy Guggenheim. Diese Frauen schicken ihr auch regelmäßig Geld, welches sie, da sie nicht mehr publiziert, zum Überleben dringend braucht.

Anfang der siebziger Jahre verkauft Djuna ihre Aufzeichnungen und literarischen Unterlagen an die University of Maryland.

Als Djunas lesbische Werke aus den zwanziger und dreißiger Jahren in den siebziger Jahren »wiederentdeckt« werden, unternehmen etliche Frauen den Versuch, mit Djuna in Kontakt zu treten, sie lehnt jegliche Publizität aber konsequent ab.

Sie schreibt fast vierzig Jahre an ihrem letzten Gedicht, welches aber nie vollendet wird.

Einblicke

Es ist nicht nötig, den Legenden, die um Djuna Barnes gewoben wurden, noch weitere hinzuzufügen. Genausowenig scheint es nötig zu fragen, ob Djuna Barnes nun eine Lesbe war oder nicht. Ihr Ausspruch aus den siebziger Jahren »I'm not a lesbian, I just loved Thelma« ist in seiner Eindeutigkeit so zweideutig, daß er uns genügen sollte. Im Gegensatz dazu hatte sie noch in einem Brief an Ottoline Morrell 1936 geschrieben: »Ich war nicht im geringsten böse, als Lesbe bezeichnet zu werden – ich bin nur sehr zurückhaltend.« Auch wenn Djuna im heutigen Sinn keine lesbische Identität angenommen hat, ihr Leben und ihr Werk war von ihren Frauenbeziehungen und -freundschaften geprägt, und ihr Freundinnenkreis in Paris und New York war ihr Überlebensnetzwerk.

Jane Heap hatte Djunas Interesse geweckt, die einiges unternahm, um sie Margaret abspenstig zu machen. Sie soll angeblich einmal in einem Restaurant gewesen sein, in dem auch Margaret mit ein paar Freundinnen zum Essen war. Dort ging sie an Margarets Tisch und erklärte ihr vor allen, daß sie sie hasse. Margaret sagte nichts, sondern lächelte nur und ließ damit diese Provokation völlig unbeachtet.

1915 schrieb Djuna *The Book of Repulsive Women*, in dem sie sehr klar eine Vagina beschreibt, was zur damaligen Zeit ein Affront war. Überhaupt schien sie Diskussionen über Unterschiede zwischen weiblicher und männlicher Sexualität zu lieben. Ein Freund, der meinte, daß Männer ganz einfach besser seien, weil sie stehend urinieren und dabei ihre Initialen frei in den Schnee zeichnen könnten, wurde von Djuna in seine Schranken verwiesen: »I can make a period« (»Ich kann einen Punkt machen«. Unübersetzbares Wortspiel, period ist im Englischen auch die Menstruation).

1919 oder 1920, ganz genau konnte sie sich nicht erinnern, kam Djuna zum ersten Mal nach Paris. Thelma kam 1920 an, und bald darauf lernten die beiden einander kennen. Für Djuna war die Begegnung mit Thelma so wichtig, daß diese die nächsten zehn Jahre ihres Lebens bestimmte. Nach dieser Beziehung hatte Djuna nie wieder eine Lebensgefährtin, im Gegensatz zu Thelma, die noch zwei weitere langjährige Lebensgemeinschaften einging.

Das Paar Thelma und Djuna erregte in Paris große Aufmerksamkeit. Beide waren groß und bevorzugten schwarze Kleidung. Thelma trug auffallenden Silberschmuck in den Ohren und an den Handgelenken, und manche dieser Silberreifen wurden auch gegen allzu aufdringliche Männer eingesetzt. Am Tag sah man sie selten zusammen, Djuna saß meistens alleine schreibend in einem Café in St. Germain – am liebsten im Flore, wo sich wenige Amerikaner aufhielten –, und Thelma schlief sich aus oder war mit ihren Silberstiftzeichnungen beschäftigt.

Das Kultbuch *Nightwood* (*Nachtschatten*), welches Djuna
1936 herausbrachte, würde den Rückschluß zulassen, daß
sich Djuna viel in diversen Lesbenbars herumtrieb. Zeitzeuginnen, die sich oft dort aufhielten, erinnerten sich aber nicht
daran, Djuna gesehen zu haben. Allerdings gab es genug
andere Plätze, die den kaum alkoholgewöhnten Amerikanern
zum Verhängnis werden konnten. Alkohol war überall erhält-
lich und sehr billig. Anstatt Wasser zu trinken, wurde daher
alles zu jeder Tages- und Nachtzeit mit Wein oder harten
Getränken hinuntergespült.

Thelma ging bei solchen Trinkgelagen oft verloren, und
Djuna mußte Stunden damit verbringen, sie in ganz Paris zu
suchen. Wenn sie Thelma nicht finden konnte, was immer
wieder vorkam, trank sie selbst, bis sie umfiel. Anfänglich
versuchte Djuna Thelma vom Trinken abzuhalten, aber letzten Endes trank sie genausoviel wie ihre Freundin. Manchmal
gab es wilde Szenen, die dann ausführlich von allen besprochen wurden, vor allem wenn es sich um Eifersuchtsdramen
handelte, da Thelma immer wieder auf die Suche nach sexuellen Abenteuern ging, die sie auch leicht zu finden schien.

Oft suchte Djuna bei Mina Loy, die sie noch aus Villageta-
gen kannte, Trost. Mina wohnte ganz in der Nähe, und es gab
Zeiten, wo sich die beiden täglich sahen. Mit Janet Flanner
und Solita Solano entstand ebenfalls eine Freundschaft, die
auch nach Djunas Rückzug in die Abgeschiedenheit weiterbe-
stand. Djuna verkehrte auch regelmäßig im Hause Natalie
Barneys. Natalie soll sehr scharf auf Djuna gewesen sein; ob
die beiden eine kurze sexuelle Beziehung hatten, ist nicht eindeutig geklärt.

Auch mit den Buchhändlerinnen Sylvia Beach und Adrienne Monnier gab es freundschaftlichen Kontakt. Hingegen
klappte es mit Gertrude Stein und Alice B. Toklas um so weniger. Djuna erinnerte sich nur, daß Gertrude ihre Beine sehr
schön fand, über ihre Bücher aber offenbar nichts zu sagen
hatte. Entweder war Gertrude zu egoistisch, um eine andere

Schriftstellerin neben sich zu dulden, oder sie hatte sich wirklich nicht mit Djunas Werk auseinandergesetzt. Beides war für Djuna beleidigend.

1928 erschien *Ladies Almanack*, die Autorin nannte sich darin nur »A Lady of Fashion«, und die erste Ausgabe zählte 1050 Exemplare.

Robert McAlmon, der Verleger, der mit der Schriftstellerin und Millionenerbin Bryher verheiratet gewesen war, hatte von dieser genügend Geld bekommen, um die meisten in Paris lebenden englischschreibenden Autoren zu publizieren. Natürlich wußten alle, daß sich hinter »der Lady« Djuna verbarg, und versuchten tagelang, sich selbst im Almanach wiederzufinden.

Nur wenige Frauen verstanden es, Djuna aus ihrer späteren, selbstgewählten Isolation zu locken. So kam es in den fünfziger und sechziger Jahren zu gelegentlichen Treffen mit Janet Flanner, Solita Solano und Margaret Anderson, wenn diese in New York zu Besuch waren. Die alten Beziehungsmuster waren noch immer vorhanden: Janet und Solita waren sehr um Djuna bemüht und versuchten ihr das Leben leichter zu machen. Nichtsdestotrotz fühlte sich Djuna ihnen intellektuell überlegen und versuchte ihnen immer wieder klarzumachen, daß sie wenig von Literatur verstünden. Einmal warf sie Janet sogar an den Kopf, genauso dumm wie T. S. Eliot zu sein.

Obwohl weder Margaret noch Djuna mit Jane Heap in Kontakt waren, kam die alte Rivalität auch hier immer wieder hoch, und den alten Beleidigungen wurden neue hinzugefügt. In Djunas und Margarets späteren Lebensjahren gibt es manche Parallelen: So zogen sich beide von der Welt zurück und pflegten kaum noch Kontakte.

Anfang der fünfziger Jahre kam Djuna einmal in Berenice Abbotts New Yorker Studio, und Berenice machte eine Reihe von Aufnahmen. Jahre später behauptete Djuna, daß sie in keiner Weise damit einverstanden war, fotografiert zu werden, und daß Berenice sie hereingelegt hätte. Die Bilder zeigen allerdings eine Djuna, die sich sehr wohl in Pose setzte und die Aufmerksamkeit der Kamera genoß.

Thelma Wood

wurde 1901 in St. Louis, Missouri, geboren. Sie starb im Dezember 1970 in Connecticut. Bildhauerin.

Thelma wuchs in einer offenbar wohlhabenden Familie auf, die ihr in den zwanziger Jahren, als sie in Paris lebte, regelmäßig Geld schickte. Dafür spricht, daß sie ein schickes, rotes Auto fuhr, das viel Lärm machte. Sie besuchte für einige Zeit die Universität in Washington, gab aber das Studium bald auf, um nach Paris zu ziehen.

Von Thelmas Skulpturen ist heute nur noch eine kniende Frau mit großen Füßen bekannt. Große Füße waren damals in Mode, und Modelle mit großen Füßen schienen gefragt. Thelma selbst hatte welche und Greta Garbo auch. Djuna Barnes regte Thelma dazu an, statt Skulpturen Silberstiftzeichnungen anzufertigen – eine Technik, die größte Konzentration und Präzision verlangt.

Da Thelma diese Technik gefiel, wandte sie sich dieser Kunstgattung zu und blieb ihr treu. Ihre Arbeiten waren sehr gut und auch gefragt, der große Erfolg mit Ausstellungen blieb allerdings aus. Ihre Motive waren hauptsächlich Pflanzen und Tiere. So liebte sie es vor allem, offene Orchideen abzubilden, die von Menschenhänden liebkost wurden. Von einem kurzen Afrikaaufenthalt brachte sie, als Erweiterung ihrer Themenperspektive, vor allem Tiermotive mit.

Thelma verstand nie ganz, warum Djuna sie 1930, als sie beide in New York lebten, verließ. Sie war sich zwar bewußt, daß sie Djuna oft schlecht behandelt hatte, dennoch hatte sie ihre Freundschaft als etwas Beständiges angesehen, etwas, das stark genug ist, über all die Krisen hinwegzukommen. Aber Djuna konnte nicht vergeben, ja sie konnte nicht einmal endgültig vergessen, weil es in ihrem Leben nichts gab, was den Platz der Beziehung mit Thelma hätte einnehmen können. Djuna zog es vor, alleine zu bleiben.

Thelma kehrte nicht mehr nach Frankreich zurück, sondern zog zu ihrer neuen Liebhaberin Jenny Petherbridge, die in Connecticut ein Haus hatte. Jenny war eine wohlhabende Witwe, die viel Zeit und Geld für Tiere verwendete. Thelma lebte fast zwanzig Jahre mit ihr, dann zog sie zur nächsten neuen Freundin in den Nachbarort. Die weiteren fünfzehn Jahre bis zu ihrem Tod verbrachte sie mit dieser Frau, die über Thelma sagte, daß sie sehr großzügig war, immer alles geteilt hatte und nie etwas für sich selbst beanspruchte. Das steht ein bißchen im Widerspruch zu Janet Flanners Aussage, die meinte, daß Thelma ein böses Weib gewesen sei.

Berenice Abbott, die sich zahlreiche Geschichten über Thelmas indianische Vorfahren hatte anhören müssen, war bei einem Besuch knapp vor deren Tod erstaunt zu sehen, daß diese im Alter wirklich indianische Züge angenommen hatte. Djuna dagegen war schadenfroh, weil Thelma, die immer behauptet hatte, so etwas würde ihr nie passieren, nun dick geworden war.

Berenice Abbott

wurde am 17. Juli 1898 in Springfield, Ohio, geboren. Sie starb am 10. Dezember 1991 in Maine. Bildhauerin und Fotografin.

Berenice war als Bildhauerin ausgebildet, gab die Bildhauerei aber auf und widmete sich ganz der Fotografie. Zuerst war sie bei Man Ray in Paris Assistentin, dann hatte sie ihr eigenes Studio. Dort entstanden all die Aufnahmen, die uns noch heute ermöglichen, vom lesbischen Paris der zwanziger Jahre eine visuelle Vorstellung und Bestätigung zu haben.

Im Februar 1918 war Berenice nach New York gezogen, wo sie im Village mit Djuna Barnes zusammenwohnte. Sie machte als erste die Bekanntschaft der Baroneß Elsa von Freytag von Loringhoven und ließ sich von ihr malen. Die Baroneß erzählte dabei so viel von Europa, daß Berenice beschloß, sich diesen Kontinent bald einmal anzusehen. 1921 setzte sie ihr Vorhaben schließlich in die Tat um und fuhr nach Europa, wo sie zuerst ein Jahr in Berlin studierte und dann nach Paris zog und dort begann, sich mit Fotografie zu beschäftigen.

Dank der finanziellen Unterstützung der beiden reichen Erbinnen Bryher und Peggy Guggenheim eröffnete sie 1926 ihr eigenes Atelier in der Rue de Bac. Bryher schrieb in ihrer Biographie, daß sie Berenice gut leiden konnte, daß sie beide aber zu scheu waren, um darüber zu sprechen. Die beiden bewegten sich offensichtlich in so unterschiedlichen Milieus, daß es schwer war, eine gemeinsame Sprache zu finden.

Bryher hatte, im Gegensatz zu Berenice, keine Schwierigkeiten, über ihre homosexuellen Neigungen zu schreiben. Bis auf gelegentliche Hinweise von Zeitzeuginnen, wie die Schriftstellerin Elsa Gidlow, die Berenice und ihre Freundin Julia Perier in Paris kannte, oder die Anekdote, daß Berenice mit einer Freundin gerade in einer Schwulenbar war, als dort eine Polizeirazzia gemacht wurde, wissen wir von ihr selbst kaum etwas über ihre Beziehungen.

Laut Berenice verstand es Man Ray, Männer zu fotografieren, aber Frauen waren für ihn nur schöne Objekte. Berenice hingegen war in der Lage, Frauen ins rechte Licht zu setzen. Auf den Bildern, die von damals erhalten sind, finden wir Djuna Barnes, Jane Heap, Margaret Anderson, Sylvia Beach, Solita Solano, Marie Laurencin, Edna St. Vincent Millay, Janet Flanner und Eileen Gray.

Sylvia Beach, die Berenices Fotos in ihrem Buchladen Shakespeare & Co. ausstellte, sagte, daß diejenigen, die von ihr fotografiert wurden, schon durch diese Tatsache zu einer einigermaßen anerkannten Persönlichkeit wurden. In der Abschiedsnummer der *Little Review* konnte man zahlreiche Bilder von Berenice in gesammelter Form sehen. Im Mai und Juni 1928 gab es in Paris den ersten »Salon Indépendent de la Photographie«, und Berenice Abbotts, Germaine Krull-Irens und Madame d'Oras Fotos waren dort zu sehen.

1929 kehrte Berenice nach New York zurück. Im Laufe der nächsten Jahre fotografierte sie hauptsächlich diese Stadt. Die Kunstkritikerin Elizabeth McCausland interessierte sich sehr für Berenices »Changing New York«-Projekt und schrieb darüber. 1935 bereiste Berenice gemeinsam mit Elizabeth das ländliche Amerika, um auch darüber eine Fotoreportage zu machen. Sie konnte aber vom Fotografieren alleine nicht leben und begann, an der New School zu unterrichten.

In den vierziger Jahren schrieb sie gemeinsam mit Elizabeth Anleitungen zum besseren Fotografieren. 1956 kaufte Berenice einen Landsitz in Blanchard, Maine, welchen sie Anfang 1962 zu renovieren begann und 1966 bezog. In diesem Haus lebte sie bis zu ihrem Tod 1991.

Gluck
(Hannah Gluckstein)

* am 13. August 1895 in London.
† am 10. Januar 1978 in London.
Malerin.

Gluck mit:

Sybil Cookson, Constance Spry, Mariette Lydis, Nesta Obermer, Edith Heald, Nora Heald, Anne Yorke, Romaine Brooks,
Elisabeth Bergner, Tallulah Bankhead, Charlotte Wolff.

Lebenslinien

Gluck wächst als Hannah Gluckstein in einer sehr wohlhabenden Londoner Familie auf. Sie besucht dort die Kunstakademie und befreundet sich mit Craig, einer Studienkolle-
gin, die Hannah wohl zur Annahme ihres Kurznamens inspirierte.

Nach dem Ersten Weltkrieg legt sich Gluck eine männliche
Identität zu und verkehrt als »Peter« in der bekannten Sze-
nebar Trocadero.

1924 Begegnung mit Romaine Brooks. Die beiden Male-
rinnen beschließen, voneinander Porträts zu malen. Romaines Bild von Gluck trägt den Titel *Peter, a young English girl.*
Glucks Porträt von Romaine wird wegen persönlicher Spannungen nicht fertiggestellt.

1928 Liebesbeziehung mit der Journalistin Sybil Cookson,
die mit ihren beiden Kindern bei Gluck einzieht.

1932 Trennung wegen einer Affäre Glucks.

Die nächste Beziehung beginnt bald darauf mit Constance

Spry, einer Floristin, die Gluck dazu inspiriert, vorwiegend florale Motive zu malen.

Bei einem Parisbesuch Anfang der dreißiger Jahre Bekanntschaft mit der Wiener Malerin Mariette Lydis, die von Gluck gemalt wurde. Das Porträt ist nicht mehr erhalten, da Gluck es Jahre später vernichtete. Die beiden Frauen treffen sich im Laufe der nächsten Jahre regelmäßig.

Im Laufe der dreißiger Jahre wird Gluck mit ihren Bildern zunehmend bekannt und erfolgreich. Ihre Ausstellungen sind gesellschaftliche Ereignisse und werden sogar von der Königsfamilie besucht.

1936 beginnt Glucks große Liebe zu Nesta Obermer. Im Jahr darauf malt Gluck das bekannte *You-We*-Bild, das an den Tag ihres Beziehungsbeginns, gewissermaßen ihre »Heirat«, erinnern soll.

1942 lernt Gluck die Schwestern Edith und Nora Heald kennen.

1943 trennen sich Gluck und Nesta. Nesta zieht nach Hawaii, wohin Gluck ihr nicht folgen will.

Diese verliebt sich nun in Edith, die als feministisch orientierte Journalistin für den Londoner *Evening Standard* arbeitet.

Ab 1945 lebt Gluck in Chantry House, dem Landsitz der beiden Schwestern. Die Dreieckskonstellation schafft Spannungen, und Nora Heald verkauft 1948 ihren Hausanteil und zieht aus.

Gluck kontrolliert auch diese Beziehung und unterdrückt Edith.

Mitte der fünfziger Jahre verliebt sie sich in eine Nachbarin, die verheiratete Anne Yorke. Dieses weitere Dreieck belastet die Beziehung während der nächsten zehn Jahre sehr.

1974 muß Edith in ein Pflegeheim, wo sie zwei Jahre später stirbt.

Gluck stirbt 1977 an einem Schlaganfall.

Nach dem Ersten Weltkrieg begann Gluck, sich Peter zu nennen, rauchte Pfeife, die sie von ihrem Bruder erhalten hatte, und frequentierte das Trocadero, in dem auch die Schauspielerinnen Tallulah Bankhead und Elisabeth Bergner gerne verkehrten. Gluck, die nach heutigen Begriffen als klassischer »butch« (engl. für »Kerl«; Szeneausdruck für sehr maskuline Lesbe) eingestuft werden würde, sah sich, wie so viele lesbische Frauen der damaligen Zeit, als Künstlerin, die einer eigenen Kategorie, entsprechend der Hirschfeldschen Theorie vom dritten Geschlecht, angehörte. Wie andere »butches« umgab sich auch Gluck gerne mit schönen, verheirateten Frauen.

1924 beschlossen die damals schon bekannte Malerin Romaine Brooks und Gluck bei einem Londonaufenthalt Romaines, voneinander Porträts zu malen. Romaine betitelte ihr Gemälde von Gluck *Peter, a young English girl* und stellte es bei ihrer nächsten Ausstellung zusammen mit dem Bild von *Una, Lady Troubridge*, der Lebensgefährtin Radclyffe Halls, aus. Um sich von Gluck malen zu lassen, kam Romaine in ihr Atelier, was jene zu der uncharmanten Bemerkung veranlaßte, »der Elephant kommt in den Tempel«. Zwischen den beiden kam es prompt zu einem Zank über die Größe des Bildes – Gluck wollte Romaine in Lebensgröße malen –, so daß am Ende Gluck nur eine Stunde zum Skizzieren des Entwurfs blieb. Obwohl das Bild nie fertig wurde, verlangten viele von Romaines Freundinnen davon ein Foto.

Die Journalistin und Schriftstellerin Sybil Cookson zog 1928 mit ihren beiden Töchtern bei Gluck ein. Sybil war davon überzeugt, daß ihre Freundin ein Genie war, tat alles, um ihre Malerei zu unterstützen, und liebte es besonders, mit Gluck in der Öffentlichkeit gesehen zu werden, gaben sie doch so ein wunderschönes Paar ab. Sybil zog 1932 überstürzt aus, nachdem sie Gluck in ihrem Atelier mit einer anderen Frau ertappt hatte.

Aber Gluck blieb nie lange ohne Lebensgefährtin. Mit Constance Spry verbrachte sie die nächsten vier Jahre. Constance liebte Blumenarrangements und beschäftigte sich auch beruflich damit, woraufhin auch Gluck bald begann, Blumen zu malen. So konnten Constances Kundinnen die Blumen bei ihr und die dazu passenden Bilder bei Gluck bestellen.

Constance, die selber nie besonderen Wert auf Kleidung legte, machte es sich zur Aufgabe, Gluck Stil zu verpassen. So wie sie ihre Blumen zu arrangieren pflegte, arrangierte sie Glucks androgynes Aussehen und gab ihr den richtigen modischen Pfiff.

Bei einem Fest der Londoner High Society lernte Gluck die, wie sie später sagte, größte Liebe ihres Lebens kennen. Es handelte sich um Nesta Obermer, die charmante zweite Gattin eines älteren, reichen Amerikaners, mit der Gluck 1936 eine intensive und in der Folge für sie sehr schmerzliche Beziehung einging. Im Jahr darauf malte Gluck das *You-We*-Bild, welches an den 25. Mai 1936 erinnern sollte, den Tag, an dem Gluck und Nesta »heirateten«. Dieses Bild schmückte Jahre später die Virago-Taschenbuchausgabe von Radclyffe Halls *The Well of Loneliness* und erweckte so wieder Interesse an der fast vergessenen Gluck.

Wer war diese Nesta? Bei der Geburt hieß sie Ella Ernestine Sawyer und war die einzige Tochter eines Diplomatenpaares. Sie soll schön, charismatisch und bezaubernd gewesen sein, mit großen literarischen Ambitionen in jungen Jahren. Dann machte sie gute Partien, und ein Leben mit Reisen und Festen auf verschiedenen Kontinenten beanspruchten den größten Teil ihrer Zeit.

Wie sie ihrem um vieles älteren Ehemann ihre Beziehung zu Gluck erklärte, ist nicht überliefert. Diese begleitete die Obermers jedenfalls bei ihren langen Aufenthalten in St. Moritz. In London verbrachte Nesta viel Zeit im Atelier der Freundin. Im Oktober 1936 unternahm Gluck dort eine radikale Säuberungsaktion, die bewirkte, daß ihre Bilder für die nachfolgenden Generationen verloren sind: Sie verbrannte zahlreiche Gemälde, die sie von früheren Liebhaberinnen gemalt hatte oder die sie an die Vergangenheit erinnerten. Die große Liebe fand 1943 ein Ende. Nesta verbrachte den Krieg und die darauffolgenden Jahre auf Hawaii, und Gluck konnte und wollte ihr dorthin nicht folgen.

Edith Shackleton Heald war fünfundfünfzig Jahre alt, als sie Gluck kennenlernte. Sie beschrieb ihr erstes Beisammensein mit dieser als eine ruhige Begegnung, nicht ahnend, welche Veränderung Gluck in ihr Leben bringen würde. In den Monaten nach der ersten Begegnung trafen sich Gluck und Edith immer wieder. Edith half Gluck bei der Arrangierung einer Ausstellung, und zum Dank lud diese sie für eine Woche nach Brighton ein. Anfänglich verbrachten die beiden nur die Wochenenden miteinander. Von 1945 an verlebte Gluck ihre Zeit fast ausschließlich in Chantry House, dem Landsitz der Heald-Schwestern. Solange sich Edith und Gluck nur gelegentlich sahen, hatte Nora nicht allzugroße Schwierigkeiten mit der Tatsache, daß die beiden offensichtlich eine sexuelle Beziehung hatten. Sobald aber Gluck – auf Einladung Ediths, wie sie immer wieder betonte – Mitglied des Haushalts wurde, kam es zu Streitereien.

Anfängliche Nörgeleien wurden zu Auseinandersetzungen und schließlich zu Riesenszenen. Noras Mitarbeiterinnen mußten sich stundenlang die Beschwerden über ihre Schwester und Gluck anhören. Nora, die damals über sechzig war, wollte nicht verstehen, daß Edith nach all den Jahren des Zusammenlebens jetzt einer anderen Frau den Vorzug gab.

Gluck, die schon immer dafür bekannt war, daß alles nach ihrem Willen zu geschehen hatte, mischte sich auch noch in die schwesterlichen Auseinandersetzungen ein, woraufhin Nora im Februar 1948 ihren Teil des Hauses an Gluck verkaufte und auszog. Auch nach der Versöhnung der Schwestern kam Nora nie wieder nach Chantry.

So wie Gluck einst das Leben von Sybil, Constance oder

Nesta zu kontrollieren versucht hatte, so tat sie es nun auch mit Edith. Solange die Beziehung problemlos verlief, war dies für Edith durchaus erträglich. Als jedoch Mitte der fünfziger Jahre Gluck an einer neu hinzugezogenen verheirateten Nachbarin Gefallen fand, wurde Edith sehr eifersüchtig. Während einer gemeinsamen Griechenlandreise im Frühjahr 1955 – mit Nachbarin Anne Yorke, ihrem Mann David und Edith – verliebte sich Gluck in Anne. Von nun an und bis Anfang der sechziger Jahre sah Gluck Anne fast täglich, und jeder Einwand Ediths wurde abgetan.

Dies strapazierte die Beziehung während der nächsten zehn Jahre so sehr, daß es oft nach einem Bruch zwischen den Partnerinnen aussah. Dennoch blieben sie beisammen. Nur Nesta, die inzwischen verwitwet in die Schweiz gezogen war, hatte einen gewissen Einfluß auf Gluck und konnte ihr klarmachen, daß sie Edith schlecht behandelte. Gluck und Edith waren öfter bei Nesta zu Gast, und diese kam immer wieder zu Besuch nach Chantry. Dort konnte sie aus nächster Nähe miterleben, wie sehr Gluck glaubte, immer für alle zuständig zu sein, und kein Verständnis aufbrachte, daß ihre autoritäre Art von anderen als Belastung empfunden wurde.

Mariette Lydis
(Mariette Ronsperger)

wurde am 24. August 1887 (1890) in Baden bei Wien geboren. Sie starb 1970 in Paris. Graphikerin und Malerin.

1927 ließ sich Mariette Lydis in Paris nieder und lebte während des Zweiten Weltkriegs in Buenos Aires. Nach dem Krieg kehrte sie wieder nach Paris zurück, gab aber ihren argentinischen Wohnsitz nie ganz auf.

Die Tänzerin Elsie Altmann-Loos, die Anfang der zwanziger Jahre für einige Zeit mit dem Architekten Adolf Loos verheiratet war und später nach Argentinien emigrierte, erinnerte sich daran, Mariette Lydis öfter bei Eugenia Schwarzwald getroffen zu haben. Schon vor dem Wechsel ihres Wohnsitzes nach Paris war Mariette viel kreuz und quer durch Europa und die Vereinigten Staaten gereist. Mit wem sonst sie damals in Wien Kontakt hatte, ist nicht belegt: Es könnte sein, daß sie mit der Schriftstellerin Grete von Urbanitzky befreundet war und daß die Malerin Karla Jarl aus Gretes Roman *Die goldene Peitsche* Mariettes Züge trägt.

Bekannt sind vor allem Mariettes Frauenporträts und Buchillustrationen. Unter anderem zeichnete sie für Colettes *Claudine*-Romane die Illustrationen und machte später eine Reihe von Radierungen über weibliche Kriminelle und Lesben. 1936 stellte sie ihre Bilder in New York aus, und die Zeitschrift *Harper's Bazar* brachte einen großen Artikel über sie.

Zwischen 1932 und 1936 kam die englische Malerin Gluck öfter zu Mariette auf Besuch und malte auch ein nicht mehr erhaltenes Porträt von ihr. Über andere Frauenbeziehungen ist leider nichts bekannt, aber es ist anzunehmen, daß Mariette, obwohl sie die Arbeit liebte und den Tag nur nach einer Anzahl von Arbeitsstunden beschließen konnte, ihr Leben nicht nur mit Arbeit verbracht hat. In einem Interview meinte sie, daß Freiheit nur in der Kunst und der Liebe anzutreffen ist und daß sich die beiden wechselseitig bedingen.

Vita Sackville-West

* am 9. März 1892 auf Knole, Kent, England.
† am 2. Juni 1962 auf Sissinghurst, Kent, England.
Schriftstellerin und Gärtnerin.

Vita Sackville-West mit:

Rosamund Grosvenor, Violet Trefusis, Virginia Woolf, Edith
Sitwell, Mary Campbell, Margaret Voigt-Goldsmith, Hilda
Matheson, Evelyn Irons, Olive Rinder, Radclyffe Hall, Una
Troubridge, Edith (Edy) Craig, Cristabel Marshall (Christo-
pher St. John), Claire (Tony) Atwood, Anna Mac, Dorothy
Wellsely, Violet Pym, Edith Lamont, Alvilde Lees-Milne,
Dorothy Thompson.

Lebenslinien

Vita, Tochter einer alten adeligen Familie, wächst bis zu ihrem
dreizehnten Lebensjahr sehr behütet auf Schloß Knole auf.
Dann besucht sie eine Privatschule in London.

Ihre erste Freundin ist Rosamund Grosvenor, ihre erste
große Liebe Violet Trefusis.

1913 heiratet Vita, ohne Violet davon zu erzählen. Ihr Ehemann Harold Nicholson, mit dem sie zwei Söhne hat, setzt sie
erst nach der Eheschließung davon in Kenntnis, daß er schwul
ist.

1918 kommt es nach Violets Rückkehr von einer Reise
nach Ceylon zu einem folgenschweren Wiedersehen. Der
Skandal ist perfekt, als die beiden Frauen nach Frankreich
durchbrennen. Sie lassen sich überreden zurückzukehren,
brechen aber im Laufe der nächsten drei Jahre noch ein paar-

mal aus. Um all dem ein Ende zu setzen, wird Violet verheiratet.

Vita wendet sich vermehrt dem Schreiben zu und veröffentlicht 1922 ihre erste Erzählung *The Heir*. Im selben Jahr Begegnung mit Virginia Woolf. Eine intensive, wohl auch erotische Freundschaft entsteht

Im Laufe der zwanziger Jahre hat Vita mit ihrem Schreiben, Lyrik sowie Prosa, großen Erfolg, wird darin aber von Virginia nur mäßig und von deren Freundin Edith Sitwell schlecht beurteilt.

1926 erscheint das preisgekrönte Gedicht *The Land*.

1927 Verhältnis mit Mary Campbell, 1928 mit Margaret Voigt-Goldsmith in Berlin. Beide Affären werden aufrechterhalten, und Vita pendelt zwischen London und Berlin.

Im gleichen Jahr Skandal um Radclyffe Hall's *Well of Loneliness*. Vita unterstützt die Kampagne gegen das Verbot des Buches.

Virginia Woolf schreibt aus Liebe zu Vita und deren romantischer Beziehung zu ihren adeligen Vorfahren *Orlando*.

Zu Jahresende beginnt Vita eine Beziehung zur BBC-Journalistin Hilda Matheson. Der darauffolgende Sommer wird gemeinsam in den Französischen Alpen verbracht.

1930 publiziert Vita ihren wohl erfolgreichsten Roman *The Edwardians (Schloß Chevron)*.

In den nächsten Jahren greift Vita in ihren Romanen immer wieder auf ihre Familiengeschichte zurück, so zum Beispiel in *Pepita*, 1937 (*Die Tänzerin und die Lady*).

1931 Beziehung mit der *Daily-Mail*-Journalistin Evelyn Irons. Deren Partnerin Olive Rinder verliebt sich auch in Vita, und ein Dreiecksverhältnis entsteht.

Vita lebt mittlerweile mit ihrem schwulen Mann auf dem gemeinsam erworbenen Schloß Sissinghurst. Dessen Restaurierung wird neben dem Schreiben Vitas Lebenswerk.

Ab 1932 Freundschaft mit einem Frauen-Trio in der Nachbarschaft und kurze Affäre mit einer davon, der Musikkritikerin und Kalligraphin Christopher St. John.

1937 beginnt Vita eine komplizierte und schwierige Beziehung mit ihrer Sekretärin Anna Mac, einer Schottin, die vom ersten Tag an in sie verliebt war.

1940 stirbt Hilda Matheson im Alter von 52 Jahren, 1941 nimmt sich Virginia Woolf das Leben, und Rosamund Grosvenor kommt bei einem Bombenangriff ums Leben. Vita hat somit drei ihrer wichtigsten Bezugspersonen verloren, zieht sich zurück und geht in der nächsten Zeit keine neuen Freundschaften mehr ein.

Während des Krieges kommt es auch zu einem späten Wiedersehen mit ihrer Jugendliebe Violet Trefusis. Vita merkt, daß die alten Leidenschaften noch nicht vorüber sind und bleibt auf Distanz.

1943 organisiert Bryher in London eine Dichterlesung, die von der Schauspielerin Beatrice Lillie moderiert wird. Im Publikum befindet sich die Königsfamilie, unter den Vortragenden Edith Sitwell, H. D. (Hilda Doolittle) und Vita.

Nach dem Krieg neue Freundschaften, unter anderem mit Violet Pym und Edith Lamont.

1953 Verschlechterung ihrer Beziehung zu Anna Mac. Vita kauft ihr ein eigenes Pflegeheim, mit dem diese als Direktorin eine neue Beschäftigung hat.

Mehrere Freundinnen werden nun von Vita finanziell unterstützt, nur Edith Lamont, mit der sie sich im Laufe der fünfziger Jahre immer besser versteht, ist auf diese Form der Zuwendung nicht angewiesen.

Vita schreibt etliche historische Romane, die immer breiten Anklang beim Publikum finden. Darunter *The Eagle and the Dove* (*Adler und Taube*) 1943, und *Daughter of France* (*Tochter Frankreichs*) 1959.

Mitte der fünfziger Jahre Beziehung mit Alvilde Lees-Milne.

1960 erscheint Vitas letzter Roman *No Signposts in the Sea*

(*Weg ohne Weiser*). Es ist der einzige Roman Vitas, in dem das Thema Lesben thematisiert wird.

Sissinghurst gehört heute der öffentlichen Hand, und nach einer ausgiebigen Bewunderung des Gartens und des Turms, in dem Vita wohnte, gibt es die Möglichkeit, richtigen englischen Tee zu genießen.

Einblicke

Rosamund Grosvenor wurde Vitas erste richtige Freundin, bis zu Violet Keppels (später bekannt als Violet Trefusis, 1894–1972) Auftritt, die über viele Jahre den wichtigsten Platz in Vitas Herz einnahm. Männer waren in »diesem Sinn« nie von Interesse für Vita. Eine Nacht mit Rosamund zu verbringen war alles, was sie ersehnte. Einen Brief von Violet zu erhalten, in dem diese sie bat, nicht vor ihrer Rückkehr aus Ceylon zu heiraten, war Glück.

Dennoch heiratete Vita, ohne Violet davon in Kenntnis zu setzen. Ihre Klassenzugehörigkeit, das Zeitalter und Vitas eigene Naivität machten diesen Schritt offensichtlich unvermeidbar. Daß sie einen Mann heiratete, der schwul war, fiel ihr vor der Eheschließung nicht auf, erlaubte ihr aber später, eine Ehe zu führen, die von vielen als vorbildlich angesehen wurde und ihr Platz für ihre Liebe zu Frauen bot. Was wiederum als Beweis genommen werden kann, daß gut inszenierte Ehen, die jeden Tag aufgeführt werden müssen, eine bessere Überlebenschance haben als solche, die ohne Theater auskommen müssen und am Ernst der Lage scheitern.

Im Frühjahr 1918 kam es zum folgenschweren Wiedersehen von Vita und Violet: Vita hatte endlich verstanden, daß Violets damalige Forderung, nicht zu heiraten und auf sie zu warten, ernst gemeint war, und es wurde ihr auch klar, daß sie mehr für Violet empfand, als sie sich jemals einzugestehen gewagt hatte. Zwischen 1918 und 1921 brannten die beiden

Frauen immer wieder gemeinsam durch. Vita hatte aus der Liebe zu Violet nie ein Geheimnis gemacht, sie hatte später immer wieder davon erzählt und auch nicht ausgeklammert, daß Erotik und Sex eine wichtige Rolle gespielt hatten.

Violet, die im Laufe ihres Lebens ihre eigene Geschichte immer wieder änderte, konnte sich in ihrer 1952 veröffentlichten Autobiographie *Don't Look Around* nicht mehr so genau an ihre Beziehung mit Vita erinnern. Zwar wußte sie noch, daß diese eine Haut wie ein Pfirsich hatte, aber anstatt zu erzählen, wie sie mit der Geliebten durchgebrannt war, schrieb sie von Eifersüchteleien wegen irgendwelcher Männer. Sie behauptete auch, nach der Geburt von Vitas erstem Sohn den Kontakt mit ihr abgebrochen zu haben, was nicht den Tatsachen entspricht.

Virginia Woolf war nie besonders von Vitas Büchern beeindruckt gewesen, diese war dementsprechend der Meinung, daß Virginia ihr intellektuell und künstlerisch überlegen war. Allerdings war sie zeit ihres Lebens eine kommerziell wesentlich erfolgreichere Autorin als Virginia.

Über die Beziehung von Vita und Virginia sind schon viele Bücher geschrieben worden, und die unterschiedlichen Interpretationen haben eine solide Grundlage. Vita und Virginia waren einander sehr zugetan und drückten das auch aus – sei es in Briefen, durch gemeinsame Reisen oder in Virginias *Orlando*. Die Dokumente, die erhalten sind, scheinen einmal die Frage, ob die Beziehung auch eine physische Komponente gehabt hätte, zu bejahen, dann dies wieder in Abrede zu stellen.

In einem Brief an ihren Mann Harold schrieb Vita, daß sie Virginia liebe, allerdings sei diese Liebe nur eine Geistessache und sie, Vita, sei klug genug, das einzusehen. Wenn Virginia in ihr Leidenschaft erweckt hätte, könnte sie sich wahrscheinlich weniger klug darüber äußern, aber nachdem sie zweimal mit ihr im Bett gewesen war, sei ihr klargeworden, daß auf dieser Ebene nichts laufe. Vita hielt Virginia für schwach und daher unfähig, sich auf Abenteuer einzulassen.

Die Freundschaft zwischen Virginia und Vita fand auch durch Vitas zahlreiche Affären keinen Abbruch. Aber jedesmal, wenn Virginia merkte, daß sich Vita für andere Frauen interessierte, wurde sie ein bißchen eifersüchtig und ließ das Vita in langen Liebesbriefen wissen.

Im Sommer 1927 hatte Vita Mary Campbell kennengelernt, was schon nach kurzer Zeit zu einem Verhältnis mit ihr führte. In den darauffolgenden Wochen verbrachte Vita die meiste Zeit mit Mary.

Im Februar 1928 fuhr sie nach Berlin, wo ihr Mann Harold an der Botschaft arbeitete. Dort lernte sie Margaret Voigt-Goldsmith kennen. Eines Morgens kam Margaret auf Besuch zu Vita. Das Resultat dieses Besuchs war vorhersehbar, und Vita hatte nun zwei Verhältnisse. Die Beziehung mit Mary wurde aufrechterhalten, daher ging es in nächster Zeit zwischen London und Berlin oft hin und her.

Der Skandal, den das Erscheinen von *Lady Chatterley's Lover* und *The Well of Loneliness* im Sommer 1928 auslöste, gefiel Vita. Sie fand es großartig, daß Radclyffe Hall es gewagt hatte, eine ernsthaftes Buch über »back-stairness« (»Hintertreppigkeit«, Vitas Codewort für Homosexualität) zu schreiben, und wollte sich sofort hinsetzen und ebenfalls darüber arbeiten. Vita meinte, daß sich die literarischen Veröffentlichungen verdoppeln müßten, wenn es gestattet wäre, über Homosexualität zu schreiben.

E. M. Forster und Leonard Woolf machten sich gleich daran, Unterschriften gegen das Verbot der beiden Bücher zu sammeln. Virginia schrieb an Vita, daß man sie nicht bitten werde zu unterzeichnen, denn »deine Neigungen sind nur allzu bekannt«. Vita war ein bißchen beleidigt über Virginias Bedenken und versicherte ihr in einem Brief aus Berlin, daß sie eine sehr dezidierte Meinung über *The Well of Loneliness* habe, »nicht, weil es ein gutes Buch ist; aber aus Prinzip«. Sie überlegte sogar, ihre britische Staatsbürgerschaft zurückzugeben, obwohl ihr die Vorstellung, Deutsche zu werden, auch nicht besonders behagte. Die Tatsache, daß sie am Abend zuvor in einem Berliner Nachtclub gewesen war, wo zwei wunderschöne Frauen ein lesbisches Lied gesungen hatten, ließ solche Überlegungen allerdings attraktiver erscheinen.

Ende Februar 1931 erhielt Vita eine Anfrage der Redakteurin Evelyn Irons, ob sie über sie für die *Daily Mail* ein Porträt schreiben könne. Vita stimmte zu und traf sich mit ihr zum Mittagessen. Am 6. März, nur zwei Tage später, verbrachte Evelyn eine Nacht auf Sissinghurst. 1926 hatte Evelyn schon über Radclyffe Hall für die *Daily Mail* geschrieben, und auch aus der damaligen Begegnung war eine Freundschaft entstanden. Diese war allerdings von Radclyffe nicht weiter gepflegt worden, da sich Eveyln nach dem Erscheinen von *The Well of Loneliness* bei der Zeitung aus offensichtlichen Gründen nicht für Radclyffe und ihr Werk eingesetzt hatte.

Evelyn war Ende Zwanzig, aus Schottland, eine Oxford-Absolventin und Redakteurin der Frauenseite der *Daily Mail*. Sie lebte mit ihrer Freundin Olive Rinder, einer Buchhändlerin, die an Tuberkulose erkrankt war, zusammen. Daher wollte sie anfänglich ihre Affäre mit Vita geheimhalten, aber Olive erfuhr davon und schien zu Evelyns Erstaunen nichts dagegen zu haben. Vita allerdings war sehr daran gelegen, von dieser Liebschaft nichts an die Öffentlichkeit dringen zu lassen. Eines Tages kam auch Olive zu Besuch nach Sissinghurst, und sie fand nicht nur am Schloß, sondern auch an der Besitzerin großen Gefallen. Evelyn riet Vita, sich von Olive fernzuhalten, denn diese verstünde es, durch ihre Bedürftigkeit Menschen an sich zu binden. Aber Vita gefiel nun einmal eine gewisse Schwäche, außerdem genoß sie es, angebetet zu werden. Deshalb war es nicht weiter verwunderlich, daß sie auch mit Olive ins Bett ging.

Im Sommer 1932 fuhren Evelyn und Olive in die Ferien nach Cornwall. Vita kam ihnen nach. Es waren keine sehr erfreulichen Tage, die nun folgten, und Evelyn verließ zermürbt als erste das Dreieck. Sie fand eine neue Freundin und verlangte von Olive, aus der gemeinsamen Wohnung auszuziehen. Vita fand ein Haus in der Nähe von Sissinghurst, mietete es für Olive und übernahm es, sie zu versorgen.

In der Nachbarschaft von Sissinghurst gab es noch ein interessantes Frauen-Trio, das in der Nähe in einem sehr lieblichen, einfachen Haus wohnte. Die drei Damen waren unter den Namen Edy, Tony and Christopher bekannt. Edith (Edy) Craig und Christabel Marshall (Christopher St. John) lebten seit 1899 zusammen. Sie hatten eine Wohnung in London gehabt, waren dann aber gemeinsam aufs Land gezogen. Die Malerin Claire (Tony) Atwood war später zu ihnen gestoßen und verstand es als einzige, die häufigen Streitereien und gespannten Situationen etwas zu mildern.

Christopher war Musikkritikerin und Kalligraphin, war zum Katholizismus übergetreten und hatte aus Verehrung für Johannes den Täufer den Namen St. John angenommen. Sie war von Vita hingerissen und unternahm alles Menschenmögliche, um ihre Bewunderung für Vita auszudrücken. Obwohl diese kein Interesse an Christopher hatte, gefiel ihr die Verehrung, und knapp vor Weihnachten 1932 gewährte sie Christopher eine Liebesnacht.

1940 tauchte Violet Trefusis wieder in Vitas Leben auf und bat sie um ein Treffen. Nach einem gemeinsamen Mittagessen schrieb Vita ihr, daß sie nicht mit ihr zusammensein könne, ohne die alte Leidenschaft wieder zu verspüren: »Auf den Landstraßen sind jetzt überall Tafeln ›Achtung! Nicht entschärfte Bomben‹. Da muß ich einen anderen Weg einschlagen. Du bist diese nicht entschärfte Bombe für mich.«

In *No Signposts in the Sea* schrieb Vita zum ersten und letzten Mal explizit über Lesben. Sie stellte fest, daß eine Beziehung zwischen Frauen, außer es handle sich um lesbische Frauen, immer inkomplett sei. Sie selbst behauptete, keine lesbische Veranlagung zu haben.

Die Nachwelt würde mit Vita bezüglich dieser Aussage

wohl einen Streit anfangen. Doch sie und ihre gleichgesinnten Zeitgenossinnen waren, wohl ganz zu Recht, der Ansicht, daß sie ein perfektes heterosexuelles Leben führten. Vita hatte einen erfolgreichen Mann, zwei liebenswerte Söhne, eine Erbschaft, ein Schloß, eine Schriftstellerinnenkarriere und verkehrte in den besten Kreisen. Daß sie in diesen Kreisen hauptsächlich auf Frauen traf, kann mit ihren eigenen Worten erklärt werden: »Zwischen Frauen herrscht eine Art Freimaurerei – und ohne Zweifel auch unter Männern –, diese übertrifft die einfache Aufregung des Krieges zwischen den Geschlechtern.«

Virginia Woolf

wurde am 25. Januar 1882 in London geboren. Sie starb am 28. März 1941 in Monk's House, Sussex, England. Schriftstellerin.

Mit vielen europäischen Schriftstellerinnen, die heute nur noch zum Teil bekannt sind, traf Virginia Woolf im Laufe ihres Lebens zusammen. Alle hielten diese Begegnungen fest, sei es in Form einer Tagebucheintragung oder eines Briefes. Das Festschreiben erfolgte aber auch auf Virginias Seite. Somit ist die Tatsache, daß es soviel Sekundärliteratur zu Virginia Woolf gibt, sicherlich mit den Unmengen von Material, das sie zurückgelassen hat und das obendrein noch zugänglich ist, zu begründen.

Keine der Frauen, die über Virginia schrieb, konnte umhin, von ihrer Schönheit zu schwärmen. Auch wenn viele Einzelheiten nicht stimmen, das Gesamtbild »Virginia« ist unvergänglich und ein bißchen über dem Irdischen stehend. Die Fülle der Geschichten über Virginia ist so groß, daß ich hier nur einige von den Frauen als Zeitzeuginnen ausgewählt habe, die auch in diesem Buch in anderen Zusammenhängen beschrieben werden.

Dolly Wilde, Oscars Nichte, wurde einmal zu einem Essen eingeladen, zu dem auch Virginia erschien. In der Folge schrieb sie einen ausführlichen Brief an Natalie Barney, mit der sie über Jahre eine Affäre in Paris hatte. Nach einer langen Schilderung von Virginias Kleidern und ihrer Frisur begann Dolly zu überlegen, warum Virginia so gar nichts Mütterliches an sich habe. »Sie soll eine Jungfrau sein, nicht einmal mit Orlando soll sie physischen Kontakt gehabt haben. Sie sagt, daß sie keine Erfahrungen brauche – sie wisse alles auch ohne sie, und das ist der Eindruck, den sie mir gleich vermittelt hat.«

Die Dichterin Edith Sitwell sah Virginia zwar nicht oft, aber doch mit einer gewissen Regelmäßigkeit. Edith war besonders von Virginias langen, zarten Händen angetan und hatte Spaß an ihren treffenden Bemerkungen und genauen Beobachtungen. Von Virginias Literatur war sie weniger beeindruckt und ließ es sie auch wissen. Sie fand, daß ganz einfach zuviel Aufsehen um diese gemacht werde. Deren Beziehung mit Vita konnte sie überhaupt nicht verstehen, hielt sie doch gar nichts von Vitas Gedichten und Romanen und meinte, daß Miss Sackville-West eigentlich vom Schicksal dazu bestimmt wäre, ein Gentleman zu sein.

Die Ärztin und Psychologin Charlotte Wolff, die Mitte der dreißiger Jahre eine Handanalyse von Virginia machte, fand, daß Virginia »geistig und körperlich eine Aristokratin (war). Trotz all ihres Verständnisses für die falsche und entwürdigende Rolle der Frauen hätte sie niemals eine Suffragette sein können. Sie war eine elitäre Denkerin, deren Feminismus sich auf die intellektuelle Ebene beschränkte«.

Mit der Schriftstellerin Katherine Mansfield hätte Virginia gerne eine engere Beziehung gehabt. Sie fand, daß sie und Katherine auf sehr unterschiedliche Weise, aber doch mit derselben Intensität an ihrer Kunst interessiert waren. 1917 trafen die beiden Frauen zum ersten Mal zusammen. Von diesem Zeitpunkt an schrieb Virginia immer wieder Positives über Katherine in ihr Tagebuch. Diese notierte wiederum, mit wem Virginia schon leidenschaftlich liiert gewesen war; ihr fielen dazu nur die wesentlich älteren Frauen Madge Voughan und Violet Dickinson ein, mit denen Virginia aber eher eine Mutter-Tochter-Beziehung hatte.

Es ist nicht überliefert, ob Katherine die Beziehung mit Virginia immer wieder abkühlen ließ, weil sie sich zu sehr mit ihr in Konkurrenz befand oder weil sie physische Nähe wollte, die ihr Virginia ganz einfach nicht geben konnte. Katherines schlechter gesundheitlicher Zustand und die langen Aufenthalte auf dem europäischen Festland machten es ihr allerdings auch nicht möglich, intime Freundschaften in London zu pflegen.

1923 wurde Vita Zeugin von Virginias Reaktion auf Katherine Mansfields Tod. Virginia vertraute Vita an, daß Katherine Qualitäten gehabt hatte, die sie bewunderte und brauchte. Offensichtlich übernahm in den Jahren nach Katherines Tod Vita die Rolle, die Katherine in Virginias Leben hätte spielen sollen, und war dabei viel erfolgreicher.

Virginia hätte ihre Freundin gerne immer in Reichweite gehabt. Aber Vitas Terminkalender ließ immer weniger Zeit für eine Beziehung, die zwar intensiv, aber auch nicht vollkommen befriedigend für sie war. Die damals einundsiebzigjährige Komponistin Ethel Smyth (1858–1944) sprang in die Bresche und bot Virginia eine enge Freundschaft.

Ethel Smyth

wurde am 23. April 1858 in Sidcup, Essex, England, geboren. Sie starb am 8. Mai 1944 in Woking, Surrey, England. Komponistin.

Ethel schrieb später, daß sie beim ersten Treffen mit Virginia Woolf etwas gespürt hätte, »das ich nur vergleichen kann mit dem Gefühl, als ich zum ersten Mal Brahms hörte«. Ethel hatte sich gegen den Willen ihrer Eltern durchgesetzt und konnte 1877 nach Leipzig gehen, um Musik zu studieren. Sie schrieb im Laufe ihrer langen Karriere sechs Opern, Orchester- und Kammermusik und zahlreiche Lieder.

Außerdem führte sie ein »Buch der Leidenschaften«, in dem sie die Namen aller Frauen notierte, die sie gern geheiratet hätte. In einem Brief fragte sie: »Warum ist es soviel leichter, mein eigenes Geschlecht zu lieben? ... Ich kann es nicht erklären, denn ich halte mich für ganz gesund. Es ist ein ewiges Rätsel.«

In Leipzig war Ethel in die Gattin ihres Lehrers verliebt, nach ihrer Rückkehr nach England fühlte sie sich von der Suffragette Emmeline Pankhurst sehr angezogen. Sie gründete ein eigenes Frauenorchester und auch einen Frauenchor. Für die Frauenrechtsbewegung komponierte sie den *March of the Women*. Nach ihrem Tod schrieb Vitas Freundin und Nachbarin, Christopher St. John, eine Biographie über Ethel.

Katherine Mansfield

wurde am 14. Oktober 1888 in Wellington, Neuseeland, geboren. Sie starb am 9. Januar 1923 in Fontainebleau. Schriftstellerin.

1903 kam Katherine nach London, um dort in die Schule zu gehen. Ihre Mitschülerin Ida Constance Baker wurde damals ihre Freundin und blieb es auch für den Rest ihres Lebens. Diese Freundschaft lastete oft ganz auf Idas Schultern, da sich Katherine nicht besonders dankbar für die Liebe ihrer Partnerin erwies. Ida verehrte Katherine, und diese wußte, daß Ida die einzige war, die wirklich an sie und ihr Talent glaubte.

1907 kam Katherine nach Neuseeland zurück, wo sie die neun Jahre ältere Künstlerin Edith Kathleen Bendall kennenlernte. Katherine war hingerissen und schrieb, daß sie »alles spürt, was das Leben enthält, wenn sie ihren Kopf auf Ediths Brust legt«. Im selben Jahr schrieb Katherine die Erzählung *Leves Amores*, mit eindeutig lesbischem Inhalt, von der sie aber später kaum sprach. Zu den wenigen, denen sie das Geheimnis ihrer Liebe zu Edith anvertraute, gehörte auch D. H. Lawrence, der laut Katherines Biographin Claire Tomlin so treffend über Lesben in *Women in Love* schreiben konnte, weil er so viele aus Katherines Erzählungen kannte. Es ist auch möglich, daß seine Freundschaft mit der Dichterin H. D. Einfluß auf sein Schreiben genommen hatte, denn auch ihr Alltag gab ihm genug Stoff für mehrere Romane.

Die Schriftstellerinnen Vera Brittain und Rebecca West erinnerten sich daran, daß Katherine 1913 in dem bekannten lesbischen Nachtklub The Cave of the Golden Calf aufgetreten war. Sie hatte damals selbst eine Unterhaltungsnummer dargeboten oder das Programm angesagt. Da sie immer in Geldnöten war, konnte sie diesen Verdienst gut brauchen. Sie wollte ja nicht nur genügend Geld für sich selbst haben, sondern auch Ida, die sie »ihre Gattin« nannte, finanziell unter die Arme greifen.

Immer wieder sprach sie mit Ida über ihre lesbischen Neigungen, klammerte aber diese selbst davon aus. Ob sie darüber auch mit Virginia Woolf geredet hat, ist von beiden nicht überliefert. Sicherlich hatte Katherine an diesem Aspekt in Virginias Leben Interesse, denn sie machte darüber Notizen. Und vielleicht mied sie Virginias Nähe, weil sie nicht wußte, wie sie dieses Thema bei ihr an die Frau bringen konnte.

Vielleicht aber war Ida auch zu wichtig, und es gab für Katherine keine andere Frau, die diesen Platz einnehmen konnte. Ohne Ida in der Nähe zu wissen, fühlte sich Katherine einsam und verloren: »Nicht weil ich dich brauche, aber auf meine schreckliche, hassenswerte, unerträgliche Art liebe ich dich und bin für immer dein.«

Eileen Gray

* am 9. August 1878 auf Brownswood in Irland.
† am 31. Oktober 1976 in Paris.
Architektin und Designerin.

Eileen Gray mit:

Kathleen Bruce, Jessie Gavin, Evelyn Wyld, Kate Weatherby,
Gabrielle Bloch, Chana Orloff, Marisa Damia (Marie-Louise
Damien), Djuna Barnes, Berenice Abbott, Sylvia Beach, Ger-
trude Stein, Alice B. Toklas, Romaine Brooks, Natalie Barney,
Lucie Delarue-Mardrus, Louise Dany, Prunella Clough.

Lebenslinien

Eileen verbringt ihre Kindheit in Irland, London und auf dem
europäischen Festland und beschließt nach dem Schulab-
schluß, in Paris Kunst zu studieren.

1902 Übersiedlung nach Paris gemeinsam mit ihren Freundinnen Kathleen Bruce und Jessie Gavin. Die Frauen finden
in der Nähe vom Montparnasse eine Wohnung. Eileen
beginnt ein Verhältnis mit Jessie.

1907 kommt Evelyn Wyld, Eileens engste Freundin aus
Kindertagen und nun Cellostudentin, auch nach Paris. Bei ihr
ist ihre Gefährtin Kate Weatherby.

Auf Anregung Kates beginnen Eileen und Evelyn sich
mit der Kunst des Teppichknüpfens zu beschäftigen. Reise
nach Marokko, um das Färben, Knüpfen und Weben zu er-
lernen.

Bald darauf Eröffnung einer gemeinsamen Teppichwerkstatt in St. Germain. Evelyn übernimmt den wirtschaftlichen

Bereich, während Eileen Muster entwirft und sich auch dem Design von Möbelstücken zuwendet.

Eileen hat Kontakt mit der gesamten Künstlerinnenszene des Rive Gauche.

Bekanntschaft mit Gabrielle Bloch, mit der sie das Interesse für japanische Kunst verbindet. Beide Frauen gehen 1912 kurz nach New York.

Nach der Rückkehr lernt Eileen die russische Bildhauerin Chana Orloff kennen. Mit ihr verbindet sie in der Folge eine zehnjährige Freundschaft.

Mit Ausbruch des Ersten Weltkrieges wird in Paris ein zunehmend fremdenfeindliches Klima spürbar. Eileen übersiedelt mit Evelyn und Kate nach London.

Dort kann Eileen nicht mehr richtig Fuß fassen und kehrt 1917 nach Paris und in ihr Atelier zurück.

Durch Gaby Bloch lernt Eileen die Chansonsängerin Marisa Damia kennen und beginnt eine Beziehung mit ihr. Die sozialen Gegensätze und das Zusammenziehen Marisas mit Gaby Bloch führen jedoch bald wieder zum Bruch.

Eileen verkehrt im Salon Natalie Barneys, wird von Berenice Abbott fotografiert und befreundet sich mit Romaine Brooks, der sie sich seelenverwandt fühlt.

Mitte der zwanziger Jahre kommt es zur beruflichen Trennung von Evelyn Wyld, die mit ihrer Lebensgefährtin eine eigene Galerie eröffnen will.

1926 kauft sich Eileen ein Grundstück in Roquebrune an der Mittelmeerküste und wendet sich ihren architektonischen Talenten zu. Das nach ihren Entwürfen gebaute Haus erntet bei Architektenkollegen große Anerkennung.

1929 zieht Evelyn Wyld mit ihrer nunmehrigen Partnerin Eyre de Lanux in die Nähe. Allmählich siedeln sich immer mehr Frauen der betuchten Pariser Künstlerinnenszene im Süden an, unter ihnen Natalie Barney, Romaine Brooks und Colette. Eileen beginnt sich mit linken politischen Theorien zu beschäftigen und plant Häuser für die Arbeiterklasse.

Diese Projekte sowie einige kühne städtebauliche Konzepte werden allerdings nie verwirklicht. Mitte der dreißiger Jahre baut sie ein weiteres Wohnhaus für den Eigenbedarf. Ihr erstes Haus geht später in den Besitz von Le Corbusier über.

Im Zuge des zweiten Hausbaus zieht Eileen von der Küste fort. Sie ist nun eng mit ihrer Angestellten Louise Dany verbunden, auch ihre Nichte Prunella Clough ist eine wichtige Person in dieser Lebensphase.

In den fünfziger Jahren plant sie noch einmal ein Hausprojekt, das 1958 unter dem Namen »Lou Perou« fertiggestellt wird.

1964 stirbt Kate Weatherby, was Eileen und Kates Partnerin Evelyn fassungslos zurückläßt.

Auch Eileens Gesundheit verschlechtert sich zusehends, und sie zieht sich immer mehr zurück.

Mit 90 muß sie eine schwere Darmoperation über sich ergehen lassen. Kurz darauf stürzt sie mehrmals schwer.

Nun bereitet sie sich allmählich auf ihr Ende vor. Sie beginnt ihre Papiere, darunter auch die meisten ihrer Briefe, zu vernichten.

Sie stirb 1976 im Alter von 98 Jahren in Paris.

Einblicke

1907 war ein wichtiges Jahr für Eileen, denn ihre Freundin aus frühester Kindheit, Evelyn Wyld, die am Londoner Royal College of Music Cello studiert hatte, beschloß, nach Paris zu ziehen. Sie kam allerdings nicht alleine, sondern mit ihrer Gefährtin Kate Weatherby, Tochter einer wohlhabenden Brauereifamilie, deren Tanten bekannte Suffragetten waren. Beide Frauen waren begeisterte Reiterinnen und hatten nur einen großen Wunsch: möglichst weit entfernt von der Familie ein eigenes Leben zu führen.

Kate hatte immer tolle Ideen und versuchte, soweit es ging, ihre Freundinnen dafür zu gewinnen. So meinte sie, daß Evelyn das Cellospiel lassen und sich statt dessen dem Teppichknüpfen zuwenden solle, für das sie mehr Talent hätte. Evelyn gefiel dieser Vorschlag, sie wollte aber die Unterstützung Eileens bei der Durchführung. So reisten Evelyn und Eileen gemeinsam nach Nordafrika, um von den marokkanischen Frauen das Wollefärben und Weben zu lernen.

Nach längeren Studien eröffneten Evelyn und Eileen eine Teppichwerkstatt in St. Germain. Eileen, die nicht sehr geschäftstüchtig war, überließ diesen Aspekt Evelyn, wurde aber zu einer begeisterten Musterdesignerin. Auf Anregung Kates begann sie sich auch mit dem Entwerfen anderer Einrichtungsgegenstände zu beschäftigen. Im Laufe der Jahre entwarf sie unzählige Möbelstücke, von denen – verstreut in aller Welt und mittlerweile immens teuer – noch etliche erhalten sind. Eileen fand damals eine große Wohnung in der Rue Bonaparte, die sie nach ihren Vorstellungen umbaute und die sie bis an ihr Lebensende als Arbeits- und Wohnbereich verwendete.

Eileen und Gaby Bloch waren einander nähergekommen, weil sie sich beide für japanische Kunst interessierten. Gaby war sehr verschlossen, was große Anziehungskraft auf Eileen ausübte. Obendrein liebte sie Luxus und fand es selbstverständlich, in den besten Restaurants zu essen. 1912 nahm Gaby Eileen mit nach New York.

Durch Gaby lernte Eileen die damals sehr beliebte Chansonsängerin Damia kennen. Marie-Louise Damien (1892 oder 1889 bis 1978) war in sehr ärmlichen Verhältnissen aufgewachsen. Auftritte fast ohne Kleidung standen am Beginn ihrer Karriere, dann wurde sie von einem bekannten Theatermann entdeckt, in Marisa Damia umbenannt und in eine erfolgreiche Sängerin verwandelt. Sacha Guitry überzeugte sie dann noch, daß ihr Schwarz und ein schwermütiger Ton noch besser stünden, und ihre rauhe Stimme war in kurzer

Zeit in ganz Paris bekannt. Sie machte Schallplattenaufnahmen und ging in den USA auf Tournee.

Eileen, die beim ersten Zusammentreffen mit Marisa Damia Mitte Vierzig war, verliebte sich schnell in die jüngere Sängerin. Bald waren ihre langen Haare einem schicken Kurzhaarschnitt gewichen, und die feinen Maßkostüme von den besten Schneidern fielen in den Bars und Restaurants, die sie mit ihrer Geliebten häufig frequentierte, angenehm auf. Sie, die es bisher gewohnt war, den Großteil ihrer Zeit alleine in ihrem Atelier zu verbringen, mußte sich an ein aktives Sozialleben an der Seite Marisas gewöhnen, was anfänglich wohl eher schwierig war.

Diese Gegensätze im Alltag waren wohl teilweise schuld an dem baldigen Ende der Beziehung. Noch mehr dürfte allerdings mitgespielt haben, daß Marisa und Gaby zusammengezogen waren. Trotzdem bewahrte Eileen bis an ihr Lebensende Marisas Fotografien, Schallplatten und Kleider auf. Zu einer letzten zufälligen Begegnung der beiden war es 1950 in der Rue Bonaparte gekommen, aber da hatten sie einander nicht mehr viel zu sagen.

Am meisten verbunden fühlte sich Eileen in den Künstlerinnenkreisen des Rive Gauche mit Natalie Barneys Lebensgefährtin, der Malerin Romaine Brooks. Wie Eileen zog sich auch Romaine am liebsten alleine in ihr Atelier zurück, um dort in den bevorzugten Farben Grau und Schwarz zu leben und zu malen. Romaine hatte sich von Eileen zwei Teppiche anfertigen lassen, die in ihrem Atelier von den wenigen, die Zutritt hatten, bewundert werden konnten. Auch Natalie Barney hatte viel für Eileens Kunsthandwerk übrig und pflegte ihr regelmäßig Bücher mit Widmungen zu schicken: »An Miss Gray, von ihrer Nachbarin und Bewunderin Natalie Barney« stand dann üblicherweise darin geschrieben. Auch Natalies Freundin Lucie Delarue-Mardrus gefielen Eileens Stücke so sehr, daß auch sie ihr einen von ihren Gedichtbänden mit Widmung zukommen ließ: »An Mademoiselle Gray, Holzalchimistin, in Bewunderung ihrer beeindruckenden Kunst.«

Eileen hatte Mitte der zwanziger Jahre ein völlig neues Betätigungsfeld gefunden. Sie hatte 1926 ein Grundstück in Roquebrune an der Mittelmeerküste gekauft und wollte darauf ein Haus nach eigenen Entwürfen bauen. Dieses Projekt nahm ein paar Jahre in Anspruch, denn Eileen wollte alles selbst machen. Vor allem aber wollte sie sichergehen, daß Umgebung und Lichtverhältnisse optimal berücksichtigt und einbezogen würden. Sie arbeitete am liebsten alleine, und die Architekten, die mit ihren Arbeiten vertraut waren, hielten sie in diesem Bereich für eine der Besten.

Zum ersten Mal in ihrem Leben begann sich Eileen auch mit politischen Gedanken auseinanderzusetzen. Sie las Trotzki und Lenin. Diese Lektüre inspirierte sie, Wohnhäuser für die Arbeiterklasse zu entwerfen. Sie begann auch Konzepte für den Städtebau vorzulegen und schlug schon damals vor, autofreie Stadtteile zu bauen. Diese Pläne wurden allerdings, wohl wegen ihres revolutionären Inhalts, nie verwirklicht. Wohlhabend und finanziell unabhängig, hatte es Eileen nie nötig, für die Durchsetzung ihrer Arbeit zu kämpfen. Sie baute nach dem ersten Haus noch zwei weitere, die alle ursprünglich nur für den Eigenbedarf konzipiert waren.

Das erste, das sie selbst bewohnte, ging später in den Besitz Le Corbusiers über, das zweite, in der Provence, wurde im Zweiten Weltkrieg zerstört, und im dritten, wieder an der französischen Mittelmeerküste, lebte Eileen einen Teil des Jahres bis zu ihrem Tod.

Eileens zweites Bauprojekt, das Mitte der dreißiger Jahre begonnen wurde, isolierte sie von ihrem Bekanntenkreis, da sie von der Küste weggezogen war. Sie zog es zunehmend vor, ihre Zeit alleine zu verbringen. Das heißt, nicht ganz alleine, denn ihre treue Dienerin Louise Dany, die seit 1927 bei ihr angestellt war, war immer zugegen. Außerdem war da noch ihre Nichte, die Malerin Prunella Clough, in der Eileen einen

Menschen gefunden hatte, dem sie zeitlebens eng verbunden bleiben sollte.

In den fünfziger Jahren entschloß sich Eileen, noch einmal ein Grundstück in der Nähe des Meeres zu kaufen, um dort ein neues Projekt zu verwirklichen. Lou Perou wurde 1958 fertiggestellt, und Eileen und Louise erlebten dort gerne gemeinsam Frühling und Herbst.

Marina Zwetajewa

* am 26. September oder 9. Oktober 1892 in Moskau.
† am 30. August 1941 in Elabuga.
Dichterin.

Marina Zwetajewa mit:

Asya Turgenewa, Sophia Parnok, Sophia (Sonecka) Holliday, Anna Tesková, Olga Kolbasina, Nina Berberova, Salomea Halpern, Raissa Lomonosowa, Natalie Barney, Vera Bunina, Lilia Efron, Anna Achmatowa, Tanja Kwanina.

Lebenslinien

Marina wächst in großbürgerlichen Verhältnissen auf, lernt Sprachen, spielt Klavier und reist mit ihrer Mutter und Schwester öfter ins Ausland.

1906 stirbt die Mutter und hinterläßt Marina und ihrer Schwester ein beträchtliches Vermögen, das mit der Proklamation der Sowjetunion aber verlorengeht.

Den Sommer 1909 verbringt Marina in Paris, geht oft ins Theater und schwärmt für Sarah Bernhardt.

In Moskau Freundschaft mit der unkonventionellen Asya Turgenewa.

1911 Urlaub auf der Krim, wo sie ihren zukünftigen Mann Sergej Efron kennenlernt, den sie ein Jahr später heiratet.

Im September 1912 kommt Marinas erstes Kind, die Tochter Ariadna, zur Welt.

1914 verliebt sich Marina unsterblich in Sophia Parnok. Die beiden Frauen unternehmen zahlreiche Reisen, um Freundinnen und historische Stätten zu besuchen.

Diese Liebesbeziehung schlägt sich 1915 in der Publikation des Gedichtzyklus *Freundin* (*Podruga*) nieder, worin Marina die Erlebnisse mit Sophia verschlüsselt.

1916 abruptes Ende der Beziehung, als Marina Sophia mit einer anderen Frau ertappt und Sophia jeden weiteren Kontakt abbricht.

Die Februarrevolution 1917 erlebt Marina in Moskau, wo kurz darauf ihre zweite Tochter Irina zur Welt kommt.

1919 lernt Marina die Schauspielerin Sophia (Sonecka) Holliday kennen, und eine stürmische Liebesaffäre beginnt, die allerdings bald ein ähnlich unerwartetes Ende nimmt wie die vorige: Sonecka verschwindet, und erst viele Jahre später erfährt Marina von ihrem Tod.

Marina ist sehr aktiv im öffentlichen künstlerischen Leben, nimmt als Lyrikerin an zahlreichen Lesungen teil und engagiert sich für die Revolution, allerdings auf der bürgerlichen Seite.

1922 folgt sie ihrem Mann, der ebenfalls auf der Seite der bürgerlichen Weißen Armee stand, ins Exil.

Die nächsten drei Jahre verbringt sie in Prag, wo Sergej mit Unterstützung der tschechischen Regierung studiert.

Währenddessen wird das kulturelle Klima in der Sowjetunion immer einseitiger und rigider, und Bücher von Autorinnen wie Anna Achmatowa oder auch Marina selbst werden als konterrevolutionär aus den Regalen entfernt.

Freundschaft mit der Exilrussin Olga Kolbasina und der Schriftstellerin Nina Berberova. Beide Male entsteht eine Art Romanze, der vor allem Nina Berberova nicht gewachsen ist.

1925 gebiert Marina ihren Sohn Georg (Mur), der zum Zentrum ihres Lebens wird.

Freundschaft mit der tschechischen Journalistin Anna Tesková, die Marina in literarische Zirkel lädt und sie auch finanziell unterstützt.

Ähnlich tun dies auch die Exilrussinnen Salomea Halpern und Raissa Lomonosowa.

1925 Übersiedlung nach Paris, wo sie sich anfänglich isoliert und fremd fühlt.

Ein Besuch bei Natalie Barney inspiriert Marina zum Essay *Brief an eine Amazone*.

1928 Bekanntschaft mit Vera Bunina. Ihre Verliebtheit zu Vera versucht Marina diesmal im Zaum zu halten.

Mitte der dreißiger Jahre beginnt Sergej starken Druck auf die Familie bezüglich einer Rückkehr in die Sowjetunion auszuüben.

1937 entschließen sich die beiden zu diesem folgenschweren Schritt. Sergej und die Tochter Ariadna fahren voraus, Marina folgt 1939 mit dem Sohn nach Moskau nach. Kurz darauf werden die Tochter und Sergej verhaftet. Die erstere wird zu langer Lagerhaft verurteilt, Marinas Mann wird erschossen.

Sie selbst findet Schutz bei ihrer Schwägerin Lilia Efron.

In Briefen 1940 schreibt Marina von Plänen, sich das Leben zu nehmen.

Im gleichen Jahr Wiedersehen mit Anna Achmatowa, die aber von der düsteren und mißtrauischen Stimmung im Land überschattet ist.

Im Herbst 1940 verliebt sich Marina in Tanja Kwanina, die ihre Gefühle aber nicht versteht.

1941 wird Marina mit vielen anderen vor anrückenden deutschen Truppen aus Moskau evakuiert. Marina und ihr Sohn werden in die Tartarische Republik geschickt. Die drückende Armut läßt sie keinen Ausweg mehr sehen. Sie erhängt sich Ende August.

Einblicke

Im Frühling 1911 fuhr Marina auf die Krim, um Freunde zu besuchen. Vielen schien sie damals wie ein Junge zu sein: Ihr kurzes gelocktes Haar und die türkischen Hosen verstärkten diesen Eindruck noch. Sie wohnte im Haus der Mutter ihres Freundes Woloschin, die von allen Pra genannt wurde, kurz für Pramater, was »Mutter dieser Region« bedeutet. Hier lernte Marina Sergej Efron kennen, den sie im Januar 1912 heiratete.

Im September kam ihre erste Tochter, Ariadna, zur Welt, im Jahr darauf starb ihr Vater, und im Herbst 1914 verliebte sie sich unsterblich in Sophia Parnok. Der sowjetischen Literaturwissenschaftlerin Sophia Poliakowa ist es zu verdanken, daß wir Material über die Beziehung von Marina und Sophia haben. Sie hatte jahrelang das Leben der beiden Dichterinnen studiert und wußte um ihre Liebesbeziehung. Da sie diese Information nicht in der Sowjetunion veröffentlichen konnte, entschloß sie sich Ende der siebziger Jahre, die Unterlagen in den Westen zu schicken.

Sophia Parnok, die für ihre lesbischen Beziehungen bekannt war und auch nie ein Hehl daraus machte, wurde von Marina so beschrieben: »Keine Frau und auch kein Junge. Aber stärker als ich.« Die beiden Frauen unternahmen gemeinsam viele Reisen. Diese Reisen sind in Briefen aus dem Bekanntenkreis belegt und fanden im nachhinein Eingang in die literarischen Arbeiten der beiden Schriftstellerinnen. Pra, bei der Marina einen Sommer auf der Krim verbracht hatte, schrieb besorgt an eine ihrer Freundinnen, daß Marina ständig mit Sophia verreise und daß niemand wüßte, wo sich die beiden aufhielten.

Marina hatte, gleich nachdem sie für Sophia entbrannt war, mit dem 17 Gedichte enthaltenden Zyklus *Freundin* begonnen, welchen sie im Mai 1915 beendete. In diesem Zyklus ist eine Reise in die Stadt Rostow im Dezember 1914 beschrieben, wo die beiden einen Weihnachtsmarkt besuchten und eine Liebesnacht in einem Klosterhotel verbrachten.

Im Sommer 1915 waren Marina und Sophia bei einer Freundin in der Ukraine. Von dort schrieb Marina einen Brief an ihre Schwägerin: »Sonia (im Russischen die Koseform für

Sophia) liebt mich, und ich liebe sie, und das ist für immer ...«
Dieses Für-Immer nahm allerdings im Januar 1916 ein plötz-
liches Ende. Bei einem Überraschungsbesuch bei Sophia entdeckte Marina eine andere Frau in ihrem Bett, und Sophia erklärte ihr, daß ihre Beziehung beendet sei. Marina war
geschockt und vor den Kopf gestoßen. Obwohl mit den Jahren ihre Verbitterung über Sophias Haltung abnahm, wiederholte sie immer wieder, daß dies die erste Katastrophe ihres
Lebens gewesen sei.

1919 brachte ein Freund die Schauspielerin Sophia Holliday, die von allen Sonecka gerufen wurde, mit auf Besuch zu
Marina. Sonecka, von körperlich zarter Statur, hatte mit
Dostojewskijs *Weißen Nächten* einen großen Erfolg gefeiert.
In einem Brief an ihre Freundin Anna Tesková, viele Jahre
später, schrieb Marina, daß Sonecka die Frau war, die sie
am meisten in der Welt geliebt hätte. Sie war wie Zucker für
Marina: »Wir alle wissen, daß Zucker nicht notwendig
ist und daß wir ohne ihn gut leben können ... Von unge-
zuckertem Tee sterben wir nicht. Aber leben tun wir auch
nicht.«

Sonecka war ebenfalls sofort von Marina angetan und
schrieb ihr glühende Liebesbriefe, in denen sie Marina ver-
pflichtete, sie immer zu lieben, denn sie würde jung sterben.
Dieses vermeintliche Wissen um einen baldigen Tod machte
die Liebe der beiden Frauen so verrückt und hoffnungslos. So
plötzlich wie Sonecka aufgetaucht war, verschwand sie dann
auch wieder. Eines Tages reiste sie ab, ohne sich von Marina
verabschiedet zu haben. In all den Jahren, die Marina später
in Frankreich verbrachte, hörte sie nie wieder von Sonecka.
Erst 1936 überbrachte ihr ihre Tochter Ariadna die Nachricht
von Soneckas Tod, die angeblich einige Monate vorher gestorben war.

In Prag, wo sich Marina sehr wohl fühlte, mietete sie im
Bezirk Smichov eine Wohnung auf einem Hügel mit Sicht auf
die Stadt. Dort nahm sie ihr gewohntes Leben wieder auf, es

galt, sich um die Familie zu kümmern – in den kommenden Jahren ein schwieriges Unterfangen –, zu schreiben und Kontakte mit der großen russischen Kolonie in Prag aufrechtzuerhalten. Marinas Nachbarin, Olga Kolbasina, die ehemalige Frau Victor Chernows, hatte gemeinsam mit ihren Töchtern zahlreiche Gefängnisse in Rußland überlebt, war schließlich ins Ausland verbannt worden und lebte nun auch in Prag. Marina war von Olga und ihren Töchtern fasziniert, und Olga bezeichnete in ihren Erinnerungen ihre Verbindung mit Marina als Romanze. Beide übersiedelten später nach Paris, und auch dort setzten sie ihre Freundschaft fort.

Die Schriftstellerin Nina Berberova, die Marina auch in Prag kennengelernt hatte, war von ihr sehr beeindruckt. Ihre Erscheinung erinnerte sie an einen jungen ägyptischen Mann, war aber gleichzeitig auch sehr beunruhigend. Sie war Marinas sexueller Energie und Ausstrahlung nicht gewachsen, und als diese gar einen Stromausfall inszenierte und versuchte, Nina in der Dunkelheit zu küssen, ergriff sie die Flucht.

In Paris traf Marina auch mit Natalie Barney zusammen. Dieses Treffen fand seinen Niederschlag in Marinas Essay *Brief an eine Amazone*. Hier legte Marina dar, was sie über lesbische Liebe dachte. Sie sah sie immer als das Zusammensein einer älteren und einer jüngeren Frau. Die jüngere Frau verläßt die ältere, weil sie dem Ruf der Natur folgt und Kinder haben möchte. In Marinas Welt brauchten Frauen Männer, um Kinder zu bekommen; sie blieben dann bei diesen Männern, wenn das auch noch so belastend war, wie eben auch bei ihrem eigenen Mann.

Tanja Kwanina, eine junge Frau, die Marina im Herbst 1940 ihre Hilfe anbot und die viele Jahre später mit Stolz über ihre kurze Zeit mit Marina schrieb, wurde von dieser mit Briefen beglückt, deren Inhalt sie erstaunte und den sie oft nicht verstand. Marina versicherte Tanja, daß sie Tag und Nacht an sie denke und sie wie das tägliche Brot brauche.» Wenn ich nicht liebe, bin ich nicht. Es ist schon so lange her, daß ich ich war. Mit dir bin ich.«

Um sicherzugehen, daß Tanja auch verstand, wovon sie sprach, erzählte sie ihr von Sonecka und gab ihr *Die Geschichte von Sonecka* zu lesen. Sie entschuldigte sich auch bei Tanja, daß sie die alte Orthographie verwendet hatte, um ihr Briefe zu schreiben, aber solche Art Briefe könne sie eben nicht nach den neuen Regeln abfassen. Tanja wollte oder konnte Marinas Verlangen nicht verstehen, und Marinas Wunsch, endlich wieder lieben zu können, ging nicht in Erfüllung.

Sophia Parnok

wurde 1885 in Taganrog, Rußland, geboren. Sie starb 1933 in Karinskii, Rußland. Opernlibrettistin, Dichterin.

Aus einer wohlhabenden jüdischen Familie im Süden Rußlands stammend, machte Sophia zuerst unter dem Pseudonym Andrej Polianin Karriere als Übersetzerin. Sophia war mit dem Werk der ersten russischen Dichterin Karolina Pawlowa sehr vertraut und wies Marina Zwetajewa zuerst auf deren Gedichte hin.

In ihren eigenen Gedichten spricht sie fast immer nur Frauen an, und ihre zahlreichen Affären waren stadtbekannt. Bis zum Publikationsverbot 1929 erschienen immer wieder Lyrikbände, die bei ihren Zeitgenossen viel Beachtung fanden. Ihr 1926 veröffentlichtes Buch *Musik (Muzyka)* wurde als ihr bestes Werk eingestuft, allerdings wurde es von den sowjetischen Medien völlig ignoriert. Zum damaligen Zeitpunkt waren bereits die meisten der revolutionären Gesetze zurückgenommen, und keines von Sophias Gedichten durfte mehr veröffentlicht werden.

Von der Jahrhundertwende bis Mitte der zwanziger Jahre waren lesbische Themen kein Tabu in der russischen Literatur. Die Schriftstellerin Lydia Zinowiewa-Annibal schrieb in ihren Kurzgeschichten und Romanen oft darüber, wie bewegend und tiefgreifend lesbische Liebe sei. Das lesbische Paar Anna Yewreinowa und Maria Feodorowa gab gemeinsam die wichtige Literaturzeitschrift *Der Nordische Vorbote* heraus. Polyxena Solowiowa, die Übersetzerin von *Alice in Wonderland* ins Russische und eine Dichterin, die der symbolistischen Gruppe angehörte, war überall mit ihrer Lebensgefährtin Natalia Maneseina anzutreffen. Diese Frauen tauchen alle in Marina Zwetajewas 1933 erschienenem Essay *Brief an eine Amazone* sowie in der später geschriebenen *Geschichte von Sonecka* auf.

Marina war 1914 bei der ersten Begegnung mit Sophia wie vom Blitz getroffen. In einem ihrer Gedichte beschreibt sie, wie sie Sophias Herz im Sturm erobern will und setzt alles daran, um von dieser Fremden »mit den Zügen Beethovens« geliebt zu werden. Solange Marina mit Sophia zusammen war, schien sie für alles andere blind zu sein. Zeitzeugen berichten, daß die beiden während eines Besuches 1915 in Petrograd (St. Petersburg war wegen des Krieges mit Deutschland in Petrograd umbenannt worden) ständig miteinander stritten.

Nachdem Sophia die Beziehung mit Marina beendet hatte, war diese tief verwundet. Obwohl sie versuchte, die Erinnerung an Sophia zu verdrängen, kreuzten sich ihre Wege – wenn auch indirekt – doch immer wieder. 1921 kam Marina zu Ohren, daß es den Schriftstellern auf der Krim sehr schlecht ging, und sie bat persönlich Anatol Lunatscharski, Hilfe für sie zu organisieren.

Sophia befand sich zum damaligen Zeitpunkt auch auf der Krim. Als Marina schon in Frankreich lebte, hörte sie, daß Sophia Schwierigkeiten mit dem Publizieren hatte, und sofort versuchte sie Boris Pasternak dazu zu bewegen, Sophia zu hel-

fen. Dieser war aber eifersüchtig und tat nichts für die Schriftstellerin. In ihren letzten Lebensjahren sah sich Sophia mit der
Unterdrückung des Lebenswerks einer ganzen Generation
konfrontiert. Erst 1979 erschienen in der Sowjetunion zum
ersten Mal seit mehr als fünfzig Jahren die gesammelten
Werke der Sophia Parnok.

Dreiecke und mehr

Janet Flanner & Solita Solano

Janet Flanner:
* am 13. März 1892 in Indianapolis.
† am 7. November 1978 in New York.
Journalistin und Schriftstellerin.

Solita Solano (Sarah Wilkinson):
* 1888 in Troy, Bundesstaat New York.
† im November 1975 in Orgeval, Frankreich.
Journalistin und Schriftstellerin.

Janet Flanner und Solita Solano mit:

Margaret Anderson, Jane Heap, Georgette Leblanc, Dorothy Caruso, Gertrude Stein, Alice B. Toklas, Natalie Barney, Sylvia Beach, Adrienne Monnier, Marie Laurencin, Colette, Djuna Barnes, Thelma Wood, Berenice Abbott, Natalia Danesi Murray, Nancy Cunard, Dolly Wilde, Noel Haskins Murphy, Erika Mann, Carson McCullers, Gypsy Rose Lee, Cheryl Crawford, Jane Bowles, Libby Holman, Louisa Dupont Carpenter, Mercedes de Acosta, Sybille Bedford, Elizabeth Jenks Clark.

Janet wächst mit ihren zwei Schwestern in guten Verhältnissen auf.

Nach dem Freitod ihres Vaters 1912 entschließt sie sich, Indianapolis zu verlassen, und zieht nach Chicago.

Sie benützt ihr Erbe zum Studium, bei dem sie aber nicht besonders erfolgreich ist.

1918 heiratet Janet einen Studienkollegen und zieht mit ihm nach New York.

Das Paar wohnt in Greenwich Village, und Janet beginnt in Künstlerkreisen zu verkehren.

Dort trifft sie auch die Journalistin Neysa McMein und wird ständiger Gast in ihrem Atelier in der 57th Street.

Im Winter 1919 lernt Janet Solita kennen und verliebt sich in sie.

1921 brechen beide Frauen Richtung Europa auf und bereisen zahlreiche Länder wie Griechenland, Italien, Türkei und Österreich.

1922 lassen sie sich in Paris im Hotel Saint Germain des Prés nieder, das bis zum Ausbruch des Zweiten Weltkrieges ihre Bleibe werden sollte.

Janet arbeitet an ihrem ersten und letzten Roman *The Cubicle City*, der nach seinem Erscheinen 1926 nicht den gewünschten Erfolg bringt.

Kurz darauf beginnt sie als Paris-Korrespondentin der Zeitung *The New Yorker* tätig zu werden.

Erst ihre *Letters from Paris*, unterzeichnet mit Genêt, sind erfolgreich und werden das Hauptwerk ihres Lebens.

Janet befreundet sich trotz vieler politischer und literarischer Meinungsverschiedenheiten mit Margaret Anderson, der Herausgeberin der *Little Review*.

Freundschaft auch mit Gertrude Stein, die ihr in journalistischen wie schriftstellerischen Belangen weiterhilft und sie schätzt.

Janet und Solita verkehren auch regelmäßig im Salon Natalie Barneys. Dort treffen sie Djuna Barnes, mit der eine nahe Freundschaft entsteht, und die sich immer wieder Unterstützung in ihren Krisen mit Thelma Wood holt.

Eine der engsten Freundschaften entsteht mit der Schriftstellerin Nancy Cunard, die drei Frauen nennen sich nur »eins, zwei und drei, die glücklich verheirateten Frauen«.

In den zwanziger Jahren hat Janet auch eine kurze Affäre mit Dolly Wilde, was aber im Beziehungsgefüge mit Solita durchaus Platz hat und mit ähnlichen Flirts von deren Seite beantwortet wird.

1931 verliebt sich Janet in die Sängerin Noel Haskins Murphy, und eine tiefere Bindung entsteht. Janet hält sich häufig in Noels Landhaus in Orgeval, in der Nähe von Paris, auf. Solita kann sich allmählich mit dieser neuen Konstellation einverstanden erklären.

Zu Kriegsbeginn kehren Janet und Solita nach New York zurück.

Noel bleibt in Paris zurück und hilft bei der Evakuierung von Flüchtlingen. Die versprochene Rückkehr von Janet findet nie statt.

1940 verliebt sich Janet intensiv in Natalia Danesi Murray, die Tochter der Herausgeberin von *La Donna* und Radiojournalistin für einen italienischen Sender in New York.

Trotz dieser neuen Verbindung bleibt die enge Beziehung zu Solita bestehen.

Bekanntschaft mit Carson McCullers; Janet, Solita und Natalia kümmern sich zunehmend um diese.

Während Janet ihre Beziehung zu Natalia intensiviert, lernt Solita Elizabeth (Lib) Jenks Clark kennen.

1944 kehrt Janet als Kriegskorrespondentin nach Frankreich zurück und nimmt das Verhältnis zu Noel wieder auf.

Die nächsten Dekaden sind von Janets Pendeln zwischen den Kontinenten und den Liebhaberinnen bestimmt. In New York gibt es Natalia und in Paris Noel. Schwieriger wird es, als Natalia beschließt, nach Rom zu ziehen. Janet hat dann zwar Gelegenheit, mehr Zeit mit ihr zu verbringen, aber sie will die Beziehungen nicht vermischen.

Janet pflegt Kontakt mit allen Freundinnen, die sich in den zwanziger und dreißiger Jahren in Paris aufgehalten haben, und unterstützt, soweit es ihr möglich ist, einige auch finanziell.

Sie schreibt nach wie vor ihre *Letters from Paris* für den *New Yorker*. Zusätzlich verfaßt sie auch immer wieder längere Porträts von wichtigen Persönlichkeiten, die entweder im *New Yorker* erscheinen oder gesammelt in Buchform herausgegeben werden.

Die letzten Lebensjahre verbringt Janet vorwiegend in New York. Sie wird immer wieder eingeladen, über die Vorkriegsjahre in Paris zu sprechen.

Als es ihr gesundheitlich nicht mehr gutgeht, wird sie liebevoll von Natalia Danesi Murray gepflegt.

Solita Solano wächst als Sarah Wilkinson in der Nähe von New Yorks Hauptstadt Albany auf.

Nach ihres Vaters Tod im Jahre 1903 geht laut Testament die Verwaltung ihres Erbes an ihre beiden jüngeren Brüder.

1904 brennt Solita mit dem Ingenieur Oliver Filley durch und heiratet ihn.

Die beiden verbringen die nächsten vier Jahre auf den Phillippinen, in China und Japan.

Die Ehe gefällt Solita bald nicht mehr, sie verläßt heimlich ihren Mann und schafft es, 1908 nach New York zurückzukommen.

Zusammen mit Pearl White, die sie auf der Suche nach einem Zimmer kennengelernt hat, versucht sie ihr Glück beim Theater.

1910 geht sie, ohne einen Groschen, nach Boston, wo sie bald eine erfolgreiche Journalistin wird.

1918 übersiedelt sie nach New York, wo ihr eine Stelle als

Theaterkritikerin für die New Yorker *Tribune* angeboten worden war.

Solita verliebt sich 1919 in Janet und zieht mit ihr 1921 nach Europa.

In der Tasche hat sie einen Auftrag, für *National Geographic* über Konstantinopel zu berichten; dies sollte das finanzielle Auskommen der beiden Frauen vorerst garantieren.

Zwischen 1924 und 1927 schreibt und veröffentlicht Solita drei Romane. Da diese aber nicht den gewünschten Erfolg bringen, wendet sie sich wieder dem Journalismus zu.

Janets Engagement für den *New Yorker* bringt auch schwerwiegende Folgen für Solita mit sich. Janets Arbeit rückt mehr und mehr in den Mittelpunkt, und anstatt an ihren eigenen Themen zu schreiben, fängt Solita an, für Janet zu recherchieren und zu tippen, und korrigiert ihre Manuskripte. Sie ergänzt Janet auf wunderbare Weise und wird so für deren Erfolg unentbehrlich. Diese Arbeitsgemeinschaft bleibt für beide lebenslang bestehen.

Solita und Janet haben einen großen, gemeinsamen Freundinnenkreis, aber während Janet immer wieder neue Frauen anzieht, widmet sich Solita intensiver den schon bestehenden Freundschaften. Zu ihren engsten Freundinnen gehören Margaret Anderson und Georgette Leblanc, mit denen sie auch ihr Interesse für die Lehren Gurdjieffs teilt.

Als Janet Anfang der dreißiger Jahre die Beziehung mit Noel Haskins Murphy eingeht und oft in deren Landhaus in Orgeval weilt, arrangiert sich Solita mit dieser Konstellation und ist dort häufig zu Gast.

Während des Zweiten Weltkrieges beginnt sich Solita von Janet und ihren wechselnden Affären zu lösen und verliebt sich in Elizabeth (Lib) Jenks Clark. Sie zieht mit ihr in den Westen der Vereinigten Staaten und nach Ende des Weltkrieges nach Orgeval in Frankreich, ganz in die Nähe von Noel.

Die Beziehung mit Lib bleibt bis an ihr Lebensende bestehen, trotzdem kümmert sich Solita weiter intensiv um Janet.

Trotz der Umzüge von Kontinent zu Kontinent hat Solita viele wichtige Dokumente aufgehoben. Ihr ist es zu verdanken, daß Janets und ihr großer Nachlaß erhalten blieben und zugänglich sind.

Einblicke

Janet Flanner war schon über achtzig, als sie an Solita Solano, ihre Lebensgefährtin in den zwanziger und dreißiger Jahren und lebenslange Freundin, schrieb, daß sie aus ihrem Leben und dem Leben ihrer Freundinnen wohl ein schreckliches Chaos gemacht hätte. Ob ihre Freundinnen ihre Meinung teilten, ist nicht überliefert.

An Gertrude Stein und Alice B. Toklas wandte sich Janet, wenn sie Informationen über Künstler brauchte, schrieb sie doch unter anderem immer wieder Porträts über Maler wie Picasso oder Matisse.

Aber auch ohne berufliche Anliegen war Janet gerne bei Gertrude zu Besuch, und da sie diese bewunderte, war sie auch gerne gesehen. Gertrude war ja der Ansicht, daß sie und Janet politisch ähnliche Ansichten vertraten und schrieb ihr einmal: »All die Schriftsteller, die Erfolg haben, viel Geld verdienen und Snobs sind, sind Proletarier, während wir, die wir nichts verdienen und uns nicht als Snobs geben, konservativ sind.« Alice hingegen war sich lange nicht sicher, wie sehr sie nun Janet vertrauen könne, ließ sich aber dann doch von deren Aufrichtigkeit und vor allem von ihrer Treue überzeugen.

Djuna Barnes war enger mit Natalie Barney befreundet als Janet und Solita, aber das Paar war Djuna immer besonders zugetan. Die Schriftstellerin Kathryn Hulme, die damals die drei öfter im Café Flore Martinis trinken sah, fand, daß sie wie elegante Parzen aussahen. Janet und Solita waren immer für Djuna da, wenn es Szenen mit Djunas Liebhaberin Thelma Wood gab. Auch später, als sich Djuna nach New York zurückgezogen hatte, traf sie sich dennoch mit den beiden, die ja auch immer wieder länger in oder um New York wohnten.

Janet und Solita, die im Gegensatz zu den reichen Erbinnen für ihren Lebensunterhalt arbeiten mußten, fanden es selbstverständlich, ihren Freundinnen finanziell unter die Arme zu greifen, wann immer es notwendig schien. Als Janet 1959 Djuna Geld für eine neue Schreibmaschine schickte, stand in Djunas Dankesbrief, »vergiß nicht, daß du eine Arbeiterin bist«.

Solitas und Janets Abmachung, ihre Beziehung trotz aller Affären als unauflösbar zu betrachten, kam erst ins Schwanken, als Janet im Sommer 1931 Noel Haskins Murphy kennenlernte und sich bald darauf in sie verliebte. Noel soll laut Zeitzeugen eine Kombination von Greta Garbo und Marlene Dietrich gewesen sein. Sie hatte sich, aus begüterten New Yorker Verhältnissen stammend, zur Sängerin ausbilden lassen und sang vor allem deutsche Lieder. Weder Janet noch Solita dachten daran, ihr gemeinsames Arrangement zu ändern, da weder Arbeit noch Leben ohneeinander möglich schienen. Aber Janet war oft beruflich unterwegs oder in Noels Haus in Orgeval, einem kleinen Ort westlich von Paris. »Wenn sie sich daran erinnert, dann lebt sie mit mir«, soll Solita scherzend gesagt haben.

Da die Beziehung zwischen Noel und Janet offensichtlich von Dauer war, wurde auch Solita eine regelmäßige Besucherin in Orgeval. Mit der Zeit kamen immer mehr Freundinnen, um die Wochenenden bei Noel zu verbringen. Sie hatte drei Gästezimmer und war eine ausgezeichnete Köchin, die Gemüse und Kräuter im eigenen Garten zog. Ihr Weinkeller war gut gefüllt, und den Champagner kühlte sie in ihrem Brunnen. In diesem Haus war es möglich, alle Depressionen zu vergessen, was in diesen Kreisen offensichtlich ein weitverbreitetes Verlangen war und immer für ein volles Haus sorgte.

Als Janet Natalia Danesi Murray 1940 in New York kennenlernte, war sie eigentlich nur vorübergehend in der Stadt und war mit einer Frau liiert, die in Paris auf ihre Rückkehr wartete. Natalia war zu diesem Zeitpunkt achtunddreißig Jahre alt. Sie war in Rom aufgewachsen, Tochter von Ester Danesi, der Herausgeberin der Zeitschrift *La Donna*. Dann hatte sie einen Amerikaner geheiratet und war nach New York gezogen. Nach ihrer Scheidung lebte sie mit ihrem Sohn und ihrer Mutter zusammen und arbeitete für einen italienischen Radiosender. Ohne in Europa sein zu müssen, vermittelte Natalia Janet all das Flair, das diese an Europa erinnerte. Da Janet auch während dieser Beziehung zwischen Liebhaberinnen und Kontinenten hin und her pendelte, mußte sich Natalia in Geduld und Toleranz üben, was ihr offenbar nicht so schwer fiel: »Unsere leidenschaftliche Freundschaft, eingebettet zwischen dem nordamerikanischen und dem europäischen Kontinent«, schrieb sie in der Einleitung zu Janets Briefen, die sie 1985 herausgab. Sie wußte, daß sie eine Beziehung mit Janet nur aufrechterhalten konnte, wenn sie bereit war, mit ihr durch die ganze Welt zu reisen und an häufig wechselnden Orten zu leben.

Während Janet sich immer wieder überlegte, zu Noel zurückzukehren und daneben gleichzeitig ihre Beziehung zu Natalia intensivierte, begann Solita Entscheidungen zu treffen. Sie wollte nicht länger ohne Heim sein und auf Janets gelegentliche Besuche warten. Sie hatte Elizabeth (Lib) Jenks Clark getroffen und beschlossen, in den Westen der Vereinigten Staaten zu ziehen.

Mit Lib hatte Solita bis an ihr Lebensende eine sehr stabile Beziehung, sie lebten zuerst in den Staaten, gingen aber nach Ende des Krieges nach Europa. Sie kauften in Orgeval ganz in der Nähe von Noel ein Haus. Lib schien auch problemlos in den Freundinnenkreis aufgenommen worden zu sein und hinderte Solita nicht daran, weiter als Janets »Mädchen für alles« zu fungieren. Nach dem Eintritt der USA in den Krieg war Noel, wie fast alle anderen Nordamerikanerinnen – unter ihnen auch Sylvia Beach –, interniert worden. Im Februar 1943 war sie wieder in Freiheit und ging sofort nach Orgeval zurück. Zu der Zeit war Janet noch immer in New York, wollte noch immer so schnell wie möglich nach Frankreich zurück und versuchte, »nicht über ihre Untreue bekümmert zu sein«.

Im November 1944 sahen Noel und Janet einander endlich wieder, und die alte Routine wurde erneut aufgenommen: Janet verbrachte ein paar Tage in Paris in ihrem Hotelzimmer, diesmal allerdings ohne Solita, und den Rest der Zeit bei Noel in Orgeval. Das Zusammensein mit Noel stellte das gemeinsame Leben mit Natalia in New York in den Hintergrund. Das Leben in Paris war für Janet genauso wichtig wie ihre Existenz in New York, und da sie sich nie für eine Stadt und eine Frau entscheiden wollte und konnte, pendelte sie in den nächsten Jahrzehnten zwischen den Kontinenten und den Liebhaberinnen.

Solita, Noel und Natalia – alle drei Frauen brauchte Janet, konnte sich nicht vorstellen, eine für die andere aufzugeben, und wollte nicht ohne sie leben. Für Solita, die sich schon durch die Dauer ihrer Beziehung wie ein Familienmitglied Janets fühlte, war dies kein Problem. Schwierigkeiten entstanden nur, wenn Noel eifersüchtig wurde oder Natalia zu besitzergreifend. Trotzdem versuchte Janet über all diese Jahre, ihre Beziehungen strikt auseinanderzuhalten: Sie ließ sich Briefe von Noel und Solita nicht an Natalias Adresse schicken und lud Natalia nur dann nach Paris ein, wenn Noel nicht da war. Je älter und gebrechlicher sie wurde, desto schwieriger war es, diese Trennung aufrechtzuerhalten, und letzten Endes mußten alle zusammen helfen, um Janets Arbeit und Reisen zu sichern.

wurde am 10. März 1896 in Neville Holt, Leicestershire, England, geboren. Sie starb am 16. März 1965 in Paris. Dichterin und Verlegerin.

Als Nancy 1928 beschloß, eine eigene Druckerei zu kaufen, um die Bücher publizieren zu können, die ihr gefielen, warnte sie Virginia Woolf, die es wissen mußte: »Deine Hände werden immer voll Tinte sein.« Viele Frauen, die wie sie in großem Luxus aufgewachsen waren, hätten nie daran gedacht, ihre Hände schmutzig zu machen, aber Nancy liebte das Außergewöhnliche. Ebenso wie sie an allem Gefallen hatte, was ihre Mutter, die von ihr verachtete Lady Emerald Cunard, und die Leute, mit denen sie verkehrte, in Schrecken versetzte. Zuerst war es der falsche Mann, den Nancy geheiratet hatte, um der Mutter zu entkommen, von dem sie sich aber bald scheiden ließ. Dann hatte die Mutter immer etwas an den Frauen auszusetzen, mit denen Nancy zusammenwohnte. Später waren es Nancys lange Aufenthalte in Frankreich und die Künstlerkreise, mit denen sie dort Umgang hatte.

Bis Mitte der zwanziger Jahre schrieb Nancy viel Lyrik, war an der Herausgabe der ersten Nummern von *Wheels* beteiligt, die allgemein Edith Sitwell zugeschrieben werden, und war gleichzeitig das Modell für die Frau, die die zwanziger Jahre repräsentieren konnte: unternehmungslustig, talentiert und reich. So lernte sie auch im Herbst 1924 Janet Flanner und Solita Solano kennen. Die drei verstanden sich auf Anhieb ausgezeichnet und wurden dicke Freundinnen. Sie sahen sich als eine ganz besondere Dreierkonstellation, und in ihrer Korrespondenz unterschrieben sie oft mit 1, 2, 3 oder zeichneten drei kleine Eulen oder einen dreibeinigen Sessel.

Nancy gehörte zu den Frauen, die sich immer wechselnde männliche Liebhaber zulegten, aber ihre sozialen und erotischen Netze mit Frauen spannen. Auf Nancys Liebhaberliste war der Dichter Aragon zu finden, der schwarze nordamerikanische Musiker Henry Crowder und später ein junger Spanier. Zu Crowder sagte sie am Anfang ihrer Beziehung, daß sie Lesben gerne habe, daß sie sich in ihrer Gegenwart immer wohl gefühlt habe und daß dies auch in Zukunft hoffentlich so bleiben werde.

Daß sie trotz ihres Alkoholismus und ihrer schlechten psychischen Gesundheit weiter produktiv bleiben konnte, ist beachtenswert. Ihre Beziehung mit Crowder gipfelte 1931 in einem Pamphlet gegen den Rassismus, speziell den Rassismus ihrer Mutter, *Black Man and White Ladyship* und 1934 in der Anthologie über schwarze Kultur und Politik, *Negro*.

Während des spanischen Bürgerkriegs war sie Korrespondentin für den *Manchester Guardian* und unermüdliche Triebkraft in diversen Solidaritätskomitees für die republikanische Seite. Dabei hatte sie auch Sylvia Townsend Warner und Valentine Ackland kennengelernt, mit denen sie während des Zweiten Weltkriegs, den sie in England verbrachte, freundschaftlichen Umgang pflegte. Sylvia war immer beeindruckt, wenn Nancy zu Besuch kam. Anstatt der üblichen Koffer kam sie nur mit einem Schultersack oder einem großen Taschentuch, welches sie an den Enden zusammengeknotet hatte.

Ihre wichtigsten Freundinnen aber waren all die Frauen, die sich in den zwanziger Jahren in Paris getroffen hatten und mit denen sie gemeinsam wegweisende kulturelle und politische Akzente gesetzt hatte. Dazu gehörten die Buchhändlerinnen Sylvia Beach und Adrienne Monnier, die Literatin Margaret Anderson und ihre jeweilige Lebensgefährtin und natürlich Janet und Solita, die inzwischen auch mit anderen Frauen liiert waren, aber dennoch weiter miteinander arbeiteten.

Mit dem wenigen, das ihr geblieben war, kaufte sich Nancy in den fünfziger Jahren ein Haus in der Dordogne, welches sie im Frühjahr und Sommer bewohnte. Das Haus hatte keine Heizung und keinen nennenswerten Komfort, was Nancy nicht weiter störte, denn in der kalten Jahreszeit ging sie auf Reisen. Es gab immer Freundinnen zu besuchen oder politische Arbeit zu unterstützen, in die sich Nancy nach wie vor mit Feuereifer stürzte.

Manchmal wurde allerdings ihr psychischer Zustand so schlecht, daß sie in psychiatrische Kliniken eingewiesen oder wochenlang privat gepflegt werden mußte. Eine Woche vor ihrem Tod in einem Pariser Krankenhaus war sie überraschend bei Solita Solano und ihrer Lebensgefährtin Elizabeth Jenks Clark aufgetaucht, die in Orgeval, außerhalb von Paris, lebten. Dort hatte sie die ganze Nacht getrunken, geschrieben und Selbstgespräche geführt. Am nächsten Morgen setzten die beiden Nancy in ein Taxi und schickten sie zu Janet Flanner in die Stadt zurück. Dort kam sie nie an, und sie fanden sie erst eine Woche später, bereits gestorben, in einem Krankenhaus.

Radclyffe Hall & Una Troubridge

Radclyffe Hall:
* am 12. August 1880 in Bournemouth, England.
† am 7. Oktober 1943 in Pimlico, England.
Schriftstellerin.

Una Vincenco, Lady Troubridge (Margot Elena Taylor):
* am 8. März 1887 in England.
† am 24. September 1963 in Rom.
Schriftstellerin.

Radclyffe Hall und Una Troubridge mit:

Mabel Veronica (Ladye) Batten, Winnaretta Singer, Ethel Smyth, Toupie Lowther, Violet Hunt, May Sinclair, Ida Wylie, Romaine Brooks, Natalie Barney, Elisabeth de Gramont, Colette, Eileen Gray, Gluck, Gwen Farrar, Teddie Gerard, Eileen Bliss, Jo Carstairs, Tallulah Bankhead, Evelyn Irons, Olive Rinder, Karin Michaelis, Vita Sackville-West, Edy Craig, Christopher St. John, Tony Atwood, Evguenia Souline, Naomi (Mickie) Jacob, Ethel Waters.

Lebenslinien

Radclyffe wächst in wohlhabenden Verhältnissen auf. Ihre Erziehung und Bildung erhält sie ausschließlich durch privaten Unterricht.

Schon in jungen Jahren läßt sich Radclyffe, die eigentlich auf den Namen Margaret getauft worden war, John rufen.

Im Alter von achtzehn Jahren verliebt sie sich in eine Musikschülerin ihres Stiefvaters.

Etwas später längerdauernde Beziehung mit einer ihrer jüngeren nordamerikanischen Cousinen, Dorothy Diehl.

1901 wird Radclyffe großjährig und erbt das beträchtliche Vermögen ihres Großvaters. Dank dieses Vermögens kann sie zeit ihres Lebens tun und lassen, was sie will.

1907 Begegnung mit Mabel Veronica (Ladye) Batten, einer verheirateten und sehr verwöhnten fünfzigjährigen Frau.

1908 werden die beiden Frauen Liebhaberinnen, und Radclyffe beginnt, ihre Gewohnheiten ganz auf Ladye einzustellen.

Zahlreiche Reisen nach Frankreich, Italien und Nordafrika. Das Paar befreundet sich mit der Nähmaschinenerbin Winnaretta Singer und deren damaliger Liebhaberin Ethel Smyth. Beide überzeugen Radclyffe und Ladye von der Notwendigkeit, den Kampf der Suffragetten zu unterstützen.

Radclyffe tritt nach Ladyes Vorbild zum Katholizismus über. 1913 hat sie eine Affäre mit der verheirateten Phoebe Hoare.

Im August 1915 auf einer Einladung Begegnung mit Una Troubridge, die sich unsterblich in Radclyffe verliebt. Ein kompliziertes Dreiecksverhältnis entsteht, bis Ladye 1916 stirbt.

Radclyffe wird von schlechtem Gewissen gequält, trotzdem werden Una und sie nun auch offiziell ein Paar. Eine heftige, von zahlreichen Konflikten gekennzeichnete Beziehung beginnt.

Um den Kontakt mit Ladye nicht abzubrechen, wenden sich Radclyffe und Una dem Spiritismus zu.

Nach Ende des Krieges Bekanntschaft mit zahlreichen lesbischen Frauen, die als Ambulanzfahrerinnen gearbeitet hatten. Radclyffe bewundert sie und verkehrt mit ihnen häufig im einschlägigen Orange Tree Club.

Radclyffe und Una nehmen auch Kontakt zu Schriftstellerinnen – Violet Hunt, May Sinclair, Ida Wylie – auf. Diese Kontakte inspirieren Radclyffe, auch selbst zu schreiben. Una trägt Radclyffe Ideen und Titel zu, recherchiert, liest, verändert und korrigiert alle sieben Bücher, die unter Radclyffes Namen veröffentlicht werden.

Immer wieder neue Bekanntschaften – 1921 mit der Malerin Romaine Brooks. Radclyffe ist fasziniert von Romaines selbstverständlichem Umgang mit ihren sexuellen Präferenzen. Romaine lädt Radclyffe und Una nach Capri ein, auf der Reise dahin kommen die beiden wegen der politischen Lage – die Faschisten sind auf dem Vormarsch – aber nur bis Florenz.

Im Jahr darauf kommt es bei einem Paris-Aufenthalt zum Wiedersehen mit Romaine. Radclyffe und Una verkehren im Salon Natalie Barneys und lernen auch Colette kennen.

Radclyffe lernt über ihre Schauspielfreundinnen Tallulah Bankhead kennen, deren Verehrerin sie wird, und von der sie regelmäßig zum Tee geladen wird.

Mitte der zwanziger Jahre setzt sich Radclyffe immer intensiver mit ihrer eigenen Geschlechtszugehörigkeit auseinander und findet ihre Überzeugung, dem dritten Geschlecht anzugehören, immer wieder bestätigt. Diese Überlegungen fließen dann auch in ihren Roman *The Well of Loneliness* ein.

Das Buch erscheint 1928 und wird ein Skandal. Es kommt zu einem zeitweiligen Verbot.

1930 kaufen Radclyffe und Una ein Haus in der Nähe von Vita Sackville-West und dem »Smallhythe-Trio«, Edy Craig, Christopher St. John und Tony Atwood.

1931, während eines Frankreich-Aufenthalts, wird Una krank und benötigt Pflege, die in Gestalt von Evguenia Souline auch beigestellt wird. Radclyffe verliebt sich leidenschaftlich in Evguenia und macht ihr intensiv den Hof, worauf diese nach einigem Zögern auch positiv reagiert.

Die nächsten Jahre sind von der komplizierten Dreiecksbeziehung mit Una und Evguenia gekennzeichnet.

1943 stirbt Radclyffe, und Una muß im vollen Ausmaß erkennen, daß sie ihre Partnerin die letzten zwölf Jahre mit

Evguenia geteilt hatte. Trotzdem wird sie Alleinerbin von Radclyffes beträchtlichem Vermögen.

Radclyffe wird im Londoner Highgate Cemetery neben Ladye beigesetzt.

In ihrer Jugend verbringt Una viel Zeit in Italien, die Liebe zu diesem Land dauert ihr ganzes Leben.

Sie ist eine talentierte Zeichnerin und Malerin und verdient schon in jungen Jahren damit Geld.

1907 standesgemäße Heirat mit dem verwitweten Admiral Troubridge.

1910 Geburt der einzigen Tochter Andrea.

Bis zur schicksalhaften Begegnung mit Radclyffe, am 15. August 1915, führt Una das typische Leben einer Frau ihrer Zeit und Klasse; Einladungen und Reisen bestimmen ihren Alltag.

Das gemeinsame Leben Radclyffes und Unas beginnt nach Ladyes Tod im Jahre 1916.

Beide sind mit dem häufigen Kauf und Verkauf von Häusern in England und den damit einhergehenden Umzügen beschäftigt.

In den zwanziger und dreißiger Jahren jährliche Reisen nach Italien und Frankreich.

1921 Bekanntschaft mit der Malerin Romaine Brooks. Sie malt das später berühmt gewordene Bild von *Una, Lady Troubridge*, welches Una mit Monokel darstellt. Una selbst gefiel das Bild nicht.

Anfang der dreißiger Jahre hat Una immer wieder gesundheitliche Probleme. Radclyffe versorgt sie, aber während eines Frankreich-Aufenthalts im Juni 1931 beschließt Una, eine Krankenschwester anzustellen, um Radclyffe zu entlasten.

Radclyffe verliebt sich in die Krankenschwester Evguenia Souline, und bis zu Radclyffes Tod im Jahre 1943 muß Una nun ihre Partnerin mit der ungeliebten Rivalin teilen.

Im Sommer 1931 bemüht sich die gemeinsame Freundin Naomi Jacobs um Una – ihre Avancen werden aber von dieser entschieden zurückgewiesen.

Im Dezember desselben Jahres verliebt sich Edy Craigs Nichte, Olive Chaplin, in Una – auch sie erhält von ihr eine Abfuhr.

Im Sommer 1932 versucht Naomi Jacob noch einmal, Una für sich zu gewinnen, aber diese macht ihr klar, daß sie nur an einer platonischen Freundschaft interessiert sei.

Im Laufe der nächsten Jahre arrangiert sich Una mit der Dreieckssituation, und es kommt zu gemeinsamen Reisen.

Nach dem Tod Radclyffes widmet sich Una ganz dem literarischen Nachlaß der verstorbenen Gefährtin. Von den gemeinsamen Freundinnen verlangt sie totale Loyalität gegenüber Radclyffes Andenken.

Sie vernichtet ihre Tagebuchaufzeichnungen aus den Jahren 1915 und 1916 – wahrscheinlich wollte sie der Nachwelt keinen Beweis über die damalige schwierige Dreieckskonstellation hinterlassen.

1949 übersiedelt Una nach Florenz und bezieht eine große Wohnung im Palazzo Guicciardini in der Nähe der Ponte Vecchio.

Mitte der fünfziger Jahre Umzug nach Rom, wo sie hauptsächlich mit jungen schwulen Männern verkehrt

1961, zwei Jahre vor ihrem eigenen Tod, erscheint Unas offizielle Biographie von Radclyffe.

Una wird auf dem römischen Verano-Friedhof begraben, in Mißachtung ihres Wunsches, neben Radclyffe und Ladye zu liegen, deren Gruft schon für »Our Three Selves« (Wir drei) bestimmt war.

Im August 1907 traf Radclyffe in Hamburg die Frau, die ihr
Leben für die nächsten Jahre verändern und bestimmen sollte:
Mabel Veronica Batten (1857–1916), von allen Ladye genannt. Ladye war damals 50, verheiratet, verwöhnt, geist-
reich und lebenslustig. Lange Zeit machte Radclyffe Ladye
den Hof, erst im Sommer 1908, während einer gemeinsamen
Reise nach Belgien, wurden die beiden Frauen Liebhaberinnen. Der 12. August, der auch Radclyffes Geburtstag war,
wurde von ihnen daher immer besonders gefeiert, als persönlicher Geburtstag und Jahrestag ihrer Liebe.

Radclyffes Alltag paßte sich allmählich den Wünschen
Ladyes an. Anstatt in England auf die Jagd zu gehen, reiste sie
mit Ladye nach Frankreich, Italien und Nordafrika. Sie kümmerte sich um Ladyes Finanzen und empfing gemeinsam mit
ihr Freundinnen. Die Nähmaschinenerbin Winnaretta Singer
hatte wie Radclyffe und Ladye großes Interesse an griechischer Kultur und war besonders der Dichterin Sappho zugetan. Über Winnaretta, die damals eine Beziehung mit der
Komponistin Ethel Smyth hatte, wurden sie auch mit dieser
bekannt, und es war Ethel, die Radclyffe und Ladye von der
Notwendigkeit des Kampfes der Suffragetten überzeugte.

Ladye war schon lange überzeugte Katholikin, Radclyffe
verschrieb sich erst, nachdem sie Max Reinhardts Inszenie-
rung von *The Miracle* gesehen hatte, dem Katholizismus.
Trotzdem unterstützten die beiden, für Katholikinnen ungewöhnlich, eine Reform des Scheidungsgesetzes und traten für
die Verbesserung der Rechtssituation von Prostituierten ein.

Wie oft Radclyffe in den Jahren mit Ladye auch mit anderen Frauen Affären hatte, ist nicht genau überliefert, über
zwei Seitensprünge gibt es allerdings Berichte. Einer davon
hatte kaum Konsequenzen, der andere dafür um so größere:
1913 lernte Radclyffe die verheiratete Phoebe Hoare kennen,
und Ladyes Tagebuch füllte sich mit verzweifelten Notizen

über diese Geschichte. Obwohl Ladye Herzbeschwerden bekam, verfolgte Radclyffe weiter ihre amourösen Interessen. Der zweite, viel folgenschwerere Seitensprung geschah mit Una Troubridge.

Am 15. August 1915 lernte Radclyffe bei einem Nachmittagskaffee Una Troubridge kennen. Una, eine eifrige Tagebuchschreiberin, vernichtete vor ihrem Tod leider all ihre Aufzeichnungen aus den Jahren 1915 und 1916. Es ist anzunehmen, daß sie die komplizierte Situation, die in den nächsten Monaten zwischen Radclyffe, Ladye und ihr herrschte, für immer vertuschen wollte.

Für Radclyffe war Una anfänglich nur ein willkommener Zeitvertreib, während sie für Una wohl die große Liebe war und sie sich, wie sie selbst schrieb, ein Leben ohne Radclyffe nicht mehr vorstellen konnte. Ladye und Una, die in denselben Kreisen verkehrten, verhielten sich wohl »sehr zivilisiert«, trotzdem hatte Ladye kein Verlangen, in einem langfristigen Dreieck zu leben. Ladye starb schließlich im Mai 1916, und ihr Tod machte Unas Wunsch – ein gemeinsames Leben mit Radclyffe – zur Wirklichkeit. Radclyffe machte sich monatelang Vorwürfe und meinte, daß ihre Affären am frühen Tod Ladyes Schuld hätten. Die Beziehung zwischen Una und Radclyffe war zu dieser Zeit dementsprechend gespannt, und nur Unas Bemühungen ist es zu verdanken, daß die beiden zusammenblieben. Es war auch Una, die vorschlug, über ein Medium mit Ladye in Kontakt zu treten. Diese »erfolgreiche Kontaktaufnahme« half Radclyffes Schuldgefühle zu mildern, und da Ladye durch das Medium die Beziehung von Radclyffe und Una begrüßte, konnte alles den von Una gewünschten Verlauf nehmen.

Während Ladye es verstanden hatte, Radclyffes häufige schlechte Laune etwas zu mildern und ihre fanatischen Tendenzen abzuschwächen, hatte Una dazu weniger Talent. Es kam immer wieder zu heftigen Szenen, Radclyffe bestrafte Una, indem sie sich sexuell verweigerte, was zu weiteren Szenen führte, bis es schließlich zu einer tränenreichen Versöhnung kam.

Nach dem Ersten Weltkrieg verkehrten Radclyffe und Una hauptsächlich mit einer Gruppe Frauen, die im Krieg als Ambulanzfahrerinnen in Frankreich waren und gerne und viel über ihre diversen Erlebnisse erzählten. Sie waren alle lesbisch und machten kein Hehl daraus. Radclyffe bewunderte sie, hatten sie sich doch wie richtige Männer verhalten. Mit diesen Frauen, von denen sie vielfach nur die Vornamen kannten, gingen sie oft in den Orange Tree Club essen und tanzen. Toupie Lowther, der sie näher standen, war eine begeisterte Autofahrerin und überzeugte Radclyffe von der Notwendigkeit, Una ein Auto zu kaufen.

Aber Radclyffe und Una verkehrten nicht nur in einschlägigen Kreisen, sie begannen auch literarische Freundschaften zu pflegen. Sie trafen die Schriftstellerinnen Violet Hunt, May Sinclair und die heute fast vergessene Ida Wylie. Für Unas Geschmack war Ida viel zu liederlich, aber immerhin liebte sie Autofahren, Reiten, und – besonders wichtig – englische Bullterrier.

Im August 1922 hatte Radclyffe zu menstruieren aufgehört – Anlaß genug, gehörig zu feiern, war es doch ein Schritt weiter in Richtung Männlichkeit. Una und Radclyffe waren jetzt wirklich Frau und Mann.

Bei dieser Gelegenheit möchte ich darauf hinweisen, daß Radclyffe und Una Vertreterinnen der Theorie des »dritten Geschlechts« waren. Radclyffe sah sich demnach weder als Frau noch als Mann, sondern aufgrund ihrer speziellen Veranlagung anders. Sie sah gar keine Möglichkeit, sich sexuell »wie eine Frau« zu verhalten, und die Gesellschaft hatte eben Menschen wie sie zu verstehen und zu tolerieren. Im Gegensatz zu vielen lesbischen Frauen, denen es egal war, was gemeinhin über sie gedacht wurde, legte Radclyffe sehr viel Wert auf gesellschaftliche Anerkennung.

Mitte der zwanziger Jahre umgaben sich Radclyffe und

Una gerne mit Schauspielerinnen. Sie waren von der Schauspielerin Gwen Farrar zu einer Party eingeladen worden, wo sie den nordamerikanischen Revuestar Teddie Gerard kennenlernten, die es sich bald zur Gewohnheit machte, zu jeder Nachtzeit bei Una und Radclyffe aufzutauchen. Sie stellte ihnen auch ihre Liebhaberin Etheline vor, die, sobald Teddie aus beruflichen Gründen in die Staaten zurückkehrte, eine neue Freundin in der Schriftstellerin Eileen Bliss fand. Teddie schien aber nicht allzu beeindruckt, denn für sie selbst war sexuelle Treue nicht besonders wichtig. Aus New York erhielten Radclyffe und Una einen Brief von ihr, in dem sie fragte: »Wer ist mit wem? Ich denke, die Karten wurden gemischt und wieder gemischt.«

Teddie hatte auch andere Freundinnen bei Radclyffe und Una eingeführt: Einmal war es die reiche Erbin und Yachtbesitzerin Jo Carstairs, die in den dreißiger Jahren Marlene Dietrichs Gunst gewann, ein anderes Mal war es Tallulah Bankhead, die gerade dabei war, in London ein gefeierter Star zu werden. Radclyffe fand vor allem Gefallen an den vielen einfachen Mädchen und Frauen, die regelmäßig Tallulahs Vorführungen besuchten, »the Gallery Girls«; Radclyffe machte es sich zur Gewohnheit, Tallulah regelmäßig Blumen zu schicken und wurde ebenso regelmäßig von ihr zum Tee eingeladen.

Im Oktober 1926 trafen sich dann Radclyffe und Una mit allen in Paris: Eileen, Etheline, Toupie und ihre neue Liebhaberin Fabienne. Gemeinsam besuchten sie mehrere Male das Grab von Renée Vivien, und endlich stellte ihnen Natalie Barney Colette vor. Radclyffe kam nicht umhin, Colettes Schreibkunst zu loben, war aber weniger begeistert von der Tatsache, daß Colette zu viel aß und ein, ihrer Meinung nach, zu reges Sexleben führte.

1926 machte Evelyn Irons von *The Daily Mail* mit Radclyffe ein Interview, und dieses wurde in der Reihe »Wie andere Frauen ihren Haushalt führen« publiziert. Radclyffe erzählte allen, die es glauben wollten, daß sie eine sehr penible Hausfrau sei, die überaus großen Wert auf Sauberkeit lege. Evelyn und ihre Lebensgefährtin Olive Rinder waren nach diesem Interview zu Gast bei Radclyffe und Una. Evelyn fand es immer etwas seltsam, daß Radclyffe sie mit »Irons« ansprach, eine Sitte, die sonst nur unter Männern verbreitet war. Als Evelyn und Olive mit Vita Sackville-West bekannt wurden, war ihre Freundschaft zu Radclyffe und Una schon abgekühlt, wohl weil Evelyn Radclyffe nicht offiziell in ihrem Kampf gegen das Publikationsverbot des *Well of Loneliness* unterstützt hatte.

Una und Radclyffe gelangten Ende der zwanziger Jahre in die Nähe von Vita Sackville-West. Sie hatten zwar keinen Umgang miteinander, aber einige Berührungspunkte. Vita hatte für Radclyffes Buch Partei ergriffen, pflegte engen Kontakt mit Evelyn Irons und Olive Rinder – dann gab es noch das Smallhythe-Trio: Edy Craig, Christopher St. John und Tony Atwood, die Vitas Nachbarinnen waren. Edy hatte Radclyffe und Una zu einer Aufführung eingeladen, und wie nicht anders zu erwarten, ergaben sich regelmäßige Einladungen von beiden Seiten. Edy und »the boys«, wie Una sie immer nannte, wurden gute Freundinnen, vor allem, weil sie ähnliche Ziele verfolgten und respektierten, was Radclyffe für ihre Gesinnungsgenossinnen getan hatte.

1930 kauften sich Radclyffe und Una dann ein Haus in Rye, ganz in der Nähe von Smallhythe. Die Zweisamkeit im Hause war zum damaligen Zeitpunkt noch intakt, allerdings schien es, als ob es in der Rye-Gegend nur so von ménages-à-trois wimmelte. Solange es nach außen hin keine Schwierigkeiten gab, war Una von den Dreiecken nicht berührt, obwohl sie doch mehr als Radclyffe dazu neigte, überall die Komplikationen, die solche Dreiecke mit sich brachten, zu sehen und darüber empört zu sein.

Ob Una über das Dreieck von Vita, Evelyn und Olive wußte, geht aus ihren Tagebuchaufzeichnungen nicht hervor.

Sie beobachtete allerdings genau das Treiben der Nachbarinnen Wilma und Dickie. Dickie machte die Bekanntschaft einer gewissen Pat, die sie nach Hause mitbrachte. Als es dann zu Schwierigkeiten mit ihrer Partnerin kam, vertraute sie sich Una und Radclyffe an, die in »diesen Skandal« aber nicht hineingezogen werden wollten.

Über Christophers große Liebe zu Vita waren Una und Radclyffe jedoch bestens informiert. Sie waren Zeuginnen der furchtbaren Szenen, die es in Smallhythe gab, und Una fand, daß es typisch für Vita sei, sich in bestehende Beziehungen einzumischen, sie auseinanderzubrechen und dann weiterzuziehen.

Um Unas Gesundheit stand es Anfang der dreißiger Jahre nicht besonders gut. Sie hatte eine Gebärmutteroperation und litt danach oft an Kopfschmerzen, Koliken und Herzflattern. Radclyffe fühlte sich an die Situation mit Ladye erinnert, die auf alle Schwierigkeiten mit Kränkeln reagiert hatte und sie damit verpflichten wollte, sich mehr um sie zu kümmern. Das entsprach zwar in der Theorie ganz Radclyffes Idealen – sie meinte, sich perfekt um Haus und Herd und die kranke Partnerin sorgen zu wollen; in Wirklichkeit gelang es ihr aber doch nicht so ganz, diese hochgesteckten Ziele zu erreichen, vor allem die von ihr so sehr gepriesene Treue war unhaltbar.

Im Juni 1931, während eines Aufenthalts in Frankreich, hatte Una einen Darmkatarrh, und da sie Radclyffe nicht allzu sehr zur Last fallen wollte, verlangte sie, von einer Pflegerin betreut zu werden. Das Pariser Amerikanische Krankenhaus schickte Evgenia Souline, eine Weißrussin, Tochter eines Kosakengenerals, der im Krieg getötet worden war. Diese kümmerte sich zu ihrer vollsten Zufriedenheit um Una. Radclyffe verliebte sich unsterblich in Evgenia, diese aber reagierte mit Scheu und Vorsicht. Mitte Juli, in Paris, küßte Radclyffe Evgenia das erste Mal, aber erst am vorletzten Julitag erfuhr Una von Radclyffes neuer Leidenschaft. Es gab heftige Szenen zwischen den beiden, aber am Ende bekam

Radclyffe die Erlaubnis, Evguenia zu sehen, unter der Voraussetzung, mit ihr nicht bis zum Letzten zu gehen.

Aus London schrieb Radclyffe glühende Liebesbriefe an Evguenia, und im November kam diese auf Besuch. Una glaubte damals, daß sich die Situation bald ändern würde und verließ sogar London, um Radclyffe Zeit alleine mit Evguenia zu geben.

Die neue Konstellation in der Beziehung Radclyffe-Una hatte sich schnell herumgesprochen, und einige Frauen machten Una Liebesangebote, die sie aber alle ausschlug. Denn seit dem 1. August 1915 hatte sie nur noch einen Bezugspunkt in ihrem Leben, und der hieß Radclyffe. Eine der Frauen, die bei Una vergeblich ihr Glück versuchten, war die Schriftstellerin Naomi (Mickie) Jacob. Radclyffe und Una waren – so wie viele andere englische Frauen – oft zu Gast bei Mickie, die aus gesundheitlichen Gründen am Gardasee lebte.

Da Evguenias Tuberkulose 1935 wieder ausbrach, mußte sie die nächsten beiden Jahre in Sanatorien und in wärmeren Klimazonen verbringen. Sie wurde von Radclyffe und Una begleitet. Dabei galt es, eine komplizierte Routine einzuhalten, konnte doch Evguenia Una nicht leiden und weigerte sich, mehr Zeit als absolut notwendig mit ihr zu verbringen.

Im Frühjahr 1943 hatte Radclyffe wiederholt gesundheitliche Probleme, so daß im Sommer die beiden Frauen diskutierten, ob es notwendig sei, nach Radclyffes Tod mit ihr über ein Medium in Kontakt zu treten. Für beide bestand dazu keine Veranlassung, wichtiger war, daß Radclyffe ein Testament aufsetzte, in dem sie Una zur Alleinerbin bestimmte. Una überlebte Radclyffe um fast zwanzig Jahre und verbrachte viel Zeit damit, die Erinnerung an ihre Partnerin wachzuhalten.

Radclyffe hatte Una über 118 000 Pfund hinterlassen, sie konnte also weiterhin ein abgesichertes Leben in einem gewissen Luxus führen. Nach dem Krieg zog Una nach Italien. Sie ließ sich zuerst in Florenz nieder, übersiedelte aber Mitte der fünfziger Jahre nach Rom. Mit wenigen Freundinnen blieb sie in Kontakt, darunter Natalie und Romaine, Colette und Mickie Jacob. Sie starb, gewiß in der Überzeugung, daß sie nach dem Tod wieder mit Radclyffe vereint sein würde. Und diesmal sicher ohne Ladye und Evguenia.

Kurz vor ihrem Tod wurde Una von der Schriftstellerin Ethel Mannin, die Radclyffe immer sehr bewundert hatte, gefragt, wie sie und Radclyffe ihre Beziehung mit ihrer Religion in Einklang gebracht hätten. Wie hatten sie sich bei der Beichte verhalten? Unas Antwort war kurz und bündig: »Es gab nichts zu beichten.«

Bryher (Annie Winifred Ellerman):
* am 2. September 1894 in Margate, England.
† am 28. Januar 1983 im Kanton Waadt, Schweiz.
Schriftstellerin.

H. D. (Hilda Doolittle):
* am 10. September 1886 in Bethlehem, Pennsylvania.
† am 28. September 1961 in Küsnacht, Schweiz.
Dichterin.

Bryher und H. D. mit:

Amy Lowell, Frances Gregg, Ada Dwyer, Berenice Abbott, Sylvia Beach, Adrienne Monnier, Gertrude Stein, Alice B. Toklas, Djuna Barnes, Anna Freud, Dorothy Burlingham, Nancy Cunard, Margaret Anderson, Elisabeth Bergner, Silvia Dobson, Muriel Rukeyser, Elizabeth Bishop, Marianne Moore, Edith Sitwell.

Lebenslinien

Annie Winifred Ellerman wächst als Tochter eines der reichsten Männer Englands auf. Während der ersten zehn Jahre verbringt sie die meiste Zeit auf Reisen mit ihrer Familie in Südeuropa und Nordafrika.

Sie liest viel und wird vor allem von Colette und Dorothy Richardson beeinflußt.

Sie besucht ein Internat und schließt einige Schulfreundschaften, darunter auch mit Doris Banfield, die sie auf die Scilly-Inseln mitnimmt. Dort schließt Annie Winifred die kleine Insel Bryher ins Herz. Für ihren ersten Roman, der 1920 erscheinen wird, wählt sie diesen Namen als Pseudonym und läßt sich dann einige Jahre später offiziell als Bryher registrieren.

1918 trifft Bryher die von ihr schon länger als Lyrikerin bewunderte H. D. in Cornwall und verliebt sich sofort. Eine Liebesbeziehung beginnt zwischen den beiden Frauen, die bis zu ihrem Lebensende bestehen bleibt.

Im März 1919 erkrankt H. D. schwer. Sie ist hochschwanger mit einem Kind aus der unglücklichen Affäre mit Cecil Gray. Bryher erkennt als einzige die Gefahr, greift ein und rettet das Leben von Mutter und Kind.

Perdita, H. D.s Tochter, wird bald nach ihrer Geburt von Bryher adoptiert, das Frauenpaar lebt nun wechselweise miteinander oder in jeweils eigenen Appartements.

1921 reisen Bryher und H. D. zum ersten Mal gemeinsam in die Vereinigten Staaten.

In New York trifft Bryher die Dichterinnen Amy Lowell und Marianne Moore. Während Amy und Bryher keinen Gefallen aneinander finden, schließen Bryher und Marianne eine lebenslang dauernde Freundschaft.

Kurz vor ihrer Abreise aus New York geht Bryher eine Papierehe mit Robert McAlmon ein. Diese Ehe erlaubte ihr, sich von den Eltern zu lösen, und ermöglicht ihr große finanzielle Unabhängigkeit.

Auf Anraten des Vaters und um weniger Steuern zu zahlen, zieht Bryher in die Schweiz. Robert McAlmon lebt in Paris, wo er mit Bryhers Geld die literarische Avantgardeszene unterstützt. 1927 kommt es zur Scheidung.

Bryher unternimmt zahlreiche Parisreisen, bei denen sie die Vertreter der französischen Avantgardeliteratur persönlich kennenlernt und Publikationen und auch Künstlerinnen finanziell unterstützt: Das erste Fotostudio von Berenice Abbott, die Buchhandlungen von Sylvia Beach und Adrienne Monnier und Gertrude Steins *The Making of*

Americans werden durch Bryhers Unterstützung erst ermöglicht.

In der ersten Hälfte der zwanziger Jahre schreibt und publiziert Bryher viel, aber bis auf das 1923 erschienene *Two Selves*, in welchem Bryher ihre Begegnung mit H. D. beschreibt, finden ihre Bücher außerhalb eines sehr kleinen Zirkels nicht viel Beachtung.

1927 geht Bryher ihre zweite Papierehe ein. Aus »taktischen Gründen« heiratet sie Kenneth McPherson, mit dem H. D. ein intensives Verhältnis hatte. Mit ihm gründet sie eine Filmgesellschaft, gibt das erfolgreiche Filmmagazin *Close-Up* heraus und baut 1930 das erste moderne Haus in den Hügeln des Genfer Sees. Während früher immer wieder verlangt wurde, das Haus abzureißen, da es nicht in die Landschaft passe, steht es heute unter Denkmalschutz.

1927 erfährt sie über Havelock Ellis von Sigmund Freud und der Psychoanalyse. Bei einem Wienbesuch trifft sie Freud und unterstützt in Zukunft seine Tätigkeit finanziell.

Anfang der dreißiger Jahre liiert sich Bryher mit Elisabeth Bergner. Das Verhältnis zieht sich über mehrere Jahre.

Mitte der dreißiger Jahre interessiert sich Bryher für die deutsche Silhouettenfilmemacherin Lotti Reiniger, die von 1935 bis 1939 in London lebte.

Bis zum Ausbruch des Zweiten Weltkriegs behält Bryher ihren Schweizer Wohnsitz. Sie geht viel auf Reisen und unterstützt zahlreiche Emigranten aus Deutschland und Österreich. Die Kriegsjahre verlebt sie in London mit H. D. Es waren die einzigen Jahre, in denen die beiden in einer für ihre Verhältnisse kleinen Wohnung zusammenlebten.

Zu dieser Zeit beginnt die Freundschaft mit Edith Sitwell, die ihr hilft, die psychischen Belastungen des Krieges durchzustehen. Zahlreiche Besuche auf Ediths Schloß Renishaw. Bryher greift im Laufe der nächsten Jahre Edith immer wieder finanziell unter die Arme.

Bryher beginnt sich während dieser Jahre mit dem

Studium des Farsi zu beschäftigen und alte Bücher zu sammeln.

Nach dem Krieg nimmt sie ihre rege Reisetätigkeit erneut auf und verlegt ihren Wohnsitz wieder in die Schweiz.

1949 läßt sie sich von Kenneth MacPherson scheiden, unterstützt ihn aber weiterhin finanziell und besucht ihn regelmäßig auf Capri und später in Rom, wo er mit seinem Lebensgefährten wohnt.

Sie verlegt sich zunehmend auf das Verfassen von historischen Romanen, die ihr endlich den ersehnten Erfolg bringen. Der bekannteste dieser Romane ist wohl der 1956 erschienene *Beowulf*.

Nach dem Tod Adrienne Monniers 1955 verbringt Sylvia Beach, bis zu ihrem Tod im Jahre 1962, einen großen Teil ihrer Zeit bei Bryher in der Schweiz.

1961 stirbt H. D., und Bryher beginnt, ihre Memoiren zu schreiben. Der erste Teil ihrer Memoiren, *The Heart to Artemis,* erscheint 1963.

In den sechziger Jahren schreibt Bryher noch vier weitere historische Romane.

Der zweite Teil ihrer Memoiren, *The Days of Mars*, kommt 1972 heraus. Es ist das letzte Buch Bryhers.

Die letzten Jahre verbringt sie sehr zurückgezogen in ihrem Haus in der Schweiz.

Hilda Doolittle, H. D., verbringt ihre Kindheit in der Moravian Gemeinschaft in Bethlehem, USA.

Hilda wird nach Philadelphia auf die Schule geschickt. 1905 besucht sie für ein Jahr das Bryn Mawr College.

Bekanntschaft mit dem Dichter Ezra Pound, dem sie lange Zeit sehr verbunden bleibt.

1906 lernt H. D. Frances Gregg, ihre erste große Liebe, kennen.

1910 versucht sie ihr Glück in New York, findet aber keine Arbeit.

Im Frühjahr 1911 reist sie mit Frances und deren Mutter nach Europa.

Diese kehren in die Staaten zurück, Hilda bleibt in London und wird Teil der Dichtergruppe, die sich Imagisten nennen.

Sie lernt den Dichter Richard Aldington kennen und heiratet ihn im Herbst 1913. Das Paar trennt sich jedoch noch während des Ersten Weltkriegs, die offizielle Scheidung erfolgt allerdings erst im Sommer 1938.

1916 erscheint ihr erster Gedichtband *Sea Garden*, der in Dichterkreisen auf große Begeisterung stößt.

1918 trifft H. D., schon eine bekannte Lyrikerin und unglücklich mit Cecil Gray liiert, auf Bryher.

1919 kommt ihre Tochter Perdita zur Welt.

1922 gibt H. D. ihre Erzählung *Her* heraus, in der sie ihre erste große Liebe zu Francis Gregg aufarbeitet.

1922–23 lädt Bryher H. D. auf eine Reise nach Italien, Griechenland, Konstantinopel und Ägypten ein, welche H. D. zu einer Reihe von Gedichten inspiriert.

1925 *Collected Poems of H. D.*

1926 beginnt sie eine Romanze mit Kenneth McPherson, die aber von Bryher durch eine taktische Ehe vereitelt wird.

Während Bryher in der Schweiz lebt oder auf Reisen ist, zieht H. D. London vor. Sie hält sich zwar auch immer wieder länger in der Schweiz auf, fühlt sich aber in Bryhers Haus nicht besonders wohl.

Wenn die beiden getrennt sind, schreiben sie einander fast täglich Briefe. Bryhers Briefe sind meist voll guter Ratschläge, vor allem finanzielle Fragen betreffend. Sie mahnt Hilda, doch ordentlich Trinkgeld zu geben, denn Geld habe sie genug, es sei dazu da, ausgegeben zu werden. H. D. wiederum macht sich in ihren Briefen mehr Gedanken über ihre Gedichte und Beziehungen.

Besonderen Spaß macht H. D. 1929 ein Auftritt in dem Film *Borderline*, ein Pool-Film mit Paul Robeson unter der Regie von Kenneth und Bryher.

1933 kommt H. D. nach Wien. Sie hat nach langem Warten endlich einen Analyseplatz bei Sigmund Freud bekommen.

1934 lernt Hilda in London die sechsundzwanzigjährige Silvia Dobson kennen und beginnt ein Verhältnis mit ihr.

1936 Bekanntschaft mit den amerikanischen Schriftstellerinnen Muriel Rukeyser und Elizabeth Bishop. Wegen der linken politischen Standpunkte der beiden bricht H. D. den Kontakt bald wieder ab.

Die Kriegsjahre verbringen H. D. und Bryher gemeinsam in London, und trotz ihrer großen Ängste vor dem Krieg geht es H. D. gut. Erst zu Kriegsende wird die Belastung zuviel, und sie erleidet einen Nervenzusammenbruch. Bryher gelingt es, ihr schnell einen Platz in einer Schweizer Privatklinik zu verschaffen.

Nach der Entlassung aus der Klinik bleibt H. D. in der Schweiz und zieht ins Hotel de la Paix in Lausanne. Hier schreibt sie unaufhörlich an ihren Gedichten und Essays. Obwohl vieles publiziert wird, kommt ein Teil ihrer Werke erst nach ihrem Tod heraus.

Ab dem Sommer 1947 verbringt H. D. die wärmere Jahreszeit in einem Hotel in Lugano und den Winter in ihrem Hotel in Lausanne.

Im Januar 1953 wird H. D. operiert. Nach einer monatelangen Rekonvaleszenz schlägt ihr Bryher vor, die Nervenklinik in Küsnacht auszuprobieren.

Die neue Umgebung gefällt H. D. Sie verbringt die nächsten zwei Jahre damit, *Tribute to Freud* zu schreiben, welches 1956 erscheint.

In den darauffolgenden Jahren fährt H. D. immer wieder gemeinsam mit Bryher in die Staaten. Dort besucht sie ihre Tochter, wird zu einer Reihe von Lesungen eingeladen und erhält zahlreiche Preise und Auszeichnungen.

Einen Tag vor ihrem Tod, im September 1961, kommt mit der Post H. D.s erstes Exemplar von *Helen in Egypt*.

Für das Zusammentreffen von Bryher und H. D. war in gewisser Weise die amerikanische Dichterin Amy Lowell verantwortlich. Sie hatte in einem Aufsatz, den Bryher las, erwähnt, daß sich hinter den Initialen H. D. die Nordamerikanerin Hilda Doolittle verbarg, und Bryher machte sich sofort daran, diese Frau, deren Gedichte ihr so gut gefielen, daß sie sie auswendig gelernt hatte, zu treffen.

Sie schrieb H. D. einen Brief. Diese glaubte, daß eine ältere Lehrerin sie kennenlernen wolle, und lud sie in diesem Glauben zum Tee. Am 17. Juli 1918 war es soweit. Bryher klopfte an die Eingangstür von H. D.s Landhaus in Cornwall und stand vor der Inkarnation einer griechischen Statue. Zwei Minuten später bat sie H. D., doch nächsten Sommer mit ihr auf die Scilly-Inseln zu fahren und dann vielleicht nach Griechenland. Obwohl sie keine Ahnung hatte, ob ihre Familie ihr das gestatten würde, spürte sie, daß das der Moment war, auf den sie schon seit Jahren gewartet hatte.

H. D. war zum damaligen Zeitpunkt bereits eine angesehene Dichterin. Anfänglich war sie die einzige Frau im Kreis der englisch-amerikanischen Imagisten und hatte dieser neuen Strömung in der Lyrik auch ihren Namen gegeben. Und sie hatte auch schon Erfahrungen in der Liebe, und zwar mit Männern und Frauen. Bryher führte damals noch nicht einmal ihren Kurznamen; den legte sie sich erst bei der Herausgabe ihres ersten Buches 1920 zu und ließ sich dann einige Jahre später offiziell als Bryher registrieren. Und ihre Lieben waren meistens auf der Stufe der Schwärmereien stehengeblieben.

Alles an Hilda gefiel Bryher, und diese Verehrung überlebte bis zu deren Tod alle Krisen. Hilda, die soviel mehr über Liebe wußte als Bryher, sagte ihr, daß sie lieben solle, »egal, was oder wen, solange es eine vollständige Liebe sei«. Bryhers Verehrung kam ihr sehr entgegen. Sie war, als sie Bryher kennenlernte, offiziell verheiratet, hatte aber eine unglückliche Liaison mit Cecil Gray, dem Vater ihrer einzigen Tochter Perdita, die im März 1919 zur Welt kam.

Hildas Freundeskreis mochte Bryher nicht. Sie war ihnen zu ungehobelt, und sie bedrängten H. D., diese so schnell wie möglich wieder loszuwerden. Ob dieses angebliche Ungehobelt-Sein eine Anspielung auf Bryhers einfachen und bescheidenen Geschmack war oder Ablehnung ihres unweiblichen Verhaltens, bleibt eine offene Frage. Die einzigen Extravaganzen, die sich Bryher immer leistete, waren H. D., Reisen und Literatur, und alle drei wurden von ihr immer großzügig finanziert. Auch die nordamerikanische Dichterin Amy Lowell wußte nicht viel mit Bryher anzufangen. Bei ihrem ersten Besuch in den USA hatten Amy und ihre Lebensgefährtin Ada Dwyer H. D. und Bryher empfangen, aber Amy durchschaute bald, daß sich hinter Bryhers schüchterner Fassade eine Tyrannin verbarg.

Bryher ging zweimal Papierehen ein, die erste 1921 in New York mit dem nordamerikanischen Literaten Robert McAlmon, der nach der Scheidung so hohe Alimente bekam, daß er in Paris McAlimony (»alimony« sind Alimente) genannt wurde. Diese Verbindung erlaubte ihr, das Elternhaus zu verlassen und im eigenen Haus zu leben. In London lebte sie für einige Monate mit Robert, dann zogen sie offiziell nach Paris, das heißt, er lebte in Paris und sie meistens in der Schweiz.

Die zweite Papierehe war ein kluges taktisches Manöver von Bryher: Während sie selbst offensichtlich Männer nie attraktiv fand, hatte H. D. immer wieder Beziehungen mit ihnen. Solange Bryher diese Beziehungen kontrollieren konnte, schienen sie kein Problem gewesen zu sein. Als 1926 mit dem vierundzwanzigjährigen Kenneth MacPherson eine ernstere Gefahr auftauchte, griff Bryher ein, indem sie Kenneth nach der Scheidung von McAlmon, im Herbst 1927, heiratete.

Kenneth erwies sich als guter Geschäftspartner, und die beiden blieben zeit ihres Lebens befreundet. Sie gründete mit ihm ein Filmmagazin, *Close-Up*, eine Filmgesellschaft, »Pool-reflections«, die in der Schweiz experimentelle Filme herstellte, und sie bauten in Burier-la-Tour über dem Genfer See ein kubistisches Haus, das sie Kenwin nannten. Dieser Bau sorgte damals für große Aufregung, die Anrainer wollten ihn sogar verhindern – heute steht das Haus unter Denkmalschutz.

Es war Havelock Ellis, der Bryher einen Text von Freud gab, und er verschaffte ihr auch 1927 bei einem Wienbesuch den Zugang zu den Freuds. Bryher wurde eine Anhängerin der Psychoanalyse und unterstützte nicht nur ihren eigenen Analytiker finanziell, sondern auch den Kreis um Freud.

H. D. wollte daraufhin unbedingt Freuds Schülerin werden und bekam im Frühjahr 1933 die ersehnte Erlaubnis, als Analysandin zu ihm zu kommen. Sie wollte einerseits Freuds Hilfe für sich persönlich, und gleichzeitig wollte sie von ihm ausgebildet werden und seine Technik lernen. Von beidem bekam sie nur ein bißchen.

Daß Bryher für die Freud-Analyse zahlte, nagte an H. D.s Stolz, aber sie meinte, nicht die fünfundzwanzig Dollar zu haben, die Freud für eine Stunde von seinen wohlhabenden ausländischen Klienten verlangte. Bryher bat sie auch, genau über ihre Stunden bei Freud zu berichten, und H. D. fühlte sich prompt aus der Ferne beobachtet. Den zweiten Analyseabschnitt mit Freud im Herbst 1934 zahlte H. D. selbst, hatte sie doch nach dem Tod von Bryhers Vater eine beachtliche Summe geerbt.

Zu dem Zeitpunkt, als H. D. in Wien analysiert wurde, war Bryher schon mit der Schauspielerin Elisabeth Bergner liiert. Über den Anfang und das Ende dieser Beziehung gibt es leider keine Daten; daß sie Anfang der dreißiger Jahre begonnen hatte und sich über ein paar Jahre hinzog, ist aber ziemlich gewiß. Elisabeth soll auch großen Gefallen an H. D. gefunden haben, was die Situation etwas komplizierte. Das veranlaßte H. D. dann zu der ironischen Feststellung, daß Bryhers Liebhaberinnen immer trostsuchend zu ihr kämen.

In London hatte H. D. einen treuen Kreis, zu dem auch bald die 26jährige Silvia Dobson zählte. Silvia konnte Horoskope zeichnen, was H. D. beeindruckte. Diese wiederum versuchte an der neugefundenen Freundin auszuprobieren, was sie bei Freud gelernt hatte, allerdings ließ sie Silvia nicht einmal eine Stunde sprechen, sondern verbrachte umgekehrt lange Abende im Gespräch mit ihr. Laut Silvia waren sie und H. D. Liebhaberinnen, allerdings gab es Sex angeblich meist nur auf »zerebraler Ebene«.

In den Kriegsjahren begann Bryhers Freundschaft mit Edith Sitwell, die es ihr – laut ihren Memoiren – ermöglichte, den Krieg durchzustehen. Edith war die einzige Dichterin neben H. D., deren Gedichte Bryher mochte und die sie gerne vortragen hörte. Bryher fand wohl auch Gefallen an Ediths aristokratischen Traditionen, und im Laufe der nächsten Jahre unterstützte sie diese finanziell immer wieder, denn Ediths aufwendiger Lebensstil hätte niemals nur von eigenen Einnahmen gedeckt werden können. Wenn Bryher aus London fort wollte, besuchte sie Edith auf ihrem Schloß Renishaw, H. D. hingegen verließ London Richtung Kent, wo Silvia ein Haus hatte.

Trotz der vielen Aktivitäten, die Bryher während des Tages unternahm, wußte sie wegen des strikten Ausgehverbotes während des Krieges nicht, wie sie ihre langen Abende verbringen sollte. Sie begann Bücher über das elisabethanische Zeitalter zu sammeln und nahm außerdem für einige Zeit das Studium von Farsi auf. Ein Versuch, sich das Leben zu nehmen, scheiterte.

Nach H. D.s Tod, im September 1961, schrieb Bryher ihre Memoiren, in denen sie immer wieder betont, wie schön H. D. gewesen sei. Besondere Freude und Stolz hatte sie einmal empfunden, als ihr ein junger Hotelpage in New York, der H. D. in den Aufzug einsteigen sah, ins Ohr flüsterte:

»Was für eine schöne Dame!« Damals war H. D. schon über siebzig gewesen.

Alice B. Toklas, die von Sylvia Beach über H. D.s Tod informiert worden war, schrieb sogleich einen Brief an Bryher. »Es ist unmöglich, sich Bryher ohne H. D. vorzustellen ...«

Amy Lowell

wurde am 9. Februar 1874 in Boston geboren. Sie starb am 12. Mai 1925 in Boston. Dichterin.

Die Literatin Margaret Anderson beschrieb in ihren Memoiren, wie sie 1915 in Chicago zum ersten Mal Amy begegnete. Diese hatte angeblich ein Auftreten wie ein römischer Kaiser – mit dem Unterschied, daß dieser wohl noch keine Zigarren hatte –, eine tiefe Stimme und vermittelte den Eindruck von Geld und Kultur. Später erfuhr Margaret, daß Amy bei den kleinsten Anlässen weinte und unglaublich launisch war. Ob diese Launen ein Resultat von Amys vielen Krankheiten waren oder die Spätfolge eines verwöhnten Lebens, ist schwer zu beurteilen.

Materielle Sorgen kannte Amy nicht, obwohl sie nach einem Besuch von Hauptmanns *Die Weber* fürchtete, wie die dargestellten Fabrikbesitzer zu enden. Daß sie aber gesundheitliche Probleme hatte, ist verständlich, wog sie doch bei einer Größe ein Meter fünfzig mehr als hundert Kilo. Es half ihr jedoch ein wenig über ihre gesundheitlichen Probleme hinweg, daß sie erfolgreich Gedichte schrieb und eine wichtige Funktion in der Verbreitung moderner Lyrik innehatte. In diesem Bereich konnte sie auch ihre Erbschaft, zumindest teilweise, nutzbringend verwenden.

Am 12. März 1912 traf Amy zum ersten Mal die Schauspielerin Ada Dwyer (1880–1952), die dann auf Drängen

Amys bei ihr einzog. Amys geliebter Peter (so nannte sie Ada) nahm nach und nach das Leben ihrer neuen Freundin in die Hand. Sie organisierte den Haushalt, überwachte die zwei Sekretärinnen, die Amy für ihre Korrespondenz und die Reinschrift ihrer Manuskripte angestellt hatte, besorgte Bücher aus der Bibliothek und organisierte Amys Vortragsreisen.

Im Jahr, nachdem sie Adas Bekanntschaft gemacht hatte, fuhr Amy nach London, um die Dichter zu treffen, die sich Imagisten nannten. Sie lernte H. D. kennen, die damals mit Richard Aldington lebte, und fand großen Gefallen an ihr und ihren Gedichten. In den nächsten Jahren trug Amy viel zur Verbreitung dieser neuen Art von Lyrik bei. Indirekt war sie auch daran beteiligt, daß Bryher H. D. kennenlernte. Bryher hatte H. D.s Gedicht *Sea Garden* auswendig gelernt und erfuhr erst durch eine von Amy zusammengestellte Anthologie, daß H. D. eine Nordamerikanerin war, die ganz in ihrer Nähe in England wohnte.

Amy lernte Bryher erst 1921 bei ihrem New-York-Aufenthalt persönlich kennen, vorher gab es aber schon einen regen Briefwechsel zwischen ihnen. Daß die beiden Frauen allerdings nicht allzu lange im selben Raum sein konnten, wurde ihnen schnell klar: Amy, die als römischer Kaiser beschrieben wurde, sah sich mit Bryher einer Frau gegenüber, die sich wie Napoleon gebärdete. Amy bedauerte, daß H. D. in die Hände einer Tyrannin gefallen war, aber ihrer Bewunderung für H. D. tat dies keinen Abbruch.

Amys Gedicht *Patterns* (*Muster*) wurde 1915 in Margaret Andersons *Little Review* herausgebracht, und die Schlußzeile, »Christ! What are patterns for?« (Jesus! Wozu sind Muster gut?), wurde damals als skandalös empfunden. Amy reiste bald darauf nach Chicago, um dort mit Margaret über eine finanzielle Unterstützung für die *Little Review* zu verhandeln. Margaret wollte ihre Autonomie bewahren und lehnte Amys Angebot, das ein Mitspracherecht für diese vorgesehen hätte, ab.

1918 hatte Amy eine erste Operation, der noch drei weitere folgten. Seit sie einen festgefahrenen Wagen alleine aus dem Graben gehoben hatte, fühlte sie ständige Schmerzen und hoffte, sie mit diesen Operationen loszuwerden. Nach jedem dieser Eingriffe tat sie allerdings genau das, was ihr unter solchen Umständen streng verboten war, und ihr Zustand verschlechterte sich zusehends.

Die junge Dichterin Edna St. Vincent Millay war nach dem Ersten Weltkrieg sehr populär, und auch Amy schätzte ihre Verse sehr. Als Edna jedoch 1923 als erste Frau den Pulitzer-Preis gewann, war Amy eifersüchtig, da sie fand, er hätte ihr als erster zugestanden. Aber vielleicht waren ihre Zeilen »I am a woman, sick for passion« (Ich bin eine Frau, krank nach Leidenschaft) für das puritanische Nordamerika doch zuviel.

Als im Herbst 1923 die Duse in den Staaten auftrat, war Amy zu krank, um sie zu sehen, schickte ihr aber Champagner, Blumen und kleine Aufmerksamkeiten. Mercedes de Acosta, auch eine glühende Duse-Verehrerin, besuchte Amy zum damaligen Zeitpunkt und war von der Führung ihres Haushalts tief beeindruckt.

Nach Amys Tod erbte Ada das Haus und einen Trust und war von Amy zur Verwalterin des literarischen Nachlasses bestimmt worden. Amy hatte angeordnet, ihre gesamte Privatkorrespondenz zu vernichten, was Ada schweren Herzens befolgte. Noch Jahre später hatte sie deswegen Träume, in denen ihr Amy sagte: »Du hattest recht, Peter, es war ein Fehler, das Verbrennen.«

Sylvia Beach

wurde am 14. März 1887 in Baltimore, Maryland, geboren. Sie starb am 6. Oktober 1962 in Paris. Buchhändlerin.

Im Jahre 1917 war Sylvia Beach aus Spanien nach Paris gekommen, wo sich ihre theaterspielende Schwester Cyprian aufhielt. Eines Tages fiel ihr Adrienne Monniers Buchhandlung »La Maison des Amis des Livres« auf, und sie entschloß sich einzutreten. Adrienne begrüßte sie herzlich, denn sie mochte Amerikanerinnen. Sylvia wiederum mochte Französinnen, und beide meinten es ganz ernst.

So ernst, daß sie bald nicht nur in derselben Straße Buchläden betrieben, sondern ein paar Häuser weiter jahrelang eine gemeinsame Wohnung bewohnten. Zusammen wurde auch Urlaub gemacht, und die Wochenenden verbrachten sie bei Adriennes Eltern, die in Rocfoin, einem kleinen Ort an der Straße nach Chartres, wohnten.

Die Idee, zu Ende des Ersten Weltkriegs in Paris einen Buchladen mit englischen und nordamerikanischen Büchern aufzumachen, erwies sich als goldrichtig. Die große Zahl der nach Paris kommenden Nordamerikaner und Briten ermöglichte es Sylvia, diese Idee zu verwirklichen, und bis zur deutschen Besetzung von Paris stand Sylvia Tag um Tag in ihrem »Shakespeare and Company«. Im Laden lernte sie die Frauen kennen, die, ähnlich wie sie, nach Paris gekommen waren, um dem Puritanismus im allgemeinen und ihren Familien im besonderen zu entfliehen. Sie verlieh und verkaufte nicht nur Bücher, sondern half auch beim Suchen und Finden von Verlegern, Übersetzern und fallweise sogar einem Zimmer.

Gertrude Stein, Alice B. Toklas und Natalie Barney lebten schon Jahre in Paris, bevor es Sylvias Laden gab. Dennoch trieb sie die Neugierde oft dorthin, und wenn der Kontakt zwischen Sylvia und ihren berühmten Kundinnen auch nicht immer sehr eng war, so riß er doch nie ab. Gertrude war, laut

Sylvia, nur an ihren eigenen Produkten interessiert und Alice nur an der Vermarktung derselben.

Natalie Barney fand sowohl an Adriennes wie an Sylvias Laden Gefallen und unterstützte beide. Sie schrieb ja selbst Gedichte, las ausschließlich Lyrik und hatte zu Hause eine reichhaltige Bibliothek, in der sie nur Gedichtbände aufbewahrte. Selbstverständlich wurden Sylvia und Adrienne in ihren Salon eingeladen, wo Sylvia das gute Essen immer in positiver Erinnerung blieb.

Janet Flanner, Solita Solano, Dolly Wilde, Djuna Barnes und Margaret Anderson waren einige der vielen prominenten Kundinnen und Freundinnen Sylvias. Ganz besonders gut verstand sich das Buchhändlerinnenpaar mit Bryher. Gleich beim Kennenlernen fiel es Sylvia auf, daß Bryher nichts Überflüssiges sprach, sondern oft nur beobachtete. Sie hatte vielleicht Gefallen daran gefunden, daß Sylvia unternehmerisch – wenn auch nur auf kleiner Basis – tätig war. Und obwohl Bryher nicht oft nach Paris kam, veranstalteten Sylvia und Adrienne bei jedem ihrer seltenen Besuche für sie ein Fest.

Nach dem Zweiten Weltkrieg kam Sylvia oft in die Schweiz auf Besuch zu Bryher. Obwohl sie von den literarischen Talenten der Freundin nicht sehr überzeugt war und ihr deren historische Romane nicht gefielen, kam es doch nicht zum Bruch der Freundschaft, da beide Frauen noch viele andere Gemeinsamkeiten hatten und stolz darauf waren, etwas Eigenständiges geleistet und viel für andere Frauen bewirkt zu haben.

In Sylvias Buchladen gab es immer wieder Lesungen und Ausstellungen. Wer dort las, einen Vortrag hielt oder Bilder ausgestellt hatte, konnte sich als »dazugehörig« betrachten. In späteren Jahren, als die Arbeit überbordend wurde, stellte Sylvia eine Assistentin, Myrsine Moschos, eine junge Frau aus Griechenland, ein.

1937 war die junge deutsche Fotografin Gisèle Freund nach Paris gekommen, und Adrienne und Sylvia hatten ihr Unterschlupf gewährt. Als Sylvia wegen einer Gebärmutteroperation länger als geplant in den Staaten blieb, mußte sie bei ihrer Rückkehr feststellen, daß Gisèle bei Adrienne eingezogen war. Sylvia zog aus der gemeinsamen Wohnung aus, aber sonst änderte sich an ihrer Beziehung zu Adrienne wenig.

Als zu Beginn der Besatzung ein deutscher Offizier ein Buch kaufen wollte (das ihm Sylvia nicht gab), beschloß sie, das Geschäft über Nacht zu räumen.

Im Juli 1942 wurde sie in einem Lager interniert und längere Zeit gefangengehalten. Nach ihrer Freilassung zog sie wieder in ihre alte Wohnung, den Buchladen eröffnete sie aber nicht mehr. Nach dem Freitod Adriennes im Juni 1955 verbrachte Sylvia viel Zeit bei Bryher in der Schweiz und auch mit ihrer neuen Pariser Gefährtin Camilla Steinbrugge.

Adrienne Monnier

wurde am 26. April 1892 in Paris geboren. Sie starb am 18. Juni 1955 in Paris. Buchhändlerin.

Am 15. November 1915 eröffnete Adrienne ihren Buchladen »La Maison des Amis des Livres« in Paris. Vier Jahre später übersiedelte der Laden in die Rue de l'Odéon, wo sich 1921 auch Sylvia Beach mit ihrem »Shakespeare and Company« niederließ.

Sylvia war sehr beeindruckt von Adrienne, als sie ihr zum ersten Mal begegnete. Alles an ihr war klar und einfach: ihre Haare, ihre Augen, ihre Kleidung. Irgendwer hatte sie einmal als eine Mischung aus Nonne und Bäuerin beschrieben und damit den Nagel auf den Kopf getroffen.

Sylvia war nicht die erste Frau, in die sich Adrienne verliebt hatte. Mit siebzehn Jahren war sie ihrer Schulkollegin Suzanne Bonnierre nach London gefolgt, um ihr nahe sein zu können. Sie blieb dann auch ein Jahr dort, was sich positiv auf ihre späteren Freundschaften auswirkte, gehörten doch sie und später auch Sylvia zu den wenigen Frauen, die eine Brückenfunktion zwischen den englisch- und französischsprachigen Frauenzirkeln innehatten.

Suzanne starb sehr jung, und ein paar Monate nach ihrem Tod begann Adriennes Beziehung mit Sylvia. Außer der großen Zuneigung, die beide Frauen ganz offensichtlich füreinander empfanden, verband sie auch das gemeinsame Interesse an Büchern und ihren jeweiligen Buchhandlungen. Adrienne war eindeutig die bessere Geschäftsfrau, die es verstand, Privates und Geschäftliches zu trennen. Auch privat war sie die Tüchtigere, die die Führung des gemeinsamen Haushalts übernahm und zudem noch eine sehr gute Köchin war.

Wer den Weg bis in die Rue de l'Odéon angetreten hatte, machte sowohl bei Sylvia als auch bei Adrienne halt, obwohl natürlich einige der französischen Autorinnen mit der amerikanischen Literatur in »Shakespeare and Company« nicht viel anfangen konnten. Etwas ganz Besonderes war es für Adrienne, wenn Colette kam oder sie die seltene Gelegenheit hatte, mit ihr Mittag zu essen. Violette Leduc, die eine Schwäche für emotionale Besessenheiten hatte, besuchte Adrienne eine Zeitlang häufig in ihrem Laden, in der Hoffnung, daß diese Zeit hätte, sich ihren Problemen zu widmen.

Bryher ließ sich von Adrienne regelmäßig Bücher schicken, um über die französischen Neuerscheinungen auf dem laufenden zu bleiben. In späteren Jahren verstand sich Bryher mit Sylvia viel besser, was aber ihrer Zuneigung für Adrienne keinen Abbruch tat.

Daß die Emigrantin Gisèle Freund von Adrienne und Sylvia aufgenommen wurde, ist vielfach dokumentiert. Daß Sylvia aber aus der Wohnung, die sie gemeinsam mit Adrienne seit 1921 bewohnt hatte, 1937 auszog, ist kaum erwähnt worden. Über die Beziehung von Adrienne und Gisèle ist nichts bekannt, Gisèle beantwortete diesbezügliche Fragen nur mit der Feststellung, daß sie sehr froh gewesen sei, auf

Adriennes Wohnzimmersofa schlafen zu können. Es gibt aber eine große Anzahl von Fotos, die Gisèle damals von Adrienne und den gemeinsamen Reisen machte, die auf ein nahes Verhältnis der beiden Frauen hinweisen.

Durch Adrienne war es für Gisèle möglich, eine Reihe bekannter Schriftstellerinnen zu fotografieren, und im Frühjahr 1939 stellte sie in Adriennes Laden ihre Arbeiten aus. Sie hatte – zur damaligen Zeit äußerst ungewöhnlich – die Fotos lebensgroß entwickelt, was für einige Kommentare sorgte. Sogar Simone de Beauvoir kam vorbei, um sich die Ausstellung anzusehen.

Am Freitag, dem 7. Juni 1940, begleitete Adrienne Gisèle, die vor der deutschen Besatzung flüchten mußte, frühmorgens zum Gare d'Austerlitz. Gisèle lebte dann bis 1942 im Süden Frankreichs und konnte sich später nach Argentinien retten. Nach dem Krieg kehrte sie nicht zu Adrienne zurück; wie weit sie noch miteinander in Kontakt standen, ist nicht bekannt.

Adrienne erkrankte bald darauf, und Sylvia mußte Zeugin der schmerzhaften und unheilbaren Krankheit ihrer Partnerin werden. Adrienne sah nach mehreren Jahren der quälenden Schmerzen keinen Ausweg mehr und wählte den Freitod.

Elisabeth Bergner

(Ettel)

wurde am 22. August 1897 (1900) in Drogobytsch, Galizien (heute Drohobycz, Polen), geboren. Sie starb am 12. Mai 1986 in London. Schauspielerin.

Elisabeth Bergner trat 1916 zum ersten Mal in Zürich auf. Dieser Auftritt legte den Grundstein zu ihrem Bühnenerfolg, der sie später nach Wien, München und Berlin führte. In

Zürich lernte sie die Schweizerin Viola Bosshardt kennen, die mit ihr nach Berlin zog und mit der sie 1926 eine Villa in Dahlem kaufte. Damals hielt sich auch Muriel McClormick, eine reiche Nordamerikanerin, die sich Mackie nannte, in der Schweiz auf. Ihre große Verehrung für Elisabeth ist durch Liebesbriefe belegt.

Mit Viola gab es in der Dekade des Zusammenlebens immer wieder Reibereien und Streit. Elisabeth schrieb einmal an einen ihrer Wiener Freunde, daß sie kaum mit Viola spreche, denn »sie ist so ein Dienstbotencharakter«. Aber genau diese angebliche Eigenschaft kam Elisabeth sehr zugute: Viola kümmerte sich um den Alltag, studierte mit Elisabeth Rollen ein und organisierte ihre vielen Gastauftritte.

Einen der größten Bühnenerfolge feierte Elisabeth als heilige Johanna (nach G. B. Shaw) in Berlin. Wenn es nach ihr gegangen wäre, hätte das Theaterspiel ihr vollauf genügt. Doch für Viola, die Geld für einen Aufenthalt in einem Lungensanatorium benötigte, wirkte sie dann auch – sehr erfolgreich – in Filmen mit. Sie war mit Else Lasker-Schüler bekannt und unterstützte diese auch finanziell. Else sagte über Elisabeth: »Es spielt aus ihr überall.« Mit Eleonora von Mendelssohn war sie ebenso befreundet wie mit Marlene Dietrich, mit der sie auch noch Kontakt hatte, als diese bereits in Hollywood war. Und ganz Berlin soll voll Bewunderung hinter ihr her gewesen sein.

Im November 1932 hatte Elisabeth einen Filmvertrag in England in der Tasche. Aus dem temporären Aufenthalt wurde ein permanentes Exil. London kannte Elisabeth schon aus den zwanziger Jahren, sie wurde dort häufig im Trocadero gesehen, einem Club für solche, »die Abendkleidung trugen, und solche, die keine trugen«, und in dem auch Frauen wie die Malerin Gluck oder die Schauspielerin Tallulah Bankhead anzutreffen waren.

In ihren Memoiren beschrieb Elisabeth, wie sehr ihr zukünftiger Ehemann Paul Cinner beim Umzug nach London geholfen hatte. Die wahrscheinlich noch viel größere Hilfe von Bryher, mit der sie damals liiert war, verschwieg sie. Elisabeth verbrachte viel Zeit in Bryhers Haus in der französischen Schweiz. Die Frauen kamen gut miteinander aus, hatten viel Spaß, und Bryher konnte es sich erlauben, Elisabeth sowohl zu necken als auch herumzukommandieren. H. D., die 1933 bei Freud in Analyse war, verwendete ihre Zeit, um in Wien für Bryher Nacktfotos von der Bergner zu suchen und zu kaufen.

Elisabeth, die sehr zerbrechlich und knabenhaft wirkte, war beim britischen Publikum ein großer Erfolg. Für die USA – sie war 1940 von Filmaufnahmen in Kanada nicht mehr nach Europa zurückgekommen – war dies aber eher ein Nachteil, der ihren endgültigen Durchbruch dort verhinderte. 1935 feierte Elisabeth große Erfolge in London in dem Bühnenstück *Escape Me Never,* und es ist möglich, daß Bryher die spätere Verfilmung finanzierte.

Nach dem Krieg kehrte sie wieder nach London zurück, wo sie bis zu ihrem Lebensende ihren festen Wohnsitz hatte, sie spielte aber auch immer wieder auf deutschen Bühnen und führte 1970 zum ersten Mal in Berlin Regie. Ob sie mit ihren alten Freundinnen weiterhin Kontakt hatte, ist aus dem veröffentlichten Material nicht zu entnehmen und bedarf noch weiterer Recherchen.

Natalie Barney & Romaine Brooks

Natalie Clifford Barney:
* am 31. Oktober 1876 in Dayton, Ohio.
† am 2. Februar 1972 in Paris.
Gastgeberin und Schriftstellerin.

Romaine Brooks (Beatrice Romaine Goddard):
* am 1. Mai 1874 in Rom.
† am 7. Dezember 1970 in Nizza.
Malerin.

Natalie Barney und Romaine Brooks mit:

Eva Palmer, Renée Vivien, Liane de Pougy, Olive Custance, Colette, Elisabeth de Gramont, Lucie Delarue-Mardrus, Winnaretta Singer, Eileen Gray, Ida Rubinstein, Marguerite Yourcenar, Grace Frick, Djuna Barnes, Thelma Wood, Dolly Wilde, Nadine Hoang, Bryher, Toupie Lowther, Radclyffe Hall, Una Troubridge, Renata Borgatti, Gertrude Stein, Alice B. Toklas, Gluck, Sylvia Beach, Adrienne Monnier, Janet Flanner, Solita Solano, Marie Laurencin, Marina Zwetajewa, Janine Lahovary.

Lebenslinien

Natalie wächst in äußerst begüterten Verhältnissen in Cincinnati auf, erbt nach dem Tod des Vaters ein beträchtliches Vermögen und kann ein finanziell völlig abgesichertes Leben führen.

Ihre wichtigste Jugendgefährtin ist Eva Palmer. Mit ihr verbringt sie die Sommer in Maine und studiert dort Griechisch.

Natalie, die von ihrer Gouvernante Französisch gelernt hat, kommt wahrscheinlich das erste Mal 1883 nach Paris. 1886 zieht die Familie nach Washington und fährt im selben Jahr auch wieder nach Europa.

Im Laufe der nächsten Jahre besucht Natalie ein Mädchenpensionat in Paris, verbringt aber immer längere Zeitabschnitte in Washington oder Bar Harbor, Maine, wo die Familie eine Sommerresidenz hat.

1898 läßt sich die Familie ganz in Paris nieder.

Natalie hat ein leidenschaftliches Verhältnis mit der bekannten Kurtisane Liane de Pougy. Diese Beziehung bezeichnet sie später als die sinnlich erfüllendste.

1900 trifft Natalie Renée Vivien. Gemeinsame Reisepläne nach Lesbos scheitern an Natalies nächstem Verhältnis mit Olive Custance.

1904 läßt sich der gemeinsame Wunsch Renées und Natalies doch noch verwirklichen, und die beiden flüchten aus dem Großstadtleben nach Lesbos, um dort alte sapphische Traditionen wieder zum Leben zu erwecken.

Nach der Rückkehr der beiden Dichterinnen trennen sich ihre Wege, und der Kontakt wird bis zu Renées Tod 1909 nicht wieder aufgenommen.

1909 zieht Natalie in ihr später berühmtes Haus in die Rue Jacob, wo sie ihren Salon eröffnet.

Freundschaft mit Colette, die eine Zeitlang bei Natalie wohnt. Natalie gibt zahlreiche Veranstaltungen in ihrem Salon – dem »Freundschaftstempel« –, trägt dort selbstverfaßte Gedichte vor und empfängt alles, was im künstlerischen und auch lesbischen Paris des Rive Gauche einen Namen hat.

Zu dieser Zeit Freundschaft mit Lucie Delarue-Mardrus und Elisabeth de Gramont. Mit beiden hat sie eine sexuelle Beziehung, die zu Lucie dauert nur ein paar Jahre, die mit Elisabeth ist langjährig.

1915 kommt es zur Begegnung mit Romaine Brooks, die in eine über fünfzigjährige Liebesbeziehung mündet.

Nach dem Ende des Krieges ziehen viele Nordamerikanerinnen nach »gay Paris«. In Natalies Salon tauchen viele neue Gesichter auf. Mit Djuna Barnes, deren Kunst Natalie sehr schätzt, hat sie eine kurze Affäre.

1920 erscheint Natalies bekanntestes Werk *Pensées d'une amazone.*

In den zwanziger Jahren ist auch das lesbische London oft zu Gast in Paris, und zahlreiche Frauen kommen zu Natalie in die Rue Jacob. Unter den englischen Gästen ist auch Dolly Wilde, die sich heftig in Natalie verliebt. Diese Affäre dauert – mit Unterbrechungen – bis zum Ausbruch des Zweiten Weltkrieges und Dollys Rückkehr nach London, wo sie 1941 stirbt.

1928 bauen Natalie und Romaine in Beauvallon in Südfrankreich ein Haus, wo die gastfreundliche Pariser Tradition in den Sommermonaten fortgesetzt wird. Hierher kommen auch Radclyffe Hall und Una Troubridge wiederholt auf Besuch.

1930 publiziert Natalie *The One Who Is Legion, or A. D.s After-Life* in einer sehr kleinen Edition. In diesem Werk vergleicht sie die Rolle der Frau in der westlichen Kultur mit der Schreibkultur.

In den dreißiger Jahren hat Natalie eine längere Affäre mit der Chinesin Nadine Hoang.

1939 erscheint *Nouvelles pensées de l'amazone.*

Während des Zweiten Weltkrieges sympathisieren die beiden Frauen mit dem Faschismus und verbringen die Kriegsjahre in einer Villa in Florenz.

Nach dem Krieg ziehen Natalie und Romaine nach Paris zurück, Romaine verbringt aber auch viel Zeit in ihrer Wohnung in Nizza. In den Wintermonaten hält sich Natalie dort mit ihr auf.

Viele der Nordamerikanerinnen, die in den zwanziger Jahren in Paris gelebt hatten, kehrten nach dem Zweiten Weltkrieg nicht mehr zurück. Natalie setzt aber die Tradition ihres

Salons fort und ist nach wie vor großzügige Gastgeberin. Sie kümmert sich besonders um die »Witwe« Alice B. Toklas, die über Natalies reges freundschaftliches und erotisches Leben amüsiert ist.

In den fünfziger Jahren zählen Marguerite Yourcenar und Grace Frick zu ihren regelmäßigen Gästen. In ihrer Gästeliste erscheinen immer wieder Alice, Marguerite, Grace und die Malerin Marie Laurencin.

1950 stirbt Liane de Pougy. Sie hat die letzten Lebensjahre in einem Kloster verbracht und sich geweigert, Natalie, »ihre größte Sünde«, zu sehen.

1951 gibt Natalie biographische Beiträge zu Dolly Wilde *In Memory of Dorothy Irene Wilde* heraus.

1954 sterben mit Colette und Elisabeth de Gramont zwei nahe Weggefährtinnen Natalies.

1958, im Alter von zweiundachtzig, trifft Natalie in Nizza auf der Promenade des Anglais ihre letzte große Liebe, die achtundfünfzigjährige Janine Lahovary. Die Beziehung dauert bis zu Natalies Tod, während der ersten sieben Jahre wird sie allerdings geheimgehalten.

Als Romaine von Natalies Verbindung mit Janine erfährt, zieht sie sich in ihre Wohnung nach Nizza zurück und weigert sich, mit Natalie weiteren Kontakt zu haben.

1968 gibt es das letzte Fest in der Rue Jacob, 1970 muß Natalie wegen Reparaturarbeiten ihre Wohnung verlassen. Sie verbringt die letzten eineinhalb Jahre ihres Lebens in einem Pariser Hotel, wo sie auch stirbt.

Kurz nach Romaines Geburt verläßt der Vater die Familie. Romaine wächst in New York mit ihrem kränklichen Bruder auf, der von der Mutter bevorzugt wird. Trotz des enormen Reichtums der Familie behandelt die Mutter Romaine wie eine Dienerin und zieht sich so den Haß ihrer Tochter zu.

Im September 1893 kommt Romaine nach Paris, um

Musik zu studieren. Sie wohnt in Neuilly, wo sie die Sängerin Clara Butt trifft, in die sie sich verliebt.

Im Jahr darauf entschließt sich Romaine, Malerei zu studieren und zieht nach Rom, wo sie einige Jahre in Armut lebt.

Auf Capri, wo sie die Sommer verbringt, lernt sie John Brooks, einen schwulen Engländer, kennen und heiratet ihn.

1905 kehrt Romaine nach Paris zurück – in der Zwischenzeit hat sie ihr Erbe angetreten –, wo sie eine längere Beziehung mit der Nähmaschinenerbin Winnaretta Singer hat. Sie widmet sich immer mehr der Porträtmalerei.

1910 kommt es zur ersten Begegnung zwischen Romaine und der russischen Tänzerin Ida Rubinstein. Romaine ist von der äußerst gebildeten und androgynen Ida begeistert – die vielen Bilder, die sie von ihr malt, belegen diese Leidenschaft.

Anfang 1915 Beginn der Beziehung von Romaine und Natalie, die damals beide bekannte Figuren in der Pariser Lesbenszene sind. Die Beziehung dauert fast fünfzig Jahre. Die beiden entdecken viele Gemeinsamkeiten: Sie kommen beide aus nordamerikanischen Familien, haben einen Großteil ihrer Jugend in Europa verbracht, und ihr künstlerischer Geschmack tendiert in dieselbe Richtung.

Der Salon in der Rue Jacob ist zwar Natalies Domäne, trotzdem gibt es eine Reihe von Frauen, die dorthin gehen, weil sie Romaine sehen wollen. Dazu gehören auch die Designerin Eileen Gray und die Schriftstellerin Bryher.

Romaine verbringt ihre Sommer immer wieder in Capri, wo sie die Künstlerkolonie kennt und sich im Sommer 1918 mit der Pianistin Renata Borgatti einläßt.

In den zwanziger Jahren hält sie sich immer wieder in London auf, wo sie eine Affäre mit Toupie Lowther hat. Sie lernt Radclyffe Hall und Una Troubridge kennen und lädt sie nach Capri ein. Die beiden werden regelmäßige Gäste von Natalie und Romaine.

1928 bauen die beiden ihre Villa Trait d'Union in Beauvallon in Südfrankreich. Sie haben auch ein gemeinsames

Schweizer Konto und planen sogar, nach ihrem Tod in derselben Gruft begraben zu werden.

1935 fährt Romaine alleine nach New York; es wird das erste Wiedersehen mit dieser Stadt seit ihrer unglücklichen Kindheit.

Den Zweiten Weltkrieg verbringen Romaine und Natalie in der Villa Sant'Agnese in Florenz.

Nach dem Krieg zieht sich Romaine immer mehr zurück – ganz im Gegensatz zu Natalie, die ihre alte Routine aufnimmt und sich mit Frauen umgibt.

In den sechziger Jahren versucht Janine Lahovary immer wieder, mit Romaine Freundschaft zu schließen, aber diese hat kein Interesse daran.

1965 schreibt Romaine in einem Brief an Natalie: »Wir lieben die Natur, aber sie liebt uns nicht. Wir werden nur gebraucht, um ihre Defizite auszugleichen. Bäume sind unsere besonderen Feinde, sie saugen uns ganz aus.«

Von 1967 an zieht sich Romaine in ihre Wohnung in Nizza zurück und will keinen Kontakt mehr mit der Außenwelt. Natalies Anrufe und Briefe läßt sie unbeantwortet.

Am 9. Juli 1969 schickt Natalie ihre letzte Botschaft an Romaine: »Mein Engel ist, wie immer, fest in meinen Gedanken und tief in meinem Herzen.« Sie bekommt darauf keine Antwort und unternimmt keine weiteren Versuche, mit Romaine in Kontakt zu treten.

Einblicke

Natalie hatte kurz nach ihrer Übersiedlung nach Paris die bekannte Kurtisane Liane de Pougy (Anne-Marie de Chassaigne, 1869–1950) getroffen, war für sie entbrannt und setzte alle Hebel in Bewegung, um ihr näherzukommen.

Viele Jahre später sagte Natalie, daß sie mit Liane das größte sinnliche Vergnügen gehabt hätte. Auch nach Lianes

Heirat, im Jahre 1910, sahen sich die beiden immer wieder, wenn auch nur auf freundschaftlicher Basis. 1945 trat Liane in ein Kloster ein, nahm den Namen Schwester Marie Madeleine de la Pénitence an und weigerte sich, Natalie, die sie als die größte Sünde ihres Lebens bezeichnete, wiederzusehen.

Im Jahre 1900 traf Natalie Renée Vivien, und in kürzester Zeit waren die beiden in eine heftige Liebesaffäre verwickelt, die nicht nur ihr privates Leben beeinflußte, sondern auch als eine der meistgefeierten Romanzen dieses Jahrhunderts in die Geschichte einging. Die beiden jungen Dichterinnen hatten nur ein gemeinsames Ziel: Sie wollten nach Lesbos, um dort die alte sapphische Tradition wieder zum Leben zu erwecken. Bei einem Aufenthalt in London trafen sie die gleichgesinnte Olive Custance, die Natalie nach Paris einlud, um konkret an der Verwirklichung ihres Traumes mitzuarbeiten. Während Olives Parisaufenthalts hatte Natalie eine Affäre mit ihr – sehr zum Mißfallen Renées –, und statt gemeinsam nach Lesbos zu reisen, kehrte Olive nach London zurück, und Natalie und Renée schoben ihre Reise auf.

In Renées Todesjahr, 1909, war Natalie, die 1902 von ihrem Vater große Summen geerbt hatte, in das Haus in der Rue Jacob eingezogen, wo sie bis fast an ihr Lebensende lebte und in welchem über viele Jahre hinweg das ganze lesbische Paris zu Gast war.

Auch heute noch ist es möglich, einen Blick auf das kleine Haus in einem Hinterhof zu werfen, und wer der Phantasie freien Lauf lassen will, kann sich gut vorstellen, wer sich einst in diesem Haus aufgehalten hatte.

So hatte Natalie Colette schon Anfang des Jahrhunderts kennengelernt, aber erst nach deren Trennung von Willy kamen die beiden einander näher und waren viel zusammen. Für kurze Zeit lebte Colette sogar in Natalies Haus. Diese unterstützte ihre schauspielerischen Ambitionen, und selbst nachdem es sich Colette in der heterosexuellen Welt wieder bequem gemacht hatte, brach der Kontakt der beiden nicht ab. Auf der Liste von Natalies Liebhaberinnen steht Colette nicht, trotzdem zählte sie wohl zu den intimsten Freundinnen.

Romaine Brooks war eine begehrte Frau, wenn sie wohl auch an die kolportierte Zahl von Natalies über vierzig Liebhaberinnen nicht herankam. Die russische Tänzerin Ida Rubinstein war ihr Leben lang ganz verrückt nach Romaine. Sie hatten sich 1910 kennengelernt, und Idas androgyne Erscheinung faszinierte Romaine zwar, aber sie blieb emotional auf Distanz. Ida hingegen war bereit, alles für Romaine aufzugeben. Sie wollte ein Haus auf dem Land kaufen und dort in idyllischer Zweisamkeit mit ihrer Angebeteten leben. »So kann ich nicht geliebt werden«, soll Romaine dazu gesagt haben.

Romaine und Ida waren in der Schweiz, als der Erste Weltkrieg ausbrach. Sie beschlossen, so schnell wie möglich nach Paris zurückzukehren. Auf der Zugfahrt betete Ida die ganze Nacht, in der Hoffnung, so den Krieg – mit Gottes Hilfe – zu einem schnellen Ende bringen zu können. Romaine stand dem Krieg zynischer gegenüber: Sie fand, daß Massenselbstmord dieser Art unvermeidbar sei, solange die Menschheit nicht bereit sei, Geburtenkontrolle zu praktizieren.

Letzten Endes ging Idas Wunsch nach der perfekten Beziehung mit Romaine nie in Erfüllung, dennoch blieb Ida zeit ihres Lebens in Kontakt mit Romaine und lud sie und Natalie immer wieder zu sich ein.

Romaine fuhr im Sommer 1918 wieder nach Capri, wo die damals noch unbekannte italienische Pianistin Renata Borgatti für sie entbrannte. Die beiden hatten eine längere Romanze. Renata, die Tochter eines bekannten italienischen Tenors, sah laut Zeitgenossinnen wie der junge Liszt aus, und keine Frau, die sie wollte, konnte ihr widerstehen. 1918 war Renata noch unbekannt und lebte von Klavierstunden oder kleinen Privatkonzerten. In späteren Jahren spielte sie mit vielen großen europäischen Orchestern und wurde vor allem als Debussy-Interpretin bekannt. Von Romaine und Renata existieren eine Reihe von Aufnahmen, die sie beide Arm in Arm im Schwimmanzug zeigen, oder auch ein Foto, auf dem Renata ihren leidenschaftlichen Blick auf Romaine richtet.

Zwischen 1921 und 1925 fuhr Romaine öfter nach London. Dort hatte sie eine Affäre mit Toupie Lowther. Bei einer Party in deren Haus lernte Romaine Radclyffe Hall und Una Troubridge kennen. Jene gefiel dem Paar so gut, daß sie die nächsten Wochen fast ausschließlich gemeinsam verbrachten. Romaine mochte Una, war aber von Radclyffe nicht so beeindruckt. Sie fand, daß Radclyffe nicht schreiben konnte, und tat *The Well of Loneliness* nach seinem Erscheinen als lächerliches Buch ab. Außerdem hatte sie immer das Gefühl, von Radclyffe beobachtet zu werden: Diese hatte offensichtlich Gefallen an Romaine gefunden, war von ihrem selbstverständlichen Umgang mit ihrem Lesbisch-Sein sehr angetan und fand, daß Romaine eine wahre Künstlerin sei.

Romaine lud die beiden nach Capri ein, sehr zum Ärger von Toupie, die keine Einladung bekam. 1922 machten sich also Radclyffe und Una auf den Weg nach Capri, kamen aber wegen des Vormarsches der Faschisten nur bis Florenz.

1924, bei einem Londonaufenthalt, malte Romaine dann jenes Bild von Una, welches sie in männlicher Kleidung, mit Monokel und Ohrringen zeigt. Una sagte zwar zu Romaine, daß ihr das Bild gefalle, aber ihre Freundinnen fragte sie immer wieder besorgt: »Sehe ich wirklich so aus?« Im selben Jahr malte Romaine auch Gluck und sollte auch von ihr porträtiert werden. Glucks Idee, sie lebensgroß darzustellen, ärgerte sie aber so, daß sie die Sitzung nach ein paar Stunden abbrach und Gluck mit einem unfertigen Gemälde zurückließ.

Romaine trug am liebsten Kleidung in Schwarz und Grau. Auch ihr Atelier in der Pariser Rue Raynouard war in diesen beiden Farbtönen gehalten. Das Interieur dort bestand zwar nur aus wenigen Stücken, die aber waren von erlesener Qualität, darunter auch zwei Teppiche der Designerin Eileen Gray. Eileen Gray gehörte auch zum kleinen, eingeweihten

Kreis derjenigen, die immer wieder eingeladen wurden, Romaines Porträts zu begutachten.

Obwohl Natalie, Romaine, Gertrude Stein und Alice B. Toklas schon zwei Jahrzehnte in derselben Stadt gewohnt hatten, gab es zwischen den beiden Paaren nur ganz wenig Kontakt. Zu gegensätzlich waren der Lebens- und Liebesstil, und während Natalies und Romaines Ambitionen eher dahin gingen, die Frauen- und Lesbenwelt künstlerisch zu bereichern, wollte das Genie Gertrude mit Hilfe von Alice Anerkennung in der männerdominierten Kunstszene finden.

Doch Mitte der zwanziger Jahre änderte sich das. Gertrude und Natalie begannen, einander gegenseitig zu besuchen und Gefallen an ihren gemeinsamen Gesprächen zu finden. Es kam aber immer wieder zu längeren Unterbrechungen der Freundschaft, da Natalies Affären bei Gertrude und Alice auf Mißfallen stießen. Natalie und Romaine wiederum machten sich über Gertrude und Alice lustig und fanden, daß die »größere (Gertrude) immer dicker wird und die dünnere (Alice) verschlingen wird«. Während des Zweiten Weltkrieges hatten die beiden Paare regelmäßigen Briefverkehr, und auch nach Gertrudes Tod (1947) hielt Natalie den Kontakt mit Alice aufrecht. Alice wurde regelmäßiger Gast in Natalies Haus. In ihrer umfangreichen Korrespondenz drückte Alice immer wieder Verwunderung über Natalies sexuellen Appetit aus, der auch im Alter nicht abnahm.

Janet Flanner und Solita Solano zählten in den zwanziger Jahren zu den regelmäßigsten Besucherinnen in Natalies Salon. Solita fand, daß Natalie Menschen sammelte, was jeden Freitag von neuem bewiesen wurde, sobald sie in Natalies Salon eintraf. Sie fand auch, daß Natalies Haus wie ein beleuchtetes Aquarium aussehe, trotzdem kamen sowohl Solita als auch Janet gerne zu ihrer extravaganten Freundin. Natalie war eine Gastgeberin im besten Sinn und Stil. Für ihre Gäste war ihr nichts zu teuer, und sie konnte es sich leisten, das Feinste aufzutischen. Sie wurde von ihren Freundinnen als großzügig angesehen, nicht nur die köstlichen Buffets, sondern auch Unterstützung für verschiedene künstlerische Projekte betreffend.

Janet holte sich am Anfang ihrer Karriere als Journalistin für den *New Yorker* häufig Ideen und Tips von Natalie. In späteren Jahren erinnerte sie sich nicht mehr so gerne an die Zeit in Natalies Salon. Ich kann nur vermuten, daß dies auf die pro-faschistische Einstellung Natalies während des Krieges zurückzuführen ist. Janet fand auch, daß es von Djuna Barnes albern gewesen war, im *Ladies Almanack* Natalie Barney als Dame Evangeline Musset soviel Platz einzuräumen. In Janets Augen war Natalie eine dieser liebenswerten Personen, über die man besser nicht schreiben sollte.

In den fünfziger Jahren stellte sich die damals gerade berühmt werdende Schriftstellerin Marguerite Yourcenar mit ihrer Lebensgefährtin Grace Frick bei Natalie ein. Wann immer Marguerite in Paris weilte, war sie regelmäßig dort anzutreffen, und wenn sie einander nicht sehen konnten, hatten die beiden einen angeregten Briefwechsel. Natalie, die viele jüngere Frauen kannte, hatte es manchmal schwer mit diesen und kam in Generationenkonflikte. Sie schätzte eher das betont Feminine und fand »butches« und den Garçonne-Stil nicht besonders attraktiv.

Vielleicht verstand sie sich auch deshalb besonders gut mit Marguerite, da auch diese keine besondere Vorliebe für die Errungenschaften des zwanzigsten Jahrhunderts an den Tag zu legen schien. In einem Brief, den sie 1963 an Natalie schickte, meint sie: »... du hast das große Glück gehabt, in einer Zeit zu leben, wo die Idee des Vergnügens noch mit Kulturwachstum in Zusammenhang stand ... Ich bin besonders froh darüber, daß du den chronischen intellektuellen Krankheiten dieser ersten Jahrhunderthälfte ausgewichen bist. Keine Psychoanalyse, kein Existentialismus ...«

1958 hatte Natalie, damals war sie zweiundachtzig, Janine Lahovary auf der Promenade des Anglais in Nizza kennenge-

lernt. Die achtundfünfzigjährige Janine war gebürtige Rumä-
nin, hatte jahrelang als Hofdame gearbeitet, dann geheiratet
und Kinder großgezogen. Janine war von Natalie fasziniert,
und ehe sie es sich versah, war sie in ein kompliziertes Spiel
von Liebe und Heimlichkeit verwickelt, denn Natalie mußte
ihre Beziehung vor Romaine verheimlichen und Janine vor
ihrem Mann.

Als Romaine von Natalies wahrem Verhältnis mit Janine
erfuhr, gab es für sie kein Verzeihen, sie zog sich in ihre Wohnung nach Nizza zurück und weigerte sich, mit Natalie weiter zu reden, ja nicht einmal ihre Briefe las sie. Schließlich gab
Natalie auf und meinte, wenn Romaine nicht mehr an ihrer
Liebe interessiert sei, hätte sie auch keinen Grund mehr, sich
weiter zu bemühen.

Dolly Wilde

wurde wahrscheinlich 1899 geboren. Sie starb am 9. April
1941 in London.

Aus den wenigen biographischen Daten, die über Dolly
erhalten sind, ist nicht ersichtlich, wann und wo sie geboren
wurde und welchen Tätigkeiten sie – abgesehen von ihrem
intensiven Gesellschaftsleben – nachgegangen war. Alle fanden sie hinreißend: angefangen mit Natalie Barney zu Janet
Flanner, Alice B. Toklas und schließlich Charlotte Wolff. Und
alle fanden, daß sie zuviel Kokain schnupfte, zuviel trank und
zu oft versuchte, sich das Leben zu nehmen.

Vielleicht brachte es Natalie Barney am besten auf den
Punkt, als sie über Dolly sagte: »Jeder Tag ist für sie ein unbe-
schriebenes Blatt Papier, sie füllt es mit ihren Eindrücken,
ihren Freuden und ihren Qualen. Die letztgenannten machen
den größten Teil aus ...«

Um diese Qualen zu vergessen, galt es Feste zu feiern und auf Achse zu sein. Mit Janet Flanner, mit der Dolly eine kurze Affäre hatte, tanzte sie Nächte durch, für Natalie organisierte sie in ihrem Haus in Beauvallon Sommerfeste, mit Mercedes de Acosta verbrachte sie Ferien in der Bretagne. In Hollywood war sie in den zwanziger Jahren auch zugegen und gehörte dort angeblich zu Alla Nazimovas »Nähzirkel«.

Um ihren Witz voll zum Einsatz zu bringen, mußte sich Dolly stets auf dem laufenden halten. Janet Flanner meinte, daß Dolly eine der belesensten Frauen war, die sie kannte. Sie war immer mit allen englisch- und französischsprachigen Neuerscheinungen vertraut. Das beeinflußte sie offenbar so sehr, daß Janet fand, Dolly verhielte sich oft wie ein Charakter aus einem Roman.

Ihr Sarkasmus war allgemein bekannt, dennoch liebten es alle, sich ihm auszusetzen. Wer immer Dolly eine Geschichte erzählte, konnte damit rechnen, unvergeßliche Antworten zu bekommen. Kein Wunder, daß sie dadurch genügend Geschichten kannte, die sie bei der nächstbesten Gelegenheit, mit zusätzlichen Pointen versehen, weitergeben konnte.

Natalie war Dollys große Liebe. Diese würdigte ihre Liebe, indem sie nach Dollys Tod eine Broschüre über sie herausbrachte, in der sie auch Auszüge aus Dollys Liebesbriefen druckte. Bei ihrem Zusammensein schien Natalie oft innerlich abwesend, und Dolly fragte sie dann, in welchem Bett oder unter welchem Himmel sie denn gerade schlafe. Sie verstand es auch nicht, daß ihr Natalie anstelle von Briefen Telegramme »wie ein amerikanischer Geschäftsmann« schickte. Der »amerikanische Geschäftsmann« half Dolly häufig aus ihrer finanziellen Bredouille – mit Summen, die sie oft nicht zurückzahlen konnte, so daß sie in ihrem Testament Natalie als Alleinerbin einsetzte.

Sidonie-Gabrielle Colette

wurde am 28. Januar 1873 in Saint-Sauveur, Burgund, geboren. Sie starb am 3. August 1954 in Paris. Schriftstellerin.

Die offen lesbische Phase in Colettes Leben dauerte von 1906 bis 1911, aber auch später verkehrte sie viel in lesbischen Zirkeln und hatte wahrscheinlich weiterhin sexuelle Beziehungen mit Frauen.

Sie lebte in den Jahren von 1906 bis 1911 zuerst für eine kurze Zeit bei Natalie Barney, zog aber dann im November 1906 zu ihrer neuen Freundin, Mathilde de Morny, Marquise de Belbœuf, die sich selbst gerne als Max ausgab, aber von allen Missy genannt wurde, Smoking trug und Zigarren rauchte. Colette soll damals Armbänder getragen haben, auf denen eingraviert war: »Ich gehöre Missy.«

Am 3. Januar 1907 kam es zu jenem Skandalauftritt im Moulin Rouge, bei dem sowohl Colette als auch Missy auf der Bühne standen – den Höhepunkt des Abends bildete ein leidenschaftlicher Kuß der beiden Frauen. Es kam zu einem Tumult, und weitere Aufführungen wurden von der Polizei untersagt. Zwischen 1908 und 1911 ging Colette meistens alleine mit dem Varietétheater auf Tournee. In Paris lebte sie aber mit Missy zusammen und setzte ihre Schriftstellerinnenkarriere fort.

1909 machten sich Colette und Missy auf die Suche nach einem Haus in der Bretagne, das sie allerdings erst zwei Jahre später in der Nähe von Saint-Malo fanden. Kurz danach wandte sich Colette wieder Männern zu, was Missy so sehr verletzte, daß sie die frühere Freundin nicht mehr sehen wollte. Letztlich versöhnten sich die beiden aber doch wieder und trafen sich in der Folge sehr oft.

Daß Colette Natalie und Missy kennengelernt hatte, war kein Zufall, hatten doch alle diese Frauen denselben Freundinnenkreis: dazu zählten unter anderem Renée Vivien und

Lucie Delarue-Mardrus. Eine der längsten Freundschaften, die im Jahr 1900, als Colette in der Rue Jacob wohnte, begann und bis zu ihrem Tod dauerte, verband sie mit Marguerite Moreno. In den dreißiger Jahren lernte sie dann Renée Hamon kennen, eine Südseereisende und Schriftstellerin, die Colette liebevoll »meine kleine Piratin« nannte und der sie sehr zugetan war. Renées früher Tod im Oktober 1943 war ein großer Schock für sie.

Die Generation von Amerikanerinnen und Engländerinnen, die in den zwanziger Jahren nach Paris kam, bewunderte Colette, und alle wollten ihre Romane auf Englisch lesen. Una Troubridge und Janet Flanner übersetzten *Chéri* und *Claudine*, Janet tat dies mit Hilfe von Colettes Freundin Germaine Beaumont, von der es auch hieß, daß sie ihre Liebhaberin gewesen sei.

Colette selbst äußerte sich oft zu lesbischen Themen. So schrieb sie die französischen Untertitel für *Mädchen in Uniform*. Ein anderes Mal meinte sie, daß »ein weibliches Paar lange und glücklich zusammenleben kann, aber wenn sich in die Person einer der beiden Frauen ein, wie ich es nenne, nachgemachter Mann einschleicht, dann wird das Zusammenleben traurig«.

Renée Vivien
(Pauline Tarn)

wurde am 11. Juni 1877 in Paddington, England, geboren. Sie starb am 18. November 1909 in Paris. Dichterin.

An Colette schrieb Renée mehr als einmal: »Ist das Dasein nicht scheißlangweilig? Ich hoffe, es hört bald auf.«

Renée war in ähnlich begüterten Verhältnissen aufgewachsen wie Natalie Barney, ihre Eltern unternahmen viele Reisen, auf denen sie ihre Tochter teilweise begleitete oder aber in Internaten zurückbleiben mußte. In einem dieser Mädchenpensionate in Paris lernte sie die Nordamerikanerin Violet Shilleto kennen. Die nächsten drei Jahre waren für die beiden Mädchen eine sehr glückliche Zeit.

Dann beschlossen allerdings Renées Eltern, sie nach England zurückzuholen, und Violet mußte die nächsten fünf Jahre alleine im Internat zurückbleiben. 1898 wurde Renée großjährig und konnte sich bei ihren Eltern durchsetzen – sie durfte nach Paris zurückziehen. Sie bewohnte dort eine Pension in der Nähe von Violet, und trotz all der Jahre der Trennung verstanden sich die beiden auch weiterhin ausgezeichnet.

Nach dem Eintreffen Natalie Barneys in Paris mußte Violet in den Hintergrund treten. Sie schien sich allerdings mit Mabel Dodge ganz gut zu trösten. Trotz der Begeisterung von und mit Natalie spielte Violet auch weiterhin eine wichtige Rolle in Renées Leben. Als sie im Frühjahr eine mysteriöse Krankheit bekam, wollte sie Renée in ihrer Nähe haben. Diese fuhr nach Nizza und blieb bis zu Violets Tod im Juni 1901 bei ihr.

Den Schmerz über Violets Verlust konnte Renée wohl nie verwinden. Sie fand eine neue Lebensgefährtin, die holländische Baronin Helen van Zuylen de Nievelt, der es nicht recht war, daß Renée weiterhin in Kontakt mit Natalie blieb. 1904 löste sich Renée allerdings von den Vorschriften der Baronin und fuhr mit Natalie nach Lesbos. Das war der letzte Ausbruch und das letzte Abenteuer mit Natalie. Trotz aller Versuche von seiten ihrer Freundinnen, zog Renée sich immer mehr in eine für andere unerreichbare innere Welt zurück, nahm kaum noch Nahrung zu sich und starb wahrscheinlich an Hunger.

Natalie, die später oft an Renée dachte und über sie schrieb, meinte, daß wohl nur ihre Seelen in Harmonie miteinander gewesen waren. Körperlich sei Renée passiv gewesen, und sie, Natalie, konnte sie nie aus der Reserve locken. Natalie, die Renée um etliche Jahrzehnte überlebte, wurde wie diese auf dem Friedhof in Passy begraben, allerdings liegen ihre Gräber nicht nebeneinander.

Das perfekte Duo

Alice B. Toklas & Gertrude Stein

Alice B. Toklas:
* am 30. April 1877 in San Francisco.
† am 7. März 1967 in Paris.
Gastgeberin und Schriftstellerin.

Gertrude Stein:
* am 3. Februar 1874 in Allegheny, Pennsylvania.
† am 27. Juli 1946 in Paris.
Schriftstellerin und Sammlerin.

Alice B. Toklas und Gertrude Stein mit:

Eileen Gray, Natalie Barney, Romaine Brooks, Dolly Wilde, Elsie de Wolfe, Janet Scudder, Mildred Aldrich, Marie Laurencin, Mabel Dodge, Sylvia Beach, Adrienne Monnier, Edith Sitwell, Bryher, H. D., Margaret Anderson, Jane Heap, Djuna Barnes, Janet Flanner, Solita Solano, Noel Haskins Murphy, Marlene Dietrich, Libby Holman, Mercedes de Acosta, Greta Garbo, Marguerite Yourcenar, Georgette Leblanc, Elisabeth de Gramont.

Lebenslinien

Alice B. Toklas wächst als einzige Tochter in guten Verhältnissen in San Francisco auf. Sie lernt Sprachen und Klavierspielen und plant, Konzertpianistin zu werden. Im Herbst 1893 beginnt sie auf der Washington University Musik zu studieren, bricht aber das Studium ab, um sich um die krebs-kranke Mutter zu kümmern.

Ihre Mutter stirbt 1897 und Alice übernimmt die Führung des Haushalts.

Die Nachbarn der Toklas' sind die Levys. Von klein auf sind Alice und Harriet Levy eng befreundet, und Harriet war es auch, die Alice mit der Stein-Familie bekanntmachte.

Annette Rosenshine, eine entfernte Verwandte von Alice und drei Jahre jünger als sie, verehrt Alice und genießt es, Zeit mit ihr zu verbringen.

Das Erdbeben in San Francisco von 1906 bringt Aufregung in Alices Alltag. Kurz nach diesem Ereignis sieht sie bei Gertrudes Bruder Michael – er war in die Stadt gekommen, um herauszufinden, ob seine Häuser Schaden erlitten hatten – zum ersten Mal ein Bild von Matisse. Das Bild und die Geschichten über die Pariser Salons gefallen ihr so gut, daß sie unbedingt nach Paris reisen möchte. Bald darauf wird sie von Gertrudes Schwägerin Sarah eingeladen. Alice hat aller-dings kein Geld für die Reise und schickt Annette vor, um Paris auszukundschaften.

Annette wird gleich nach ihrer Ankunft von Gertrude Stein in Anspruch genommen. Im Laufe der nächsten Monate schickt Annette detaillierte Briefe über Gertrude an Alice.

Im September 1907 ist es dann soweit – Harriet und Alice treten die Reise nach Europa an.

Gertrude Stein ist das jüngste von fünf Kindern – sie hat von klein auf eine innige Beziehung zu dem um zwei Jahre älteren Bruder Leo.

Nach einigen Jahren des Herumziehens – auch in Europa – läßt sich die Familie in Oakland, Kalifornien, nieder.

Als Gertrude zehn ist, wird bei ihrer Mutter Krebs diagno-stiziert, die Kinder werden immer mehr sich selbst überlassen.

1888, als Gertrude vierzehn ist, stirbt ihre Mutter. Ger-trude verläßt die Schule und weiß nicht, was sie tun soll. Drei

Jahre später stirbt auch der Vater. 1892, im Jahr nach seinem Tod, wird Gertrude zusammen mit ihrer Schwester Bertha nach Baltimore zu einer Tante geschickt.

In Gertrude erwacht der Wunsch zu studieren, und sie sucht um Aufnahme als außerordentliche Hörerin im Radcliffe College an. Das ermöglicht ihr, in der Nähe ihres Bruders Leo zu leben, der in Harvard studiert.

1896 unternimmt Gertrude die erste Europareise seit ihrer Kindheit und beginnt dann, an der Johns Hopkins University Medizin zu studieren.

In Baltimore verkehrt Gertrude im Salon der Schwestern Etta und Claribel Cone. Sie verliebt sich in May Bookstaver, die mit Mabel Haynes liiert ist. Die geheimgehaltene Affäre dauert drei Jahre und ist für Gertrude sehr schmerzhaft. Um die Erlebnisse dieses Triangels zu verarbeiten, schreibt Gertrude *QED*, welches sie im Oktober 1903 beendet, das aber erst 1971 publiziert wird.

Gertrude vernachlässigt ihr Studium. Bald darauf sind ihre Noten in den meisten Fächern nicht mehr ausreichend, und sie muß die Universität verlassen.

Im Sommer 1902 trifft sie ihren Bruder in Italien, dann verbringt sie einige Monate alleine in London. Sie kehrt nach New York zurück, und im späten Frühling beschließt sie, den Sommer wieder in Europa zu verbringen.

1903 kommt Gertrude zu Besuch nach Paris und bleibt den Rest ihres Lebens dort.

Sie wohnt zusammen mit ihrem Bruder Leo in der Rue de Fleurus. Die Wohnung wird bald ein Treffpunkt von Künstlerkreisen, und Leo legt den Grundstein zur legendären Stein-Sammlung.

Gertrude kauft Picasso-Bilder und befreundet sich mit dem Künstler, der 1906 ihr Porträt malt. Durch ihn lernt sie andere Maler kennen, unter anderem auch Marie Laurencin. Bis nach dem Ersten Weltkrieg sammelt Gertrude Marie Laurencins Bilder, verkauft sie aber später alle wieder.

1906 arbeitet Gertrude bereits an *The Making of Americans* (es wird 1925 publiziert). Sie führt lange Gespräche mit Annette Rosenshine und erfährt von ihr viel über Alice.

Alice & Gertrude

Gleich nach ihrer Ankunft in Paris, im September 1907, trifft Alice zum ersten Mal Gertrude. Diese lädt sie ein, am nächsten Nachmittag mit ihr im Jardin de Luxembourg spazierenzugehen. Bald verbringt Alice ihre ganze Zeit in der Rue de Fleurus und tippt Gertrudes Texte.

Im Sommer 1908 fahren die Steins, Alice und Harriet nach Florenz. Gertrude macht Alice einen Antrag, und Alice nimmt an.

Im selben Jahr erscheint Gertrudes *Three Lives*. Die Reaktionen reichen von »Unsinn« bis »großartig«.

Gertrude beginnt Alice Pussy zu nennen. Alice nennt Gertrude Lovey.

Im Juli 1910 geht Harriet nach San Francisco zurück, Alice gibt die gemeinsame Wohnung auf und zieht bei Gertrude ein – wo sie ohnehin schon die meiste Zeit verbracht hat.

Anfänglich leben Alice, Gertrude und Leo friedlich zusammen, da aber Leo kein gutes Wort für Gertrudes Kunst hat, verschlechtert sich die Beziehung zwischen den Geschwistern schnell. 1913 zieht Leo in die Nähe von Florenz, und Gertrude und Alice beschließen, ihn nie wiederzusehen.

Alice und Gertrude sind regelmäßig bei Janet Scudder zu Gast. Unter den Gästen befinden sich auch Mabel Dodge, Georgette Leblanc und Mildred Aldrich. Der Kontakt mit Janet besteht über viele Jahre. Janet und ihre jeweiligen Liebhaberinnen sind für Alice und Gertrude die einzigen lesbischen Freundinnen, mit denen eine kontinuierliche Beziehung besteht.

1911 fahren Gertrude und Alice nach Florenz auf Besuch zu Mabel Dodge. Während des Aufenthalts schreibt Gertrude

The Portrait of Mabel Dodge at the Villa Curonia. Alice und Mabel verstehen sich nicht – Alice ist wohl eifersüchtig –, und die Freundschaft von Gertrude und Mabel ist somit beendet.

1912–1913 machen Alice und Gertrude ihre erste lange Reise nach Spanien, wo es Alice ganz besonders gefällt.

1914 erscheint *Tender Buttons*. In der Rezension in *The New York Post* wird die Frage aufgeworfen, ob Gertrude während des Schreibens Haschisch konsumiert hätte.

1915 verlassen Alice und Gertrude Paris und begeben sich auf unbestimmte Zeit nach Mallorca.

1916, nach der Schlacht von Verdun, kehren sie nach Paris zurück, wo sie mit nordamerikanischen Hilfsorganisationen arbeiten.

Nach dem Krieg kommt eine neue Welle von Nordamerikanerinnen nach Paris, und sie gelangen alle irgendwann in die Rue de Fleurus, wo die Männer und die »butches« von Gertrude unterhalten werden und die Frauen und die »femmes« von Alice.

Im Sommer 1924 fahren Alice und Gertrude zum ersten Mal nach Belley im Rhonetal. Es gefällt ihnen so gut, daß sie auch die nächsten Sommer an diesem Ort verbringen und sich schließlich dort ein Sommerhaus mieten.

Im März 1926 wird Gertrude auf Veranlassung von Edith Sitwell nach Oxford und Cambridge eingeladen. Die Vorlesungen sind ein Erfolg, ihr gesprochenes Wort wird besser aufgenommen als ihr geschriebenes.

Im Frühling 1929 bezieht das Paar das gemeinsame Sommerhaus in Bilignin – von nun an verbringen sie die Hälfte des Jahres dort. Während Gertrude schreibt, arbeitet Alice im Garten, wo sie köstliches Gemüse züchtet.

1931 zeigt Gertrude Alice zum ersten Mal das Manuskript von *QED*. Nach der Lektüre vernichtet diese »aus Eifersucht« alle Briefe May Bookstavers an Gertrude.

Im Herbst 1932 verzögert das heiße Wetter eine Rückkehr nach Paris, und Gertrude nützt die Zeit, um ihren einzigen

Bestseller zu schreiben – *The Autobiography of Alice B. Toklas* (Erstpublikation Sommer 1933).

Im Oktober 1934 besuchen Alice und Gertrude zum ersten Mal seit fast dreißig Jahren die Vereinigten Staaten.

Gertrude absolviert eine erfolgreiche Vortragstour.

Im Mai 1935 Rückkehr nach Paris.

Im November 1935 müssen Alice und Gertrude aus ihrer Wohnung in der Rue de Fleurus ausziehen. Sie beziehen ihre neue Wohnung in der Rue Christine.

Während des Zweiten Weltkriegs verlassen die beiden Paris und leben in ihrem Sommerhaus. Erst im Dezember 1944 kehren sie nach Paris zurück.

Anfang 1946 beginnt Gertrude sich krank zu fühlen – sie hat Magenkrebs –, und ihr Arzt rät ihr zu einer Operation.

Am 27. Juli 1946 stirbt Gertrude während dieses Eingriffs.

Nach ihrem Begräbnis verbrennt Alice alle Notizen, die sie und Gertrude ausgetauscht hatten. Dann macht sie alle ihre Freundinnen darauf aufmerksam, daß ihre Hauptaufgabe nun darin bestehe, Gertrudes literarischen Nachlaß zu verwalten und alle ihre unveröffentlichten Werke herauszugeben.

Gertrudes Testament ist so verfaßt, daß bald familiäre Konflikte entstehen. So sollte erst nach Alices Tod Gertrudes Bildersammlung an die Neffen und Nichten gehen, diese versuchen aber schon vorher immer wieder, an die Bilder heranzukommen – 1960 gelingt es ihnen mit Gerichtsbeschluß, die Bilder während Alices Abwesenheit aus der Wohnung entfernen zu lassen.

Alice führt eine rege Korrespondenz, die von einem wachen Interesse an all den Vorgängen in ihrem Freundeskreis in aller Welt Zeugnis ablegt.

In den fünfziger Jahren wird sie selbst Autorin. Ihr *Alice B. Toklas Cookbook* wird ein großer Erfolg – handelt es doch nicht nur vom Kochen, sondern auch vom guten Essen in illustrer Gesellschaft.

In den sechziger Jahren veröffentlicht sie ihre Memoiren. Ihre Briefe werden erst 1973, sechs Jahre nach ihrem Tod, herausgegeben.

In ihrem letzten Jahrzehnt nimmt die katholische Religion einen wichtigen Platz in Alices Leben ein. Aus einer jüdischen Familie stammend, behauptete sie, schon als Kind getauft worden zu sein. Sie geht jedenfalls regelmäßig zur Beichte und zur Kommunion. All dies wird sehr wichtig für sie, denn nur so kann sie sichergehen, auch im Jenseits mit Gertrude vereint zu sein.

Einblicke

Nachdem Gertrude und Alice 1907 endgültig beschlossen hatten, zusammenleben zu wollen, wurde es für frühere und auch neu hinzugewonnene Freundinnen schwer, mit den beiden eine nähere Beziehung zu haben. Das Paar lebte eine sehr enge Zweierbeziehung, die kaum Platz für andere ließ. Dies blieb auch ihr gesamtes gemeinsames Leben so. Erst nach Gertrudes Tod ging Alice manchen früheren Freundschaften wieder nach und pflegte die meisten ihrer gemeinsamen Kontakte weiter, aber für Gertrudes Platz gab es keine Nachfolgerin. Alice wunderte sich immer wieder über Frauen in ihrem Umfeld, die ihre Liebhaberinnen wechselten oder nach dem Tod einer langjährigen Partnerin eine neue Lebensgefährtin fanden.

Gertrude war zu einer Zeit, als Paris noch nicht die Hauptstadt der schreibenden Avantgarde der zwanziger Jahre, sehr wohl aber die der bildenden Künstler war, Kunstsammlerin. Als Alice in Gertrudes Haushalt einzog, waren die Wände schon vollgehängt mit den Bildern später berühmter Maler, obwohl Frauen wie Janet Scudder, Marie Laurencin, Eileen Gray und Romaine Brooks schon einigermaßen erfolgreiche Künstlerinnen waren. Daß die Bilder an den Wänden bei der faszinierenden Ausstrahlung der beiden extravaganten Gastgeberinnen trotzdem oft nicht der zentrale Anziehungspunkt waren, ist verständlich. Die Broadway-Schauspielerin Helen Hayes, die bei einem Parisbesuch zum Tee geladen war, konnte zum Beispiel kaum ein Auge auf die Exponate werfen, da sie vom Bärtchen der Gastgeberin – Alice – so beeindruckt war, daß sie ihren Blick nicht abwenden konnte.

Jahre später, 1938, kam die nordamerikanische Gesellschaftslöwin Elsie de Wolfe einer Einladung Miss Steins nach, deren berühmte Bildersammlung anzusehen. Salvador Dali war auch zugegen, und Elsie, die in der Kunstwelt nicht zu Hause war, wandte sich an ihn und fragte naiv: »Malen Sie?«

Mit Marie Laurencin, oft die einzige Frau im Kreise ihrer männlichen Malerkollegen, feierten Gertrude und Alice gerne Feste. Marie soll öfter betrunken gewesen sein, ob auch Gertrude und/oder Alice jemals diesen Zustand erreichten, ist nicht überliefert. Alice fand jedenfalls, daß Marie wie »irgendein fremdes, mythologisches Tier« aussah; vielleicht hatte Maries extreme Kurzsichtigkeit zu dieser Meinung beigetragen.

Eine der wichtigsten Freundschaften Gertrudes vor dem Ersten Weltkrieg bestand mit Mabel Dodge. Sie fand ihren literarischen Niederschlag in *The Porträt of Mabel Dodge at the Villa Curonia*. Mabel gefiel vor allem Gertrudes Üppigkeit, die deren tiefem Lachen einen guten Halt gab. So hatte sie gesehen, wie Gertrude auf einmal fünf Pfund rohes Steak aß und war zutiefst davon beeindruckt. Im Gegensatz dazu lehnte sie Alices vogelhafte Art zu essen ab. Überhaupt verstand sie nicht, wie jemand an diesem stillen, seltsam gekleideten Wesen Interesse haben könne. Für ihren Geschmack trug Alice viel zu viel Schmuck und fiel mit ihrer Gewohnheit, sich jeden Morgen eine Stunde lang die Nägel zu maniküren, allen auf die Nerven. Eines Morgens konnte Mabel es sich nicht verkneifen, Alice zu fragen, was sie eigentlich am Leben hielte. Die Antwort war vorhersehbar: »Meine Gefühle für Gertrude.«

Das Ende der Freundschaft von Mabel und Gertrude war bald nicht mehr aufzuhalten, es bedurfte nur eines Anlasses. Als Alice einmal meinte, Mabel bei einem Flirt mit Gertrude zu erwischen, verließ sie den Tisch und war nicht mehr zu bewegen zurückzukommen. Danach sahen sich die drei kaum noch. Mabel vermißte ihre fröhliche, fette Freundin, doch alle Versuche, Gertrude und Alice einzuladen, scheiterten an Alices Veto.

Nach dem Ersten Weltkrieg und dem Anrücken der neuen Künstlergeneration in Paris traten viele neue Frauen in das Leben der beiden Literatinnen. Sylvia Beach erinnerte sich, daß sie kurz nach der Eröffnung ihres Buchladens zwei Frauen auf ihr Geschäft zukommen sah, eine fülligere und eine dünne, die wie eine Zigeunerin aussah. Obwohl beide alles aus derselben Perspektive betrachteten, gab es laut Sylvia doch einen großen Unterschied: Alice war erwachsen, Gertrude schien wie ein Kind. Ihr gefiel es, daß Sylvia anspruchsvolle Literatur verkaufen wollte, und sie versprach sogar Unterstützung. Doch Sylvia war bald klar, daß Gertrude nur Interesse an ihren eigenen Werken hatte.

Die Buchhändlerin Adrienne Monnier, Sylvias Lebensgefährtin, war von Gertrude keineswegs angetan. Diese hatte ihr nämlich weismachen wollen, daß sich die französische Literatur nur in einer militärischen Sprache ausdrücken könnte. Solche Bemerkungen ließen das Klima merklich abkühlen und verhinderten trotz gelegentlicher Treffen eine Freundschaft.

Die englische Dichterin Edith Sitwell war eine wichtige Person im Leben Gertrudes und Alices. Sie gehörte zu den frühen Bewunderinnen von Gertrudes Büchern und war auch maßgeblich daran beteiligt, daß diese nach England eingeladen wurde, um dort über ihr Schreiben zu referieren. Edith fand, daß Gertrude wie ein Osterinselidol aussah und lobte ihren Humor und ihre Fähigkeit, sich in den unmöglichsten Situationen zu konzentrieren.

Bei Einladungen fiel Edith eine Teilung der Gäste im Hause Gertrudes und Alices auf, die sie bissig kommentierte. Sie vermerkte allerdings nicht ohne Stolz, daß sie immer in der Nähe Gertrudes einen Platz fand. Die sogenannten Ehefrauen und weniger interessanten Gäste wurden zu Miss Toklas abgeschoben und von ihr sofort in ihre Schranken verwiesen, wenn sie dagegen protestierten.

Edith meinte, daß Gertrude zwar für keinen der Schriftsteller ihrer Generation Modellfunktion habe, dennoch sei sie eine literarische Pionierin und ihre Arbeit voll von wiederbelebender Qualität und großer Schönheit. Warum Edith diese Meinung nicht auch bei ihrem Vortrag über Gertrude Stein in Sylvia Beachs Pariser Buchladen »Shakespeare and Company« vertrat, bleibt ein Rätsel. Statt dessen sprach sie nur über ihre eigenen Gedichte und verärgerte damit nicht nur Syliva, sondern auch Gertrude und Alice

Als die beiden Herausgeberinnen der *Little Review,* Margaret Anderson und Jane Heap, in Paris eintrafen und die Bekanntschaft des berühmten Paares machten, waren Alice und Gertrude von Jane, über die sie immer Positives sagten und schrieben, sehr angetan, während sie Margaret für ein literarisches Fliegengewicht hielten. Diese Abneigung beruhte auf Gegenseitigkeit, was in Margarets Memoiren gut nachzulesen ist. Sie fand Gertrude unglaublich arrogant und von einer Überheblichkeit, die ihr bereits grotesk erschien. Sie verstand nicht, wie Gertrude es wagen konnte, beim ersten Zusammentreffen mit Unbekannten zu unterstreichen, daß sie das größte lebende Genie sei – dies grenzte für Margaret an Größenwahn.

Auch für die Schriftstellerin Djuna Barnes gab es mit Gertrude keine gemeinsame Basis. Bei einer ersten Begegnung schien Gertrude nur an Djunas Beinen Gefallen zu finden, ihre Qualitäten als Schriftstellerin aber nicht zu beachten. 1945, als sie schon in New York lebte, schrieb Djuna in einem Brief, daß Gertrude eine Matrone sei, die Fibeln schreibe, in einem Stil, der an einen bewegungslosen Flug erinnere.

Alice B. Toklas hätte es wohl verdient, nicht nur als Buchtitel und Biographin ihrer Lebensgefährtin genannt zu werden, sondern auch als eigene interessante Persönlichkeit in den Mittelpunkt gerückt zu werden. Sie hatte zu Gertrudes Lebzeiten alle Lasten, Leiden und Freuden einer Ehefrau auf sich genommen und hatte, als wohl einsamste aller Witwen, nach Steins Tod weder eine Pension noch eine ihr wirklich zur Verfügung stehende Erbschaft. Aber sie hatte ihren Charme, ihren Witz und ihren Unternehmungsgeist behalten. Ohne in die Fußstapfen des Genies treten zu wollen, publizierte Alice bald ihre eigenen Werke, unter ihnen auch ein berühmtes Kochbuch, dessen Rezept für Haschischkuchen Furore bei den kommenden Generationen machte.

Janet Scudder
(Netta Deweze Frazee)

wurde am 27. Oktober 1873 (1869) in Terre Haute, Indiana, geboren. Sie starb am 9. Juni 1940 in Rockport, Massachusetts. Bildhauerin.

Schon früh wußte Janet, daß sie bildhauern wollte, ging zuerst nach Chicago und dann nach Paris – ihre beste Freundin Zulh Taft, die sie in Chicago kennengelernt hatte, begleitete sie dorthin. Nach ein paar Jahren Paris fand Janet, daß es an der Zeit wäre, nach New York zurückzukehren. Auf dem Schiff lernte sie Matilda Brownell kennen, deren Familie sie bald ganz in ihren Kreis aufnahm.

Mit Matilda wechselte sie bald wieder die Kontinente und lebte in einem kleinen Haus am Boulevard Raspail – wieder in Paris. Die beiden unternahmen auch eine Reise nach Italien. An einem verregneten Tag in Neapel, an dem Janet schon überlegte, sich die Zeit mit Stricken zu vertreiben, fragte sie Matilda, was ein Mann an so einem Tag wohl tun würde. Nach kurzem Überlegen meinte Matilda, daß er sich Zeitungen und Zigarren kaufen würde, worauf Janet in den nächsten Tabakladen stürzte, das Genannte besorgte, den ganzen Tag las und rauchte und danach das Rauchen nie wieder einstellte.

In ihrer Autobiographie ist Janet sehr unklar, wenn es um Jahreszahlen geht, nicht einmal ihr Geburtsjahr verrät sie. In der Beschreibung ihrer Freundschaft mit Mabel Dodge, in deren Haus in Florenz sie öfter zu Gast war, erfahren wir nicht, wo und wann sich die beiden kennengelernt hatten. Auch Zusammenkünfte im Salon Gertrude Steins werden erwähnt, daß aber sie und die Journalistin Mildred Aldrich die einzigen lesbischen Frauen waren, die ein Leben lang mit Gertrude und Alice befreundet waren, bleibt unerwähnt.

Vor dem Ersten Weltkrieg war Janet bereits eine anerkannte Bildhauerin, die immer wieder interessante Angebote bekam. Eines Tages fragte sie ein Senator aus Washington, ob sie nicht eine Longfellow-Statue machen könne. Sie lehnte mit der Begründung ab, daß es schon genug Männerstatuen gäbe, die die Landschaft verunstalten. Statt dessen schlug sie vor, einen Springbrunnen zu entwerfen oder einen Garten anzulegen, was nicht auf Gegenliebe stieß.

Mit der reichen Anne Archbold machte Janet eine Radtour durch die Touraine, und im Jahr darauf zahlte Annes Familie den beiden eine sechsmonatige Reise nach China und Japan. Einige Jahre später entwarf und baute sie für Anne eine italienische Villa in Bar Harbor in Maine – es war das einzige Mal, daß Janet als Architektin arbeitete.

In Paris machte es sich Janet zur Gewohnheit, Samstage zu Hause zu verbringen und eine Art Salon zu führen, in dem jeweils zwei dänische Freundinnen musizierten. Unter den

Anwesenden waren Gertrude Stein, Alice B. Toklas, Mabel Dodge, Georgette Leblanc und Mildred Aldrich.

Mit ihrer Freundin, der Sängerin Camille Sigard, wollte sie unbedingt ein Haus in der Provence kaufen. Das alte Bauernhaus, welches sie in der Nähe von Aix erstanden hatten, wurde ihnen aber nach ein paar Monaten zu beschwerlich, und sie verkauften es wieder. Gertrude und Alice meinten, daß Janet leidenschaftlich gerne auf Haussuche ging, aber immer die miserabelsten Objekte auswählte. 1913 kaufte Janet ein weiteres Gebäude in Ville d'Avray, etwa eine halbe Stunde von Paris entfernt, war aber nie sehr zufrieden damit. Wenn sie und Camille wirklich Zeit auf dem Land verbringen wollten, besuchten sie Gertrude und Alice in ihrem Haus in Bilignin.

Mabel Dodge Luhan
(Ganson)

wurde am 26. Februar 1879 in Buffalo, Bundesstaat New York, geboren. Sie starb am 18. August 1962 in Taos, New Mexico. Gastgeberin und Kunstmäzenin.

In New York besuchte Mabel die Schule mit Mary Shilleto, die ihr so lange von ihrer wunderbaren Schwester Violet erzählte, bis Mabel regelrecht darauf brannte, sie kennenzulernen.

Mary lud Mabel nach Paris ein, wo Violet lebte. Glücklicherweise konnte Mabel ihre Mutter von der Notwendigkeit einer Europareise überzeugen, und einer Atlantikpassage stand nichts mehr im Wege.

Nach dem ersten Zusammentreffen mit Violet wußte Mabel, daß sie diese wundervolle Frau für immer lieben würde. Mit den Shilletos durfte Mabel dann aufs Château Pierrefonds mitfahren, wo die beiden Frauen einander endlich näherkommen konnten. Violet Shilleto hielt im Laufe ihres kurzen Lebens viele Frauen in Bann. Renée Vivien, die in Paris eine Zeitlang ihre Nachbarin gewesen war, verfaßte viele ihrer Gedichte für Violet. Deren früher Tod bedeutete einen schweren Schlag für Renée.

Nach Violets Tod lud Mary Mabel auf ein Schloß in Burgund ein, damit sie Violets und Marys Freundin Marcelle Senard kennenlernen könne. Mary war zu diesem Zeitpunkt im Besitz eines beträchtlichen Vermögens, aber weltliche Ereignisse schienen sie nicht zu tangieren, da sie und Marcelle nur an religiösen Dingen interessiert waren. Mabel fuhr dennoch nach Burgund und hatte, sehr zum Ärger Marys, eine Affäre mit Marcelle.

In Paris kannte Mabel auch Janet Scudder, die sie nach ihrem Umzug nach Florenz immer wieder zu sich einlud. Janet kam öfter und brachte diverse Freundinnen mit. Bei einem von Mabels Parisaufenthalten stellte ihr diese Gertrude Stein vor. Daß die Freundschaft mit Gertrude nach Alices Eintreten in deren Leben nicht fortgesetzt wurde, tat Mabel ewig leid. Als es klar geworden war, daß Gertrude, Alice und Gertrudes Bruder Leo in Paris nicht mehr unter demselben Dach leben konnten, kam es zum Bruch; Leo zog aus, und die drei sahen einander nie wieder. Mabel ergriff Leo Steins Partei, was Wasser auf Alices Mühlen war. Somit gab es einen Grund mehr, die Gesellschaft Mabels zu meiden.

Vor dem Ersten Weltkrieg verließ Mabel Europa und kehrte vorerst nach New York zurück. Ihr Salon in Greenwich Village war ein Riesenerfolg, und alle, die nach ihren Zeiten, als Mabel schon längst im Südwesten war, nach New York zogen, bedauerten, dieses Ereignis versäumt zu haben. Mabel hatte damals dem Zeitgeist entsprechende politische Interessen und verkehrte mit der Anarchistin Emma Goldman, mit Elizabeth Gurley Flynn, einer wichtigen Aktivistin der IWW (Industrial Workers of the World, eine Linkspartei, die gewerkschaftlich sehr aktiv war), und Isadora Duncan, die mit ihrem modernen Tanz ein politisches Bekenntnis ablegte.

Als Mabel nach New Mexico zog, ahnte sie noch nicht, daß sie dort bleiben würde. Sie heiratete zum vierten Mal, diesmal Tony Luhan, einen Indianer, und wiederum wurde ihr Haus Treffpunkt für all diejenigen, die in den Südwesten kamen. D. H. Lawrence ließ sich mit seiner Frau Frieda in Taos nieder, und sie brachten auch ihre Freundin Dorothy Brett mit. Auch Georgia O'Keefe kam nach New Mexico zu Besuch und blieb.

Willa Cather und ihre Lebensgefährtin Edith Lewis kamen 1925 und 1926 zu Besuch, und Willa Cathers Roman *Death Comes for the Archbishop* wäre ohne diese beiden Aufenthalte nie entstanden. In den dreißiger Jahren war auch die Bildhauerin Malvina Hoffman öfter zu Gast, ebenso die Journalistin Dorothy Thompson, die diese Treffen auf Fotos festhielt.

Edith Sitwell

wurde am 7. September 1887 auf Scarborough, Wood End, England, geboren. Sie starb am 9. Dezember 1964 in London. Dichterin.

Was sagte die Dichterin Natalie Barney, als Edith wieder einmal zu Besuch in Paris war? »Wenn du dich um Edith Sitwell kümmern mußt, dann willst du sie nicht jeden Tag sehen.« Wer weiß, ob Edith diesen Satz je zu Ohren bekommen hat, aber er bestätigte, was sie immer schon wußte: Sie war ein ungewolltes Kind, und später wurde sie entweder geduldet oder aus der Ferne verehrt, aber sie fand nie eine harmonische Lebensgemeinschaft.

1914 schaffte es Edith endlich, alleine mit Helen Rootham,

ihrer ehemaligen Gouvernante, eine Wohnung in London zu beziehen. Im fünften Stock lebten die beiden in recht bescheidenen Verhältnissen. Edith kam zwar aus einer alten aristokratischen Familie, aber die Großelterngeneration hatte fast das ganze Vermögen verspielt. 1918 wurde der Bloomsbury Kreis auf die Sitwells aufmerksam. Virginia Woolf beschrieb Edith als eine sehr große Frau, die eine »grüne Seidenkopfbedeckung trägt, welche ihr Haar bedeckt, und es ist nicht erkenntlich, ob sie überhaupt welches hat«.

1916 wurde das erste Mal die lyrische Zeitschrift *Wheels* herausgegeben, die bis 1921 erschien und in der nicht nur Edith Sitwell, sondern anfänglich auch Nancy Cunard und Iris Tree publizierten. Im Juni 1923 veranstalteten Edith und ihr Bruder die erste öffentliche Performance, »Façade« genannt, die bei vielen Zuhörern auf völliges Unverständnis stieß.

Edith hatte nicht viele Freundinnen; da sie andere Dichterinnen kaum schätzte und sich oft auch über sie lustig machte, hielten sich die meisten von ihr fern. Sie sagte immer wieder, daß »Frauen die Hölle« seien. In größeren Gesellschaften fühlte sie sich nicht wohl, und Tee oder Abendessen zu zweit gab es nur mit Virginia Woolf, die sich gerne mit der »wohlgeborenen viktorianischen Junggesellin« traf. Edith fand, daß man nur mit Virginia einigermaßen vernünftige Gespräche führen konnte. Mit Vita Sackville-West wollte sie gar nichts zu tun haben, vor allem nicht, nachdem Vita einen Preis für ihr Gedicht *The Land* gewonnen hatte. »Das ist nicht Lyrik«, urteilte Edith, »das paßt nur für Bauern, die Hilfe beim Zählen von Zecken auf ihren Schafen brauchen.«

Eine lebenslange Freundin fand Edith in der wohlhabenden Engländerin Allanah Harper, die sich für moderne Kunst und Literatur begeisterte und viel Zeit und Geld für diese Vorlieben aufbrachte. Allanah gefielen Ediths Gedichte, und darüber hinaus interessierte sie sich auch für deren Alltagsprobleme. Allanah verbrachte einen Großteil ihrer Zeit in

Frankreich, und ab Mitte der zwanziger Jahre hatte auch Edith immer wieder gute Gründe, sich oft in Paris aufzuhalten.

1925 lernte sie Gertrude Stein und Alice B. Toklas kennen. Alice war von der Grenadiergröße Ediths beeindruckt. Im nächsten Jahr organisierte Edith die Vorträge Gertrudes in Oxford und Cambridge, bei denen es zahlreiche Interessenten gab, auch wenn ihnen Gertrudes literarische Theorien völlig neu waren. Im Januar 1927 traf Edith im Hause Gertrudes und Alices auf den schwulen russischen Maler Pawel Tschelitschew und verliebte sich in ihn. Sie schien generell eine Schwäche für junge schwule Männer zu haben, die sich oft fragen mußten, ob Edith denn wisse, was sie eigentlich so trieben.

Um in der Nähe von Pawel zu sein, zog Edith nach Paris, wo sie mit Helen bei deren Schwester Evelyn Wiel im siebten Bezirk wohnte. 1937 wurde Helen krank und wurde fast ein Jahr lang von Edith gepflegt. Als der Zweite Weltkrieg ausbrach, war Edith im Süden auf Urlaub und kehrte von dort direkt nach England zurück. Alle ihre Habseligkeiten blieben in der Pariser Wohnung, die sie nie wieder betrat.

Während des Krieges schloß Edith eine neue Freundschaft, die für sie sehr wichtig werden sollte. Die Schriftstellerin Bryher nahm sich auf sehr praktische Art Ediths an, kaufte ihr ein Haus, überwies Edith regelmäßig Geld, überließ ihr den Chinchilla ihrer Mutter oder schenkte ihr Schmuck. Sie tat all dies nicht nur, weil sie Geld hatte, sondern weil ihr Ediths Gedichte und ihr Vortragsstil gefielen.

Im Oktober 1948 fuhr Edith zum ersten Mal in die Vereinigten Staaten, wo sie überall mit offenen Armen empfangen wurde und zu ihren Ehren Feste veranstaltet wurden. Die Schriftstellerin Carson McCullers wurde ihr vorgestellt, und ehe sich Edith versah, war Carson ganz in sie vernarrt. Da sie es liebte, verehrt zu werden, entwickelte sich zwischen den beiden eine herzliche Zuneigung, die sich über die Jahre vertiefte.

Edith war im Laufe der Zeit zur Alkoholikerin geworden, versuchte dies aber, je abhängiger sie wurde, zu verheimlichen. Auch der Übertritt zum Katholizismus im August 1955 half beim Alkoholproblem nicht. In den letzten Lebensjahren wurde sie von der Australierin Elizabeth Salter betreut, die nach ihrem Tod auch über die Zeit mit Edith schrieb. Den Spruch für ihr Grab hatte Edith selbst verfaßt: »And death and birth. For out of one comes all – From all comes one« (Und Tod und Geburt. Aus einem kommt alles – Alles kommt von einem).

Marie Laurencin

wurde am 31. Oktober 1885 (1883) in Paris geboren. Sie starb am 8. Juni 1956 in Paris. Malerin.

Der Name der Malerin Marie Laurencin taucht in lesbischen Zusammenhängen immer wieder auf, hatte sie doch vorwiegend Frauen gemalt und Freundschaften mit Frauen aus aller Welt gepflegt. Alle Biographien, die über sie geschrieben wurden, heben ihre Liaison mit Apollinaire hervor, aber keine widmet sich den Frauenfreundschaften, so daß uns nur die Aussagen von Zeitzeuginnen ein paar Hinweise geben.

So hörte Janet Flanner das Gerücht, daß Anfang der zwanziger Jahre die Prinzessin Violet Murat die Liebhaberin von Marie gewesen sei. Auch eine Bekanntschaft mit Natalie Barney ist mehrfach belegt. Und die Fotografin der Pariser Szene, Berenice Abbott, hatte Marie in ihre Fotogalerie aufgenommen.

Schon vor dem Ersten Weltkrieg schloß Marie mit Gertrude Stein und Alice B. Toklas Freundschaft. Sie hatte die beiden über Picasso und Braque kennengelernt, und Alice erinnerte sich an Feste bei Picasso, wo Marie sehr betrunken war und alte französische Lieder gesungen hatte. Marie war die einzige Malerin, von der Gertrude Bilder besaß, die sie aber wieder verkaufte, weil sie ihr nicht sammelnswert erschienen.

Nach dem Ersten Weltkrieg löste sich Marie von der malenden Männerwelt, malte und zeichnete nur noch nach ihrem Stil und wurde damit bekannt. Geniale Männer hätten ihr immer schon Furcht eingeflößt, schrieb sie, aber »mit allem, was Frauen betrifft, fühle ich mich wohl«. Die Buchhändlerin Adrienne Monnier sagte, daß Maries Porträts Mädchen mit Rehaugen darstellten und diese »Rehe die Angst von Jungfrauen« hätten. Janet Flanner hielt nicht viel von Maries Bildern, denn »sie malt Menschen, die nie alt zu werden scheinen ...«. Elizabeth Arden hingegen schmückte ihre Wände mit Laurencins, und auch in Marguerite Yourcenars und Grace Fricks Haus hatten ihre Bilder einen Ehrenplatz.

Die wohl wichtigste Frau in Maries Leben war Suzanne Monard, die als Dienstmädchen zu Marie gekommen und kurz vor ihrem Tod von ihr adoptiert worden war. Mercedes de Acosta, die Marie nach dem Zweiten Weltkrieg oft besuchte, fand an Suzanne und der Rolle, die sie in Maries Leben spielte, nichts auszusetzen. Ein paarmal die Woche kam Mercedes in Maries Atelier zu Besuch, sah ihr beim Malen zu, redete über ihre Lieblingsschriftstellerin Emily Brontë und trank den Tee, den Suzanne servierte.

Die konservativeren Freundinnen Maries, die bereits Schwierigkeiten mit Suzanne gehabt hatten, solange Marie noch lebte, waren empört, als sie erfuhren, daß Suzanne alle Besitztümer inklusive all der Bilder von Marie geerbt hatte. Alice B. Toklas war sehr über Maries Tod betrübt, denn sie sei bezaubernd und sagenhaft gewesen, und »sie war Teil meines früheren glücklichen Lebens in Paris«.

Renée Sintenis

wurde am 20. März 1888 in Glatz, Schlesien, geboren. Sie starb am 22. April 1965 in Berlin. Bildhauerin.

Als Renées Familie nach Berlin zog, beschloß sie, zuerst in die Kunstgewerbeschule zu gehen. Da ihr Zeichnen alleine aber nicht genügte, nahm sie auch Unterricht in Bildhauerei. Ihre Familie war von Renées Berufswahl nicht begeistert und unterstützte ihre Künstlerinnenkarriere nicht. Während des Ersten Weltkrieges zog Renée zu einer Freundin und sicherte ihr Überleben durch Sekretärinnenarbeiten.

Nach dem Krieg fand ihre künstlerische Arbeit langsam Anerkennung, und sie verkaufte einige ihrer Skulpturen. Renée heiratete einen Malerkollegen, aber ihr Sozialleben scheint sich eher im Kreise der Berliner Künstlerinnen abgespielt zu haben. In Begleitung von Christa Winsloe erschien sie beim »Querschnittball«, einem Ball, bei dem sich alle tummelten, die eben quer lagen. Bei allen wichtigen Kunstaustellungen im Berlin der zwanziger Jahre war auch Renée beteiligt.

Sie wurde vom Galeristen Flechtheim vertreten, im damaligen Berlin einer der erfolgreichsten Kunsthändler. Die geschäftliche und freundschaftliche Verbindung mit Flechtheim wurde ihr später von den Nazimachthabern übelgenommen. Vor seiner Vertreibung aus Berlin vertrat Flechtheim auch die französische Malerin Marie Laurencin, und die beiden wurden im Katalog als »zwei allerfeinste Damen und echteste Künstlerinnen« angepriesen. Renée und Marie trafen auch immer wieder zusammen, schätzten ihre Werke, und Marie widmete der Freundin sogar einige ihrer Gedichte.

Tierskulpturen ziehen sich wie ein roter Faden durch Renées Werk. Ihr heute wohl bekanntestes Stück ist der Bär, der jährlich bei den Berliner Filmfestspielen als Preis verliehen wird. Weniger bekannt sind ihre Radierungen zu Sappho um

1921 und die Anthologie *Um die Liebe* aus dem Jahre 1935. Die Illustrationen von nackten Frauen, oft nur andeutungsweise ausgeführt, waren Vorübungen für Renées späteres Meisterwerk, die *Daphne*.

Renée war sicherlich die geschäftlich erfolgreichste Berliner Bildhauerin ihrer Zeit. Der finanzielle Erfolg gab ihr eine sichere gesellschaftliche Stellung und erlaubte ihr ein gewisses Auftreten. Sie machte aus ihrer Erscheinung fast einen Kult, so daß man sich in Berlin fragte: Wer ist das größere Kunstwerk, Renée selbst oder ihr bronzenes Abbild? Aus dieser Zeit existieren tolle Aufnahmen von ihr, wo sie als perfekte Garçonne zu sehen ist.

Über ihre Freundschaften und Beziehungen aus den zwanziger und dreißiger Jahren haben wir fast keine Dokumente. Von 1945 bis zu ihrem Tod lebte sie in der Innsbrucker Straße 23 in Berlin mit ihrer Freundin Magdalena Goldmann, die offiziell als Haushälterin genannt wurde, nach Renées Tod ihre Nachlaßverwalterin wurde und neben ihr begraben liegt.

Valentine Ackland &
Sylvia Townsend Warner

Valentine Ackland (Mary Kathleen Macrory Ackland):
* am 20. Mai 1906 in London.
† am 9. November 1969 in Dorset.
Dichterin und Antiquitätenhändlerin.

Sylvia Townsend Warner:
* am 6. Dezember 1893 in Harrow-on-the-Hill, Middlesex, England.
† am 1. Mai 1978 in Dorset.
Schriftstellerin.

Valentine Ackland und
Sylvia Townsend Warner mit:

Bo Foster, Elizabeth Wade White, Nancy Cunard, Antonia von und zu Trauttmansdorf.

Lebenslinien

Valentine wächst in sehr wohlhabenden Verhältnissen auf. Sie besucht verschiedene Privatschulen und lernt dort, zum Mißfallen ihres Vaters, ihre ersten Freundinnen kennen.

1919 verliebt sie sich in einem italienischen Hotel erstmals in eine schöne Unbekannte, 1922 tritt eine gewisse Lana kurz in ihr Leben.

1924 beginnt Valentine eine Beziehung mit der damaligen Sprecherin der Tory-Partei, der attraktiven Bo Foster. Mit ihr entdeckt sie die Welt der modernen Lyrik und Kunst. Valen-

tine hat dazwischen immer wieder andere Affären und verläßt
Bo endgültig, als sie 1930 Sylvia kennenlernt.

Sylvia Townsend Warner wächst als einzige Tochter eines
Lehrers einer renommierten Schule auf. Das geistige Milieu
der Privatschule übt starken Einfluß auf ihre Erziehung aus.
Mit den Schülern ihres Vaters hat sie wenig Kontakt, dafür
befreundet sie sich mit seinen Kollegen.
    Sylvia studiert Musik, eine Zeitlang sogar in Wien bei
Arnold Schönberg.
    1916 stirbt Sylvias Vater, und ihre schlechte Mutterbezie-
hung verschlimmert sich mit seinem Tod noch.
    1917 wird Sylvia angeboten, beim »Church-Music-Pro-
ject« zu arbeiten. Sie nimmt die Arbeit an, ermöglicht sie ihr
doch finanzielle Unabhängigkeit und den Umzug nach London.
    Sylvia schreibt Lyrik und beginnt Anfang der zwanziger
Jahre auch mit Prosaarbeiten.
    1926 veröffentlicht sie ihren ersten Roman, *Lolly Willow-
es*, der ein großer Erfolg wird, und beschließt, ihre Musike-
rinnenkarriere zugunsten jener als Schriftstellerin aufzugeben. In diesen Jahren reist sie das erste Mal nach Dorset und
ist von der Schönheit der Landschaft so beeindruckt, daß sie
beschließt, sich so bald wie möglich in der Gegend niederzulassen.
    1929 fährt Sylvia zum ersten Mal nach New York, wo sie
Elizabeth Wade White kennenlernt.
    1930 kauft sie sich ein Landhaus in Chaldon Herring, Dor-
set.

Valentine & Sylvia
Am Tag ihres Einzuges kommt Valentine auf Besuch, mit der
eine lebenslange Liebesbeziehung beginnt.
    In den dreißiger Jahren beschäftigen sich beide zunehmend

mit linker Politik und schreiben Artikel für liberale und linke Blätter.

1934 geben Sylvia und Valentine ihren ersten gemeinsamen Gedichtband *Whether a Dove or a Seagull* heraus.

Im selben Jahr werden beide Mitglied in der Kommunistischen Partei und werben sogar im ländlichen Dorset für die republikanische Seite im Spanischen Bürgerkrieg. Sie unterstützen Nancy Cunard bei der Solidaritätsbewegung »Authors Take Sides on the Spanish War«.

Sylvia schreibt weiter Romane, die alle Anklang finden, aber nicht an den ersten Erfolg herankommen. Zu einer ihrer Haupteinnahmequellen werden Kurzgeschichten, von denen viele im *New Yorker* publiziert werden.

1937 ziehen Sylvia und Valentine in ein größeres Haus in Frome Vauchurch.

Im Herbst 1938 kommt Elizabeth Wade White auf Besuch nach Dorset, Valentine verliebt sich in sie, und die beiden beginnen eine Affäre. Anfänglich ist Sylvia eher gleichmütig, wird aber mit Fortdauer der Dreieckssituation immer unglücklicher.

1939 werden Sylvia und Valentine zur dritten »American Writers Conference« nach New York eingeladen. Dies scheint eine gute Möglichkeit, Elizabeth nach Hause zu begleiten.

Den Sommer verbringen die drei in einem Landhaus in Connecticut. An diese Zeit erinnert sich Sylvia besonders ungern. Im Oktober 1939 kehren Sylvia und Valentine nach England zurück.

Während des Krieges haben Sylvia und Valentine immer wieder Besuch von Nancy Cunard, die ihnen politisch sehr nahesteht.

Valentine arbeitet während des Krieges in einer Arztpraxis, eine Tätigkeit, die ihr keinen Spaß macht. Zu dieser Zeit verfällt sie heimlich mehr und mehr dem Alkohol. 1949 verarbeitet sie diese Krise im Werk *For Sylvia: An Honest Account*.

Der Kontakt zwischen Valentine und Elizabeth war nie

abgebrochen, und nach dem Krieg will Elizabeth Valentine wiedersehen. Anfang September 1949 kommt sie nach Dorset, um Valentine eine Entscheidung abzuverlangen, und Sylvia überläßt das Haus den beiden anderen Frauen. Nach wenigen Tages ist es klar, daß Valentine doch lieber mit Sylvia lebt, und Ende des Monats kehrt Elizabeth zu ihrer neuen Partnerin in die Vereinigten Staaten zurück.

Dieser Einbruch hinterläßt eine tiefe Narbe in der Beziehung – Sylvia und Valentine legen sich eine gewisse Zurückhaltung auf, die im Laufe der nächsten Jahre immer wieder zu schmerzlichen Mißverständnissen führt.

1952 eröffnet Valentine ihr eigenes kleines Antiquitätengeschäft in Frome Vauchurch. Hier erweist sie sich als erfolgreiche Geschäftsfrau mit gutem Gespür für kommende Trends.

In den fünfziger Jahren arbeitet Sylvia intensiv an Proust-Übersetzungen, in den sechziger Jahren schreibt sie eine Biographie T. H. Whites.

Politisch orientiert sich Valentine mit zunehmendem Alter weiter nach rechts. Außerdem überlegt sie einen Eintritt in die katholische Kirche, einen Schritt, den sie 1961 auch vollzieht. 1967 tritt sie wieder aus und lebt die letzten beiden Lebensjahre als Quäkerin.

Die Gedichte, die Valentine in den sechziger Jahren verfaßte, kommen erst nach ihrem Tod, 1973, in einem Sammelband mit Sylvias Lyrik heraus.

Im Frühjahr 1968 hat Valentine häufig Schmerzen in der Brust, eine Krebserkrankung wird diagnostiziert. Sie wird zweimal operiert, aber von den Ärzten bald aufgegeben und nach Hause entlassen, wo sie von Sylvia bis zu ihrem Tod 1969 betreut und gepflegt wird. Nach dem Tod Valentines lebt die sehr rüstige, mittlerweile fünfundsiebzigjährige Sylvia weiter im gemeinsamen Haus.

1972 lernt sie die in der Nachbarschaft lebende Antonia von und zu Trauttmansdorf, Witwe eines österreichischen Grafen, kennen. Mit ihr verbringt sie ihre letzten Lebensjahre.

Im Winter 1919, bei einem Aufenthalt in einem italienischen Hotel, verliebte sich Valentine zum ersten Mal. Die Liebe galt einer großen jungen Frau mit grauen Augen und weißen Händen, die es verstanden, wunderbar zu streicheln. 1922 verliebte sich dann die zwanzigjährige Lana in Valentine, die meinte, vor lauter Aufregung darüber in unzählige Atome explodieren zu müssen.

1924 begann Valentine eine Beziehung mit der damaligen Sprecherin der Tory-Partei, Bo Foster, die nicht nur wohlhabend und populär war, sondern auch sehr attraktiv. Mit ihr entdeckte Valentine die Welt der modernen Lyrik und Kunst. Zwischendurch verließ Valentine Bo immer wieder – einmal, um kurz zu heiraten, die anderen Male wegen anderer Frauenaffären –, als sie jedoch Sylvia kennengelernt hatte, gab es kein Zurück mehr zu Bo.

Nach Bildern zu schließen, war Valentine eine ähnlich beeindruckende Erscheinung wie Annemarie Schwarzenbach. Sie war groß und trug gutgeschnittenes, gescheiteltes Haar und teure maskuline Kleidung. Besonders in Erinnerung blieben ihre eleganten Lederhandschuhe, die sie beim Autofahren trug. Überhaupt liebte sie Leder, und alle ihre daraus verfertigten Kleidungsstücke waren immer nur vom Feinsten.

Als am 4. Oktober 1930 Sylvia in ihr Landhaus einzog, kam Valentine auf Besuch und verbrachte die Nacht mit der neuen Hausherrin. Sylvia war siebenunddreißig Jahre alt, eine erfolgreiche Dichterin und Schriftstellerin, die höchstwahrscheinlich noch keine sexuellen Beziehungen mit Frauen gehabt hatte. Bis zu Valentines Tod im November 1969 waren die beiden Frauen Lebensgefährtinnen und Liebhaberinnen. Und trotz der Nähe und Verbindlichkeit der Beziehungen war diese nie eine ausschließliche – zumindest nicht für Valentine, die immer wieder Liebschaften oder Affären mit anderen Frauen suchte. Sylvia war Valentine, nach eigenen Angaben, immer treu, weil diese ganz einfach die beste Liebhaberin gewesen sein soll.

Im April 1939 wurden Sylvia und Valentine zur dritten »American Writers Conference« nach New York eingeladen, wo sie über den Verlust der Demokratie in Europa diskutieren sollten. Im Mai fuhren sie zusammen mit Elizabeth Wade White, einer Nordamerikanerin, mit der Valentine eine Affäre hatte, in die USA. Nach der Konferenz lud Elizabeth die beiden zu sich nach Connecticut ein. Dieser Aufenthalt wurde für alle drei schwierig, aber Sylvia litt besonders unter der Situation. Viel später merkte sie dazu an, daß sie damals in Connecticut zugesehen hätte, wie eine Schlange eine andere verschlang.

Elizabeth und Valentine hielten ihre Beziehung über die nächsten zehn Jahre aufrecht – allerdings nur brieflich, denn es war während des Krieges und auch danach schwer bis unmöglich zu reisen. Als Elizabeth im September 1949 wieder nach England kam, zog Sylvia aus und überließ das Haus Valentine und ihr. Nach drei Wochen war Sylvia wieder zu Hause, denn Valentine war klargeworden, daß sie sehr wohl eine Lebensgemeinschaft mit Sylvia haben konnte, aber nicht mit Elizabeth. Sie schenkte Sylvia den autobiographischen Aufsatz *For Sylvia: An Honest Account*, in dem sie aber zugab, ihrer Entscheidung, zu Sylvia zurückzukehren, noch immer ambivalent gegenüberzustehen: »... bin ich so gebaut, daß ich in aller Wahrheit zwei verschiedene und ganz fremde Menschen lieben kann?«

Während des Krieges arbeitete Valentine für einen Arzt, eine Arbeit, die ihr nicht besonders zusagte. Sie suchte immer wieder Abenteuer außer Haus und verfiel – ohne daß Sylvia davon etwas merkte – mehr und mehr dem Alkohol. Eine Flasche Whisky war immer im Schrank ihres Zimmers versteckt und eine andere im Eßzimmerschrank. Diese Reserven brauchte Valentine im Lauf des Tages auf. Außerdem hielt sie unterwegs in Pubs an, um schnell etwas hinunterzukippen;

und immer wieder fragte sie sich, ob Sylvia davon wußte. Sie wollte ihr Problem der Partnerin gegenüber nicht ansprechen, denn solange alles geheim blieb, gab es keine Störung im harmonischen und ausgewogenen Umgang, auf den Valentine so viel Wert legte.

Trotz aller Liebe zu Valentine war Sylvia offensichtlich nicht daran interessiert, die Barriere der Höflichkeit zu durchbrechen. Valentine stellte keine Ansprüche, brach keine Regeln, und Sylvia konnte ungestört ihrer eigenen Arbeit nachgehen. Die Tatsache, daß Valentine immer wieder Verhältnisse mit anderen Frauen hatte, nagte wohl auch an ihr und ließ sie eine gewisse Distanz suchen.

1952 eröffnete Valentine ihr eigenes kleines Antiquitätengeschäft in Frome Vauchurch. Sie war eine ausgezeichnete Geschäftsfrau, die eine gute Nase dafür hatte, was gerade in Mode kam. Politisch schwang das Pendel nun in ihren älteren Jahren nach rechts, da sie fand, daß die sozialistische Regierung unter Harold Wilson für ihre niedrigen Dividenden verantwortlich sei. Zusätzlich überlegte sie einen Wiedereintritt in die katholische Kirche, ein Schritt, den sie 1961 vollzog. 1967 trat sie wieder aus und wurde für die letzten zwei Jahre ihres Lebens Quäkerin.

Die religiöse Suche Valentines führte immer wieder zu Spannungen mit Sylvia, die an diesem Thema so gar nichts finden konnte. Anfänglich hatte sie dafür keine Zeit, da sie zu sehr mit der Übersetzung von Prousts *Contre Sainte-Beuve* beschäftigt war, kaum ausging und auch selten Freunde sah. Dann war Valentine schon fest entschlossen, wieder Katholikin zu werden, und alle Versuche Sylvias, sie davon abzuhalten, scheiterten. Es kam soweit, daß die beiden nicht mehr über das Thema Religion miteinander reden konnten.

Sylvia lebte nach Valentines Tod weiter im ehemals gemeinsamen Haus. Da sie bei guter Gesundheit war, machte ihr das Alleinsein keine Probleme. Nur bezüglich des Autos war sie immer ganz von Valentine abhängig gewesen, da sie selbst nie

fahren gelernt hatte und nun in ihrer Beweglichkeit einge-
schränkt war. Aber Freundinnen in der Umgebung sorgten für
sie und arrangierten Transporte, wann immer es für Sylvia
nötig war. So lernte sie auch Antonia von und zu Trauttmansdorf (1940–1981) kennen, die nur sechs Meilen von ihr entfernt wohnte.

Von 1972 bis zu ihrem Tod lebte sie mit Antonia zusammen, die nachher Sylvias Haus weiterbewohnte. Die beiden
waren sehr unternehmungslustig, gingen zusammen auf Reisen, kochten füreinander wunderbare Gerichte, lasen dieselben Bücher, und Antonia, die eine hervorragende Zeichnerin
war, illustrierte Sylvias Geschichten. Außerdem hatten beide
einen pointierten Humor und liebten es, ihn einzusetzen.

»Alles ist möglich, wenn du eine Antonia hast«, sagte Sylvia, als sie gebrechlicher wurde und immer mehr auf Antonias
Hilfe angewiesen war. Für Sylvia, die ihre Beziehung zu Valentine nie hochstilisiert hatte und auch im nachhinein nie einen
Kult daraus gemacht hatte, war es möglich, sich nach dem
Tod ihrer langjährigen Lebensgefährtin einer anderen Frau
zuzuwenden und mit ihr Jahre zu verbringen, die voll Leben
waren und nicht nur an Erinnerungen hingen. Und das war
vielleicht der größte Treuebeweis für Valentine.

Anna Freud &
Dorothy Tiffany Burlingham

Anna Freud:
* am 3. Dezember 1895 in Wien.
† am 9. Oktober 1982 in London.
Kinderanalytikerin.

Dorothy Tiffany Burlingham:
* am 11. Oktober 1891 in New York.
† am 19. November 1979 in London.
Kinderanalytikerin.

Anna Freud und
Dorothy Tiffany Burlingham mit:

Loe Kann-Jones, Lou Andreas-Salomé, Ruth Mack Brunswick, Jeanne Lampl-de Groot, Eva Rosenfeld, Bryher, H. D.,
Marie Bonaparte, Marianne Kris, Dorothy Thompson.

Lebenslinien

Anna kommt als sechstes Kind der berühmten Analytiker-
familie zur Welt und hätte eigentlich ein Sohn werden sollen.

Sie durchläuft die zu dieser Zeit übliche Mädchenerzie-
hung und besucht, im Gegensatz zu ihren Brüdern, die aufs
Gymnasium gehen, eine Lehrerbildungsanstalt.

Anschließend erhält sie ihre erste Anstellung als Volks-
schullehrerin.

Zu dieser Zeit interessiert sie sich bereits sehr für die Theorien ihres Vaters und läßt sich schließlich zur Psychoanalyti-

kerin ausbilden. Die Lehranalyse absolviert sie beim eigenen
Vater.

Anna spezialisiert sich in Zukunft auf die Psychoanalyse
von Kindern.

Schon seit 1914 intensive Freundschaft mit Loe Kann-Jones.

1921 befreundet sie sich mit der Schriftstellerin Lou Andreas-Salomé, die auf Einladung Sigmund Freuds längere Zeit
in Wien weilt.

1922 Freundschaft mit Ruth Mack Brunswick und Jeanne
Lampl-de Groot, die sich beide einer Analyse bei Annas Vater
unterziehen wollen.

Dorothy Tiffany Burlingham wächst als Tochter des bekannten Juwelenhändlers Louis C. Tiffany in New York auf.

Während des Kampfes für das Frauenwahlrecht engagiert
sich Dorothy sehr für die Frauenbewegung. Dabei lernt sie
auch Dorothy Thompson kennen, mit der sie später in Wien
ihre Freundschaft fortsetzt.

Sie heiratet den Chirurgen Robert Burlingham und hat mit
ihm vier Kinder: Bob, Mary, Katrina, Michael.

Robert Burlingham wird immer wieder psychiatrisch
behandelt, sein Gesundheitszustand hat tiefgreifende Folgen
für die Familie. Sohn Bob bekommt Asthma, und Dorothy
bringt ihn im Herbst 1925 nach Wien, um ihn psychoanaly-
tisch behandeln zu lassen.

Anna & Dorothy

1925 kommt es zur ersten Begegnung von Anna und Dorothy. Anna erklärt sich bereit, Dorothys Sohn Bob zu behandeln. Dorothy zieht mit allen ihren Kindern nach Wien. Während ihre Kinder bei Anna in Therapie sind, unterzieht sich
Dorothy einer Analyse bei Theodor Reik.

Anna hängt bald sehr an Dorothys Kindern und verliebt
sich in die Mutter.

1927 verbringen die Frauen einen ersten gemeinsamen Urlaub in Italien.

1928 wird eine Wohnung im Haus der Freuds in der Berggasse frei, und Dorothy zieht über der Freud-Familie ein.

1930 kaufen Anna und Dorothy ein Landhaus am Semmering, welches sie Hochrotherd nennen.

Zum selben Zeitpunkt als Anna Dorothy kennenlernte, machte sie die Bekanntschaft mit Eva Rosenfeld. Auch hier entwickelt sich eine wichtige Freundschaft. Eva ist zwar etwas eifersüchtig, weil Dorothy einen so viel wichtigeren Platz in Annas Leben einnimmt, aber auch sie befreundet sich mit Dorothy, und die drei Frauen unterstützen sich gegenseitig bei ihrer Arbeit.

1933 kommt die Dichterin H. D. nach Wien, um sich bei Freud analysieren zu lassen. Ihre Lebensgefährtin Bryher fördert schon seit Ende der zwanziger Jahre die psychoanalytische Bewegung und hilft der Familie Freud 1938, aus dem nationalsozialistischen Österreich zu fliehen. Anna bleibt trotz der Versuche des Paares, eine Freundschaft zu schließen, distanziert.

1937 erkrankt Dorothy an TB und muß einige Monate im Sanatorium verbringen. Im gleichen Jahr stirbt Lou Andreas-Salomé, was für Anna einen schweren Schlag bedeutet.

1938 emigriert Anna mit ihren greisen Eltern nach London und wird dabei auch von Marie Bonaparte, einer mittlerweile engen Vertrauten der Familie, unterstützt.

Dorothy wird vom Kriegsausbruch 1939 in Amerika überrascht und kann erst 1940 nach London zurückkehren.

Während des Krieges beginnen sich die beiden Frauen in London beruflich zu etablieren und gründen die »Hampstead Nurseries«, ein Kriegskinderheim, dem später eine Klinik und ein Lehrinstitut für Kinderanalyse angeschlossen wird.

1946 kaufen Anna und Dorothy gemeinsam ein Cottage in Walberswick in Suffolk. Dorthin ziehen sich die Frauen an Wochenenden und für lange Sommerferien zurück.

1947 wird Anna nach Paris und Amsterdam eingeladen. Nur widerwillig akzeptiert sie die Einladung zu Vorträgen, denn sie findet, daß sie nicht elegant genug sei, im Rampenlicht zu stehen.

Sigmund Freud war schon 1939 gestorben, Annas Tante stirbt 1941, die Mutter 1951. Anna ist erstmals frei von töchterlichen Pflichten.

Nach dem Tod Martha Freuds ist Anna im Alter von 56 Jahren zum ersten Mal eigenständige Partnerin im gemeinsamen Haushalt mit Dorothy. Die beiden kaufen sich ein größeres Cottage in Walberswick, das auch genügend Platz für Dorothys Kinder und ihre Familien bietet.

Ab 1945 erscheinen jedes Jahr Beiträge von Anna und Dorothy über ihre Arbeit in der Klinik in *The Psychoanalytic Study of the Child*.

1948 folgt Anna der Einladung zu einer Vortragsreise in die Vereinigten Staaten. In Radcliffe College ist sie die erste Frau, die eine Gastvorlesung hält. Es ist Annas erste Reise in die USA. Vor ihrer Emigration nach England gab es Überlegungen, in die Staaten auszuwandern; Dorothy Burlingham hatte ihr aber davon abgeraten, denn sie meinte, daß Anna eine weit bessere Chance hätte, ihre Ideen in Europa zu verwirklichen.

1950 und 1952 folgen weitere Besuche in den Staaten, Anna hält Vorträge und trifft sich mit Kollegen und Familienmitgliedern.

In den fünfziger Jahren ist Dorothy in den Ausschluß Jacques Lacans aus der französischen Sektion der psychoanalytischen Gesellschaft involviert. Es war eine Auseinandersetzung, die derjenigen mit Melanie Klein in den zwanziger Jahren glich.

In den Sommermonaten der fünfziger Jahre, die Anna und Dorothy immer in Walberswick verbringen, kommen Freundinnen aus aller Welt zu Besuch. Sie nennen ihr Cottage bald scherzhaft »the girls' boarding school«.

Anna und Dorothy suchen immer nach geeigneten Menschen für die Hampstead Clinic. 1965 arbeiteten dort bereits über siebzig Therapeuten, Sozialarbeiter und Lehrer.

1967 kaufen Anna und Dorothy ein Haus in Irland. Sie beschließen, dort mehr Zeit miteinander zu verbringen – in sicherer Entfernung von all den Verpflichtungen in der Klinik und der Familie. Dorothy entdeckt ihre Liebe zum Malen und widmet vor allem dem Aquarellieren viel Zeit. Währenddessen schlägt sich Anna mit der Vorbereitung von Vorträgen herum. Dorothy fragt sich, ob es möglich sei, irgendwo in dieser Welt zu sein »ohne einen Anna-Freud-Vortrag«.

1971 wird nach Rückfrage bei Anna der Psychoanalytische Kongreß in Wien abgehalten. Zum ersten Mal seit ihrer Emigration besucht Anna gemeinsam mit Dorothy ihre Geburtsstadt.

In den siebziger Jahren ziehen sich Anna und Dorothy von der Arbeit in der Klinik etwas mehr zurück, die Idee, in Pension zu gehen, ist ihnen aber beiden fremd. Anna entdeckt ihre Liebe zu Kriminalromanen, zieht aber männliche Helden den weiblichen vor, denn es sei leichter, sich mit Männern zu identifizieren. Sie frönt nach wie vor ihrer großen Leidenschaft – dem Stricken.

1970 stirbt Dorothys ältester Sohn Bob an Herzschwäche, 1974 stirbt die ältere Tochter Mary, nachdem sie eine Überdosis Schlaftabletten genommen hatte.

1977 stirbt Annas Schwester Mathilde. »Ich war immer das jüngste Kind, und jetzt bin ich das einzige«, klagt sie einer Freundin.

Im November 1979, während eines Symposiums, wo viele alte Freundinnen aus Wien anwesend sind, stirbt Dorothy. Dorothys Kinder Katrina und Michael versuchen Anna Trost zu spenden. »Du warst für sie alles, und sie hatte mit dir ein wundervolles Leben«, sagt Michael an Dorothys Grab.

Anna versucht mit dem Leben alleine fertig zu werden, an eine Ersatzpartnerschaft glaubt sie nicht.

Nach einem Schlaganfall im März 1982 geht es Anna sehr schlecht, und sie ist während ihrer letzten Monate auf ständige Pflege angewiesen, die jedoch von ihren Freundinnen bestens organisiert wird.

Einblicke

1921 kam die Schriftstellerin und Psychoanalytikerin Lou Andreas-Salomé auf Einladung Sigmund Freuds für längere Zeit nach Wien. Zwischen ihr und Anna entwickelte sich schnell eine Freundschaft, die vor allem für Anna sehr von Bedeutung war. Freud stellte fest, daß Anna aufblühte, und hoffte, nicht zum ersten und letzten Mal, daß sie jemand anderen wichtiger nehmen würde als ihren eigenen alten Vater.

Anna nahm viele Frauen wichtig, und in Dorothy Tiffany Burlingham, die 1925 nach Wien kam, fand sie den Menschen, der die größte Bedeutung in ihrem Leben gewinnen sollte. Daß dieser Beziehung nie volle Anerkennung gezollt wurde, ist in Anbetracht der psychoanalytischen Theorien zur Homosexualität verständlich. Im Herbst 1925 war Dorothy nach Wien gereist. Es ist möglich, daß sie von ihrer Freundin aus Suffragetten-Tagen, der in Wien lebenden Auslandskorrespondentin Dorothy Thompson, über Anna Freuds Methoden gehört hatte und hoffte, daß diese ihrem ältesten Sohn zugute kommen könnten. Sie ließ in der Folge auch ihre drei anderen Kinder behandeln. Dorothy selbst ging anfänglich zu Theodor Reik in Analyse und wechselte erst später zu Sigmund Freud.

Die Tiffany-Kinder gefielen Anna gut und auch für deren Mutter begann sie, Gefühle zu entwickeln. Sie schämte sich dafür und verschwieg das ihrem Vater. Anna schrieb, daß sie die Kinder für sich haben wollte, und konnte nicht verstehen, warum sie von diesen Gefühlen so abhängig war. Ihren Freundinnen teilte sie mit, daß sie großen Gefallen am Umgang mit Mrs. Burlingham habe.

Kaum zwei Jahre nach Dorothys Ankunft in Wien, im Sommer 1927, fuhren Anna und Dorothy zum ersten Mal gemeinsam in Urlaub. Sie hatten eine Reise durch Norditalien geplant, auf die sie sich schon sehr freuten. Anfänglich hatte sich Anna noch Sorgen gemacht – sie wollte den kranken Vater gut versorgt wissen –, aber sobald sie unterwegs war, schien sie auch die Familie in Wien vergessen zu haben.

Ein Jahr später, 1928, war eine Wohnung im Haus Berggasse frei geworden und Dorothy zog im Stock über den Freuds ein. Es ist anzunehmen, daß Anna weiterhin – wie es sich für eine gutbürgerliche Tochter gehörte – im Familienhaushalt wohnte, aber viel Zeit bei Dorothy und ihren Kindern einen Stock oberhalb verbrachte. Die Burlinghams wurden im Lauf der Jahre völlig in die Freud-Familie integriert, es wurde oft gemeinsam gefeiert, und gemeinsame Urlaube waren allmählich gang und gäbe. Anna und Dorothy machten es sich allerdings zur Gewohnheit, ein paar Wochen im Jahr alleine unterwegs zu sein.

Mitte der zwanziger Jahre trat noch eine weitere Frau in Annas Leben: Eva Rosenfeld, die vier Kindern geboren hatte, von denen aber nur eines überlebte. Anna hatte viel Zeit und Verständnis für Evas Trauer und schlug ihr vor, um die Krise besser bewältigen zu können, doch eine Schule zu gründen. Anna schrieb an Eva, daß alles, was ihr, Anna, gehöre, auch ihr, Eva, zustünde. Eva nahm diese Meldung wörtlich, bis es ihr klar wurde, daß Dorothy den zentraleren, wichtigeren Platz in Annas Gefühlen einnahm. Nach anfänglichen Eifersüchteleien wurden Eva und Dorothy aber auch Freundinnen und machten sich zu dritt an den Aufbau von Evas Schule.

Natürlich gab es in den psychoanalytischen Zirkeln immer wieder Gerüchte über Anna und Dorothy und die Art ihrer Beziehung – in diesem Zusammenhang fiel auch immer wieder das Wort lesbisch. Anna gefiel es gar nicht, daß über sie und Dorothy geredet wurde, und sie wies alle Verdächtigungen, daß sie homosexuell sei, zurück. Auch ihre Freundinnen konnten mit ihr über dieses Thema nicht sprechen und gaben es mit der Zeit wohl alle auf. Dorothy und Anna definierten sich selbst als Freundinnenpaar mit den Ähnlichkeiten eineiiger Zwillinge.

Annas offizielle Position zur Homosexualität, die sie hauptsächlich nach den Zweiten Weltkrieg formulierte, ist in diesem Zusammenhang natürlich auch von Interesse. Sie meinte, daß Homosexualität geheilt werden könne, wenn der/die Homosexuelle mit seiner/ihrer sexuellen Vorliebe nicht zufrieden sei. Viele ihrer homosexuellen Patienten profitierten von der Therapie kaum, denn sie waren und blieben der Überzeugung treu, daß ihre sogenannten perversen Praktiken normal und voll der Liebe seien.

Sigmund Freud selbst hatte dargelegt, daß Homosexualität nicht als Krankheit angesehen werden kann und auch kein Laster sei, dessen man sich schämen müsse. Dennoch waren alle die längste Zeit der Meinung, daß Homosexuelle nicht Analytiker werden sollten. Auch Anna hatte erst viel später in ihrem Leben diesbezüglich eine tolerantere Haltung.

Unter den vielen ausländischen Anhängern Freuds waren auch die englische Schriftstellerin Bryher und ihre nordamerikanische Lebensgefährtin, die Dichterin H. D. Bryher hatte schon in den späten zwanziger Jahren Wien besucht und Freud kennengelernt, woraufhin H. D. unbedingt eine Analyse machen wollte. Im März 1933 bekam sie die Erlaubnis, nach Wien zu kommen. Für die beiden nächsten Monate stellte sie sich sechsmal die Woche pünktlich um fünf Uhr nachmittags in der Berggasse ein. Sie machte Freud darauf aufmerksam, daß die Frau Havelock Ellis' lesbisch gewesen war, aber H. D.s Besuch bei Dorothy und Anna wurde in diesem Zusammenhang nicht thematisiert.

Bryher hatte wohl versucht, mit Anna eine freundschaftliche Beziehung aufzubauen, aber alle diese Versuche waren schon im Keim erstickt worden.

Der Kriegsausbruch überraschte Dorothy in den Vereinigten Staaten, und sie schaffte es erst im März 1940, nach London zurückzukehren. In den Briefen, die Anna und Dorothy in dieser Zeit austauschten, stellte Dorothy einmal fest, daß ein Leben ohne Anna für sie keinen Sinn mehr hätte. Sie könne zwar weiterleben, aber es würde sich nichts mehr entwickeln. Nach Dorothys Rückkehr nach London beschlossen die beiden Frauen, erst nach dem Tod von Annas Mutter und Tante zusammenzuziehen. So wie es Hochrotherd den beiden früher erlaubt hatte, in Österreich ein gemeinsames Haus zu führen, so war es ab 1946 das Landhaus in Walberswick, wohin sich Anna und Dorothy am Wochenende und in den langen Sommerferien zurückzogen.

Ab Herbst 1940 hatten sie alle Hände voll zu tun. Sie hatten die »Hampstead Nurseries« gegründet, ein Kriegskinderheim, zu welchem später eine Kinderklinik sowie ein Lehrinstitut für Kinderanalyse hinzukamen. Diese Klinik war von Spenden abhängig, die erfreulicherweise immer wieder aufgebracht werden konnten. Eine große Geldzuwendung gab es aus der Hinterlassenschaft Marilyn Monroes, die ihrer New Yorker Analytikerin Marianne Kris, einer alten Freundin Anna Freuds, eine beachtliche Summe vermacht hatte, verbunden mit dem Auftrag, sie einer Wohlfahrtsorganisation ihrer Wahl zu überweisen.

Als es mit Annas Gesundheit nicht mehr gut bestellt war, organisierten ihre Freundinnen ein Hilfsnetzwerk, welches sie in allen Belangen unterstützen sollte. Eine nordamerikanische Schülerin Annas zog zu ihr ins Haus und kümmerte sich zusammen mit einer pensionierten Kindergärtnerin – einer jüdischen Emigrantin, mit der diese Deutsch sprechen konnte – um Annas Alltag. Sie hatte sich daran gemacht, sich von allen Dingen zu trennen, die sie an das gemeinsame Leben mit Dorothy erinnerten, um das Alleinsein, welches sie längst nicht mehr gewohnt war, irgendwie ertragen zu können, denn sie glaubte nicht, daß es möglich wäre, Ersatz für die Partnerin zu finden.

Marguerite Yourcenar & Grace Frick

Marguerite Yourcenar (de Crayencourt):
* am 8. Juni 1903 in Brüssel.
† am 8. November 1987 in Maine, USA.
Schriftstellerin.

Grace Frick:
* am 12. Januar 1903 in Toledo, Ohio, USA.
† am 18. November 1979 in Maine, USA.
Übersetzerin.

Marguerite Yourcenar und Grace Frick mit:

Lucy Kyriakos, Ruth Hall, Etel Adnan, Malvina Hoffman, Marie Laurencin, Natalie Barney, Alice B. Toklas.

Lebenslinien

Marguerite wächst in großbürgerlichen Verhältnissen auf. Ihre Mutter war bei der Geburt gestorben, so bleibt Marguerite in der Obhut des Vaters beziehungsweise diverser Kindermädchen.

Sie durchläuft eine klassische Erziehung und kann ihren Bildungshunger in der umfangreichen Bibliothek ihres Vaters stillen.

1912 zieht sie mit ihrem Vater nach Paris. Ihr Vater kann sein großes Vermögen über den Krieg retten, was Marguerite in den zwanziger Jahren ein sorgenfreies Leben ermöglicht. Sie widmet sich in diesen Jahren hauptsächlich dem Reisen und dem Studium der Literatur. Ihre Lieblingsziele sind Italien und Österreich.

Zu Beginn der dreißiger Jahre entdeckt sie Griechenland und verbringt bis 1939 jedes Jahr mehrere Monate dort. Den Rest der Zeit wohnt sie im Hotel Wagram in Paris und arbeitet als Übersetzerin griechischer Lyrik.

Zwischen 1921 und 1939 veröffentlicht sie neun Bücher, die ihr einige Anerkennung einbringen.

1934 verliebt sie sich in die verheiratete Griechin Lucy Kyriakos, die 1940 bei einem Bombenangriff auf Ioannina ums Leben kommt.

Mitte der dreißiger Jahre übersetzt Marguerite Virginia Woolfs *The Waves* ins Französische. Nach der Rückkehr von einer Reise nach England trifft sie Grace Frick.

Grace verliert früh ihre Eltern, wächst aber trotzdem in wohlhabenden Verhältnissen bei einem Onkel auf und studiert später am Wellesly College Englische Literatur.

Sie unterrichtet vorerst am Hartford College und ist später als Lektorin tätig.

1928 erste Europareise mit einer englischen Freundin.

Ab 1930 wohnt sie eine Zeitlang bei ihren Verwandten in Kansas City und zieht dann nach New Haven an die Ostküste.

1934 zweite Europareise, Rückkehr und Übersiedlung nach New York, wo sie mit Ruth Hall zusammenwohnt.

Marguerite & Grace

Im Januar 1937 treffen sich Marguerite und Grace im Pariser Hotel Wagram. Sie verbringen ihre ersten gemeinsamen Sommerferien in Italien und Griechenland.

1938 besucht Marguerite Grace in den Staaten und reist mit ihr durch den Süden des Landes. Im April kehrt sie nach Paris zurück und führt auch noch ihre Liebschaft mit Lucy weiter.

Den Kriegsausbruch erlebt sie in Paris. Eine zu dieser Zeit

gebuchte Atlantikpassage wird storniert, Marguerite muß umbuchen und findet erst nach langem Suchen ein anderes Schiff nach New York.

Dort wird sie von Grace erwartet. Die beiden Frauen leben im nächsten Jahr in Graces Wohnung am Riverside Drive. Dann Umzug nach Connecticut, wo Grace am Hartford College unterrichtet.

Marguerites Rückkehr nach Europa ist unmöglich. 1942 entschließt sie sich, am Sarah Lawrence College im Staat New York französische Literatur zu unterrichten.

1947 sucht sie um die amerikanische Staatsbürgerschaft an, die sie im selben Jahr erhält.

1949 kommt endlich ein langerwarteter Koffer mit literarischem Material an, welches sie in Europa zurückgelassen hatte, und Marguerite widmet sich wieder ihrem Schreiben.

1950, nachdem die beiden sich endlich ihr ersehntes Haus in Mount Desert, Maine, leisten konnten, übernimmt Grace schnell die Position der unumschränkten Hausherrin, erledigt alle Anrufe, Post und die Einkäufe, um Marguerite das Leben soweit wie möglich zu erleichtern.

1951 erscheint Marguerites berühmtestes Buch, *Mémoires d'Hadrien* (*Ich zähmte die Wölfin*), das großen Erfolg hat.

1952 fahren beide Frauen zum ersten Mal seit dem Krieg wieder nach Europa. Bei ihrem Paris-Besuch treffen sie Natalie Barney, und zwischen Marguerite und Natalie entsteht eine herzliche Freundschaft.

Im Herbst 1952 beginnt Grace mit der Übersetzung von *Mémoires d'Hadrien*, die zehn Jahre in Anspruch nimmt.

Bei der nächsten Europareise trifft Grace in Spanien Malvina Hoffmann. Von Marie Laurencin lassen Grace und Marguerite Porträts von sich anfertigen.

1957 beginnt Marguerite an *L'Œuvre au Noir* (*Die schwarze Flamme*) zu schreiben.

Ab Mitte der fünfziger Jahre erkrankt Grace an Krebs und muß regelmäßig ins Krankenhaus zur Behandlung.

1960 reisen Marguerite und Grace nach Portugal und Spanien.

Im Frühjahr 1964 fährt das Paar nach Polen und in die Tschechoslowakei, es sollte die letzte große Reise für eine Reihe von Jahren werden.

Marguerite klagt in Briefen an Natalie Barney über die Ereignislosigkeit und Langeweile in ihrem Wohnort Mount Desert. 1967 erscheint endlich *L'Œuvre au Noir* und wird ein großer Erfolg.

1970 wird Marguerite in die Academie Royale Belgique aufgenommen.

1971 fährt Grace das letzte Mal mit Marguerite nach Europa.

1972 verschlechtert sich Graces Gesundheit zusehends, und sie muß immer längere Spitalaufenthalte auf sich nehmen.

1976 erscheint ihre englische Übersetzung von *L'Œuvre au Noir* (*The Abyss*).

1977 unternimmt sie mit Marguerite ihre letzte gemeinsame Reise quer durch Kanada und Alaska.

1977 verfilmt Volker Schlöndorff Marguerites Roman *Le Coup de Grace* (*Der Fangschuß*), der bereits 1939 erschienen war. Marguerite ist schwer enttäuscht: Denn Eric, der Hauptcharakter ihres Buches, ist schwul und nicht, wie im Film dargestellt, heterosexuell.

1979 verliert Grace ihren jahrelangen Kampf gegen Krebs und stirbt am 18. November.

Im März 1980 wird Marguerite als erste Frau in die Académie Française aufgenommen.

Nach dem Tod von Grace 1979 findet die noch sehr agile Marguerite einen jungen schwulen Mann, der ihr Reisegefährte der nächsten Jahre wird. Mit ihm reist sie in die Karibik und nach Afrika.

Der Platz von Grace kann allerdings nie mehr besetzt werden. Die Briefe, Tagebücher und Kalender von Grace und

Marguerite werden der Houghton Library und der Harvard Library vermacht mit der Auflage, daß sie erst im Jahr 2037 eingesehen werden dürfen.

Einblicke

Während ihrer Reisen in Griechenland und auch in Paris fand Marguerite immer wieder Gefallen an schönen Frauen und schönen Männern, letztere waren allerdings alle durchweg schwul und somit für sie unerreichbar. Marguerite sagte wiederholt, daß sie gerne »la maîtresse d'hommes qui aiment les hommes« (die Geliebte von Männern, die Männer lieben) gewesen wäre. Ihre große Liebe vor dem Zweiten Weltkrieg war jedoch die Griechin Lucy Kyriakos, die Ostern 1940 bei einem Bombenangriff auf Ioannina ums Leben kam. Es ist möglich, daß Marguerite Lucy, die verheiratet war und einen kleinen Sohn hatte, schon 1934 begegnet war, aber ganz sicher trafen sie sich ab 1936, denn zum damaligen Zeitpunkt hatte Lucy eine Villa auf Korfu gemietet, wo auch Marguerite öfter zu Gast war. Laut ihrer Freundinnen war Lucy keine Intellektuelle, aber äußerst charmant und lebensfroh. Noch lange nach dem Krieg schien Marguerite an Lucy zu hängen, und der Tag der Santa Lucia war in ihrem Kalender besonders gekennzeichnet.

Nach einer Griechenlandreise im Januar 1937 kam es in Paris zu der ersten Begegnung zwischen Marguerite und Grace, einer frankophonen Intellektuellen. Über ihre Frauenbeziehungen sprach sie nicht; daß sie ganz verrückt nach Marguerite war, konnte aber niemandem entgehen.

Marguerite lud Grace ein, mit ihr nach Griechenland zu fahren, was beide Frauen im April in die Tat umsetzten, zuerst nach Italien reisten und dann mehrere Monate an ihrem endgültigen Reiseziel verbrachten. Grace kehrte erst im August in die Staaten zurück und ließ sich wieder in New Haven nieder.

Näheres über die Beziehung von Grace und Marguerite zu erfahren wird erst nach dem Jahr 2037 möglich sein, denn bis dahin liegen ihr Briefwechsel und alle sonstigen Papiere in Bibliotheken unter Verschluß. Die wenigen Dinge, die von dieser Bestimmung ausgenommen sind, lassen allerdings einige Rückschlüsse zu. So gibt es einen Brief Graces an Marguerite mit den Zeilen: »Ob du es glaubst oder nicht, ich liebe dich.«

1949 kam endlich Marguerites langerwarteter Koffer mit literarischen Notizen aus Europa an. Zu diesem Zeitpunkt war es schon zehn Jahre her, seit ihr letztes Buch erschienen war. Sie machte sich sofort an die Arbeit, schrieb und sortierte alle Notizen. Alles, was ihr unbrauchbar schien, wurde verbrannt. 1951 erschien *Mémoires d'Hadrien*, im Juni 1952 wurde dieses Buch mit dem »Prix Femina Vacaresco« ausgezeichnet. Zur libanesischen Dichterin Etel Adnan sagte Marguerite, als *Hadrien* bereits ein Welterfolg war: »Julius Cäsar und T. E. Lawrence haben ihre eigenen Memoiren geschrieben. Ich schrieb Hadrians.«

Die Journalistin Janet Flanner, die das Buch erst knapp vor seiner Auszeichnung las, konnte es gar nicht mehr weglegen und verschlang es in einem Zug. Sie fand es großartig, vor allem, weil Marguerite sich in Hadrians Denken perfekt hineinversetzt hatte, was sie wohl ihren profunden Kenntnissen der griechischen Kultur verdanken konnte.

Im September 1950 hatten Marguerite und Grace endlich genügend Geld, sich ein Haus auf Mount Desert Island in Maine zu kaufen. Sie nannten das Haus Petite Plaisance, und Marguerite mochte es besonders, da es überall auf der Welt hätte stehen können und sie so ihre Sehnsucht nach Europa nicht so stark verspüren mußte. Das größte Zimmer im Haus wurde von Marguerite bewohnt. Dort hingen später auch zwei kleine Porträts von Marguerite und Grace, die Marie Laurencin für sie gemalt hatte.

Die Nachbarn hielten Marguerite und Grace für Hippies,

wären aber nicht mehr lange dieser Meinung gewesen, hätten sie die Möglichkeit gehabt, mehr Einblick in den Alltag der beiden zu haben. Es ging, laut zahlreicher Freundinnen, im Haus recht viktorianisch zu, Grace war die unumschränkte Hausherrin, und Marguerite gab nur gelegentliche Anweisungen. Telefon und Post wurden von Grace beantwortet, auch den Einkauf erledigte sie und bereitete alles so vor, daß Marguerite selbst in der Küche nur noch die gesäuberten, geschnittenen und abgewogenen Zutaten vermischen mußte.

1960, während ihrer Portugalreise, hatte Marguerite in Porto den portugiesischen Dichter Eugenio de Andrade kennengelernt, mit dem sie viele lange Gespräche führte. Eines Abends kamen sie auf Ines de Castro zu sprechen, deren herzensbrechende, unerfüllte Liebesgeschichte mit Don Alfonso jedem Schulkind in Portugal hundertmal erzählt wird. Eugenio de Andrade beleuchtete diese vielgepriesene heterosexuelle Romanze aber dann für Marguerite aus der Perspektive, aus der ihre Romane geschrieben wurden. Er wußte aus gut belegten Quellen, daß derselbige Don Alfonso nämlich auch ganz scharf auf schöne Knaben gewesen war.

Marguerites literarisches Werk ist von schwulen Themen bestimmt – sie beschreibt Männerschicksale, in denen Frauen keinen oder nur wenig Platz einnehmen –, ihre Romane legen alle davon Zeugnis ab. Jahrelang übersetzte sie den schwulen griechischen Dichter Konstantin Kavafis und trug so entscheidend zur Verbreitung seines Werkes außerhalb seines Sprachraums bei.

Anfang der siebziger Jahre war Marguerite sehr an der im Entstehen begriffenen Schwulen- und Lesbenbewegung interessiert. Sie machte aber nie einen Hehl daraus, daß sie sich einer solchen Bewegung nicht anschließen werde, denn ihrer Meinung nach war es wichtiger, ein selbstbestimmtes Leben zu führen, als für abstrakte Rechte zu kämpfen.

Malvina Hoffman

wurde am 15. Juni 1887 in New York City geboren. Sie starb am 10. Juli 1966 in New York City. Bildhauerin.

1910 fuhr Malvina zum ersten Mal nach Europa: Sie wollte bei Meister Rodin in Paris lernen. In Florenz, zu Besuch bei Mabel Dodge, die sie auch in den dreißiger Jahren in Taos, New Mexico, besuchte, lernte sie dann die Bildhauerin Janet Scudder kennen, die in Paris ein Atelier hatte und Malvina als Gehilfin anstellte. Janet, die mit Gertrude Stein und Alice B. Toklas befreundet war, führte Malvina bei den beiden ein. Malvina schien Gertrude wie ein großer Buddha, umgeben von Anbetern. In Paris sah Malvina auch die Tänzerin Anna Pawlowa, die später eine enge Freundin wurde und von der sie etliche Büsten und Plastiken anfertigte.

Malvina schrieb Memoiren, die ein Jahr vor ihrem Tod herausgegeben wurden – sie erzählte darin nicht viel aus ihrem Privatleben, allerdings erinnerte sie sich sehr genau an eine Episode, die sich in Paris während ihres ersten Aufenthalts zugetragen hatte. Sie gab ihr den Titel »Kidnapped in Paris«. Bei einer Einladung im Hause der Journalistin Mildred Aldrich interessierte sich eine Comtesse ganz besonders für Malvina. Sie schlug ihr vor, sie nach Hause zu bringen, nahm sie aber statt dessen mit zu sich. Sie rief Malvina in ihr Schlafzimmer, und erst als ein Diener Essen brachte, gelang es dieser zu fliehen.

Worüber Malvina sich gar nicht äußert, ist ihre Freundschaft mit der Dichterin Mercedes de Acosta. Mercedes schrieb in ihren Erinnerungen, daß sie mit Malvina oft in Frankreich herumreiste. Auch in New York schien sie oft mit ihr zusammen gewesen zu sein. Das Haus, welches Malvina für lange Jahre in New York bewohnte, Sniffen Court (157 East 36th Street), ist denkmalgeschützt – die letzten Reste der alten Fuhrwerkshäuser – und hat sogar eine Gedenktafel für

Malvina. Dort fanden wohl auch all die Feste statt, zu denen Marguerite Yourcenar und Grace Frick eingeladen worden waren.

Malvina erwähnt in ihren Memoiren jedoch, mit Anne Morgan befreundet gewesen zu sein, die ja auch zu den Frauen gehörte, die immer zwischen New York und Paris hin und her zogen. Auch die Dichterin Marianne Moore gehörte zu ihrem Freundeskreis, aber von beiden Frauen hatte sie offensichtlich keine Masken angefertigt: Diese Auszeichnung blieb Marguerite Yourcenar und Anna Pawlowa vorbehalten.

Lida Heymann & Anita Augspurg

Lida Gustava Heymann:
* am 15. März 1868 in Hamburg.
† am 31. Juli 1943 in Zürich.
Frauenrechtlerin und politische Aktivistin.

Anita Augspurg:
* am 22. September 1857 in Verden an der Aller (im damaligen Königreich Hannover).
† am 20. Dezember 1943 in Zürich.
Juristin. Frauenrechtlerin.

Lida Heymann und Anita Augspurg mit:

Sophie Goudstikker, Hedwig Kettler, Natalie von Milde, Marie Stritt.

Lebenslinien

Lida wächst in sehr reichen Verhältnissen auf, ihr Vater hatte mit Kaffeehandel in Brasilien ein Vermögen gemacht und sich in Hamburg zur Ruhe gesetzt.

Lida erhält die damals übliche Ausbildung höherer Töchter, bleibt bis 1896 im Elternhaus und bildet sich im Selbststudium weiter.

Während dieser Zeit unterrichtet sie in einer Armenschule und beginnt sich immer mehr mit Frauenfragen zu beschäftigen. Gleichzeitig übernimmt sie zusehends die Verantwortung für die väterlichen Finanzen, verkauft politisch bedenkliche Aktien, setzt neue Verwaltungen für ihre Immobilien ein und vergibt neue Mietverträge, meist an Frauen.

Nach anglo-amerikanischem Vorbild gründet sie in Hamburg ein »settlement« (Wohn- und Arbeitsstätte für in Sozialberufen tätige Menschen) und eröffnet eine Reformschule.

Anita Augspurg wächst in einer Kleinstadt in gesicherten materiellen Verhältnissen auf. Ihren Traum, Malerin zu werden, gibt sie auf Wunsch der Eltern auf und absolviert ein Lehrerinnenexamen.

Erst danach verwirklicht sie ihren Künstlerinnentraum, geht aber zum Theater.

Während eines Aufenthalts bei ihrer Schwester in Dresden lernt sie ihre Jugendliebe Sophie Goudstikker kennen. Die beiden gehen nach München und eröffnen ein Fotoatelier, das sie sehr erfolgreich führen, und bald können sie eine Filiale in Augsburg aufmachen.

Wann es zur Trennung des Paares kommt, ist nicht bekannt. Anita zieht nach Zürich, um dort an der einzigen europäischen Universität, die Frauen zum Studium zuläßt, Rechtswissenschaften zu studieren.

Lida & Anita

1896, während eines internationalen Frauenkongresses in Berlin, kommt es zum ersten Treffen von Lida und Anita. Die beiden Frauen werden bis zu ihrem Lebensende Freundinnen, Liebhaberinnen und politische Kampfgefährtinnen.

1897 schließt Anita ihr Studium in der Schweiz mit dem Doktorat ab. Sie kehrt nach Deutschland zurück und wird in der ersten Frauenbewegung aktiv. In Berlin schließt sie sich dem »Verband Fortschrittlicher Frauen« an.

Lida absolviert nach der Begegnung mit Anita noch ein Studium, um dem gemeinsamen politischen Kampf besser gewachsen zu sein.

In den nächsten Jahren beschäftigen sich beide mit dem Frauenstimmrecht und gründen auf Anraten der »*Internatio-*

nal Women Suffrage Alliance« 1902 den *Deutschen Verein für das Frauenstimmrecht.*

In der Folge organisieren sie bis 1913 zahlreiche weitere Kongresse zu Frauenstimmrechtsfragen.

Die beiden Frauen verbringen ihr Privatleben anfänglich nicht in einer gemeinsamen Wohnung, um den Mühen einer Haushaltsführung auszuweichen. Als sich Anita zu Beginn des Jahrhunderts aber zunehmend für landwirtschaftliche Fragen interessiert, kauft das Paar ein großes Anwesen südlich von München und zieht aufs Land.

Während des Ersten Weltkrieges vertreten die beiden Frauen pazifistische Positionen und engagieren sich gegen den Krieg. 1915 nehmen sie an einem Frauenfriedenskongreß in Den Haag teil.

1917 wird Lida wegen ihrer pazifistischen Tätigkeit aus Bayern ausgewiesen, lebt aber illegal weiter im Isartal.

Nach dem Krieg kommentieren sie die Versailler Verträge und wenden sich gegen einen deutsch-österreichischen Anschluß.

1919 gründen sie die Zeitschrift *Die Frau im Staat*, die bis zu ihrer Emigration in die Schweiz 1933 erscheint.

1921 reisen sie zu einem Kongreß der *Frauenliga für Frieden und Freiheit* nach Wien und sind von der Stadt sehr beeindruckt.

1924 reisen sie zu einem weiteren Kongreß dieser Organisation in die USA und fahren auch einige Monate privat durch das Land.

Ab Mitte der zwanziger Jahre verbringen sie viel Zeit in südlichen Ländern, hauptsächlich in Ägypten, Griechenland und Palästina.

1933 werden sie während eines Spanienaufenthalts von Hitlers Machtergreifung informiert. Es gelingt ihnen, nach Genf, zum Sitz aller internationalen Frauenorganisationen, zu kommen. Dort erfahren sie, daß ihr gesamter Besitz von den Nazis konfisziert wurde. Es bleiben ihnen nur noch ihre Koffer.

Mit Hilfe von Freundinnen und zahlreichen Spenden aus England, Österreich und der Tschechoslowakei können sie sich eine neue Existenz aufbauen und ihre politischen Aktivitäten fortsetzen.

Einblicke

Anitas Jugendtraum war es ursprünglich gewesen, Malerin zu werden, auf Wunsch der Eltern legte sie aber ein Lehrerinnenexamen ab und schlug erst danach eine Künstlerinnenlaufbahn ein. Statt zu malen, ging Anita jedoch zum Theater, wo es sie aber nicht lange hielt. Während eines Aufenthalts bei einer ihrer Schwestern, die in Dresden lebte und dort eine Malschule hatte, lernte sie deren Schülerin Sophie Goudstikker kennen.

Sophie und Anita waren damals beide Anfang Dreißig, verliebt und unternehmungslustig. Sie beschlossen, gemeinsam nach München zu gehen und dort ein Fotoatelier zu eröffnen. Das Atelier Elvira war ein durchschlagender Erfolg – Sophie betreute die Kunden, während sich Anita um die technischen Aspekte kümmerte –, und bald konnten sie es sich leisten, eine Filiale in Augsburg zu eröffnen.

Wann und warum es zu einer Trennung der beiden kam, ist nicht bekannt, man weiß nur, daß Sophie später in München mit Ika Freudenberg zusammenlebte, der Vorsitzenden des *Vereins für Fraueninteressen* und engen Freundin der konservativen Frauenrechtlerin Gertrud Bäumer. In den neunziger Jahren ging Anita nach Zürich, um an der einzigen Universität des europäischen Kontinents zu studieren, die damals Frauen zuließ. Anita hatte sich zwar mit anderen Frauen wie Hedwig Kettler, Natalie von Milde und Marie Stritt fürs Frauenstudium in Deutschland eingesetzt, aber zum damaligen Zeitpunkt war der Kampf noch nicht zugunsten der Frauen entschieden.

Acht Semester studierte Anita und schloß im Sommer 1897 ihr Studium mit einem Doktortitel ab. Sie wohnte während dieser Zeit in Zürich, die Sommer verbrachte sie jedoch in München – die Strecke zwischen den beiden Städten legte sie mit dem Fahrrad zurück. Ausgestattet mit dem Doktorhut, kehrte Anita nach Deutschland zurück und stürzte sich mit Eifer in die Arbeit in der Frauenbewegung.

Bei einem internationalen Kongreß in Berlin lernen Anita und Lida einander kennen. Lida war offensichtlich vom ersten Augenblick von Anita hingerissen. Das kurze graue Haar, das scharfe Profil, das praktische Samtkleid – und ihre ersten Worte am Rednerpult: »Wo ist das Recht der Frau?« beeindruckten Lida sehr. Bald wußten beide, daß sie die gleichen Interessen und Ziele verfolgten und wurden Liebhaberinnen, Freundinnen und politische Gefährtinnen. Sie nahmen sich vor, niemals einen gemeinsamen Haushalt zu gründen, finanziell konnten sie sich getrennte Wohnsitze leisten und wollten sich daher nicht dem Rhythmus und den Pflichten einer Haushaltsführung unterwerfen.

Die gesicherte Finanzierung eines komfortablen Lebens kam für Lida aus einer beachtlichen Erbschaft. Ihr Vater hatte in Brasilien mit dem damals blühenden Kaffeehandel ein Vermögen gemacht und sich als reicher Bürger in Hamburg zur Ruhe gesetzt. Er hatte sein Vermögen in Wertpapieren und Grundbesitz angelegt, heiratete eine viel jüngere Frau und hatte mit ihr fünf Töchter. Lida war ein sogenanntes Sandwichkind und die einzige der Töchter, die nicht einen preußischen Junker heiratete.

Nach der für eine Bürgerstochter standesgemäßen Ausbildung blieb Lida im Elternhaus, wo sie sich in ihr Zimmer zurückzog, um zu lesen und zu studieren. Sie unterrichtete auch in einer Armenschule, machte sich daran, eigene Freundinnen zu finden, die so wie sie an Ideen der Frauenfrage Interesse hatten, und mit fortschreitendem Alter des Vaters begann sie sich auch um seine Angelegenheiten zu kümmern.

Dieses Wissen sollte ihr später bei der Verwaltung des Nachlasses sehr zugute kommen. Dieser Nachlaß bestand aus sechs
Millionen Mark und war so angelegt, daß die Ehefrau und die
fünf Töchter zeit ihres Lebens ein gesichertes, gutes Auskommen haben sollten. Auch für Enkel und Urenkel schien vorge-
sorgt – allerdings machte der Erste Weltkrieg einen dicken
Strich durch diese Planung und zehrte das Vermögen auf.

Da Lida eine der fünf Exekutoren war, konnte sie einige
Veränderungen bewirken. Sie verkaufte Aktien von Unternehmen und Staaten, die ihr politisch nicht genehm waren,
darunter viele Papiere aus dem zaristischen Rußland; für ihre
Immobilien setzte sie Verwalterinnen ein und vergab neue
Mietverträge, soweit wie möglich an Frauen. Nach anglo-
amerikanischem Vorbild errichtete sie in Hamburg ein
»settlement«, half mit, den Verein »Frauenwohl« zu gründen – wo es billiges Mittagessen und Veranstaltungen für berufstätige Frauen gab – und eröffnete eine Reformschule.
Doch damit nicht genug, führte sie auch einen Kampf gegen
Hamburgs Sittenpolizei, indem sie für die Abschaffung der
staatlichen Reglementierung der Prostitution eintrat und eine
bessere Behandlung für Prostituierte forderte.

Anita begann sich zu Beginn des Jahrhunderts immer stärker für Landwirtschaft zu interessieren. Daher machten sich
beide Frauen auf die Suche nach einem Bauernhof und fanden
südlich von München ein Anwesen, das aus 1000 Tagwerk
bestand, zu dem ein großes Moor- und Torfwerk gehörte.
Auch in der Landwirtschaft hielten sie sich an ihre Maxime
und stellten so viele Frauen wie möglich ein. Zusätzlich eröffneten sie eine unentgeltliche Leihbibliothek, die alle Leute aus
der Umgebung nutzen konnten.

Langfristig war dieser Hof aber zu groß, und sie verkauften ihn, um sich ein kleines Haus zu bauen. Trotzdem behiel-
ten die beiden Aktivistinnen ihre Wohnung in München für
ihre nach wie vor umfangreichen politischen Tätigkeiten und
zur Benutzung durch gemeinsame Freundinnen.

Während des Ersten Weltkrieges vertraten Anita und Lida eine pazifistische Position, die nur von den wenigsten geteilt wurde und sie daher weitgehend isolierte. 1915 gelang es Lida, in Amsterdam an der Vorbesprechung zur Einberufung eines Frauenkongresses gegen den Krieg teilzunehmen. Als Deutsche machten es ihr die Teilnehmerinnen der Länder, die von der deutschen Armee angegriffen worden waren, nicht leicht, ließen sich aber dann doch von ihrem pazifistischen Standpunkt überzeugen. Der Kongreß selbst fand 1915 in Den Haag statt und endete mit dem Beschluß, die *Internationale Frauenliga für Frieden und Freiheit*, mit Sitz in der Schweiz, zu gründen.

Im März 1917 wurde Lida wegen ihrer pazifistischen Tätigkeit aus Bayern ausgewiesen, hielt sich aber nicht an das Verbot und lebte illegal im Isartal oder in München.

1933 erfuhren Lida und Anita während eines Spanienaufenthalts von der Machtergreifung Hitlers. Trotzdem setzten sie ihre geplante Reise nach Nordafrika fort und fuhren entlang der Küste bis Tunis. Über Italien ging es dann Richtung Norden, doch statt wie geplant im April in München anzukommen, fuhren sie nach Genf, dem Hauptsitz aller internationalen Frauenorganisationen. Dort wurde ihnen langsam das Ausmaß ihrer Lage bewußt: Ihr gesamter Besitz in Deutschland war konfisziert worden, und alles, was ihnen geblieben war, waren ihre vier Koffer.

Mit bewundernswerter Haltung machten sich die beiden daran, ihr Leben neu zu organisieren. Anita war damals immerhin schon Mitte Siebzig und Lida Mitte Sechzig. Die internationalen Beziehungen kamen ihnen jetzt zugute. Ihre Schweizer Freundinnen ließen sie bei sich wohnen, und auch aus England, Österreich und der Tschechoslowakei kamen Einladungen und Geldsendungen. Ihre politische Tätigkeit setzten sie fort, sie hatte ihrem Leben und auch ihrer Lebensgemeinschaft Sinn gegeben, und die beiden Frauen blieben bis zu ihrem Lebensende aktiv.

Danksagung

So wie einst Klatsch die Mutter aller Beziehungen war, so ist er es auch noch heute. So wie sich die Frauen einst trafen, schrieben, beschrieben, beweinten, liebten etc., so tun sie auch noch heute. Wie auch sonst wäre dieses Buch zustande gekommen? Ohne Unterstützung und Hilfe meiner Freundinnen hätte ich all diese Informationen gar nicht zusammentragen können. Damit sich aber niemand die Mühe nehmen muß, meinen Briefwechsel, meine Aufzeichnungen oder mein E-Mail zu lesen, um herauszufinden, wer diese Freundinnen sind, seien sie hier alle genannt.

Viele sind, wie ich, begeisterte Leserinnen von (Auto)Biographien oder auch daran interessiert, über das Leben anderer Frauen zu spekulieren, und sie gaben mir jede Menge wichtige Anregungen. Sie kramten in ihrem Gedächtnis nach Geschichten, die ihnen einmal zugetragen worden waren. Oft schleppten sie auch Bücher aus diversen Bibliotheken für mich heran und rasten auf den Superhighways der modernen Technologie herum, um Informationen für mich einzuholen. Daß sie dann auch noch stundenlang mit mir über das vorhandene oder verlorengegangene biographische Material redeten, Entwürfe lasen und kritisierten, all das hat zum Entstehen von *Wer mit Wem?* beigetragen.

Auf dem amerikanischen Kontinent sei gedankt: Barbara Wilson, Carole Leita, Cecilia Brunazzi, Edith Foster, Enrica Ya, Etel Adnan, Frédérique Delacoste, Jill Hannum, Karen Ottoboni, Patricia Ruppelt, Patricia Sieber, Sarah Levin, Sharon Corkin, Simone Fattal, Verena Baustädter.

Auf dem europäischen Kontinent gilt mein Dank: Adelheid Zöfel, Alison Read, Annemarie Schurzmann, Merle Shore, Teresa Fusillo.

Dank auch an alle Bibliotheken, Archive und Frauenbuchläden. Ganz besonders aber an Hanna Hacker (Stichwort

Wien), Claudia Schoppmann (Berlin), allen Mitarbeiterinnen des Spinnbodenarchivs in Berlin und Helga Widtmann vom Buchladen Frauenzimmer in Wien.

Besonders gedankt sei auch Diana Voigt vom Wiener Frauenverlag, die nicht nur das Buch, sondern auch mich bestens betreut hat.

Und ganz zuletzt, weil am allerwichtigsten: Ohne Marlene Rodrigues wäre fast nichts möglich gewesen, und Spaß hätte es auch keinen gemacht.

Bibliographie

Allgemeines

Addis, Patricia: Through a Woman's I. An Annotated Bibliography of American Women's Autobiographical Writings 1946–1976. Scarecrow Press, Metuchen, New Jersey and London 1983.

Becker, Bärbel (Hrsg.): Bad Women: Luder, Schlampen und Xanthippen. Elefanten Press, Berlin 1989.

Benstock, Shari: Women of the Left Bank, Paris 1900–1940. University of Texas Press, Austin 1986.

Cowman, Thomas: Gay men and women who enriched the world. Mulvey Books, New Canaan, Connecticut 1988.

Eldorado. Homosexuelle Frauen und Männer in Berlin 1850–1950. Geschichte, Alltag und Kultur. Fröhlich & Kaufmann, Berlin 1984.

Faderman, Lillian: Odd Girls and Twilight Lovers. A History of Lesbian Life in Twentieth-Century America. Penguin, New York 1991.

Greif, Martin: The Gay Book of Days. Main Street Press, Secaucus, New Jersey 1982.

Hacker, Hanna: Frauen und Freundinnen. Studien zur weiblichen Homosexualität am Beispiel Österreich 1870–1938. Beltz Verlag, Weinheim und Basel 1987.

Hetze, Stephanie: Happy End für Wen? Kino und lesbische Frauen. tende Verlag, Frankfurt/Main 1986.

Hine, Darlene Clark (Hrsg.): Black Women in America. A Historical Encyclopedia. Carlson Publisher Inc., Brooklyn, New York 1993.

Katz, Ephraim: The Film Encyclopedia. Perigee Books, New York 1979.

Katz, Jonathan: Gay American History. Lesbians and Gay Men in the U.S.A. A Discus Book by Avon Books, New York 1976.

Kokula, Ilse und Böhmer, Ulrike: Die Welt gehört uns doch. Zusammenschluß lesbischer Frauen in der Schweiz der 30er Jahre. eFeF-Verlag, Zürich 1991.

›L'Homme. Zeitschrift für feministische Geschichtswissenschaft‹. Der Freundin? 4. Jg., Heft 1, Wien 1993.

Meyer, Adele (Hrsg.): Lila Nächte. Die Damenclubs der Zwanziger Jahre. Zitronenpresse Frauenbuchverlag, Köln 1981.

Olivieri, Giovanna: Ladies' Almanac. Artiste e Scrittrici a Parigi e Londra negli anni venti e trenta. Estero, Florenz 1992.

Robinson, Alice/Roberts, Vera Mowry/Barranger, Milly (Hrsg.): Notable Women in the American Theater. A Biographical Dictionary. Greenwood Press, New York 1989.

Schoppmann, Claudia: Im Fluchtgepäck die Sprache. Deutschsprachige Schriftstellerinnen im Exil. Orlanda Frauenverlag, Berlin 1991.

Schoppmann, Claudia: Zeit der Maskierung. Lebensgeschichten lesbischer Frauen im Dritten Reich. Orlanda Frauenverlag, Berlin 1993.

Sweeney, Patricia E.: Biographies of American Women. An Annotated Bibliography. ABC-Clio Inc., Santa Barbara 1990.

Uglow, Jennifer (Hrsg.): The International Dictionary of Women's Biography. Continuum, New York 1982.

Weiss, Andrea: Vampires & Violets. Frauenliebe und Kino. Edition Ebersbach, Dortmund 1995 (Vampires and Violets. Jonathan Cape, London 1992).

Autobiographien und Briefe

Ackland, Valentine: For Sylvia: An Honest Account. Chatto & Windus, London 1985.

Acosta, Mercedes de: Here Lies the Heart. Reynal & Company, New York 1960.

Anderson, Margaret: My Thirty Years' War. An autobiography. Greenwood Publishers, Westport, Connecticut 1971 (reprint of Covici, Friede Publishers, New York 1930).

Anderson, Margaret: The Strange Necessity. The Autobiography, resolutions and reminiscence to 1969. Horizon Press, New York 1969.

Andreas-Salomé, Lou: Lebensrückblicke. Insel Verlag, Frankfurt/Main 1968.

Bankhead, Tallulah: Tallulah. My autobiography. Harper & Brothers Publishers, New York 1952.

Bateson, Mary Catherine: Mit den Augen einer Tochter. (With A Daughter's Eye. A memoir of Margaret Mead and Gregory Bateson. Willam Morrow and Company Inc., New York 1984) Rowohlt, Reinbek bei Hamburg 1988.

Beach, Sylvia: Treffpunkt – ein Buchladen in Paris (Shakespeare and Company. The Story of an American Bookshop in Paris. Harcourt, Brace and Company, New York 1956) List, München 1962.

Beauvoir, Simone de: Memoiren einer Tochter aus gutem Haus. Rowohlt, Reinbek bei Hamburg 1960.

Beauvoir, Simone de: In den besten Jahren. Rowohlt, Reinbek bei Hamburg 1961.

Beauvoir, Simone: de Der Lauf der Dinge. Rowohlt, Reinbek bei Hamburg 1970.

Beauvoir, Simone de: Letters to Sartre. Arcade Publishing, Little Brown and Co., New York 1990.

Berberova, Nina: The Italics are Mine. Alfred A. Knopf, New York 1992.

Bergner, Elisabeth: Bewundert viel und viel gescholten. Elisabeth Bergners unordentliche Erinnerungen. C. Bertelsmann Verlag, München 1978.

Bryher: The Heart to Artemis. A Writer's Memoirs. A Helen and Kurt Wolff Book, Harcourt, Brace & World Inc., New York 1962.

Bryher: The Days of Mars. A Memoir 1940–1946. A Helen and Kurt Wolff Book, Harcourt Brace Jovanovich Inc., New York 1972.

Burns, Edward (Hrsg.): Staying on Alone. Letters of Alice B. Toklas. Vintage Books, New York 1973.

Crawford, Cheryl: One Naked Individual. My fifty years in the theater. The Bobbs-Merrill Company Inc., Indianapolis, New York 1977.

Flanner, Janet: Darlinghissima. Letters to a Friend. Edited and with commentary by Natalia Danesi Murray, Random House, New York 1985.

Fleischmann, Uta (Hrsg.): Wir werden es schon zuwege bringen, das Leben. Annemarie Schwarzenbach an Erika und Klaus Mann. Briefe 1930–1942. Centaurus-Verlagsgesellschaft, Pfaffenweiler 1993.

Gidlow, Elsa: Elsa: I come with my songs. The autobiography. A druid heights book, San Francisco 1986.

Giehse, Therese: Ich hab nichts zum Sagen. Gespräche mit Monika Sperr. Bertelsmann, München 1982.

Heymann, Lida Gustava, in Zusammenarbeit mit Augspurg, Anita: Erlebtes-Erschautes. Deutsche Frauen kämpfen für Freiheit, Recht und Frieden. Verlag Anton Hain, Meisenheim am Glan 1972.

Hoffman, Malvina: Heads and Tales. Garden City Publishing Co., Garden City, New York 1943.

Hoffman, Malvina: Yesterday is Tomorrow. A Personal History. Crown Publishers Inc., New York 1965.

Hummel, Ursula und Chrambach, Eva: Klaus und Erika Mann. Bilder und Dokumente. Edition Spangenberg, München 1990.

Kaus, Gina: Und was für ein Leben ... mit Liebe und Literatur, Theater und Film. Albrecht Knaus Verlag, Hamburg 1979.

Lamblin, Bianca: Memoiren eines getäuschten Mädchens (Mémoires d'une jeune fille derangée. Editions Balland, Paris 1993). Rowohlt, Reinbek bei Hamburg 1994.

Landshoff-Yorck, Ruth: Klatsch, Ruhm und kleine Feuer. Kiepenheuer & Witsch, Köln & Berlin 1963.

Lawrence, Gertrude: A Star Danced. Doubleday, Doran and Co., Garden City, New York 1945.

Leduc, Violette: Die Bastardin (La Batarde. Gallimard, Paris 1964). Piper, München 1988.

Leduc, Violette: Mad in Pursuit (La Folie en tête, 1970). Farrar, Straus & Giroux, New York 1971.

Le Gallienne, Eva: With A Quiet Heart. An autobiography. The Viking Press, New York 1953.

Lewis, Edith: Willa Cather. Living A Personal Record. A. Knopf, New York 1953.

Lillie, Beatrice: Every Other Inch a Lady. An Autobiography. Doubleday & Co., Garden City, New York 1972.

Loos, Anita: Kiss Hollywood Good-bye. The Viking Press, New York 1974.

Marbury, Elisabeth: My crystal ball. New York 1923.

Maurier, Angela du: It's Only the Little Sister. Peter Davies, London 1951.

Maxwell, Elsa: R.S.V.P. Elsa Maxwell's Own Story. Little, Brown and Company, Boston and Toronto 1954

Michaelis, Karin (mit Lenore Sorsby): Little Troll. Creative Age Press Inc., New York 1946.

Monnier, Adrienne: The Very Rich Hours of Adrienne Monnier. Charles Scribner's, New York 1976.

O'Neal, Hank: Berenice Abbott – American Photographer. Commentary by Berenice Abbott. Artpress Book by McGraw-Hill Book Co., New York 1982.

Phelps, Robert (Hrsg.): Die Erde mein Paradies. Eine Autobiographie der Colette zusammengestellt aus ihren Werken (Earthly Paradise. Farrar, Straus & Giroux, New York 1966). Fischer, Frankfurt/Main 1967.

Prestel, Anna Zanco (Hrsg.): Erika Mann. Briefe und Antworten I (1922–1950). Edition Spangenberg, München 1984.

Prestel, Anna Zanco (Hrsg.): Erika Mann. Briefe und Antworten II (1951–1969). Edition Spangenberg, München 1985.

Scudder, Janet: Modeling My Life. Harcourt, Brace and Company, New York 1925.

›Signs‹, Herbst 1992, Bd. 18, Nummer 1. Special Simone de Beauvoir Cluster.

Sitwell, Edith: Mein exzentrisches Leben (Taken Care of. Atheneum, New York 1965). Frankfurter Verlagsanstalt, Frankfurt/Main 1989.

Spiel, Hilde: Die hellen und die finsteren Zeiten. Erinnerungen 1911–1946. Paul List Verlag, München 1989.

Trefusis, Violet: Don't Look Around. Viking Press, New York 1992 (Erstausgabe 1952).

Trefusis, Violet: Trunken von Deiner Schönheit. Violet Trefusis an Vita Sackville-West. Limes, Wiesbaden 1993.

Viertel, Salka: Das unbelehrbare Herz (The Kindness of Strangers. A Theatrical Life Vienna-Berlin-Hollywood. Holt, Rinehart and Winston, New York 1969). Claassen, Hamburg 1970.

Vincenzo, Una (Lady Troubridge): The Life of Radclyffe Hall. Arno Press, New York 1975 (Erstausgabe 1961).

Völker, Klaus: Elisabeth Bergner: Das Leben einer Schauspielerin. Edition Hentrich, Berlin 1990.

Waters, Ethel: His Eye is on the Sparrow. An Autobiography. Doubleday & Company Inc., Garden City, New York 1951.

Wolff, Charlotte: Augenblicke verändern uns mehr als die Zeit. Eine Autobiographie. Fischer, Frankfurt/Main 1990.

Wylie, I. A. R.: My Life with George. An unconventional autobiography. Random House, New York 1940.

Biographien

Adam, Peter: Eileen Gray Architektin/Designerin. (Harry N. Abrams Inc., New York 1987) Edition Stemmle, Schaffhausen 1989.

Atkins, Elizabeth: Edna St. Vincent Millay and Her Times. The University of Chicago Press, Chicago 1936.

Baker, Michael: Our Three Selves. The Life of Radclyffe Hall. Willam Morrow, New York 1985.

Bemmann, Helga: Claire Waldoff. Wer schmeißt denn da mit Lehm? Ullstein, Berlin 1994.

Bradshaw, Jon: Dreams that Money can buy. The tragic life of Libby Holman. William Morrow, New York 1985.

Breeskin, Adelyn D.: Romaine Brooks. Smithsonian Institute Press, Washington, D. C. 1986.

Brian, Denis: Tallulah, Darling. MacMillan Publishing, New York 1972.

Broman, Sven: Conversations with Greta Garbo. Viking Press, New York 1990.

Caffrey, Margaret M.: Strangers in this Land. Ruth Benedict. University of Texas Press, Austin 1989.

Carr, Virginia Spencer: The Lonely Hunter. A biography of Carson McCullers. Carroll & Graf Publishers, New York 1975.

Chalon, Jean: Portrait of a Seductress. The World of Natalie Barney. Crown Publishers, New York 1979.

Chisholm, Anne: Nancy Cunard. A biography. A. Knopf, New York 1979.

Cook, Blanche Wiesen: Eleanor Roosevelt. Band 1, 1884–1933. Viking Penguin, New York 1992.

Crosland, Margaret: Piaf. G. P. Putnam's Sons, New York 1985.

Crosland, Margaret: Simone de Beauvoir. The woman and her work. Heinemann, London 1992.

Dech, Jula und Maurer, Ellen (Hrsg.): da da zwischen reden. Zu Hannah Höch. Orlanda Frauenverlag, Berlin 1991.

Deichmann, Hans: Leben mit provisorischer Genehmigung. Leben, Werk und Exil von Dr. Eugenia Schwarzwald (1872–1940), eine Chronik. Verlag Wolf Peterson, Berlin und Wien 1988.

Dillon, Millicent: Jane Bowles – lauter kleine Sünden (A little original sin. The life and work of Jane Bowles. Holt, Rinehart & Winston, New York 1981). Kellner, Hamburg 1993.

Doherty, Edward: The Rain Girl. The Tragic Story of Jeanne Eagles. Macree Smith Company, Philadelphia 1930.

Faber, Doris: The Life of Lorena Hickok. E. R.'s friend. William Morrow and Company, New York 1980.

Faber, Monika: Madame d'Ora, Wien-Paris. Edition Christian Brandstätter, Wien 1983.

Feinstein, Elaine: Marina Zwetajewa (A Captive Lion. The Life of Marina

Tsvetaeva. E. P. Dutton, New York 1987). Fischer Verlag, Frankfurt/Main 1993.

Field, Andrew: Djuna Barnes (Djuna. The Life and Times of Djuna Barnes. G. P. Putnam's Sons, New York 1983). Frankfurter Verlagsanstalt, Frankfurt/Main 1992.

Fischer, Lothar: Anita Berber. Tanz zwischen Rausch und Tod. Haude & Spener, Berlin 1988.

Forster, Margaret: Daphne du Maurier. Ein Leben (Daphne du Maurier. Chatto & Windus, London 1993). Arche Verlag, Zürich 1994.

Foucart, Claude (Hrsg.): Correspondance 1927–1950: André Gide-Thea Sternheim. Centre d'Etudes Gidiennes, Université Lyon II 1986.

Gere, Charlotte: Marie Laurencin. Rizzoli, New York 1977.

Glendinning, Victoria: Edith Sitwell. A Unicorn Among Lions. Weidenfeld and Nicolson, London 1981.

Glendinning, Victoria: Vita Sackville-West (Vita. A biography of Vita Sackville-West. Alfred A. Knopf, New York 1983). Frankfurter Verlagsanstalt, Frankfurt/Main 1990.

Goldensohn, Lorrie: Elizabeth Bishop: The Biography of a Poetry. Columbia University Press, New York 1992.

Gould, Jean: The Poet and her book. A biography of Edna St. Vincent Millay. Dodd, Mead & Co., New York 1969.

Gould, Jean: Amy. The World of Amy Lowell and The Imagist Movement. Dodd, Mead & Company, New York 1975.

Grente, Dominique und Müller, Nicole: L'Ange Inconsolable. Une biographie d'Annemarie Schwarzenbach. Lieu Commun, Paris 1989.

Gronowicz, Antoni: Greta Garbo. Ihr Leben (Garbo: Her Story. Simon and Schuster, New York 1990). Albrecht Knaus, München 1990.

Groult, Flora: Marie Laurencin. Mercure de France, Paris 1987.

Guest, Barbara: Herself Defined. The Poet H. D. and her World. Collins, London 1984.

Gurko, Miriam: Restless Spirit. The life of Edna St. Vincent Millay. Thomas Y. Crowell Company, New York 1962.

Hahn, Emily: Mabel. A Biography of Mabel Dodge Luhan. Houghton Mifflin Company, Boston 1977.

Harmann, Claire: Sylvia Townsend Warner. A Biography. Chatto & Windus, London 1989.

Helfenstein, Josef (Hrsg.): Meret Oppenheim. Legat an das Kunstmuseum Bern, Kunstmuseum Bern, Ausstellung 24. Juni bis 23. August 1987.

Herdan-Zuckmayer, Alice: Genies sind im Lehrplan nicht vorgesehen. Fischer Verlag, Frankfurt/Main 1979.

Herrera, Hayden: Frida Kahlo. Malerin der Schmerzen, Rebellin gegen das Unabänderliche (Frida. A Biography of Frida Kahlo. Harper & Row Publishers, New York 1983). Fischer Verlag, Frankfurt/Main 1993.

Holtz, William (Hrsg.): Dorothy Thompson and Rose Wilder Lane. Forty Years of Friendship. Letters 1921–1960. University of Missouri Press, Columbia & London 1991.

Howard, Jane: Margaret Mead. A Life. Simon and Schuster, New York 1984.

Israel, Lee: Miss Tallulah Bankhead. G. P. Putnam's Sons, New York 1972.

Jay, Karla: The Amazon and the Page. Natalie Clifford Barney and Renée Vivien. Indiana University Press, Bloomington and Indianapolis 1988.

Johnston, Claire (Hrsg.): The work of Dorothy Arzner. Towards a Feminist Cinema. British Film Institute, London 1975.

Karlinsky, Simon: Marina Tsvetaeva. The woman, her world and her poetry. Cambridge University Press, Cambridge 1985.

Kiel, Hanna: Renée Sintenis. Rembrandt Verlag, Berlin 1956.

Krüll, Marianne: Im Netz der Zauberer. Eine andere Geschichte der Familie Mann. Arche Verlag, Zürich 1991.

Lavin, Maud: Cut with the Kitchen Knife. The Weimar Photomontages of Hannah Höch. Yale University Press, New Haven & London 1993.

Lieb, Sandra: Mother of the Blues. A Study of Ma Rainey. The University of Massachusetts Press, o. O. 1981.

Lühe, Irmela von der: Erika Mann. Campus Verlag, Frankfurt/Main 1993.

Mackinnon, Janice R./Mackinnon, Stephen R.: Agnes Smedley. The Life and Times of an American Rebel. Virago, London 1988.

MacTavish, Shona Dunlop: Gertrud Bodenwieser (An ecstasy of purpose. The Life and Art of Gertrud Bodenwieser. New Zealand 1987). Verlag Zeichen und Spuren, Bremen 1992.

Madame d'Ora Wien-Paris. 1907–1957. The Photography of Dora Kallmus. Vassar College Art Gallery, Poughkeepsie, New York 1987.

Mariette Lydis, Buenos Aires. Ausstellungskatalog. Dezember 1966.

Mariette Lydis. Texte de Henry de Montherlant. Nouvelles Editions Françaises, Paris 1949.

Mellow, James R.: Charmed Circle. Getrude Stein & Company. Praeger Publishers, New York 1974.

Millier, Brett C.: Elizabeth Bishop. Life and the Memory of It. University of California Press, Berkeley & Los Angeles 1993.

Modell, Judith Schachter: Ruth Benedict. Patterns of a Life. University of Pennsylvania Press, Philadelphia 1983.

Morris, Michael: Madame Valentino. The Many Lives of Natacha Rambova. Abbeville Publishers, New York 1991.

Mulford, Wendy: This Narrow Place. Sylvia Townsend Warner and Valentine Ackland. Life, Letters and Politics, 1930–1951. Pandora, London 1988.

O'Brien, Sharon: Willa Cather. An Emerging Voice. Fawcett Columbine, New York 1987.

O'Neal, Hank: Djuna Barnes 1978–1981. An informal memoir. Paragon House, New York 1990.

Perret, Roger: Auf Bedeutungsjagd, auf Bedeutungsflucht. Sonja Sekula. Aus ›Affenschaukel‹, Literaturmagazin, Nr. 16, Zwillikon 1992.

377

Potts, Lydia (Hrsg.): Aufbruch und Abenteuer. Frauen-Reisen um die Welt ab 1785. Orlanda Frauenverlag, Berlin 1988.

Proffer, Ellendea (Hrsg.): Marina Tsvetaeva. A Pictorial Biography. Ardis, Ann Arbor 1980.

Razumovsky, Maria: Marina Zwetajewa. Mythos und Wirklichkeit. Wien 1981.

Riva, Maria: Meine Mutter Marlene (Marlene Dietrich by her daughter. Alfred Knopf, New York 1993). Bertelsmann, München 1993.

Robinson, Janice: H. D. The Life and Work of an American Poet. Houghton Mifflin Company, Boston 1982.

Rudnick, Lois Palken: Mabel Dodge Luhan. New Woman, New Worlds. University of New Mexico Press, Albuquerque 1984.

Salter, Elizabeth: The Last Years of a Rebel. A Memoir of Edith Sitwell. Houghton Mifflin Company, Boston 1967.

Sanders, Marion K.: Dorothy Thompson: A Legend in Her Time. Houghton Mifflin Company, Boston 1973.

Sarde, Michèle: Colette. A biography. William Morrow & Company, New York 1980.

Savigneau, Josyane: Marguerite Yourcenar. Die Erfindung eines Lebens (Marguerite Yourcenar. L'Invention d'une Vie. Gallimard, Paris 1990). Hanser, München 1993.

Secrest, Meryle: Between Me and Life. A biography of Romaine Brooks. Doubleday & Co Inc., Garden City, New York 1974.

Shanke, Robert A.: Shattered Applause. The Lives of Eva Le Gallienne. Southern Illinois University Press, Carbondale and Edwardsville 1992.

Sheean, Vincent: Indigo Bunting. A Memoir of Edna St. Vincent Millay. Harper & Brothers, New York 1951.

Sheean, Vincent: Dorothy und Red. Die Geschichte von Dorothy Thompson und Sinclair Lewis (Dorothy and Red. Houghton Mifflin Company, Boston 1963). Knaur, München und Zürich 1964.

Simon, Linda: The Biography of Alice B. Toklas. Doubleday & Company Inc., Garden City, New York 1977.

Smith, Jane S.: Elsie de Wolfe. A Life in the High Style. Atheneum, New York 1982.

Souhami, Diana: Gluck 1895–1978. Her Biography. Pandora Press, London 1988.

Souhami, Diana: Gertrude and Alice. Pandora Press, London 1991.

Souhami, Diana: Greta & Cecil. Jonathan Cape, London 1994.

Spanier, Sandra Whipple: Kay Boyle. Artist and Activist. Southern Illinois University Press, Carbondale and Edwardsville 1986.

Tibol, Raquel: Frida Kahlo. Verlag Neue Kritik, Frankfurt/Main 1980.

Tomlin, Claire: Katherine Mansfield (Katherine Mansfield. A Secret Life. Alfred Knopf, New York 1988) Insel Verlag, Frankfurt/Main 1990.

Viereck, Stefanie: So weit wie die Welt geht. Ricarda Huch, Geschichte eines Lebens. Rowohlt, Reinbek bei Hamburg 1990.

Wickes, George: The Amazon of Letters. The Life and Loves of Natalie
    Barney. G. P. Putnam's Sons, New York 1976.
Wineapple, Brenda: Genêt. A biography of Janet Flanner. Ticknor &
    Fields, New York 1989.
Young-Bruehl, Elisabeth: Anna Freud. A Biography. Summit Books, New
    York & London 1988.

Register

Berlin

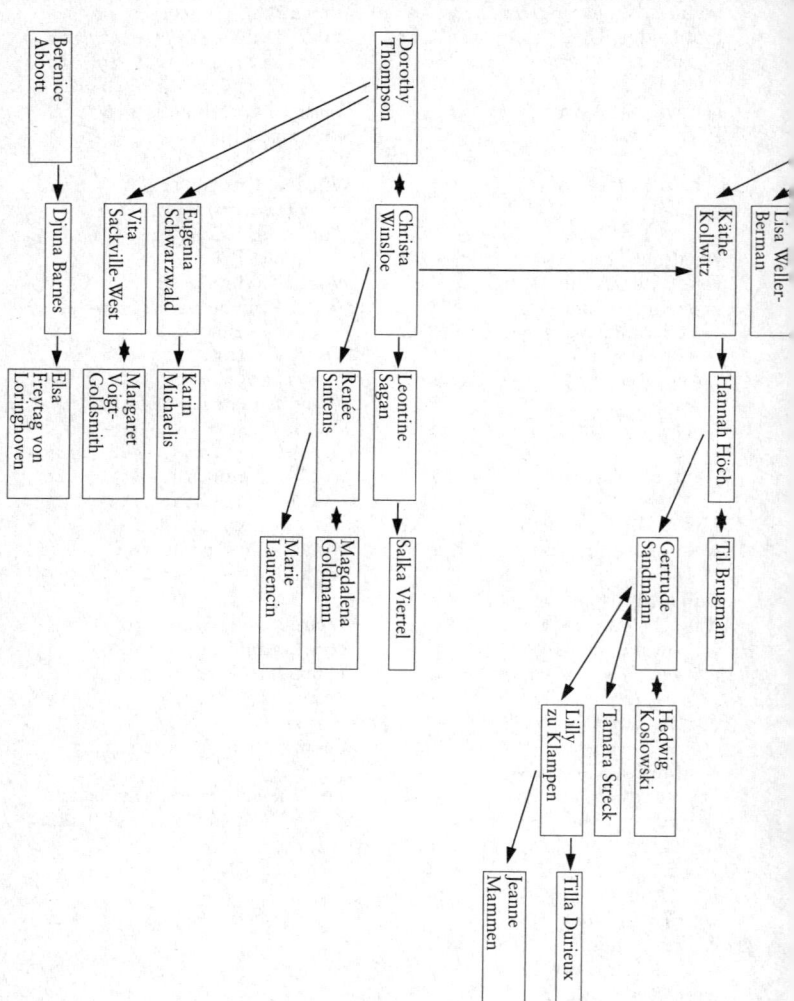

Berenice Abbott → Djuna Barnes → Elsa Freytag von Loringhoven

Dorothy Thompson → Vita Sackville-West ⬍ Margaret Voigt-Goldsmith

Dorothy Thompson → Eugenia Schwarzwald → Karin Michaelis

Dorothy Thompson ⬍ Christa Winsloe

Christa Winsloe → Renée Sintenis → Marie Laurencin

Renée Sintenis ⬍ Magdalena Goldmann

Christa Winsloe → Leontine Sagan → Salka Viertel

Lisa Weller-Berman

Käthe Kollwitz → Hannah Höch

Hannah Höch ⬍ Til Brugman

Hannah Höch → Gertrude Sandmann

Gertrude Sandmann ⬍ Hedwig Koslowski

Lilly zu Klampen → Gertrude Sandmann

Lilly zu Klampen → Jeanne Mammen

Lilly zu Klampen → Tilla Durieux

Tamara Streck

Berlin

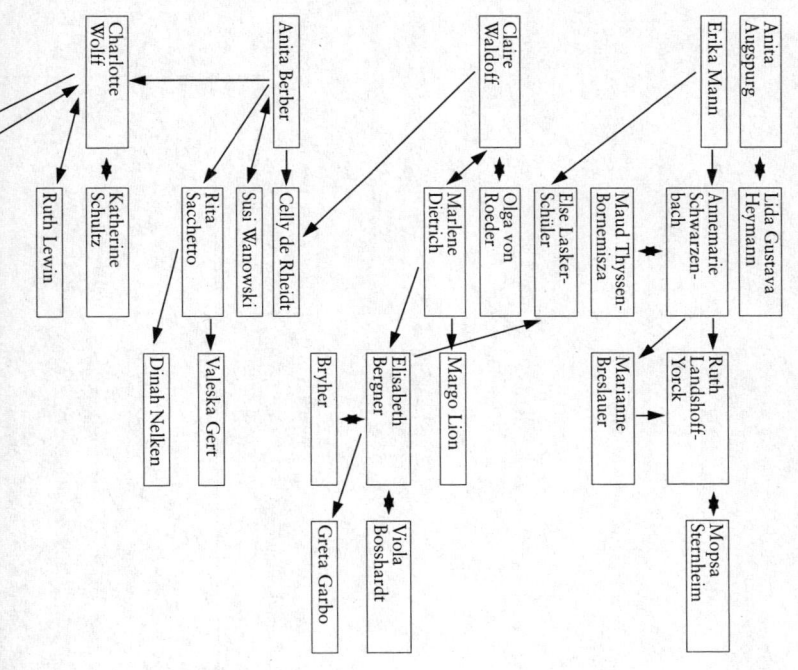

Paris

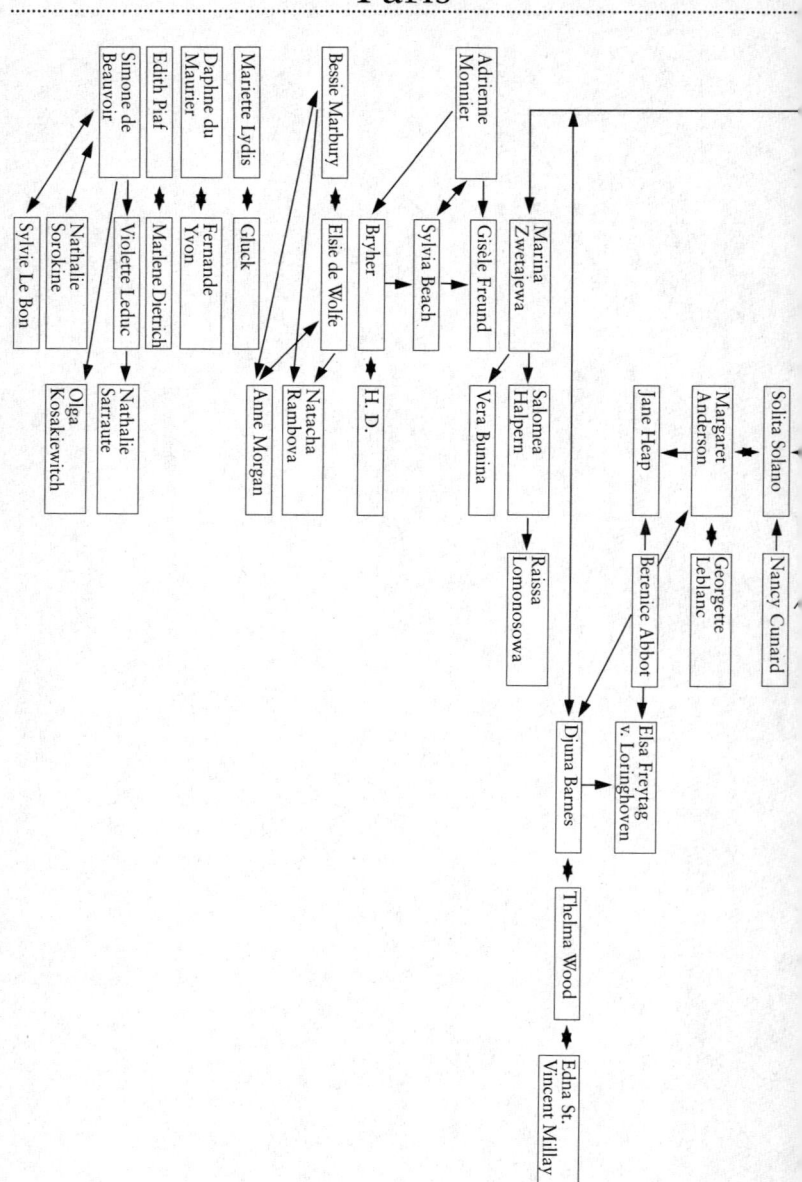

Paris

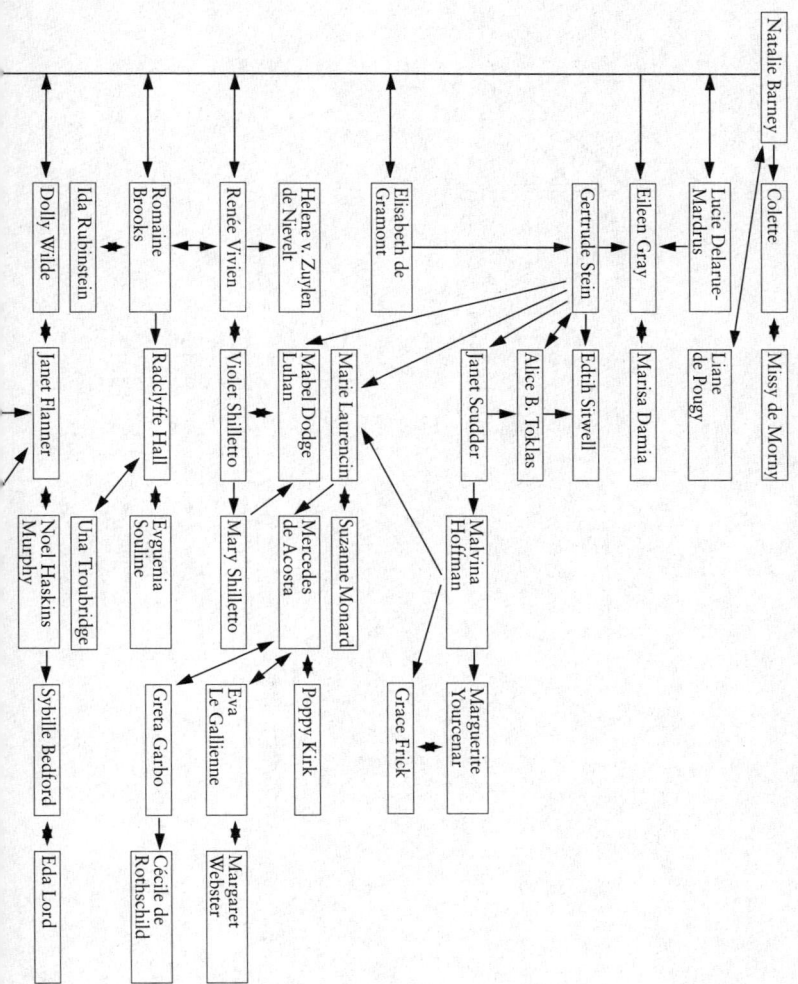

London

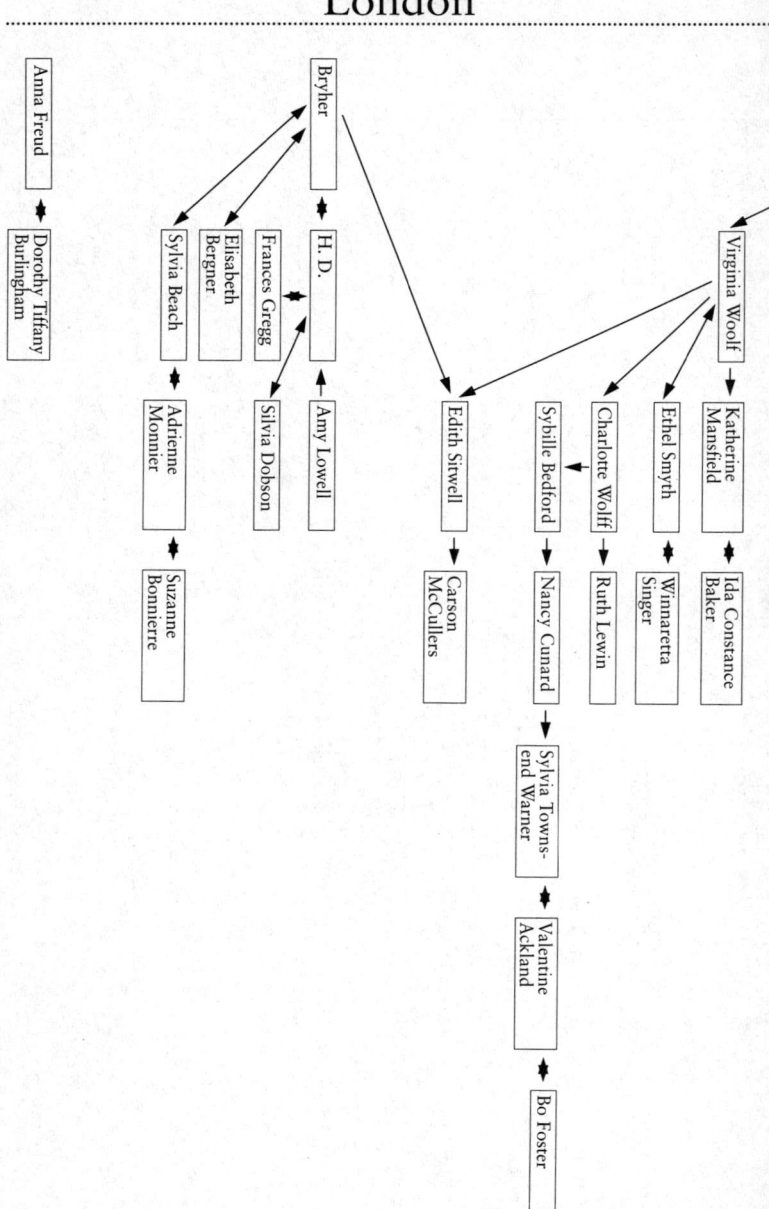

London

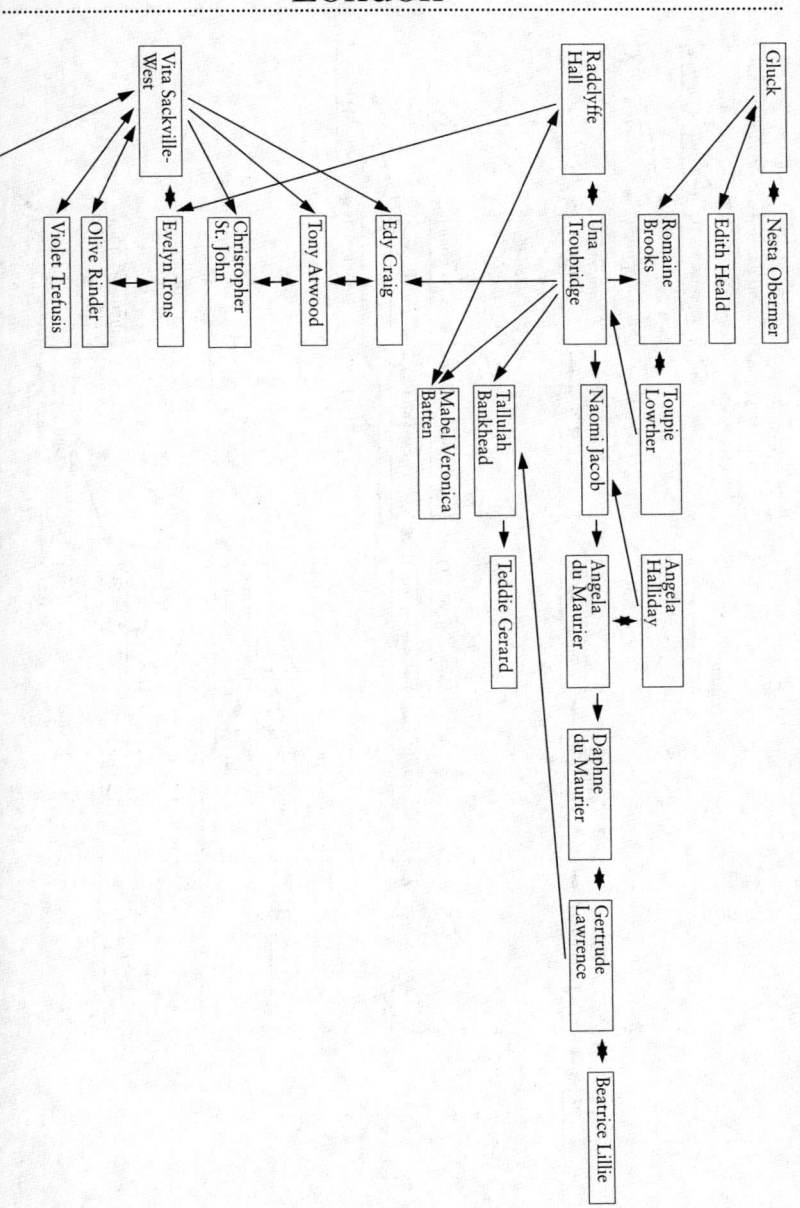

New York

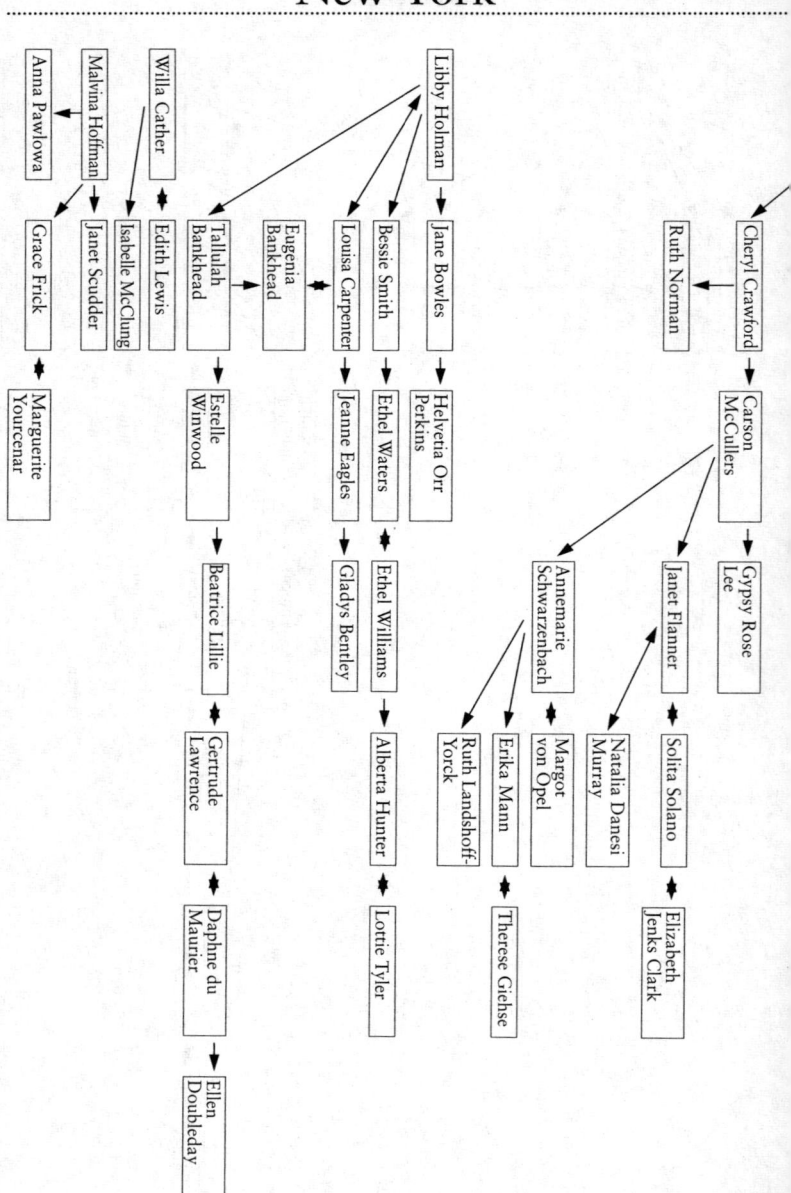

New York

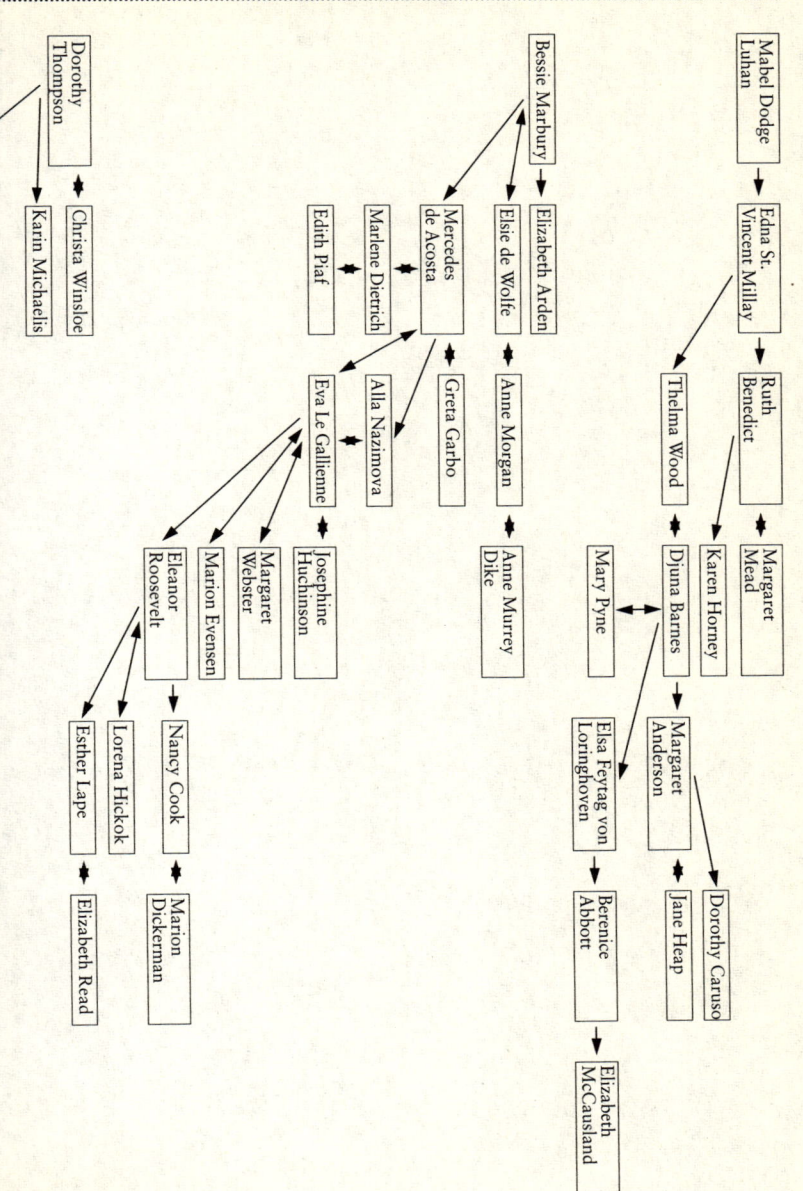

Frauen, die Geschichte machten

Régine Pernoud
Königin der
Troubadoure
Eleonore von Aquitanien
dtv 30042
Herrscherin in
bewegter Zeit
Blanca von Kastilien,
Königin von Frankreich
dtv 30359
Heloise und Abaelard
Ein Frauenschicksal
im Mittelalter
dtv 30394
Christine de Pizan
Das Leben einer
außergewöhnlichen Frau
und Schriftstellerin im
Mittelalter
dtv 30631

Jean Markale
Isabeau de Bavière
Biographie
dtv 30633

Gertrud Fussenegger
Maria Theresia
dtv 30419

Isabel de Madariaga
Katharina die Große
Das Leben der russischen
Kaiserin · dtv 30562

André Maurois
Das Leben der
George Sand
dtv 30456

Jutta Rebmann
Fanny Mendelssohn
Biographischer Roman
dtv 20081

Elizabeth Gaskell
Das Leben der
Charlotte Brontë
dtv 20048

Eva Weissweiler
Clara Schumann
Eine Biographie
dtv 30334

Françoise Giroud
Das Leben der
Jenny Marx
Biographie · dtv 30632

dtv

Frauenleben

Oskar Maria Graf
Das Leben meiner Mutter
dtv 12381

Angelika Schrobsdorff
„Du bist nicht so wie andre Mütter"
Die Geschichte einer leidenschaftlichen Frau
dtv 11916

Ruth Klüger
weiter leben
Eine Jugend
dtv großdruck 25106

Anna Wimschneider
Herbstmilch
Lebenserinnerungen einer Bäuerin
dtv großdruck 25059

Christian Graf von Krockow
Die Stunde der Frauen
Bericht aus Pommern 1944 bis 1947
dtv 30014

Marion Yorck von Wartenburg
Die Stärke der Stille
Erzählung eines Lebens aus dem deutschen Widerstand · dtv 30090

Inge Deutschkron
Mein Leben nach dem Überleben
dtv 30460

Verena Kast
Die beste Freundin
Was Frauen aneinander haben · dtv 35091

dtv

dtv